있는 그대로

BE AS YOU ARE

있는 그대로

침묵의 큰 스승, 마하리시의 가르침

데이비드 갓맨 편집 | 구승준 옮김

한문화

일러두기

- 'The Self'는 흔히 '진아眞我' 또는 '참자아'로 번역되는데, 여기서는 『나』로 옮겼다. 진아 또는 참자아라는 용어는 마치 '나'가 아닌 고차원적이고 절대적인 존재가 따로 있다는 오해를 불러일으키고, 이는 라마나 마하리시가 가장 경계했던 가르침이기 때문이다. 문맥에 따라 '참나'로 번역한 대목도 있는데, 이 경우는 마하리시 또한 'Self'나 'I' 또는 'Real Self', 'Real I' 등으로 그 의미를 한정한 경우다.

- 구도자들(제자들)의 질문과 마하리시의 답으로 이루어진 이 책에서는 경어를 쓰지 않았다. 마하리시는 항상 평등을 강조하며 제자들의 밥까지 손수 지었다는데, 제자들은 높임말을 하고 스승은 반말을 하는 것은 그 취지에 어긋난다고 보아 경어는 쓰지 않았다.

- 본문의 각주는 모두 옮긴이주이다.

감사의 말

스리 라마나스라맘Sri Ramanasramam은 자신이 평생 동안 집필한 거의 대부분의 책에서 일부를 발췌해 다시 책으로 묶어 출판할 수 있도록 허락해 주었다.

✢

영국 런던의 '라이더 앤 코Rider and Co.' 출판사는 《인도의 비밀을 찾아서(A search in Secret India)》에 실린 내용 가운데 일부를 발췌해 다시 책으로 묶어 출판할 수 있도록 허락해 주었다.

✢

사두 옴Sadhu Om은 《스리 라마나의 길(The Path of Sri Ramana)》의 내용을 재출간할 수 있도록 허락해 주었으며, 또한 스리 라마나 마하리시와 구루 '바차카 코바이Guru Vachaka Kovai'의 미출간 저작을 사용하고 개작할 수 있도록 허락해 주었다.

✢

마이클 제임스Michael James는 구루 '바차카 코바이'의 운문을 이 책에 맞게 고치는 수고를 해주었으며, 이 책이 출판되기까지 모든 준비 단계마다 건설적인 충고를 아끼지 않았다.

차 례

있는 그대로 성자, 라마나 마하리시

인도의 성자들 중에 우리에게 널리 알려지기로 친다면 J. 크리슈나무르티나 오쇼 라즈니시가 단연 으뜸이라 할 것이다. 그러나 인도 근현대의 스승들 가운데 가장 인도적인 스승이 누구냐고 묻는다면, 라마나 마하리시를 들어야 한다. 그는 《우파니샤드》의 베단타 사상을 알기 전에 이미 베단타의 궁극적인 이상을 실현한 성자였다. 알다시피 《우파니샤드》는 인도의 모든 종교사상이 뿌리를 내리고 있는 가장 인도적인 경전이며, 라마나 마하리시만큼 《우파니샤드》의 가르침을 그대로 실현한 스승은 드물기 때문이다.

라마나 마하리시는 특별하다. 힌두교인이라면 누구나 깨달음을 삶의 궁극적인 목표로 여기며, 그것은 대개 오랜 세월 동안 피나는 노력의 결과로 얻어지지만, 라마나 마하리시에게는 우연히 일어났다. 특별히 요가를 수행하거나 명상을 한 적도 없을 뿐만 아니라, 심지어는 깨달음이 무엇인지도 모르던 16세 소년 시절에 그는 우연히 깨달음을 얻었다. 깨달음이 그에게로 왔다. 그때의 영적 체험이 깨달음이었다는 것을 안 것도 한참 후의 일이다.

어쩌면 깨달음은 우연한 사건과 같다 할 것이다. 그래야 한다. 수행자는 깨달음을 잊어야 깨달음을 잃어버리지 않을 수 있다. 그러나 그렇다고 해서 아무런 노력도 필요 없다는 말은 아니다. 아무런 노력도 하지 않는다면 그 우연한 사건은 일어날 수 없다. 우연은 결코 우연히 일어나지 않기 때문이다. 그런데 라마나 마하리시는 전혀 그런 노력이 없었다. 그야말로 깨달음은 어느 날 문득 그에게로 왔다.

물론 계기는 있었다. 산 자가 죽음을 체험하는 남다른 체험이 있었다. 대개 산 자에게 죽음은 저 너머에 있다. 산 자가 그 너머를 굽어보는 것은 허용되지 않는다. 죽음은 오직 죽은 자의 전유물일 뿐이며, 산 자의 체험을 허용치 않는다. 그럼에도 라마나 마하리시는 산 자로서 죽음을 체험했으며, 산 자의 죽음은 언뜻 피안으로 통하는 문을 열었다. 잠깐이 아니다. 단박에 그는 영원한 빛을 얻었다.

라마나 마하리시에게 깨달음이란 어떤 것을 대상적으로 알거나 성취하는 것이 아니라 단지 '있는 그대로'의 진아眞我가 드러나는 것이다. 비유하면, 땅을 파면 구덩이가 생기는데 그 구덩이 안의 공간은 새로이 만들어진 것이 아니라 이미 있었던 것으로서 단지 공간을 채우고 있던 흙을 제거했을 때 드러나는 것일 뿐이며, 새롭게 만들어지는 것이 아니다. 마찬가지로, 진아는 그것을 가리고 있던 우리 안에 있는 그릇된 관념을 던져버릴 때 저절로 드러나는 빛이다.

그릇된 관념 중에 으뜸은 진아를 신체나 감관感官 또는 마음작용과 동일시하는 것이다. 그 관념이 깨질 때 진아가 나타난다. '나'를 신체나 감관 또는 마음작용과 동일화하는 그릇된 생각을 멈추는 방법으로 라마나 마하리시는 '나는 누구인가?'를 끊임없이 묻는, 가장 간단하면서도 직접적인 방법을 제시했다. 흔히 그의 방법은 '자아탐구'라고 불렸으며, 이 자아탐구는 라마나 마하리시의 실천철학의 핵심을 이루는 독특한 방법이다.

나는 누구인가?
뼈와 살로 이루어진 이 몸은 내가 아니다.
시각, 청각, 후각, 미각, 촉각 등의 다섯 가지 감각기관은 내가 아니다.
말하고, 움직이고, 붙잡고, 배설하고, 생식하는
다섯 가지 행동기관은 내가 아니다.
호흡 등의 다섯 가지 생기는 내가 아니다.
생각하는 마음도 내가 아니다.
내면에 잠재되어 있는 무의식도 내가 아니다.
이 모든 것이 내가 아니라면, 나는 누구인가?
이 모든 것을 '내가 아니다'라고 부정하는 행위자,
그를 지켜보는 목격자만이 남는다.
그것이 바로 나다.

이와 같이 부정을 통한 자아탐구 수행은 《우파니샤드》에 언급되는 인도 고유의 수행법을 따르고 있지만, 또한 누구나 이해할 수 있는 지극히 일상적이고 보편적인 언어로 풀어냄으로써 힌두교 수행법의 새로운 지평을 열고 있다. 여기서 '나는 누구인가?'라는 질문은 모든 종교의 테두리를 벗어난다. 마치 양파의 껍질을 벗겨내듯이, 내가 아닌 것을 한 겹씩 털어냄으로써 '있는 그대로'의 진아를 드러내는 수행법이기 때문이다.

그 끝에는 힌두교인도, 기독교인도, 이슬람교인도 없으며, 다만 진아가 빛을 발하고 있을 뿐이다.

있는 그대로의 진아는 시간이나 공간, 인과성에 속하는 어떤 개념이나 범주로도 규정지을 수 없고, 언어로 기술할 수 없으며, 인간의 의식에서는 무無와 같은 그 무엇이다. 그러므로 진아는 부정적으로밖에 표현할 수 없다. 《우파니샤드》에서 말하는 "네티 네티neti neti(그것도 아니고, 그것도 아니다)"가 바로 그것이다. 그러나 진아는 결코 무가 아니며, 오히려 존재의 충만이자 순수의식이며 영적 희열이다. '나는 누구인가?'라는 물음은 "내가 곧 브라흐만이다(aham brahm)"라는 범아일여梵我一如의 진리를 실현하는 가장 간단하고 직접적인 방법이다. 참나가 누구인지 묻고 또 묻는다. 이런 점에서 '나는 누구인가?'라는 질문은 선불교의 '이뭐꼬' 화두와 아주 유사하다.

'나는 누구인가?' 하는 물음에 의해서만 마음이 가라앉는다. '나는 누구인가?' 하는 생각은 마치 화장터의 장작불을 뒤집는 막대기처럼, 다른 모든 생각들을 불태워버린 후에 그 자체도 불태워져 소멸된다. 만약 다른 생각이 일어나면, 그 생각을 따라가지 말고 '이 생각이 누구에게서 일어났는가?' 하고 물어야 한다. 아무리 많은 생각이라 할지라도, 그것이 일어날 때마다 놓치지 말고 '이 생각이 누구에게 일어났는가?'라고 물어야 한다. 이에 대한 답은 '나에게'가 될 것이다. 이와 같이 '나는 누구인가?'라는 질문을 계속하면 마음은 점점 그 근원으로 향하게 되고, 생각은 점점 사라지게 된다.

원래 나는 있는 그대로의 진아이지만, 무지가 그것을 가리고 다른 것을 투사하기 때문에, 우리는 그릇되게 투사된 것을 자신의 참된 자아로 착각한다. 이것은 마치 우리가 어두컴컴한 헛간에서 새끼줄을 보고 뱀으로 착각하여 뒤로 움찔 물러나는 것과 같다. 무지가 만들어낸 현상적 나, 거짓 나를 진아와 동일시하고 그에 집착함으로써 좌절과 실망과 비애를 겪게 된다. 그러면 어떻게 진아를 발견하여 고통에서 벗어날 수 있는가? 근본무지를 제거하는 길밖에 없다. 마치 헛간에 불을 켜는 순간 어둠이 걷히고 착각으로 생겨난 뱀이 일순간에 사라지는 것처럼, 인간의 근본무지가 제거될 때 있는 그대로의 진아가 드러난다.

라마나 마하리시의 가르침은 침묵으로 전해졌다. 그는 침묵이야말로 가장 완전한 가르침이라는 것을 보여주었다. 침묵은 그칠 줄 모르는 언어이다. 성대를 울려서 나오는 말은 침묵의 언어를 방해한다. 침묵 속에서 사람은 주변의 모든 것들과 친밀한 만남을 한다. 깨달음을 얻은 후 열반에 들기까지 50여 년 동안 아루나찰라산과 그 주변을 떠나지 않았지만, 그가 내뿜는 침묵의 에너지는 인도뿐만 아니라 세계 여러 나라의 수많은 사람들을 끌어당겼으며, 그 에너지의 파동에 공명된 사람들은 내적인 평화와 행복을 체험할 수 있었다. 그는 말로 가르치기보다는 조용히 앉아서 침묵의 에너지를 내뿜을 뿐이었다. 누군가가 문제를 안고 찾아오면 그윽하게 응시하는 침묵의 가르침만으로 그들을 축복에 휩싸이게 만들었다.

그에게 침묵은 가장 완전한 가르침이었다. 그러나 영적으로 성숙된 사람만이 침묵의 언어를 누릴 수 있다. 그렇지 못한 사람에게는 언어를 통하여 가르침을 베풀지만, 그것은 단지 '진리에 대한 언급'일 뿐이며, '진리 자체'를 전하는 것은 아니다. 진리 자체는 유한한 언어를 넘어서 있기 때문이다.

라마나 마하리시, 그는 이미 반세기 전에 우리 곁을 떠났다. 그럼에도 그의 영적인 파장은 여전히 우리 곁에 머물고 있는 것일까? 놀라운 일이 아닐 수 없다. 언어가 그렇듯, 책은 침묵의 언어를 누리지 못한 자들의 몫이다. 그럼에도 《있는 그대로》에 담긴 대담들은 영적 구도의 길잡이로 충분하다. 진정한 깨달음을 얻은 성자만이 보여줄 수 있는 명쾌함이 있다. 편안하다.

이거룡(인도철학자, 선문대 통합의학대학원장)

머리말

1896년, 열여섯 살이었던 한 소년은 가족의 품을 떠나 발걸음을 떼기 시작했다. 소년은 내면에서 일어나는 어떤 충동에 사로잡혀 남인도의 성산聖山이자 순례지인 아루나찰라Arunachala를 향해 걸음을 옮겼다. 그곳에 도착하자마자 소년은 지니고 있던 돈과 소지품을 모두 던져버리고, 자신이 새롭게 발견한 깨달음을 파고들며 몰입했다.

그것은 자신을 이루고 있는 참된 본성은 형태가 없으며, 만물에 두루 편재하는 의식이라는 깨달음이었다. 소년은 이 깨달음에 너무나도 몰두한 나머지, 자기 몸이나 외부 세계를 전혀 의식하지 못했다. 심지어 벌레가 다리를 파먹고 육체가 피폐해질 지경까지 먹고 마시는 것조차 잊어버리는 바람에, 머리카락과 손톱은 다듬을 엄두조차 나지 않을 만큼 무성하게 자랐다.

그 상태로 이삼 년이 지나자 그의 몸은 서서히 정상으로 돌아오기 시작했다. 하지만 몸이 기능을 제대로 수행하기까지는 그 후로도 몇 년의 시간이 더 지나야 했다. 몸이 회복된 뒤에도 자신이 '깨달음(awareness)' 자체라는 깨달음은 전혀 변하지 않았다. 그것은 소년의 일생 동안 빛을 잃지 않고 지속되었다. 인도식으로 표현하자면 『나』를 깨달은 것이다. 다시 말해 그는 '개별적으로 분리된 것은 아무것도 없다'는 것을 직접 체험하여 깨달았다. 우주의식은 시작이자 앎이지만 삼라만상의 형태로 모습을 바꾸어 경험되며, 우주라는 형태로 현현顯現한다는 진리를 직접 체험하여 깨달은 것이다.

이런 깨달음은 대개 오랜 세월 혹독한 수행을 해야만 비로소 성취할 수 있다. 하지만 그는 어떤 노력이나 열망 없이 그런 일이 일어났다.

인도 마두라이Madurai에 있는 삼촌 집 이층 방에 홀로 있던 열여섯 살의 학생 벵카타라만은 갑자기 죽음에 대한 강렬한 공포에 휩싸였다. 그리고 몇 분 동안 실제로 죽음을 경험했다. 그때 그는 깨달았다. 자신의 참된 본성은 영원히 사라지지 않으며, 육체나 마음, 개체성과는 아무런 상관이 없다는 것을. 물론 이와 비슷한 경험을 하는 사람들은 적지 않지만, 그들의 경험은 대부분 일시적인 현상으로 끝나고 만다. 하지만 벵카타라만은 그 경험이 지속되었고, 결코 사라지지 않았다. 그 후부터 벵카타라만에게는 개체적 인간으로 존재한다는 의식이 완전히 소멸되었고, 다시는 그런 마음이 생기지 않았다.

그는 자신이 겪은 일을 아무에게도 말하지 않았고, 그 후로도 6주 동안 평범한 학교생활을 이어나갔다. 그러나 시간이 흐를수록 아무 일도 없었던 것처럼 생활하는 데에 어려움을 겪기 시작했다. 마침내 6주가 끝나가던 어느 날, 그는 가족을 등지고 성산 아루나찰라를 향해 걸음을 옮기기 시작했다.

벵카타라만이 아루나찰라 산을 택한 것은 우연이 아니다. 그는 어려서부터 항상 '아루나찰라'라는 이름에서 신神을 떠올렸다. 나이를 먹은 후 아루나찰라가 천상의 영역이 아니라 지상에 존재하며, 언제든지 갈 수 있는 곳이라는 것을 알고는 크게 놀랐다. 아루나찰라는 힌두교에서 시바신의 현현顯現으로 여긴다. 훗날 벵카타라만 역시 자신의 깨달음은 아루나찰라 산의 영적인 힘 덕분이었다고 자주 언급하곤 했다. 아루나찰라에 대한 벵카타라만의 사랑은 너무나도 지극했다. 1896년에 그곳에 처음 발을 디딘 후 1950년에 세상을 떠날 때까지, 사람들이 아무리 간청해도 그 산에서 몇 킬로미터 이상을 벗어난 적이 없을 정도였다.

벵카타라만이 아루나찰라에 도착해 그곳에서 지낸 지 몇 년이 흘렀다. 그러자 내면의 깨달음이 자연스레 영적인 빛으로 뿜어져 나오기 시작했다. 그 빛에 이끌려 몇 명의 추종자들이 모여들었다. 그는 여전히 침묵을 지킨 채, 침묵 속에서 가르침을 펼쳤다. 초기 제자 가운데 한 명인 '가나파티 무니가'는 누가 봐도 명명백백한 성스러움과 지혜로움을 발산하는 이 젊은이에 감화되어, 그의 이름을 벵카타라만 대신 '바가반 스리 라마나 마하리시'로 고쳐 부르자고 도반들에게 제안했다. '바가반'은 '주主' 또는 '신'이라는 뜻, '스리'는 인도에서 존경을 나타내는 존칭, '라마나'는 벵카타라만의 약칭, '마하리시'는 산스크리트어로 '위대한 현자'라는 뜻이다. 다른 제자들 또한 새로운 이름을 기꺼이 받아들였다. 이것이 벵카타라만이 '바가반 스리 라마나 마하리시'라는 이름으로 세상에 알려지게 된 계기다.

당시, 스리 라마나는 거의 말을 하지 않았으며, 그의 가르침도 일반적이지 않았다. 그는 말 대신에 침묵에서 배어나오는 힘으로 가르침을 전했다. 침묵의 힘은 그 에너지에 공명하는 사람들의 마음을 고요하게 만들었고, 심지어 침묵을 통해 스리 라마나의 평상시 마음자리를 직접 체험하는 사람도 있었다. 침묵을 통해 가르침 받을 수 있는 사람들에게는 가장 효과적인 교수법이었던 셈이다. 스리 라마나는 평생 동안 침묵의 흐름에서 나오는 힘이야말로 가장 직접적이고 충일한 형태의 가르침이라고 힘주어 말했다. 말로 전하는 가르침은 자신의 침묵을 이해하지 못하는 사람들을 위해서일 뿐이라고 일축함으로써 침묵을 통한 가르침의 중요성을 강조했다.

스리 라마나는 날이 갈수록 더 유명해졌다. 그를 따르는 수행 공동체는 점점 더 커졌으며, 그를 보기 위해 방문객들이 구름 떼처럼 몰려들었다. 생애 마지막 20년 동안, 그는 인도에서 가장 널리 알려지고 존경받는 성자가 되었다.

그를 찾아온 방문객들은 다양했다. 스리 라마나의 존재 자체에서 흘러나오는 평화의 힘에 매혹된 이도 있었고, 수행자들을 지도하고 종교적인 가르침을 해석하는 그의 권위에 이끌린 사람도 있었다. 또 자신이 겪는 문제를 상담하고자 찾아오는 사람들도 많았다. 어떤 이유로 찾아왔든 스리 라마나를 대면한 대부분의 사람들은 그의 소탈함과 겸손함에 깊은 감명을 받았다.

그는 누구나 드나드는 공용 공간에서 먹고 자고 생활하면서 하루 24시간 내내 방문자들이 접견할 수 있도록 했다. 자신의 사유물이라고는 몸의 주요 부위를 겨우 가릴 수 있는 천 조각과 물주전자 그리고 지팡이가 전부였다. 많은 사람들이 그를 '살아 있는 신'으로 숭배했지만, 그는 자신을 특별하게 대우하는 것을 거부했다. 그래서 아시람의 모든 사람들에게 똑같이 주어지는 것이 아니면 절대 받아들이지 않았다.

오랜 세월, 그는 다른 수행자들과 마찬가지로 공동 작업을 했으며, 새벽 3시에 일어나 아시람에 머무는 사람들을 위해 식사를 준비했다. 평등에 대한 그의 원칙은 가히 전설적이어서 엄청난 거물이든 평범하기 짝이 없는 농부든 구분하지 않았다. 심지어는 식물이든 동물이든 모든 생명을 똑같이 존중하고 배려했다. 만물을 평등하게 대하고자 하는 그의 태도는 나무 한 그루라고 다르지 않았다. 제자들에게 꽃 한 송이, 잎사귀 한 잎 따지 않도록 당부했으며, 아시람에서 과일 열매를 수확할 때면 나무가 겪는 고통을 최소화할 수 있는 방법을 사용하라고 일렀다.

1925년부터 1950년까지 아시람의 중심은 스리 라마나가 기거하며 토론하는 작은 방이었다. 그는 방 한구석에 침묵의 힘을 내뿜으며 말없이 앉아 있거나, 세계 각국에서 물밀듯이 몰려온 방문객들의 질문에 답하며 대부분의 시간을 보냈다. 그는 자신의 생각을 기록으로 남기는 법이 거의 없었다. 따라서 방문객들의 질문에 일일이 입을 열어 답해야 했고, 그 가르침을 잘 정리한 결과물이 오늘날까지 남아 있는 것이다.

스리 라마나가 몸소 깨달은 앎에서 비롯한 '의식만이 유일한 실체'라는 가르침은 그 누구도 거역할 수 없을 만큼 위력적이었다. 그의 가르침을 들은 제자들은, 의식이라는 유일한 실체가 자신의 진면목이며 본성임을 확신하게 되었다. 하지만 그 진리의 지고하며 희석되지 않은 알맹이 그대로를 온전히 이해할 수 있는 제자는 극소수에 불과했다. 그래서 스리 라마나는 이 진리를 온전히 이해하지 못한 이들이 찾아와 도움을 청하면, 그 수준에 맞춰 가르침을 펼쳤다.

이처럼 스리 라마나가 듣는 사람의 수준에 따라 여러 방편으로 가르침을 펼쳤기 때문에, 그가 남긴 가르침은 여러 가지 단계로 나눌 수 있다. 가장 높은 단계에서는 '오로지 의식만이 실재한다'고 가르친다. 하지만 듣는 이가 미심쩍어 하면, 스스로를 제한하는 생각이 진리에 대한 깨달음을 가로막고 있으니, 이런 생각을 버린다면 의식의 실체가 드러난다고 설명을 덧붙인다.

　그러나 제자들 대부분은 가장 높은 수준의 가르침을 지나치게 이론적으로만 받아들였다. 제자들이 스스로를 한계 짓는 생각에 너무나도 푹 빠져 있어, 스리 라마나는 그들이 진리에 대한 선입견을 없애려면 오랜 세월 영적 수행에 몰두해야 한다고 보았다. 그래서 자신에게 집중하도록 이끄는 혁신적인 방편으로 그는 제자들에게 '자기탐구'를 하라고 권했다. 스리 라마나가 이 방법을 매우 자주 그리고 아주 간곡하게 권했기에, 많은 사람들은 '자기탐구'야말로 그의 가르침 가운데 가장 탁월한 것으로 꼽는다.

　그런데 개중에는 '자기탐구' 수행법에도 만족하지 못해 다른 수행법은 없는지 줄기차게 묻는 사람들도 있었다. 또 이론에 불과한 철학적인 토론에 맹렬하게 달려드는 이들도 있었다. 스리 라마나는 그런 사람들을 대할 때면 자신의 절대적인 견해를 고집하지 않고 일시적으로나마 누그러뜨렸다. 질문자 개개인의 수준에 맞춰 적절한 조언을 내놓았다. 그런 사람들의 그릇된 견해를 일단 받아들이고 맞장구쳐준 다음, 자신의 가르침 가운데 질문자가 자신의 진면목을 더 잘 이해할 수 있게 유도할 수 있는 것에서부터 이야기를 풀어나갔다.

　사람들의 다양한 수준에 맞춰 자신의 가르침을 시시때때로 바꾸는 그의 교수법 탓에, 그의 말은 종종 모순되는 것처럼 보이기도 한다. 어떤 사람에게는 개체로서의 자아가 존재하지 않는다고 말했으면서, 또 다른 사람에게는 개체로서의 자아가 어떻게 기능하며, 업(業障, karma)이 어떤 식으로 쌓이는지에 대해 상세하게 설명하는 식이다.

　하지만 이런 상반된 가르침을 종합적으로 보면, 관점에 따라 모두 나름대로 진리라고 할 수 있다는 사실과 아울러, 스리 라마나의 개인적 체험에 근거한 절대적 견해는 '개체로서의 자아는 존재하지 않는다'는 것임을 다시금 명확히 깨닫게 된다. 말하자면 '오로지 의식만이 실재한다'는 말로 요약되는 견해야말로, 때에 따라 다양하게 변하며 서로 상충하는 상대적인 가르침을 평가하는 실제적인 잣대라고 할 수 있다. 따라서 그의 이런저런 가르침이 설령 다양하게 가지를 뻗어가며 변하더라도, 앞서 말한 절대적 진리를 다양한 방편으로 전달하는 것으로 여겨도 무방할 것이다.

나는 이 책을 엮으면서 이런 점을 염두에 두고, 가장 높은 단계의 가르침은 앞부분에, 반대로 가장 덜 중요하거나 부차적인 가르침은 뒷부분에 실었다. 침묵에 대한 가르침이 유일한 예외인데, 이 부분은 마땅히 앞에 있어야 하지만 여러 가지 이유로 중간에 끼워 넣었다. 그 편이 이 책에 더 어울린다고 생각해서다.

이 책의 전체적인 구조를 이렇게 정한 데에는 두 가지 이유가 있다. 첫째는 독자들이 다양한 견해로 표현된 상대적인 가르침들을 스스로 저울질해가면서 읽을 수 있도록 하기 위함이다. 그보다 더 중요한 두 번째 이유는, 스리 라마나가 실제로 대중들을 가르쳤던 방식에 최대한 가깝게 읽히도록 하기 위해서다. 그는 방문자가 찾아오면 늘 가장 높은 수준의 진리를 납득시키려고 애썼고, 그 가르침을 쉽게 받아들이지 못할 때만 수준을 낮추어 좀더 상대적인 수준에서 가르침을 펼쳤다.

이 책은 여러 가지 주제에 대한 스리 라마나의 견해를 문답 형식으로 보여준다. 특정한 주제에 충실하도록 각 장을 구분했으며, 각 장의 앞머리에는 그 장의 주제와 관련된 간략한 소개나 해설을 실었다. 또한 각 장의 대부분을 차지하는 질문과 대답은 여러 대화록에서 발췌한 다음, 이어지는 대화 형식으로 보일 수 있도록 편집했다. 이렇게 할 수밖에 없었던 이유는, 스리 라마나의 가르침에 연결성이 없는 데에다 단편적인 대화록밖에는 남아 있지 않아서 특정 주제에 대한 그의 견해를 다양한 층위에서 파악할 수 없었기 때문이다. 대화 형식으로 엮기 위해 대화록에서 발췌한 인용구는 이 책 뒷부분에 목록을 만들어두었으니, 스리 라마나의 가르침에 좀더 관심이 있는 사람들은 참고하면 되겠다.

스리 라마나가 질문에 답할 때 사용한 언어는, 남인도에서 쓰는 세 가지 토속어인 타밀어, 텔루구어 그리고 말라야람어다. 그가 질문자들과 나눈 대화는 한 번도 녹음된 적 없이 모두 받아쓴 것들인데, 그나마도 그를 보좌한 통역자가 영어로 허겁지겁 기록한 것이 대부분이다. 개중에는 영어가 서툰 통역자도 있다 보니 몇몇 대화록은 문법에 맞지 않거나, 빅토리아 시대에나 쓰는 과장된 문체를 써서 스리 라마나를 꽤나 잘난 척하는 허풍쟁이처럼 보이게 했다. 그래서 이미 출간된 대화록에서 발췌할 때 부적절한 표현은 되도록 피했으며, 의미가 바뀌지 않는 범위 안에서 표현만 조심스럽게 다듬기도 했다. 또한 대화가 주제에서 너무 벗어나지 않도록 질문이나 대답을 줄인 경우도 있음을 밝힌다.

편집자 데이비드 갓맨

삼라만상은 『나』 안에 늘 존재하며, 『나』에 속해 있다.
삼라만상은 『나』로부터 생기며, 『나』를 위해 존재한다.
『나』에 의해 삼라만상이 존재하며,
이 모든 것은 실재하는 실체로서 하나다.
실체인 『나』를 소중히 여기라.

제 1 부

『나』

The self

제 1 장

『나』의 본성

만물에 편재하는 유일한 실체가 존재하는데, 그 실체는 나와 별개로 구분되어 존재하는 게 아니라 누구나 직접 체험하고 있으며, 존재하는 삼라만상의 근원이자 본질이며 본성이다. 이것이 스리 라마나가 늘 힘주어 말한, 그의 가르침의 정수이다. 스리 라마나는 이 '유일한 실체'를 여러 가지 다른 이름으로 불렀는데, 각각의 이름은 유일한 실체의 다양한 특징을 나타낸다. 다음은 스리 라마나가 유일한 실체와 같은 의미로 자주 사용한 용어들이다. 각각의 의미를 설명하자면 이렇다.

1. 『나』

스리 라마나가 가장 자주 사용한 용어다. '『나(The Self)』' 또는 '진짜 나'는 일반적인 '나'의 의미와는 다르다. 감각적으로 인지하고 경험하는 '나'를 일컫는 것이 아니며, 개체로서 경험하는 '나'를 가리키는 것도 아니다. 스리 라마나가 말하는 '『나』'는 인격적인 차원을 넘어서 모든 것을 포괄하는 인식 그 자체다.

　개체로서의 나는 본질적으로 존재하지 않으며, 마음이 빚어낸 것일 뿐이고 진짜 '나'의 진실한 체험을 방해하는 것이므로, 개체로서의 나와 참나를 혼동해서는 안 된다. 스리 라마나는 『나』는 언제나 현존現存하며 언제나 체험되고 있다고 가르쳤다. 그러나 스스로를 한계 짓는 마음의 습관을 멈출 때라야 비로소 있는 그대로의 참나를 의식적으로 알아차릴 수 있다고 강조한다. 영원히 그리고 지속적으로 『나』를 인식하는 상태를 '깨달음'이라고 한다.

2. 사트 - 치트 - 아난다

산스크리트어로 우리말로는 존재存在(Being, Sat) - 의식意識(Consciousness, Chit) - 지복至福(Bliss, ananda)'으로 번역된다. 스리 라마나의 가르침에 따르면, 『나』는 '순수 존재(Pure Being)'이며, '나는 이렇다'거나 '나는 저렇다'라는 느낌이 완전히 사라져도 여전히 남아 있는, '내가 존재한다'는 주관적 인식이다.

　이는 주체와 객체가 따로 없으며, 오로지 존재에 대한 깨달음만 있는 상태다. 왜냐하면 이 깨달음은 앎 자체이자 의식 자체이기 때문이다. 이 의식을 지복이라고 하는 이유는, 이 의식을 직접 체험하면 지속적인 행복에 잠기기 때문이라고 스리 라마나는 말한다. 『나』의 세 가지 측면인 '존재 - 의식 - 지복'은 따로따로 떨어진 게 아니라 통합된 전체로 체험된다. 이는 축축함과 투명함과 액체라는 물의 세 가지 특징을 따로 떼어놓을 수 없는 것과 같다.

3. 신

스리 라마나는 이 우주가 『나』의 힘으로 유지된다고 줄곧 말했다. 그런데 유신론자들은 대개 신(God)에게서 이런 힘이 비롯한다고 여긴다. 스리 라마나는 이들이 이해하기 쉽도록 참나를 '신'이라고 표현하기도 했다. 같은 맥락으로, 힌두교에서 지고의 존재를 일컫는 '브라만Brahman'이나 신을 가리키는 '시바Siva'를 '참나'라는 말 대신 사용하기도 했다.

스리 라마나가 말하는 신의 개념은 인격적인 신이 아니라 우주를 유지하는 무형無形의 존재다. 또한 스리 라마나가 말하는 신은 우주의 창조자가 아니다. 신의 내재된 힘이 발현된 것이 우주일 뿐이다. 신은 우주와 따로 떨어져 있는 별개의 존재가 아니라 불가분의 관계지만, 우주가 나타나든 사라지든 신은 영향을 받지 않는다.

4. 가슴

스리 라마나는 『나』에 대해 설명할 때, '리다얌hridayam'이라는 산스크리트 단어를 즐겨 썼다. 이 단어는 흔히 '가슴(The Heart)'이라고 번역하지만, 문자 그대로 옮긴다면 '중심'이라는 뜻에 가깝다. 그렇다고 해서 『나』가 깃들어 있는 특정한 자리나 『나』의 중심이라는 의미는 아니다. 『나』야말로 삼라만상을 현현顯現하게 하는 근원임을 표현하기 위해 이 말을 사용한 것이다.

5. 깨달음

스리 라마나는 『나』를 체험하는 상태를 가리켜 '즈나나jnana(깨달음)' 또는 '앎'이라고 부르곤 했다. 이 용어에서 오해하지 말아야 할 점은, 『나』에 대해 앎을 체득한 사람이 따로 있다고 받아들여서는 안 된다는 것이다. 왜냐하면 『나』를 깨달은 상태에서는 아는 주체가 따로 있지 않으며, 앎의 대상으로서의 '나' 역시 따로 있지 않기 때문이다. 참된 앎 또는 깨달은 상태는 대상으로 체험될 수 없으며, 앎의 주체와 분리된 어떤 상태에 대한 인식도 아니다. 이는 주체와 객체가 따로 존재하기를 그친 순간에 맞닥뜨리는 유일한 실체를 자각한 상태다. 이런 각성이 확고하게 자리 잡은 사람을 가리켜 '깨달은 이(즈나니, jnani)'라고 부른다.

6. 뚜리야와 뚜리야티타

힌두 철학은 인간이 깨어 있는 차원, 꿈꾸는 차원, 깊이 잠든 차원이라는 세 가지 상대적인 의식 사이를 오간다고 말한다. 스리 라마나는 이 일시적인 세 가지 의식 상태가 나타나도록 뒷받침하는 기저基底의 실체가 바로 『나』라고 설명한다. 이 때문에 스리 라마나는 『나』를 뚜리야 아바스타turiya avastha, 즉 '네 번째 상태'라고 불렀다. 그는 또한 '네 번째를 넘어선 상태'라는 뜻의 '뚜리야티타turiyatita'라는 용어도 자주 사용했다. 이는 실제로는 네 가지 의식 상태가 실재하지 않으며, 초월적인 의식 상태만이 실재한다는 사실을 지적하기 위해서다.

7. 다른 용어들

『나』를 뜻하는 또 다른 세 가지 용어가 있지만 그리 중요하지는 않다. 스리 라마나는 『나』가 존재의 참되고 자연스러운 상태라고 강조했으며, 이런 이유에서 '사하자 스티티sahaja sthiti'라는 용어를 종종 사용했다. 그 뜻은 '자연스러운 상태(본연의 상태, 본래의 상태)'를 말한다. 또한 스와루파swarupa라는 단어도 드문드문 썼는데, 이는 '참된 모습(참된 형태)' 또는 '참된 본질(참된 본성)'이라는 뜻이다. 이밖에 '침묵'이라는 말을 사용하기도 했다. 이는 고요한 무념無念의 상태로서, 깨어지지 않는 평화와 온전한 고요함이 『나』라는 뜻이다.

무엇이 실체인가?

항상 실재하는 것이 '실체'다. 형태도 없고 이름도 없지만, 형태가 있고 이름이 있는 모든 것들에 스며들어 있는 것이 실체다. 또한 스스로는 한계가 없지만, 한계 지워진 모든 것들에 스며들어 있는 것이 실체다. 실체는 어디에도 묶여 있거나 속박되어 있지 않다. 실체가 아닌 모든 것들에 스며들어 있지만 스스로는 실재한다. 실체란 실체 그 자체로 존재한다. 실체는 있는 그대로 존재한다. 실체는 언어를 초월하며, '존재' 또는 '비존재'라는 표현조차 초월한다.

　실체는 무지를 없애고, 외부에 분리된 대상이 있다는 착각까지 없앤 뒤에도 여전히 남아 있는 순수한 의식 자체이며, 유일한 나(참나, atman)다. 브라만의 참모습(Brahma-swarupa, 브라만의 진면목)에는 깨달음이 충만하며, 털끝만큼의 무지도 없다.

　실체는 고통도 없고 몸도 없다. 하지만 그 자체로 완전한 빛을 발한다. 당신이 그 차원을 인지하든 인지하지 못하든 상관없이, 실체는 당신의 진면목眞面目(nija-swarupa)이다.

　유일무이한 깨달음 속에서 안팎을 두루 비추는 의식의 빛이 지극히 높고 지극히 복된 근원적인 실체다. 깨달은 이들은 그것을 침묵으로 드러내며, 무엇으로도 깨뜨릴 수 없는 깨달음의 마지막 형태라고 말한다.

　오로지 깨달음만이 집착에서 자유로우며, 오로지 깨달음만이 순수하다. 깨달음은 곧 신이 되는 것이며,『나』에 대해 망각하지 않는 것이기에 영원히 소멸하지 않는다. 깨달음만이 모든 것이다.

깨달음이란 무엇이며 어떻게 얻을 수 있고, 어떻게 닦아 나가야 하는가?
당신이 깨달음이다. 깨달음은 당신의 다른 이름이다. 자신이 깨달음이므로 구태여 얻거나 닦을 필요가 없다.『내』가 아닌 것을 알려고 하는 행위를 그치기만 하면 된다. 그런 것들을 알려고 하지 않으면 순수한 깨달음만이 남게 되는데, 그것이 바로『나』다.

『나』 자체가 이미 깨달음이라면, 왜 나는 지금 이 순간에도 그걸 알아차리지 못하고 있는가?
이원성二元性이란 존재하지 않는다. 당신이 현재 알고 있는 것은 에고에서 비롯한 것이고, 상대적일 수밖에 없다. 상대적인 앎에는 아는 주체와 앎의 대상인 객체가 있게 마련이지만,『나』의 앎은 절대적이며, 알아야 할 대상도 없다.

　마찬가지로 기억 또한 상대적이어서 기억하는 주체가 따로 있고, 기억되는 대상이 따로 있다. 그러나 이원성이 사라진다면 누가 누구를 기억한단 말인가?

　『나』는 늘 현존現存한다. 사람마다『나』를 깨닫도록 도와달라고 하는데, 나를 아는 일에 무슨 도움이 필요하다는 말인가? 사람들은『나』를 무언가 새로운 것으로 여기고 그걸 알고 싶어 하지만,『나』는 영원하며 언제나 변함없이 현존하고 있다. 사람들은 마치 번쩍이는 빛이 내리꽂히듯이 깨달음을 얻고 싶어 한다. 하지만 어떻게 그럴 수 있겠는가?『나』는 빛도 아니고, 어둠도 아니다. 그것은 그저 있는 그대로일 뿐이다. 그 무엇으로도 정의내릴 수 없는 것이다. 군이 정의하자면 '나는 스스로 존재하는 자(I am that I am)' 정도가 최선이다.

여러 경전에서 묘사한 『나』는 각양각색이다. 『나』가 엄지만 하다거나, 털끝만 하다거나, 짧은 섬광 같다거나, 광대하다거나, 세상에서 가장 작은 것보다 더 작다는 식으로 말한다. 그렇게 말하는 건 모두 근거가 없다. 『나』는 유일무이한 존재지만, 실체 또는 비실체와 다르다. 『나』는 앎이지만, 앎 또는 무지와 다르다. 그러니 어떻게 말로 정의할 수 있겠는가? 『나』는 그냥 있을 뿐이다.

『나』를 깨닫게 되면 무엇을 알 수 있는가?

안다는 행위는 없다. 안다는 것은 그냥 존재하는 것일 뿐이다. 『나』를 깨달은 상태는 무언가를 새롭게 얻거나 저 멀리 보이는 어떤 목표에 이르는 것이 아니다. 언제나 있었던 그대로, 또한 항상 있는 그대로 그냥 존재하는 상태다. 진실이 아닌 것을 진실로 여기는 태도를 버리기만 하면 된다. 우리 모두는 실체가 아닌 것을 실체로 착각하고 있다. 우리가 늘 하던 이런 행위를 그치기만 하면, 참나가 곧 나임을 깨닫게 될 것이다. 바꿔 말하면 그저 '나로 존재하라'는 것이다. 이 단계에 이르면, 당신은 그토록 자명한 『나』를 찾으려고 애썼던 스스로가 우스꽝스럽게 여겨질 것이다.

그 단계에 이르면 '보는 자'와 '보이는 대상'의 분리에서 벗어난다. 그때는 보는 자가 따로 존재하지 않는다. 이 모든 것을 보는 자가 더 이상 존재하지 않으며, 오로지 『나』만 남는다.

직접 체험해서 그런 상태를 알려면 어떻게 해야 하는가?

『나』를 안다고 말하려면 두 개의 '나'가 있어야 한다. '아는 나'와 '앎의 대상인 또 다른 나'가 있어야 하며, 당연히 이를 알아가는 과정도 따라야 한다. 그러나 우리가 깨달음이라고 부르는 상태는 있는 그대로 존재하는 상태일 뿐, 무언가를 더 알거나 무엇이 되는 상태가 아니다. 그래서 깨달았다고 해도 달라질 게 없다. 항상 존재해왔고 그저 존재하고 있을 뿐이다. 아무도 그 상태를 설명할 수 없다. 그냥 있는 그대로 존재할 뿐이다. 좀더 이해하기 쉽게 그럴듯한 말로 깨달음에 대해 막연한 얘기를 늘어놓을 수는 있지만, 이미 실재하는 것을 어떻게 실재하게 하고, 이미 깨달은 상태를 어떻게 더 깨닫게 할 수 있겠는가?

'『나』는 곧 침묵'이라고도 하던데 왜 그런가?
『나』의 아름다움에 머무르면 생각을 하지 않는다. 생각해야 할 것이 없기 때문이다. 마찬가지로, 지고의 상태에서는 스스로 존재하는 것 외에 아무것도 얻거나 이룰 것이 없다. 그래서 『나』는 오로지 침묵에 잠기게 된다.

침묵(mouna)이란 무엇인가?
말과 생각을 초월한 상태가 침묵이다. 있는 그대로가 침묵인데, 어떻게 말로 설명할 수 있겠는가?

　현자들은 '나'라는 생각(에고)이 추호도 일어나지 않으며, 오로지 『나』만이 존재하는 상태를 두고 침묵이라고 부른다. 홀로 침묵하는 『나』가 신(God)인 동시에 '개체적 자아自我'이기도 하다. 이 오래된 세상에서 존재하는 것은 오로지 『나』뿐이다.

　다른 모든 지식은 사소하고 하찮은 앎에 불과하며, 오로지 침묵만이 진실하고 완전한 앎이다. 외부에 보이는 삼라만상은 실체가 아니며 『나』가 만들어내는 현상일 뿐이다. 참된 앎이 형태를 바꾸어 모습을 드러낸 것일 뿐임을 명심하라.

자아와 육체를 갖춘 '나'들이 도처에 셀 수 없이 많다는 것을 보지 않는가? 그런데 어떻게 참나가 유일무이한 실재라고 말할 수 있는가?

'육체가 곧 나'라는 생각을 받아들이면 '나'는 수없이 많을 수밖에 없다. 그러나 '육체가 곧 나'라는 생각이 사라진 자리에서 보면, 나 말고 다른 대상이 존재하지 않는다. 그러므로 『나』만이 유일한 실재라는 것이다.

『나』를 본질적인 차원에서 보면 육체란 존재하지 않는다. 그러나 외부에 시선을 빼앗겨 대상의 차원에서 보면 환영의 힘에 미혹되어 그것이 실재하는 것처럼 보인다. 그러므로 참나를 의식이 차지하는 공간이며, 육체의 소유자로 여긴다면 잘못된 생각이다.

현상계는 육체 없이는 존재하지 않고, 육체는 마음 없이는 존재할 수 없다. 그 마음은 의식이 없이는 존재할 수 없고, 의식은 실체가 없이는 존재할 수 없다.

자신의 내면으로 들어가 『나』를 깨달은 현자에게는 『나』 외에는 더 이상 알아야 할 게 없다. 왜 그럴까? 현자에게는 '나'를 육신의 형태로 동일시하던 에고가 사라져, 그 자신이 형태가 없는 존재, 즉 의식 자체이기 때문이다. 깨달은 이는 자신이 곧 『나』이며, 『나』 외에는 육체나 그 밖의 어떤 것도 존재하지 않는다는 것을 안다. 그런 사람에게 육체가 있고 없음이 무슨 차이가 있겠는가?

깨달음이라고 말하는 것은 잘못이다. 깨달을 것이 어디에 있단 말인가? 실체는 늘 있는 그대로다. 우리는 무언가를 새로 만들어내지 않는다. 전에 가져본 적 없는 무언가를 얻는 일도 하지 않는다. 이 책마저 어떤 의미에서는 당신을 현혹하고 있을 뿐이다. 우물을 파면 제법 큰 구멍이 생긴다. 그러나 우리는 그 구멍 속의 공간이나 우물을 창조한 것이 아니다. 우리는 단지 그 공간을 메우고 있던 흙을 파냈을 뿐이다. 그 공간은 우물을 파기 전에도 거기 있었으며, 우물을 판 후에도 있다. 이와 마찬가지로 우리는 오랜 세월 동안 우리 내면에 도사리고 있는 '습習(삼스카라samskaras, 내적 경향성)'을 밖으로 버리기만 하면 된다. 습을 버리고 나면, 『나』만이 홀로 빛난다.

그렇다면 어떻게 해야 습을 버리고, 속박에서 벗어나 자유로울 수 있는가?
자유는 우리의 본성이다. 우리가 곧 자유다. 우리가 자유를 갈망한다는 사실 자체가, 모든 속박에서 벗어난 자유로움이 우리의 진정한 본성이라는 사실을 숨김없이 보여주지 않는가. 우리가 속박되어 있다는 잘못된 착각을 버리기만 하면, 모든 갈망과 생각이 사라진다. 그러나 자유를 갈망하는 동안에는 속박되어 있는 것이다.

『나』를 깨달은 사람에게는 세 가지 의식 상태, 즉 깨어 있는 상태, 꿈꾸는 상태, 깊이 잠든 상태가 없다고 하는데, 그것이 사실인가?
깨달은 사람에게는 세 가지 상태가 없다고 묻는 자신은 누구인가? "나는 꿈을 꾸었다", "나는 깊이 잠들어 있었다" 또는 "나는 깨어 있다"라고 말하려면, 세 가지 상태를 거치는 동안에도 당신이 여전히 존재했다는 사실을 인정해야 한다. 이 말은 곧, 당신이 어떤 상태를 거쳐 왔든 당신이 늘 존재했다는 사실만큼은 분명하다는 것이다. 당신이 지금처럼 있다면, 당신은 깨어 있는 상태다. 깨어 있다면 꿈꾸는 상태가 뒤로 숨는다. 깊이 잠든다면 깨어 있는 상태가 뒤로 숨는 것이다.

　그러나 당신은 그때도 존재했고, 지금도 존재하며, 세 가지 상태를 거치는 동안 항상 존재한다. 당신은 세 가지 상태를 오고가지만, 늘 존재한다. 이것은 영화와 비슷하다. 스크린은 항상 존재하지만, 그 위에 여러 장면들이 비춰졌다가 사라진다. 스크린에 어떤 영상이 스쳐가든 스크린은 그대로 남는다. 마찬가지로 세 가지 의식 상태가 오가는 가운데에서도 여전히 『나』라는 존재는 지속된다. 이런 사실을 이해한다면, 스크린 위에 나타나는 장면들이 스크린에 흠집을 남기지 못하듯이, 세 가지 의식 상태에서 벌어지는 일들 때문에 괴로워하지 않게 된다. 스크린 위에는 끝없이 풍랑이 몰아치는 큰 바다가 비춰지지만 곧 사라진다. 때로는 큰불이 당신을 덮칠 듯 활활 타지만 이내 사라진다. 스크린에는 언제나 영상이 비춰지다가 사라진다. 그렇다고 스크린이 물에 젖거나 불에 타버리는가? 어떤 장면이 비춰지든 스크린 자체에 영향을 주지는 않는다. 마찬가지로 깨어 있을 때나, 꿈을 꿀 때나, 깊이 잠들어 있을 때나 일어나는 상황들은 당신에게 아무런 영향도 미치지 못한다. 당신은 언제나 『나』로서 존재한다.

깨어 있는 상태, 꿈꾸는 상태, 깊이 잠든 상태에서 일어나는 일들이 그것을 겪는 사람에게 아무런 영향도 끼치지 못한단 말인가?
그렇다. 내가 말한 그대로다. 그 상태들은 나타났다가 사라진다. 그러나 『나』는 그것 때문에 괴로움을 당하지 않으며, 늘 같은 상태일 뿐이다.

그렇다면 『나』를 깨달은 사람은 지켜보는 구경꾼의 입장인가?
바로 그렇다. 비드야라나Vidyarana가 쓴 《판차다시Panchadasi》* 제10장에는 연극 무대 위에 켜져 있는 등불의 비유가 등장한다. 그 등불은 연극이 상연되는 동안 빛을 비춘다. 무대 위에 등장한 배우가 왕이든 노예든 무용수든 차별하지 않으며, 심지어 관객들에게도 똑같은 빛을 비춘다. 그 등불은 연극이 시작되기 전에도 거기에 있었고, 연극이 상연되는 동안에도 거기에 있었으며, 연극이 끝난 후에도 거기에 그대로 있을 것이다. 마찬가지로 『나』가 품은 빛은 더 커지거나 작아지지 않으며, 에고, 지성, 마음, 기억에 골고루 빛을 비춘다. 우리가 깊이 잠들었을 때를 비롯해 에고의 느낌이 전혀 없는 순간에도, 『나』는 부침浮沈없이 스스로 계속해서 빛을 뿜는다.

하지만 '『나』가 구경꾼'이라는 생각은 마음이 만들어낸 것일 뿐이며, 『나』에 대한 절대적인 진리는 아니다. 바라보는 행위는 '보이는 대상'이 필요한 상대적인 개념이다. 따라서 이런 말이 성립하려면 '보는 자'와 '보이는 대상'이 모두 있어야 한다. 보는 자와 보이는 대상은 모두 마음이 만들어낸 것에 불과하다.

의식의 세 가지 상태는 네 번째 상태(뚜리야의 상태)와 비교할 때, 실체에서 어느 정도나 떨어져 있는가? 의식의 세 가지 상태와 네 번째 상태의 실질적인 관계는 무엇인가?

실제로 존재하는 것은 오직 한 가지 상태일 뿐이다. 그것은 의식의 상태라고 부를 수도 있고, 깨달음의 상태라고 부를 수도 있으며, 존재의 상태

• 14세기에 구루 비드야라나Vidyarana가 깨달음을 주제로 쓴 책으로, 인도 육파철학六派哲學의 하나인 베단타 학파의 견해를 반영한다.

라고 부를 수도 있다.

깨어 있는 상태, 꿈꾸는 상태, 깊이 잠든 상태는 실체가 아니다. 그것들은 일시적으로 왔다가 사라질 뿐이며, 늘 존재하는 것은 실체밖에 없다. '참나' 또는 '존재'는 세 가지 상태가 오고가는 중에도 나타나거나 사라지지 않으며 영원히 존재한다.

의식의 세 가지 상태는 실재하지 않는다. 그렇기 때문에 실체에서 이러저러한 간격으로 떨어져 있다고 말할 수는 없다. 거칠게나마 표현한다면, 존재 또는 의식이 유일한 실체라고 말할 수는 있다. 의식에 깨어 있음을 더하면 깨어 있는 상태가 되고, 잠이 더해지면 잠자는 상태가 되며, 꿈이 더해지면 꿈꾸는 상태가 된다. 의식은 여러 영상이 나타났다가 사라지는 스크린과 같다. 스크린이 실체라면, 영상은 그림자에 불과하다. 의식의 세 가지 상태를 실재하는 것으로 착각하는 오랜 습성 때문에, 의식이나 깨달음을 네 번째 상태라고 부를 뿐이다. 그러나 사실은 네 번째 상태라는 것은 없고, 실재하는 것은 오로지 하나의 상태뿐이다.

인생에서 꿈꾸는 상태는 짧고, 깨어 있는 상태는 길다. 이 사실 외에는, 꿈꾸는 상태와 깨어 있는 상태는 별반 다르지 않다. 두 상태 모두 마음의 산물에 지나지 않는다. 깨어 있는 상태가 길다 보니 우리는 그 상태를 자신의 진면목으로 여긴다. 그러나 뚜리야 혹은 네 번째 상태라고 부르는 본연의 상태는 언제나 있는 그대로 있을 뿐이며, 깨어 있는 상태, 꿈꾸는 상태, 깊이 잠든 상태에 대해 전혀 모른다(대승불교 혹은 선불교는 이런 까닭에서 '아무것도 모르는 마음'이라고 이른다-옮긴이).

흔히 '세 가지 상태(아바스타avasthas)'라고 부르다 보니, 『나』를 네 번째 상태(뚜리야 아바스타)라고 이름 붙이게 된 것이다. 그러나 뚜리야는 『나』의 본질적인 상태이며 자연스러운 상태일 뿐이다. '세 가지 상태'와 동일선상에 있는 하나의 상태라고 할 수는 없다. 이 사실을 깨달으면, 뚜리야 혹은 네 번째 상태라는 말도 쓰지 않게 될 것이다. '네 번째'라고 굳이 부르는 것은 세 가지 상태의 상대적인 표현이기 때문이다. 그렇기에 '뚜리야티타turiyatita', 초월 상태라고 부르기도 한다.

그렇다면 세 가지 상태가 『나』라는 본질적인 상태의 스크린 위에 나타났다가 사라지곤 하는 이유는 무엇인가?

지금 이 질문을 하는 자는 누구인가? 이들 상태가 나타났다가 사라진다고, 당신(참나)이 말하는가? 이들 상태가 나타났다가 사라진다고 말하는 자는 그것을 '보는 자'다. 마음은 '보는 자'와 '보이는 대상'으로 이루어져 있다. 그런데 그 마음이라는 게 도대체 어디에 있는지 한번 찾아보라. 그러면 그 마음은 『나』와 합일되며, '보는 자'도 '보이는 대상'도 존재하지 않게 된다.

따라서 당신의 질문에 대한 가장 진실한 대답은 "세 가지 상태는 나타나지도 않고 사라지지도 않는다"는 것이다. 『나』는 늘 있는 그대로 존재한다. 세 가지 상태가 존재하는 까닭은, 그 상태를 파고들어가 탐구하지 않았기 때문이다. 만약 『나』를 탐구해 들어가면 그것들은 더 이상 존재하지 않게 된다. 아무리 설명해도, 『나』를 깨닫기 전에는 실상이 뚜렷하게 잡히지 않을 것이다. 하지만 『나』를 깨우치고 나면, 이토록 오랫동안 자명하면서도 유일무이하게 존재하는 『나』에 대해 어떻게 사람들이 이렇게 눈을 감고 있을 수 있는지 의아할 것이다.

마음과 『나』는 어떻게 다른가?

다르지 않다. 마음이 내부로 향하면 『나』이고, 외부로 향하면 '에고'와 바깥에 보이는 현상계로 드러난다. 똑같은 옷감으로 옷을 지어도 다양한 옷이 되는 것과 같은 이치다. 또 똑같은 금으로 만든 금붙이라도 각기 다른 모양과 이름으로 존재한다. 하지만 다른 이름의 옷들도 옷감의 차원에서는 같으며, 다른 이름의 금붙이도 금이라는 점에서는 같다. 실체는 오직 하나이지만, 이름과 모습만 다를 뿐이다. 마찬가지로, 『나』와 마음이 별개로 존재하는 것이 아니다. 즉, 마음이라는 독립된 실체는 없다는 뜻이다. 『나』는 마음이 없어도 존재하지만, 마음은 『나』가 없이는 결코 존재할 수 없다.

브라만Brahman을 '존재 – 의식 – 지복(사트-치트-아난다Sat-chit-ananda)'이라고 하는데, 어떤 의미인가?
그렇다. 진정으로 그렇다. 브라만은 유일무이한 존재(sat)이며, 그것을 브라만이라고 한다. 사트의 빛과 본성이 지복(ananda)이다. 이 셋은 『나』와 다르지 않다. 이 셋을 합하여 '존재 – 의식 – 지복'이라는 이름으로 부른다.

『나』를 존재(사트Sat)와 의식(치트chit)이라고 할 때, 그것은 존재하지도 않고 존재하지 않는 것도 아니며, 지각할 수 있는 것도 아니고 지각할 수 없는 것도 아니라고 설명하는 이유는 무엇인가?
『나』가 실체로서 실재한다고 하더라도 모든 것을 포함하고 있기 때문에, 실체와 비실체라는 이원성을 내포한 질문을 할 수 있는 여지조차 없기 때문이다. 따라서 실재하는 것도 아니고 실재하지 않는 것도 아니라고 말하는 것이다. 마찬가지로 『나』는 의식이기도 하지만, 알아야 하는 대상도 없고 스스로 알려질 수도 없으므로, 지각할 수 있는 것도 아니고 지각할 수 없는 것도 아니라고 말하는 것이다.

'존재 – 의식 – 지복(사트-치트-아난다Sat-chit-ananda)'이라는 말은 지고한 실체가 존재와 다르지 않고, 의식과 다르지 않으며, 지복과 다르지 않음을 가리키기 위해 사용된다. 우리는 현상계에 살고 있기 때문에, 군이 말을 빌어서『나』를 존재 – 의식 – 지복이라고 표현하는 것이다.

우리의 참된 본성이 행복 또는 지복(아난다ananda)이라는 의미는 무엇인가?
브라만은 완전한 지복이다.『나』는 완전한 평화다. 그것만이 유일무이하게 존재하는 의식이다. 행복은『나』의 본성이며,『나』는 행복 그 자체다. 그러므로 오직 행복만 존재한다고 말하는 것이다. 이 사실을 알고『나』의 상태에 머물며 영원히 지복을 누리도록 하라.

어떤 사람의 행복이 재산 같은 외적인 원인에서 비롯한다면, 그 사람은 재산이 늘수록 행복하고 재산이 줄수록 불행하다고 말할 수 있을 것이다. 그렇다면 그 사람의 재산이 깡그리 없어진다면, 행복 또한 완전히 사라져야 한다. 실제로는 어떨까? 과연 그럴까?

깊이 잠든 상태에서 우리는 재산도 소유하지 않으며, 심지어는 자신의 육체마저도 소유하지 않는다. 하지만 불행하기는커녕 매우 행복하다. 그래서 사람들은 안락한 잠을 자고 싶어 한다. 이 사실로 비추어보건대, 행복이란 내면에 깃들어 있는 것이지 결코 외부 요인에서 비롯한 것이 아니다. 조건 때문에 왔다가 사라지는 것이 아닌, 진정한 행복의 보물창고를 열기 위해서는『나』를 깨달아야 한다.

당신은 가슴에 의식이 자리 잡고 있으며, 가슴이『나』와 같다고 가르친다. 이때 가슴은 정확히 어떤 의미인가?

신이라고 부르든, 『나』라고 부르든, 마음이라고 부르든, 의식의 자리라고 부르든 어떤 이름으로 불러도 상관없다. 여기서 반드시 알아야 할 핵심을 파악해야 한다. 내가 말한 가슴이라는 의미는 존재의 핵심이자 중심으로서, 이것 없이는 그 어떤 것도 존재할 수 없다.

내가 말한 가슴은 육체적인 것이 아니라 정신적인 것이다. 리다얌 hridayam은 리트hrit와 아얌ayam이 합쳐진 것으로, '이것이 중심'이라는 뜻이다. 생각은 마음에서 일어나서, 마음에 머물다가, 마음에서 사라진다. 생각이 마음의 내용이며, 생각이 삼라만상을 창조해낸다. 가슴은 그 모든 것의 중심이다. 《우파니샤드》에서는 모든 존재가 모습을 드러내게 하는 근원을 '브라만'이라고 한다. 브라만이 바로 가슴이다.

어떻게 하면 가슴을 깨달을 수 있는가?

우리는 단 한순간도 『나』를 체험하지 않고는 살아갈 수 없다. 왜냐하면 그 누구도 나와 떨어져서 존재한다는 걸 인정하는 사람은 없기 때문이다. 내가 참나이며, 참나는 곧 가슴이다.

모든 것이 비롯되는 중심이 바로 가슴이다. 우리 몸이나 세상이나 다른 어떤 것이라도 그 중심이 있는데, 그게 바로 가슴이라고 할 수 있다. 그러나 가슴에 머물게 되면, 가슴은 중심도 아니고 그를 둘러싼 주변도 아니라는 사실을 알게 될 것이다. 가슴에서 분리되어 존재하는 것은 아무것도 없기 때문이다.

참된 실체이며, 그 자신 외에 아무것도 알려고 하지 않는 의식이 바로 『나』이며, 그것만이 가슴이다. 행위에서 벗어난 의식으로만 참나를 알 수 있기 때문이다. 늘 『나』의 자리에 머무는 의식만이 티 없는 깨달음의 빛, 그 자체다.

제2장

깨달음과 무지

스리 라마나는 구도자는 세 부류가 있다고 말하곤 했다. 가장 앞서 나가는 구도자는 『나』의 참된 본성에 대해 듣는 즉시, 그 자리에서 바로 『나』를 깨닫는다. 두 번째 부류는 일정 기간 깨달음에 대해 명상하며 수행해야만 깨달음이 확고해진다. 세 번째 부류는 가장 더뎌서 오랜 동안 집중적으로 마음공부를 해야만 깨달음에 이른다.

　그는 또한 세 부류의 구도자를 화약, 숯 그리고 젖은 석탄에 비유하곤 했다. 화약은 작은 불꽃만 갖다대도 불이 붙으며, 숯은 잠시 불을 붙이는 시간이 필요하다. 이에 비해 젖은 석탄은 먼저 습기를 말려야 하며, 그 후에도 한참 동안 열을 가해야 비로소 불이 붙는다.

　스리 라마나는 첫째와 둘째 단계에 있는 이들에게는 오로지 『나』만이 존재하며, 자신에 대해 품고 있는 그릇된 생각에 주의를 끊으면 직접적이고 의식적으로 『나』를 체험할 수 있다고 가르쳤다. 스리 라마나는 이런 그릇된 생각들을 뭉뚱그려 '『나』가 아닌 것'이라고 불렀다. 왜냐하면 잘못된 관념과 오해가 쌓이면 상상의 장막을 만드는데, 이것이 『나』의 진면목을 체험하지 못하게 하기 때문이다.

　그 중에서도 가장 주된 오해는 『나』가 육체와 마음의 틀에 제한되어 있다는 것이다. 자신이 개별적인 존재이며 특정한 육체에 거하고 있다는 생각을 그치는 순간, 잘못된 생각으로 이루어진 건축물은 무너지고, 대신 『나』에 대한 영원한 깨달음이 그 자리를 차지한다.

　그는 가장 높은 수준의 가르침에서는 노력이나 수행을 문제 삼지 않았다. 『나』는 성취해야 할 목표가 아니며, '『나』가 아닌 것'이라는 제한적인 생각을 버리기만 하면 저절로 깨달음이 드러날 것이기 때문이다.

어떻게 하면 『나』를 깨달을 수 있는가?

깨달음이란 새롭게 얻을 수 있는 게 아니다. 깨달음은 이미 있는 그대로 존재한다. '나는 깨닫지 못했다'는 생각만 버리면 된다.

　고요함과 평화가 깨달음이다. 『내』가 아닌 적은 단 한순간도 없다. 의심하거나 깨닫지 못했다는 느낌을 지니는 한, 그런 생각을 없애려고 애써야 한다. 그런 생각의 원인은 '참나 아닌 것'을 참나와 동일시하는 데서부터 비롯한다. '참나 아닌 것'이 사라지고 나면 『나』만 오롯이 남는다. 빈 공간을 만들려면 물건들만 치우면 된다. 빈 공간을 다른 데서 가져올 수는 없다.

습을 제거(vasana-kshaya, 마음의 습성 혹은 마음의 잠재적 경향성 소멸하기)**하지 않고서는 깨달음을 얻을 수 없다고 하는데, 어떻게 하면 마음의 습이 남김없이 소멸되는 그**

상태를 깨달을 수 있는가?

당신이 지금 그 상태에 있다.

『나』에 마음을 집중하면 '습(마음의 경향성)'이 나타나자마자 녹아버린다는 것인가?

있는 그대로 머무른다면 그것들은 저절로 사라질 것이다.

어떻게 하면 『나』에 이를 수 있는가?

『나』에 이른다는 것 따위는 있을 수 없다. 『나』라는 것에 도달해야 한다면, 『나』가 지금 여기에 없으며 획득해야 할 대상이라는 뜻이 된다. 또한 새롭게 얻는 것은 언젠가는 잃게 되어 있으니 영원할 수도 없다. 영원하지 않은 것을 놓고 애타게 목말라 하며 추구할 가치는 없다. 그러니 『나』는 도달해야 할 대상이 아니라고 말하는 것이다. 당신이 바로 '참나'다. 당신이 이미 '그것'이다.

사실은 이렇다. 당신은 자신이 지복의 상태에 있다는 것을 모를 뿐이다. 원래 지복의 상태인 『나』 위에 무지無知가 장막을 드리운 것이다. 그러니 그릇된 앎인 무지의 장막을 걷어내기만 하면 된다. 그릇된 앎이란 『나』를 육체나 마음과 동일시하는 것이다. 그릇된 동일시가 사라지고 나면, 오로지 『나』만이 남는다.

따라서 누구나 깨달을 수 있다. 깨달음은 사람을 차별하지 않는다. '내가 깨달을 수 있을까'라는 의구심과 '나는 깨닫지 못했다'는 생각이 걸림돌이다. 이런 장애에서도 벗어나야 한다.

해탈(mukt)에 이르려면 시간이 얼마나 걸리는가?

해탈이란 미래에 이루어지는 것이 아니다. 그것은 언제나, 지금 여기에,

영원히 존재한다.

맞는 말이다. 하지만 나는 그것을 체험하지 못하고 있다.

'지금 여기'가 바로 그 체험이다. 아무도 지금 여기에 있는 자신이 『나』 임을 부인할 수는 없다.

그 말은 존재에 대한 것이지, 행복에 대한 것은 아니지 않은가?

존재가 곧 행복이며, 행복이 곧 존재다. 해탈이라는 말 때문에 사람들은 혼란스러워 한다. 도대체 왜 해탈을 추구해야 하는가? 사람들은 자신이 속박되어 있으니 해탈을 얻어 자유로워져야 한다고 믿는다. 그러나 실상 속박이란 존재하지 않으며, 오로지 자유만이 있다. 그런데 왜 굳이 해탈 이라는 이름을 붙이고 해탈하고자 몸부림치는가?

그 말은 진실이지만 우리는 무지하다.

무지만 없애면 된다. 그것만 하면 된다. 해탈에 대한 모든 질문은 당치도 않다. 해탈이란 속박에서 벗어난다는 말인데, 그 속에는 현재 속박되어 있다는 의미가 내포되어 있기 때문이다. 하지만 속박 자체가 없으므로 해탈이라는 말도 존재할 수 없다.

서양인들 중에는 섬광처럼 스치는 찰나에 우주의식을 체험했다는 이들도 종종 있 다. 그 깨달음은 어떤 것인가?

그런 체험은 섬광처럼 스치는 찰나에 번쩍하고 왔다가 번쩍하고 사라 진다. 시작이 있는 것은 반드시 끝이 있기 마련이다. 그러므로 항상 현 존하는 의식에 대한 깨달음만이 영원히 지속된다. 이 의식은 진실로 우리와 늘 함께한다. 누구나 '나는 존재한다'는 것을 안다. 자기 자신이 존재하고 있다는 사실을 부정하는 사람은 아무도 없다. 사람이 깊이 잠들었을 때는 아무것도 모르다가 깨어나면 다시 정신을 차린다. 그런데 깊이 잠든 사람이나 깨어난 사람은 똑같은 사람이다. 깨어 있든 잠들어 있든 그 사람이 바뀌는 것은 아니다. 단지 깊이 잠들었을 때는 육체에 대해 의식하지 못하지만, 깨어 있는 상태에서는 육체를 의식할 따름이다. 그러므로 육체에 대한 의식이 있느냐 없느냐 하는 차이가 있을 뿐, 참된 의식에는 변함이 없다.

육체와 육체에 대한 의식은 함께 일어나고 함께 소멸한다. 요컨대, 깊이 잠들어 있는 동안에는 한계가 없지만, 오히려 깨어 있는 상태에서 한계가 생긴다고 말할 수도 있다. 이런 한계가 곧 속박이다. '육체가 나'라는 느낌은 그릇된 것이므로, '나'에 대한 착각에서 벗어나야 한다. 진짜 '나'는 언제나 지금 여기에 존재한다. 『나』는 새롭게 나타나지도 않으며, 어디론가 사라지지도 않는다. 모름지기 존재라면 영원히 지속되어야 한다. 그러나 새롭게 생겨난 것은 사라질 수밖에 없다.

깊이 잠든 상태와 깨어 있는 상태를 비교해보라. 깨어 있을 때는 육체가 있지만, 깊이 잠들면 육체가 없다. 그러므로 육체는 또 사라질 것이다. 의식은 육체보다 먼저 존재했고, 육체가 사라진 뒤에도 남을 것이다.

'내가 존재한다'고 말하지 않는 사람은 없다. 다만 '나는 육체다'라는 그릇된 생각이 모든 불행의 원인이므로 이런 그릇된 인식은 물리쳐야 한다. 그것이 바로 깨달음이다. 깨달음이란 새로운 무언가를 얻거나 새로운 능력을 갖추는 게 아니다. 모든 기만을 제거하기만 하면 그게 바로 깨달음이다. 궁극적인 진리는 매우 단순하다. 궁극적인 진리는 본래 상태 그대로 존재하는 것일 뿐이며, 더 이상 다른 말이 필요 없다.

그렇다면 깨어 있는 상태보다 깊이 잠든 상태가 순수의식에 더 가깝다는 말인가?

깊이 잠든 상태, 꿈꾸는 상태, 깨어 있는 상태는 고정 불변의 『나』 위에 나타나는 현상일 뿐이다. 단 한순간이라도 『나』와 떨어져 존재할 수 있겠는가? 만약 그럴 수 있다면 그런 식의 질문도 할 수 있을 것이다.

그런데 흔히 깊이 잠든 상태가 깨어 있을 때보다 순수의식에 더 가깝다고들 하지 않는가?

그 질문은 "나는 깨어 있을 때보다 잠들어 있을 때 나 자신에 더 가까운가?"라고 묻는 편이 나을 것이다.

『나』는 순수의식이다. 그 누구도 『나』와 떨어져 존재할 수는 없다. 그런 식의 질문은 이원성二元性이 존재할 때만 가능하다. 그러나 순수의식 상태에는 이원성이 존재하지 않는다.

잠을 자거나 꿈을 꾸거나 깨어 있어도 똑같은 그 사람이다. 사람들은 깨어 있는 상태에서는 아름답고 흥미로운 일들을 많이 겪는다고 여긴다. 그런 일들을 경험하지 못한다는 이유로 잠든 상태를 멍한 상태라고 말한다. 더 깊이 들어가기 전에 이 점을 분명히 짚고 넘어가자. 당신이 자는 동안에도 존재한다는 사실을 인정하는가?

그렇다. 인정한다.

지금 당신은 깨어 있지만, 잠자던 사람과 같은 사람이다. 그렇지 않은가?

그렇다. 같은 사람이다.

그렇다면 잠든 상태와 깨어 있는 상태 사이에는 연속성이 있다. 무엇이 계속해서 이어진다는 것인가? 순수한 존재의 상태가 지속된다는 뜻이다.

　잠든 상태와 깨어 있는 상태의 차이점은 있다. 깨어 있는 상태에서는 육체를 비롯한 현상계가 나타나지만, 잠든 상태에서는 사라진다는 차이다.

하지만 잠이 들었을 때는 아무것도 인식하지 못한다.

그렇다. 잠든 상태에서는 육체에 대한 인식도 없고, 세상에 대한 인식도 없다. 그러나 잠자는 동안에 당신이 존재해야만 "나는 잠자는 동안에는 아무것도 모른다"라고 말할 수 있다. 지금 그렇게 말하는 자는 누구인가? 깨어 있는 사람이 말하고 있다. 잠자는 상태라면 그렇게 말할 수 없다. 다시 말해 지금 『나』와 육체를 동일시하는 개체가, 잠자는 동안에는 그런 인식이 없다고 말하고 있는 것이다.

　당신은 자신을 육체라고 여기기 때문에, 주위 세상을 보면서 깨어 있는 상태에서는 아름답고 재미있는 일들이 많다고 말한다. 또한 잠든 상태에서는 개체로서의 당신이 없고, 따라서 육체나 세상이 존재하지 않으므로 멍한 상태라고 말한다. 그러나 실상은 어떠한가? 세 가지 상태를 오가는 중에도 존재는 연속성을 띠지만, 개체적인 자아나 인식의 대상들은 연속성을 띠지 않는다.

맞다. 그렇다.

연속적인 것이 영원한 것이다. 만약 연속적이지 않다면, 나타났다가 덧없이 사라지는 것일 뿐이다.

맞다. 그렇다.

따라서 존재의 상태는 영원하지만 육체나 이 세상은 그렇지 않다. 육체나 이 세상은 영원불변한 존재, 즉 의식의 스크린 위를 스쳐 지나가는 현상일 뿐이다.

상대적인 관점에서 말하자면, 잠든 상태가 깨어 있는 상태보다 순수의식에 좀더 가깝다고 말할 수 있지 않나?

그렇다. 다만 제한된 의미에서 그렇다는 말이다. 즉, 잠든 상태에서 깨어날 때 '나라는 생각(개체적 자아)'이 시작되고, 마음이 움직이기 시작한다. 그러면 생각이 일어나게 되고, 육체의 기능도 함께 작동하기 시작한다. 이런 작용들이 함께 일어날 때를 가리켜 우리는 '깨어 있다'고 말한다. 하지만 잠자는 상태에서는 이러한 작용들이 멈춘다. 이런 이유에서 잠자는 상태가 깨어 있는 상태보다는 순수의식에 가깝다고 말할 수 있긴 하다.

　하지만 그렇다고 해서 언제나 잠자는 상태에 머무르려고 해서는 안 된다. 우선 그런 일은 불가능하다. 잠자는 상태는 의식의 다른 상태들과 번갈아가며 찾아오기 때문이다. 둘째, 잠자는 상태는 깨달은 이들이 누리는, 영원하고도 지속적인 지복의 상태와는 다르기 때문이다. 게다가 보통 사람들에게 잠자는 상태는 자각의 상태가 아니지만, 깨달은 사람은 늘 자각하는 상태에 있다. 그러므로 잠든 상태는 깨달음이 확고하게 자리 잡은 상태와는 다르다.

　더욱이 잠든 상태에서는 생각이 사라지며 개체성과 관련된 느낌도 소멸한다. 그런 상황에서는 수행하려는 노력 자체가 불가능하며, 우리 의지로는 어떻게 할 수 없는 상태다. 따라서 잠자는 상태가 설령 순수의식에 좀더 가깝다고 할지라도, 『나』를 깨닫는 데 적절한 상태는 아니다.

나처럼 전업專業으로 수행하지 않는 평범한 수행자는 자신의 절대 존재인 브라마의 지혜(Brahma-jnana)를 얻을 수 없는 게 아닌가?

깨달음이란 깨달아서 행복해지기 위해 얻어야 할 지식이 아니다. 지식을 얻기는커녕 오히려 자신의 무지한 견해를 내려놓는 게 깨달음이다. 자신이 알고자 하는 『나』는 진정 나 자신이기 때문이다. 존재하지도 않는 무지 때문에 까닭 없이 슬퍼하는 것은, 마치 열 명의 바보들이 한 명을 잃어버렸다며 슬퍼하는 것과도 같다.

다음의 우화를 들어보라. 바보 열 명이 배를 타고 작은 강을 건넜다. 강 맞은편에 도착한 다음 모두 무사히 도착했는지 확인하려고 했다. 그중에 한 명이 사람들의 숫자를 세어보더니 "어, 아홉 명밖에 없네. 아무리 세어봐도 아홉 명인데, 한 명이 없어졌어. 누가 없어진 거지?"라고 말했다. 그러자 다른 바보가 "제대로 센 거 맞아?"라며 직접 숫자를 세어봤지만, 그 역시 아무리 세어봐도 아홉 명뿐이었다.

이런 식으로 마침내 열 명이 제각기 일행의 숫자를 세어보게 되었다. 하지만 모두 자기를 빼고 헤아리는 어리석음을 범했다. "역시 아홉 명뿐이야." 열 명의 바보들은 "아무리 세어봐도 아홉 명인데, 도대체 누가 없어진 거지?"라며 서로에게 물어보았다. 없어진 한 명을 아무리 찾으려고 해도 도무지 찾아낼 수가 없었다. 그때 가장 마음이 여린 누군가가 말했다. "한 명이 물에 빠졌나봐." 그 말에 다른 바보 한 명이 울음을 터뜨렸다. "빠져 죽었나봐. 우리가 한 명을 잃어버린 거야." 그러자 나머지 바보들도 일제히 따라 울었다.

강둑에서 일행이 울고 있는 모습을 보고, 이를 딱하게 여긴 나그네가 다가와 사연을 물었다. 바보들은 열 명이 강을 건너고 나서 아무리 세어보아도 일행이 아홉 명뿐이라며 자초지종을 이야기했다. 이야기를 듣고

난 나그네는 눈으로 바보들의 숫자를 세어보았다. 모두 열 명이었다. 그는 어떤 일이 일어났는지 비로소 짐작할 수 있었다. 열 명 모두 강을 건너 무사하다는 사실을 바보들에게 납득시키기 위해서 그는 이렇게 말했다.

"이제부터 내가 당신들 한 사람 한 사람을 한 대씩 때리겠소. 그러면 맞은 사람이 차례대로 자기 번호를 부르시오. 하나, 둘, 셋 하고 순서대로 외치다보면, 틀림없이 없어진 사람을 찾을 수 있을게요." 이 말을 들은 바보들은 잃어버린 사람을 찾을 수 있다는 생각에 기뻐하며 나그네의 제안을 받아들였다.

나그네가 열 명을 차례로 한 명씩 때리는 동안 맞는 사람은 차례대로 큰 소리로 자기 숫자를 외쳤다. 이윽고 마지막 사람이 '열'이라고 외치는 순간, 바보들은 당황해서 서로를 쳐다보았다. "우리가 열 명이구나!" 바보들은 한마음으로 기뻐하면서 슬픔을 가시게 해준 나그네에게 감사했다.

자, 생각해보라. 이 우화에서 나그네는 열 번째 사람을 어디에서 데려왔는가? 정말 한 명이 없어졌는가? 바보들은 한 명이 사라진 게 아니라 열 명이 계속 같이 있었다는 것을 앎으로써 새로운 무엇을 배웠는가? 그들이 슬퍼했던 까닭은 실제로 한 사람을 잃어버렸기 때문이 아니라 그들 자신의 무지 때문이었으며, 더 나아가 한 사람을 잃어버렸다는 착각 때문이었다.

당신의 경우도 이와 마찬가지다. 진실로 자신이 비참하다거나 불행하다고 느낄 이유가 하나도 없다. '무한한 존재'라는 당신의 참된 본성에 스스로 한계를 지은 다음, 자신이 유한한 피조물일 뿐이라고 여기며 슬퍼하고 있을 뿐이다. 그리고 존재하지도 않는 그 한계를 벗어나려고 이런저런 정신적 수행을 할 뿐이다. 그러나 이미 '한계가 있다'는 전제하에 수행을 한다면, 그 수행으로 한계를 벗어날 수 있을까?

그러므로 나는 당신 스스로가 실로 무한한 순수 존재, 즉 『나』임을 알라고 말하는 것이다. 당신은 늘 『나』였고, 『나』 외에 다른 존재인 적이 단 한 번도 없었다. 당신은 진정으로 『나』에 대해 모를 수는 없다. 당신의 무지는 '상상 속의 무지'일 뿐이다. 일행 한 명을 잃어버려 슬퍼하는 열 명의 바보들처럼, 있지도 않은 무지를 있다고 착각할 뿐이다.

이처럼 참된 앎이란 당신을 새로운 존재로 변화시키는 게 아니다. 다만 무지하다는 착각만을 제거하는 것이다. 깨달음이란 당신의 본성에 지복을 더하는 게 아니다. 지복이란 영원히 변하지 않는, 진정한 본연의 상태 그 자체다. 당신의 슬픔을 없애는 유일한 방법은 『나』를 알고, 『나』 자체로 존재하는 것이다. 이미 존재하는 『나』를 아는 일이 왜 안 된다는 것인가?

당신이 아무리 여러 번 가르쳐줘도 우리는 이해할 수 없다.

사람들은 『나』가 삼라만상에 가득 차 있는데도 모르겠다고 한다. 내가 더 이상 어떻게 말해야 하는가? 어린아이조차도 '내가 있다, 내가 한다, 이건 내 거야'라고 말한다. 그러니 '내'가 항상 존재한다는 것은 누구나 알고 있다. '나는 육체다, 그 사람은 김 아무개다, 저 사람은 이 아무개다' 식의 느낌은 오로지 내가 존재할 때만 가능하다. 언제나 볼 수 있는 『나』를 알아차리기 위해 촛불을 들고 두리번거릴 필요가 있는가? 나의 본성과 전혀 다르지 않은 참나(atman)의 본성을 모른다는 것은, "내가 누구더라?"라고 묻는 것처럼 어불성설이다.

그렇지만 어떻게 해야 그 상태에 도달할 수 있는가?

도달해야 할 목표 같은 것은 없다. 새롭게 얻어야 할 것 또한 아무것도 없다. 당신이 곧 『나』이며, 이는 늘 그러하기 때문이다. 『나』에 대해서는, 그저 존재한다는 말 외에는 더 이상 할 말이 없다. 신을 안다거나 『나』를 안다는 건 참나 혹은 내가 되는 일일 뿐이다. 앎이란 곧 존재하는 것이다. 당신은 이미 『나』로 존재하고 있으면서도, 어떻게 하면 『나』를 성취할 수 있는지 묻고 있다. 이것은 마치 A라는 장소에서 두리번거리며 이렇게 묻는 것과 같다. "A로 가려는데 어느 길로 가면 되나요?" 당신이 해야 할 일은 자신이 육체라는 생각을 그치고, 외부에 대상이 실재한다는 착각에서 벗어나면 된다. 『내』가 아닌 것들에 대한 착각을 멈추기만 하면 된다.

에고(ego-self)는 무엇인가? 에고는 『나』와 어떤 관계가 있는가?

에고는 나타났다가 사라지며, 일시적이다. 반면에 『나』는 영원하다. 실상은 당신 자신이 『나』임에도 불구하고, 에고를 『나』로 여기고 있다.

그런 착각은 어떻게 일어나는가?

그런 착각이 과연 실제로 일어났는지 살펴보라.

에고를 참나로 승화시켜야 하는 것 아닌가?

에고란 애당초 존재하지 않는다.

그렇다면 에고는 왜 우리를 괴롭히는가?

누가 괴롭다는 말인가? 그 괴로움이라는 것도 존재하지 않으며 착각일 뿐이다. 괴로움과 즐거움은 모두 에고에 속한 일이다.

세상이 왜 이토록 무지에 휩싸여 있는가?

당신 자신이나 걱정하라. 세상일은 세상이 알아서 하도록 내버려 두라. 『나』를 바라보라. 당신이 육체라면, 거친 물질적 현상계도 존재한다. 당신이 정신이라면, 모든 것이 정신일 뿐이다.

그렇게 되면 당사자는 좋겠지만 나머지 사람들은 어떻게 되는가?

먼저 그렇게 되어보라. 그렇게 된 다음에도 그런 의문이 생기는지 보라.

무지(avidya)라는 게 있는가?

누구에게 말인가?

에고에게 말이다.

그렇다. 무지는 에고에게 있다. 에고를 없애면 무지도 사라진다. 에고를 잘 살펴보면, 에고가 자취를 감추고 『나』만이 오롯이 남을 것이다. 에고에 무지가 있다고 하지만 실상은 에고 자체를 찾을 수 없을 것이다. 사실 무지는 없다. 모든 경전에도 무지는 존재하지 않는다고 적혀 있다.

에고는 어떻게 생겨나는가?

에고란 없다. 만약 에고가 있다면 자신이 둘이라는 말이 된다. 에고가 존재하지 않는다면 무지가 존재할 수 있겠는가? 이 진리를 궁구해보면, 결국 무지는 애당초 존재하지 않으므로 찾을 수 없다는 결론에 이른다. 막상 무지를 찾아보니 도망가 버렸다고 말할지도 모른다.

무지는 에고의 부속물일 뿐이다. 왜 당신은 있지도 않은 에고를 생각하며 괴로워하는가? 무지란 무엇인지 스스로에게 다시 물어보라. 무지는 존재하지 않지만, 세속의 삶은 무지가 있다는 전제하에 살도록 강요한다. 무지란 말 그대로 모르는 것일 뿐이다. 무지란 『나』를 모르거나 잊어버린 것이다. 햇빛이 비치는 곳에 어둠이 있을 수 있겠는가? 마찬가지로 자명한 『나』, 스스로 빛을 발하는 『나』 앞에서 무지가 존재할 수 있겠는가? 당신이 『나』에 대해 알게 되면 어둠도 없고, 무지도 없고, 불행도 실재하지 않는다는 사실을 알 것이다.

불행이나 괴로움을 느끼는 것은 마음이다. 어둠은 오지도 않고, 가지도 않는다. 태양을 보면 태양에 어둠이 없음을 알 수 있듯이, 『나』를 깨닫게 되면, 아무리 찾으려고 해도 무지가 없음을 알게 된다.

실체가 아닌 것이 어떻게 해서 나타나는가? 그리고 실체가 아닌 것이 어떻게 실체인 양 존재할 수 있는가?

실체가 아닌 것이 있는지 살펴보라. 근원적인 관점에서 볼 때, 비非실체인 것은 존재하지 않는다. 오로지 『나』만이 존재한다. 오로지 『나』만이 존재할 뿐, 실체가 아닌 것은 존재하지 않는다. 사람들이 세상을 인식하는 기초인 에고의 근원을 파고들어가 추적해보라. 그러면 에고란 존재하지 않으며, 당신이 보고 있는 삼라만상도 존재하지 않음을 알게 될 것이다.

『나』를 알기가 이토록 어렵다니, 이렇게 설계해 놓은 '신의 유희(leela)'가 너무 잔인하게 느껴진다.

『나』를 안다는 것은 『나』가 된다는 뜻이며, 『나』가 된다는 것은 자기 자신으로 존재한다는 것을 가리킨다. 자신의 눈을 직접 볼 수 없어도 눈이 있다는 사실을 부정할 수 없듯이, 자신이 존재하고 있다는 사실 역시 부정할 수 없다. 거울을 앞에 놓고 자신에게 눈동자가 있다는 사실을 대상화시켜서 알아차리는 것처럼, 『나』도 대상화시켜 알아차리려니 혼란스러운 것이다. 『나』는 대상이 될 수 없는데도, 자기를 대상으로 만들어놓고 알아차리려 하기 때문에 오히려 깨달음에서 멀어진다.

대체 『나』를 알려는 자는 누구인가? 지각 능력이 없는 육체가 『나』를 알고자 하는가? 당신은 늘 '나'에 대해 이야기하고, '나'에 대해 생각하면서도, 정작 물어보면 '나'에 대해 모르겠다고 말한다. 또한 스스로 『나』이면서도, 어떻게 하면 『나』에 대해 알 수 있느냐고 묻는다. 더군다나 신이 장난치며 곯린다 여기고, 신이 잔인하다고 불평한다. 사람들이 『나』를 부인하기 때문에, 경전에서 환영幻影(마야maya)이니 장난(leela)이니 하는 비유로 설명하는 것이다.

내가 깨달으면 다른 사람에게도 도움이 되는가?
물론이다. 그것이야말로 다른 사람을 돕는 최상의 방법이다. 하지만 그 차원에 이르면 도움받을 사람이 따로 존재하지 않는다. 금 세공사의 눈에는 온갖 금붙이가 그저 금으로 보이는 것처럼, 깨달은 사람의 눈에는 오직 『나』만이 실재하기 때문이다. 자신을 육체라고 여기면 갖가지 형태와 다양한 현상이 눈에 들어올 것이다. 하지만 자신이 육체라는 인식을 초월하면, 육체 의식이 사라짐과 동시에 다른 모든 것들도 사라져버릴 것이다.

그러면 풀이나 나무처럼 주위를 둘러싼 모든 것이 사라진다는 말인가?

풀이나 나무는 『나』와 별개로 존재하는가? 그 생각을 들여다보라. 당신은 풀이나 나무를 본다고 생각하지만, 그렇게 생각하는 생각은 『나』로부터 투영投影되는 생각일 뿐이다. 그 생각이 어디에서 일어나는지 탐구해보라. 그러면 생각이 더 이상 일어나지 않고, 오로지 『나』만이 남을 것이다.

무슨 말인지 이론적으로는 알겠지만, 풀과 나무는 여전히 저기에 있지 않은가?
그렇다. 풀과 나무는 여전히 저기에 있다. 하지만 그것은 영화와 같다. 스크린 위에 빛과 그림자로 이루어진 영상들이 지나갈 때마다, 관객들은 마치 실제처럼 여긴다. 만약 영화를 보는 관객도 스크린 위에 보이도록 영상을 비춘다면, 보는 자와 보이는 대상이 같은 스크린 위에 나타날 것이다. 이 원리를 자신에게 적용해보라. 당신은 스크린 자체이지만, 역시 스크린인 『나』는 에고를 만들어낸다. 풀이나 나무처럼 현상계에 드러나는 것들은 에고에 붙어 있는 생각일 뿐이다. 실체의 차원에서 보자면, 만물이 『나』일 뿐이다. 『나』를 본다면, 언제 어디서나 모든 것이 『나』임을 알 것이다. 『나』 외에는 존재하지 않기 때문이다.

단순하고 아름다우며 분명한 가르침이다. 하지만 여전히 이론적으로밖에 이해되지 않는다.
'나는 깨닫지 못했다'는 생각이 장애물이 되어 가로막고 있기 때문이다. 진실로 『나』만이 존재한다.
　우리의 참된 본성은 해탈(mukti)이다. 우리는 실상 언제나 자유롭지만, 속박되어 있다고 여기기 때문에 온갖 방법을 써서 자유로워지려고 발버둥을 친다. 하지만 당신이 해탈의 단계에 이르고 나면, 내 말에 무릎을

치며 고개를 끄덕일 것이다. 이미 그런 존재로 살아왔고, 이미 그런 존재로 현존하고 있으면서 이 상태에 도달하기 위해 그토록 정신없이 발버둥 쳤다는 사실에 놀랄 것이다.

당신이 좀더 분명하게 이해할 수 있도록 이야기를 하나 해보겠다. 여기 있는 누군가가 이 방에서 잠이 들어 꿈을 꾼다고 가정해보자. 그는 꿈속에서 세계일주 여행을 떠났는데, 산을 넘고 골짜기를 지나기도 하고, 사막을 헤매고 바다를 건너기도 하며, 여러 대륙을 거치면서 여러 해 만에 고되고 피곤한 여정을 끝마쳤다. 마침내 그는 이 나라에 도착해 이곳 아시람을 찾았으며, 이 방 안에 들어오게 된다. 바로 그 순간, 그는 잠에서 깨어난다. 그리고 잠이 든 그 자리에서 실은 한 발짝도 움직이지 않았다는 사실을 깨닫는다. 바로 이와 같다. 모진 고생 끝에 이 방으로 돌아온 게 아니라, 이 방에 이미 머무르고 있었던 것이다.

"본래 자유롭다면, 우리는 왜 구속되어 있다고 느끼는가?"라고 묻는다면 나는 거꾸로 이렇게 반문하겠다. "방 안에 가만히 머무르고 있으면서도, 당신들은 왜 산을 넘고 바다를 건너고 사막을 헤매며 험난한 여행을 하고 있다는 공상에 빠져 있는가? 모두 마음이 만들어 낸 환상幻想(maya)일 뿐이다."

『나』를 깨닫지 못한 사람들이 유일한 실체에 대해 알지 못하는 불행한 일은 왜 벌어지는가?

깨닫지 못한 사람들은 마음(mind)만을 보는데, 마음이란 가슴(Heart)에서 나오는 순수의식의 빛이 투영된 것에 불과하다. 깨닫지 못한 사람들은 가슴 자체에 대해서는 무지하다. 그들의 마음이 밖으로만 향해 있어서 그 근원을 살피지 않기 때문이다.

가슴에서부터 나오는 무한하고 차별 없는 의식의 빛을 보지 못하도록, 깨닫지 못한 사람을 방해하는 것은 무엇인가?

냄비 안에 들어 있는 물은 무한한 태양빛을 좁은 냄비의 한계 안에서만 받아들인다. 마찬가지로, 가슴에서 우러나오며 만물에 스며 있는 무한한 의식의 빛은 개인의 마음에 잠재되어 있는 습성의 틀에 갇혀버린다. 이렇게 가슴의 빛이 제한적으로 굴절되는 현상이 바로 '마음'이다. 깨닫지 못한 사람은 그저 자신에게 비춘 반사광만을 보면서 자신을 유한하고, 개체이며, 따로 구별되어 존재한다는 미혹에 빠진다.

『나』를 깨닫지 못하도록 방해하는 장애물은 무엇인가?

마음의 습(바사나vasana)이 장애물이다.

어떻게 마음의 습을 극복할 수 있는가?

『나』를 깨달으면 된다.

끝없이 쳇바퀴 도는 악순환처럼 들린다.

그런 어려움을 겪는 건 에고 때문이다. 에고가 스스로 장애물을 만든 다음, 누가 봐도 알 수 있는 모순에 빠져서 사서 고생을 한다. 지금 질문하고 있는 자가 누구인지를 탐구하면 『나』를 알아차리게 될 것이다.

마음의 속박은 왜 이리도 끈질긴가?

속박의 본질은 '실체로부터 분리되어 있는 존재'라는, 파괴적이며 그릇된 생각일 뿐이다. 아무도 실체에서 분리된 상태로는 존재할 수 없으니, 그런 생각이 날 때마다 뿌리치도록 하라.

지금의 내가 『나』임을 기억하지 못하는 이유는 무엇인가?

사람들은 『나』에 대한 기억과 망각에 대해 말한다. 그러나 망각이나 기억 따위는 단지 생각의 형태에 불과하다. 생각이 있는 한, 번갈아가면서 기억하고 망각할 뿐이다. 그러나 실체는 기억이나 망각과 같은 생각을 초월해서 존재한다. 기억이나 망각은 어떤 대상이 있어야만 하기 때문에, 대상에 의존할 수밖에 없다. 그 의존하는 대상은 참나에게도 낯선 것이다. 만약 『나』라면 잊어버릴 수가 없기 때문이다.

   기억과 망각의 의존 대상이 되는 생각은 개별적인 자아에서 비롯한다. 그러나 개별적인 '나'라는 존재를 아무리 찾으려고 애써봐도 찾을 수 없을 것이다. 개별적인 자아는 사실상 존재하지 않기 때문이다. 그런 이유에서, '나'라는 말은 환상이나 무지無知와 같은 말이다. 모든 영적인 가르침의 목적은, 무지란 결코 존재하지 않는다는 사실을 일깨워주기 위한 것이다. 알고 있는 사람이라야 망각할 수 있다. 앎은 깨달음(jnana)이다. 깨달음은 영원하고 자연스럽다. 반면에 무지는 자연스럽지도 않고 실재하지도 않는다.

이런 진리를 듣고도 왜 마음이 여전히 만족스럽지 않은가?

습이 완전히 없어지지 않았기 때문이다. 습이 완전히 없어지지 않는 한 의심과 혼란이 일어나게 마련이다. 이 의심과 혼란을 없애려면 그 뿌리를 완전히 뽑아내야 하며, 거기에 모든 노력을 쏟아 부어야 한다.

   의심과 혼란의 뿌리가 바로 습이다. 습의 영향을 받지 않으려면, 스승의 가르침을 받으며 수행해야 한다. 스승은 제자 스스로 "무지란 존재하지 않는다"는 사실을 알아차리도록 도와줌으로써 제자의 습을 제거한다. 습을 없애는 첫 번째 단계는 진리를 경청하는 것이다. 진리를 듣고도 확실하게 이해되지 않으면 내면을 성찰하는 수행(manana)을 해야 하며, 명상에 몰입(nididhyasana)하는 시간을 가져야 한다. 이 두 과정을 거치면서 습은 차츰 시들어갈 것이다. 그리고 마침내 습의 영향력에서 벗어나게 될 것이다.

소수의 특별한 사람들은 진리를 한번 듣는 것만으로도 깨달음을 얻는다. 이런 사람들은 앞서나가는 수행자다. 하지만 처음 수행하는 사람들은 보통 오랜 시간을 수련해야 깨달음을 얻는다.

무지(아비드야avidya)는 왜 생기는가?

무지는 결코 생겨나지 않는다. 무지는 실체가 아니기 때문이다. 실제로 존재하는 건 오로지 '앎(비드야vidya)'뿐이다.

그런데도 나는 왜 깨닫지 못하는가?

습 때문이다. 누가 깨닫지 못하고 있는지, 대체 무엇을 깨닫지 못하고 있는지 탐구해보라. 그러면 무지가 애당초 존재하지 않는다는 것을 명확히 알게 될 것이다.

그렇다면 목표를 세워 뭔가를 시작하는 것 자체가 잘못된 것이 아닌가?

도달할 수 있는 목표가 있다면 영원한 것이 아니다. 도달하고 나면 끝나버리기 때문이다. 아무리 달려가도 목표는 항상 거기에 있을 수밖에 없다. 목표에 도달하기를 갈망하는 것은 에고이지만, 목표는 에고보다 앞서 나간다. 목표는 당신이 태어나기 전부터, 다시 말해 에고가 나타나기 전부터 존재한다. 왜냐하면 에고가 발현되면서 개별적인 '나'도 존재하기 때문이다.

에고ego와 『나』를 동일시하면, 『나』도 에고화된다. 마음과 『나』를 동일시하면 『나』도 마음처럼 된다. 마찬가지로, 육체와 『나』를 동일시하면 육체가 곧 자기인 것처럼 보인다. 찰흙으로 모든 것을 만들어내듯이, 우리 마음은 온갖 허상을 만들어낸다.

흐르는 물에 비친 그림자는 물결에 따라 함께 흔들린다. 물에 비친 그림자가 흔들리는 것을 누가 막을 수 있겠는가? 만약 물살이 흔들리기를 멈추면, 물은 보이지 않고 수면 위에 반짝이는 빛만 보일 것이다. 그러니 에고와 에고의 장난에 놀아나지 않으면, 자연히 그 배후에 있는 빛만 바라보게 될 것이다. '나'라는 생각이 에고다. 진정한 '나'는 '참나'다.

관념을 내려놓기만 하면 되는 문제라면, 깨달음을 얻는 것은 단 한걸음에 가능하지 않은가?

깨달음은 이미 존재한다. 생각으로부터 자유로운 상태만이 유일한 실재이기 때문이다. 그러므로 새삼스럽게 뭔가를 깨닫는다는 행위가 있을 수 없다. 『나』를 알지 못하는 사람이 어디 있겠는가? 한번 생각해보라. 자신의 존재를 부정하는 사람이 어디 있겠는가? '깨달음'이라는 표현은 깨닫는 자아와 깨닫는 대상인 '참나'라는 두 개의 자아를 전제하고 있다. 또한 '깨달음을 추구한다'는 말에는 '아직 깨닫지 못했다'는 생각이 깃들어 있다. 하지만 자신의 존재를 인정한다면, 어떻게 '나'를 모른다고 말할 수 있겠는가?

그것은 생각과 마음 때문이지 않은가?

바로 그렇다. 마음이 행복을 가로막는다. 우리가 존재한다는 사실을 어떻게 알 수 있는가? 만약 주위를 둘러싼 현상계를 관찰함으로써 그것을 보는 자신이 존재한다는 것을 안다면, 깊이 잠들었을 때는 어떻게 자신이 존재한다는 것을 알 수 있겠는가?

어떻게 해야 마음을 없앨 수 있는가?

마음을 없애려는 것도 역시 마음 아닌가? 마음으로 마음을 없앨 수는 없다. 마음의 참된 본성이 무엇인지 탐구하도록 하라. 그러면 마음이라는 게 애당초 존재하지 않는다는 것을 깨닫게 된다. 『나』를 찾아서 파고들다 보면, 마음은 어디에도 자리할 수 없게 된다. 『나』에 머무르면 마음 따위를 걱정할 필요가 없다.

해탈(무크티|mukti)**과 깨달음은 같은 것인가?**

해탈은 우리의 본성이자 우리의 다른 이름이다. 그런데도 해탈을 갈망한다는 건 매우 우스꽝스러운 일이다. 시원한 그늘에 앉아 있던 사람이 제 발로 햇볕이 뜨겁게 내리쬐는 땡볕으로 걸어 나가서는 "너무 덥다"고 투덜거리는 격이다. 그러고는 다시 그늘을 찾아 여기저기 헤매다가, 적당한 그늘을 만나면 "아! 시원하다. 마침내 그늘을 찾았다!"라며 즐거워하는 식이다. 우리는 그와 같은 짓을 하고 있다. 우리는 실체와 다르지 않지만, 스스로 실체와 다르다고 여김으로써 실체와 달라져버리고 만다. 그러고는 그 괴리를 없애고 실체와 하나가 되기 위해 맹렬히 정신 수행을 한다. 스스로 괴리를 만들어내고는 그것을 깨뜨리기 위해 애쓰는 이유가 무엇인가?

스승의 은총을 받아야만 깨달을 수 있지 않은가? 나는 스리 바가바타Sri Bhagavata의 말씀을 읽었는데, 거기엔 '스승의 발에 묻은 먼지에서 지복을 체험

할 수 있을 것'이라는 대목이 있었다. 부디 은총을 베풀어주기 바란다.

자신의 존재 이외에 무슨 지복이 따로 있겠는가? 존재와 지복은 따로 떨어진 별개가 아니며, 당신은 이미 지복과 하나다. 당신은 지금 수시로 변하는 덧없는 마음이나 육체를 자신이라고 생각하고 있다. 그러나 당신은 변하지 않는 영원한 존재다. 당신이 알아야 할 것은 바로 이것이다.

나는 아직 어두움 속에 있고 무지하다.

그 무지가 사라져야 한다. '나는 무지하다'라고 말하는 자는 누구인가? 무지하다는 것을 바라보는 자가 있다. 그 '보는 자'가 바로 있는 그대로의 자신이다. 소크라테스는 "나는 내가 모른다는 사실을 안다"고 했다. 그 말을 무지라고 할 수 있겠는가? 소크라테스의 말은 지혜 그 자체다.

이제껏 불행하기만 했는데, 당신 앞에 앉아 있는 지금은 왜 이렇게 평온한지 모르겠다.

지금 이곳에서의 느낌을 지복이라고 생각하는가? 그렇다면 당신은 이곳을 떠나면 또 다시 불행하다고 말할 것이다. 그러므로 당신이 지금 느끼는 행복은 영원한 것이 아니다. 그 행복감이 또 다른 곳에서 느끼는 불행감을 초래할 것이다. 따라서 당신은 어느 곳에서나, 영원히 지복감을 느끼지는 못할 것이다. 참된 지복이라면 영원해야 한다. 그런데 당신의 존재야말로 영원하다. 『나』로 현존하라. 그것이 바로 지복이다. 실은 당신은 항상 지복이다.

　『나』는 항상 알아차리고 있다. 이미 깨달았고, 항상 깨달은 상태에 있기 때문에, 달리 깨달음을 추구할 필요가 없다. 자신이 존재하고 있다는 것을 어떻게 부정할 수 있으랴? 당신의 존재가 바로 의식이며, 『나』다.

당신이 존재하지 않는다면, 질문조차 할 수 없을 것이다. 따라서 자신이 존재한다는 것만은 인정해야 한다. 존재 자체가 바로『나』이며,『나』는 이미 깨달은 상태. 그러므로 당신이 깨닫고자 노력하면 할수록 '『나』를 아직 깨닫지 못했다'고 착각하는 실수를 저지르고 있었음을 통렬히 깨닫게 될 것이다. 새롭게 깨달아야 할 것은 없다.『나』가 모습을 드러내는 것뿐이다.

깨달으려면 몇 년은 걸릴 것 같다.

왜 몇 년씩이나 걸릴 거라고 생각하는가? 시간이라는 관념은 당신의 마음속에만 존재할 뿐,『나』에게는 없다. 시간은 에고가 나타난 이후에 등장하는 하나의 관념이다. 그러나 당신은 시간과 공간을 초월한『나』이며, 시간과 공간 없이도 존재한다.

오랜 세월이 지나고서야 깨닫게 될 것이라는 말은, 지금은 깨닫지 못한 상태에 있다는 뜻이다. 만약 지금 이 순간이 깨닫지 못한 상태라면, 언젠가 깨닫는다 해도 지금처럼 깨달음이 없는 순간이 또 나타날지도 모른다. 시간은 무한하기 때문이다. 그렇다면 당신이 말한 깨달음은 영원한 깨달음이 아니다. 그것은 진실이 아니다. 깨달음이 영원하지 않다는 생각은 그릇된 것이다. 깨달음은 변할 수 없는, 진실로 영원한 상태다.

나도 때가 되면 이해할 수 있을까?

당신은 이미『나』다. 시간과 공간은『나』에게 아무런 영향도 끼칠 수 없다. 시간과 공간 그리고 당신이 바라보는 삼라만상이 모두 당신 안에 있다. 이와 관련된 비유가 하나 있다.

진귀한 보석 목걸이를 한 여자가 있었다. 그녀는 어느 날 바쁜 와중에 자신이 목걸이를 잃어버렸다는 것을 알게 되었다. 온 집 안을 샅샅이 뒤져가며 애타게 찾았지만 목걸이는 보이지 않았다. 친구며 이웃들에게 자기 목걸이를 못 봤느냐고 물어봤지만 헛수고였다. 그러던 중 한 친구가 그녀에게 목을 더듬어보라고 일러주었다. 그녀는 그제야 애타게 찾던 목걸이가 실은 자기 목에 늘 걸려 있었다는 걸 알아차리고 뛸 듯이 기뻐했다. 사람들이 그녀에게 목걸이를 찾았느냐고 물었다. 그러자 그녀는 "네, 찾았어요"라고 대답했다. 그녀는 여전히 정말로 잃어버린 보물을 찾았다고 여기고 있었다.

　이 여자는 진짜로 목걸이를 잃어버렸던 것인가? 사실 목걸이는 늘 그녀의 목에 걸려 있었다. 그녀가 목걸이를 발견했을 때의 심정을 헤아려 보라. 마치 잃어버렸던 보물을 찾은 것처럼 그녀는 기뻐했다. 마찬가지로, 사람들은 자신이 『내』가 아닌 적이 없었는데도 언젠가는 『나』를 깨닫게 될 것이라고 여긴다.

그 상태에 도달하기 위해 내가 할 수 있는 것은 무엇인가?
어떤 목표가 있고 거기에 도달하는 길이 있다는 생각은 잘못되었다. 우리 자신이 그 목표다. 내가 깨닫지 못한 존재라는 생각만 버리면 된다.

모든 경전은 스승의 지도가 반드시 필요하다고 말한다.
스승들은 결국 내가 지금 하는 말과 똑같이 말할 것이다. 스승은 당신이 이미 갖고 있지 않은 것을 당신에게 줄 수는 없다. 또한 누구나 자신이 갖고 있지 않은 새로운 것을 얻을 수는 없다. 설령 새롭게 얻는 것이 있을지라도 언젠가는 다시 잃어버리게 된다. 오는 것은 가게 되어 있으며, 언제나 존재하는 것만이 영원히 남기 때문이다. 스승은 당신이 갖고 있지 않은 어떤 새로운 것도 줄 수 없다. 그러니 새로운 깨달음을 얻을 생각일랑 버려라. 아직 깨닫지 못했다는 관념만 버리면 된다. 우리는 항상 『나』다. 다만 그 사실을 깨닫지 못하고 있을 뿐이다.

우리는 "『나』가 도대체 어디에 있는 거지?"라며 『나』를 찾아 이리저리 방황한다. 그러다가 마침내 지견知見(jnana drishti, 올바르게 보는 지혜-옮긴이)의 서광이 비추고서야 "『내』가 바로 나였구나!" 하고 알아차린다. 우리는 그러한 '지견'을 얻어야 한다. 일단 지견을 얻고 나면 세속에 뒤섞여 살더라도 집착하지 않게 된다. 신발을 신은 사람은, 길바닥에 아무리 돌이나 가시가 많다고 해도 발에 상처입지 않는 것과 같다. 여정 중에 산길을 만난다고 해도 걱정하거나 두려워할 필요가 없다. 마찬가지로, 지견을 얻는 사람에게는 세상만사가 자연스러울 뿐이다. 『나』와 분리된 것은 아무것도 없기 때문이다.

세속적인 견해가 사라진 후에야 비로소 본연의 상태에 눈을 뜬다는데, 세속적인 견해를 어떻게 없앨 수 있는가?
마음이 사라지면 온 세상이 다 사라진다. 마음이 이 모든 것의 원인이다. 마음이 사라지면 본연의 상태는 저절로 드러난다. 그러면 참나는 본래의 상태를 저절로 드러낸다.

참나는 언제나 '나'로서 스스로를 드러내고 있다. 참나는 스스로 빛을 발하며, '지금 여기'에 있다. 삼라만상이 오로지 참나다. 우리 역시 그 안에 존재하고 있을 뿐인데 무엇을 따로 찾겠다는 말인가? 옛 현자들은 이렇게 말한다. "참된 지혜(jnana)의 빛을 얻은 사람은 삼라만상이 브라만(참나)임을 안다."

제3장

깨달은 사람

스리 라마나를 찾아온 많은 방문객들은 『나』를 깨달은 상태가 어떤 것인지에 대해 지칠 줄 모르고 질문을 퍼부었다. 이들은 특히 깨달은 사람이 체험하는 자기 자신과 주위 세계는 어떤지 알고 싶어 했다. 몇몇 사람들은 '깨달은 상태가 괴상한 것은 아닐까' 하는 오해에서 비롯한 질문을 던지기도 했다. 하지만 대다수 사람들의 질문은 다음 네 가지 유형으로 묶을 수 있다.

1. 깨달은 사람은 개체 의식(individual consciousness) 없이 어떻게 살아갈 수 있는가?
2. 보통 사람들이 볼 때는 깨달은 사람도 세상에서 이런저런 활동을 하며 살아가는 것처럼 보인다. 그런데 스리 라마나는 "깨달은 사람은 아무것도 하지 않는다"라고 자주 말하곤 했다. 어째서 그렇게 말하는가?

3. 깨달은 사람은 세상을 어떻게 인식하는가? 과연 이 세상을 인식
   하기는 하는가?
4. 깨달은 사람이 머무르는 순수의식은 깨어 있는 상태, 꿈꾸는 상
   태 그리고 깊이 잠든 상태와 같은 심신心身의 상태와 어떤 관련이
   있는가?

이런 질문들은 모두 『나』라는 상태를 체험하는 사람(깨달은 사람)이 따로
존재한다'는 믿음을 전제로 한다. 그러나 이런 가정은 잘못되었다. 이것
은 깨닫지 못한 사람들이 깨달은 사람의 체험을 이해하기 위해 나름대
로 고안한 관념적인 틀에 불과하다. 사실 '깨달은 사람'이라는 표현을 쓰
는 것만으로도 이미 그 믿음이 잘못되었다는 것을 알 수 있다.

　왜냐하면 '깨달은 사람(jnani)'이라는 말은 문자 그대로 '실체를 아는
자'라는 뜻이기 때문이다. 깨닫지 못한 사람들이 그런 표현을 사용하
는 이유는, 실체를 찾고자 하는 구도자와 실체를 아는 자가 세상에 함
께 있다고 여기기 때문이다. 그러나 참나의 입장에서 보면 진실은 이렇
다. 깨달은 사람도 깨닫지 못한 사람도 없으며, 오로지 '순수한 앎(즈나
jnana)'만이 존재한다.

　사실 스리 라마나는 이 점에 대해 직접적으로 또는 간접적으로 여러
차례 설명했다. 하지만 그 말의 의미를 개념적으로라도 이해하는 사람
이 드물었다. 그래서 그는 대개 질문자의 편견에 어느 정도 맞춰주면서
자신의 견해를 펼치곤 했다. 이 장에 실린 대부분의 대화는 깨달은 사람
과 깨닫지 못한 사람을 구분하는 질문자의 선입견을 고려한 것이다. 스
리 라마나는 질문자의 그릇된 추측에 맞서 굳이 논쟁을 벌이지 않았으
며, 다만 깨달은 자의 입장에서 깨달은 상태가 어떤 것인지를 설명하려

고 애썼다.

속박된 사람(baddha)과 해탈한 사람(mukta, 해탈을 이룬 사람. 즉 자유로운 사람 또는 깨달은 사람을 가리킨다-옮긴이)의 차이는 무엇인가?

보통 사람은 가슴에 있는 자신을 알아차리지 못한 채 머리로 살아가지만, 깨달은 사람은 가슴으로 산다. 해탈한 사람은 이곳저곳을 분주히 다니며 많은 사람이나 사물을 접해도, 그가 보는 모든 것이 자기 가슴 안에 있는 『나』이자, 그가 깨달은 유일한 지고의 실체인 '브라만'과 분리되어 있지 않다는 사실을 안다.

보통 사람은 어떤가?

방금 말했듯이, 보통 사람은 그저 외부에 있는 대상을 볼 뿐이다. 보통 사람은 세상과 분리되어 있고, 스스로 품고 있는 심오한 진리와도 분리되어 있다. 또한 자신을 유지하게 만드는 진리와도 분리되어 있고, 자신이 아는 것들과도 분리되어 있다.

　그러나 자기 존재에 대한 지고한 진리를 깨달은 사람은 자신을 포함한 현상계의 배후에 유일한 궁극적 실체가 있음을 안다. 그는 모든 개체적인 자아에도, 삼라만상에도, 영원하지 않고 변하는 것들 속에도, 영원불변의 유일한 실체인 『나』가 깃들어 있음을 안다.

깨달은 사람의 순수의식과 경험의 근거가 되는 '나는 존재한다' 사이에는 어떤 연관관계가 있는가?

존재의 차별 없는 의식이 곧 가슴이며, 바로 당신 자신이다. 이 가슴에서 경험의 근거가 되는 '나'라는 존재('I am'-ness)가 발생한다. 가슴은 특성상 그 자체로 완벽하게 깨끗하고 순수하다.

깨달은 사람에게 지속되는 '나'는, 활동성(라자스Rajas)이나 비활동성(타마스Tamas)에 오염되지 않은 본연의 순수함(수드와-사트바-스와루파suddha-sattva-swarupa)의 형태로 존재한다.●

깨달은 사람도 순수한 형태로 에고가 유지되며, 따라서 에고가 실재하는 것처럼 보인다는 말인가?

깨달은 사람이나 깨닫지 못한 사람이나, 모두 에고의 겉모습을 체험하고 있을 뿐이다. 그러나 깨어 있는 상태에 빠져 이 세상이 실재한다는 미망에 빠진 사람에게는 에고가 실재하는 것처럼 보인다. 그런 사람들은 흔히 깨달은 사람 역시 개체성을 지닌 사람처럼 행동한다는 것을 구실로 삼아, 깨달은 사람이 개체의식을 가지고 있다는 편견을 굳힌다.

그렇다면 깨달은 사람의 경우에는 '나'라는 생각(Aham-vritti, 개체 의식)'이 어떻게 작용하는가?

● 힌두 철학에서 물질을 이루는 세 가지 성질은 타마스Tamas(암질闇質), 라자스Rajas(격질激質), 사트바Sattva(순질純質)이다. 타마스는 비활동적이고 무력한 상태이며, 색으로는 흑색이다. 이와 반대인 라자스는 활동적이고 격렬한 상태이며, 적색에 해당한다. 사트바는 순수한 상태이며 백색이다. 인도의 대표적 철학서인《바가바드 기타》는 "라자스는 욕망과 집착에서 태어난 것이라 행위에 얽매여 그 결과는 슬픔뿐이고, 타마스는 무지무명에서 태어난 것이라 게으름과 무감각에 얽매여 그 결과는 무지일 뿐이다. 사트바가 우세해질 때 가장 거룩한 사람들이 살고 있는 완전무결한 세상에 가게 된다"고 했다.

깨달은 사람에게는 '나'라는 개체 의식이 전혀 작용하지 않는다. 깨달은 사람은 가슴 그 자체다. 《우파니샤드》에서 '완전의식(Prajnana, full consciousness)'이라고 한, 차별이 없으며 순수한 의식과 한 몸을 이루었기 때문이다. 완전의식이야말로 절대자 브라만Brahman이며, 거꾸로 브라만이 곧 완전의식이다.

깨달은 사람에게도 갈망이 있는가?

보통 사람의 마음은 '게으름(타마스Tamas)'과 '흥분(라자스Rajas)'이라는 두 가지 기질로 이루어져 있다.● 따라서 이기적인 에고의 욕망과 나약함에 휩싸이기 쉽다. 그러나 깨달은 사람의 마음은 깨끗하고, 순수하며, 고정된 틀이 없고, 미묘한 지혜로움 안에서 작용한다. 깨달은 사람은 이런 마음을 통해 세상과 접촉하므로 그의 욕망 역시 순수하다.

깨달은 사람이 현상계를 바라보는 관점에 대해 알고 싶다. 깨달은 후에도 현상계가 인지되는가?

왜 현상계에 대해서 고민하는가? 그리고 왜 깨달은 뒤에 현상계가 어떻게 보일지를 고민하는가? 먼저 『나』를 깨닫는 게 우선이다. 현상계가 인지되든 인지되지 않든 무슨 상관이 있는가? 잠자는 동안에 왜 현상계를 인지하지 못하는지 아무리 궁리해본들 무엇을 얻겠는가?

반대로 깨어 있는 동안에 어떻게 현상계를 인지할 수 있는지 궁리하

● 타마스와 라자스는 여러 가지 뜻으로 번역할 수 있는데, 라자스는 마음의 활동성, 흥분, 과도한 움직임, 과격함 등을 나타내고, 타마스는 비활동성, 무기력, 게으름 등을 나타낸다.

는 것도 마찬가지다. 깨달은 사람에게나 깨닫지 못한 사람에게나, 현상계를 인지하느냐 못 하느냐는 중요한 문제가 아니다. 깨달은 사람에게나 깨닫지 못한 사람에게나 현상계는 보이지만, 보는 관점이 다를 뿐이다.

깨달은 사람과 깨닫지 못한 사람 모두 현상계를 똑같이 인지한다면, 둘 사이에는 어떤 차이가 있는가?

깨달은 사람은 현상계를 볼 때 보이는 모든 것의 바탕을 이루는 『나』를 바라본다. 하지만 깨닫지 못한 사람은 현상계가 인지될 때든 인지되지 않을 때든, 자신의 진면목인 『나』에 대해 모른다.

스크린 위에 비치는 영상을 예로 들어보자. 영상이 재생되기 전에 당신 앞에는 무엇이 있는가? 오로지 빈 스크린밖에 없다. 하지만 영상이 재생되면 어떤가? 그 장면들이 마치 눈앞에서 실제로 일어나는 일처럼 보인다. 그러나 다가가서 그것들을 잡으려고 하면 또 어떤가? 실제로 손에 잡히는 것은 영상이 내리비치는 스크린에 불과하다. 영화가 끝나고 영상이 사라진 후에 남는 것도 마찬가지다. 오로지 텅 빈 스크린만 남는다.

『나』도 마찬가지다. 『나』는 홀로 존재하는 가운데, 영상들만 나타났다가 사라진다. 『나』에 확고부동하게 머문다면 영상의 겉모습에 속지 않을 것이며, 어떤 장면이 나타나거나 사라지든 개의치 않을 것이다. 반면에 깨닫지 못한 사람은 『나』를 도외시한 채 현상계를 실재하는 것으로 여긴다. 이는 마치 스크린은 무시한 채, 그 위에 나타나는 영상들이 스크린과 별개로 존재하기라도 한다는 듯이 영상에만 몰두하는 식이다. 하지만 스크린 없이는 화면이 나타나지 않는 것처럼, '보는 자'가 없으면 '보이는 대상'도 없다는 것을 알게 되면 더 이상 미혹당하지 않을 것이다. 깨달은 사람은 스크린과 그 위에 나타나는 영상 모두가 『나』임을 안다.

『나』는 스크린 위에 펼쳐지는 영상의 형태로 나타날 수도 있고, 영상이 비치지 않는 텅 빈 스크린으로 나타날 수도 있다. 깨달은 사람에게는 『나』가 어떤 형태로 나타나든 상관없다. 그는 늘 『나』이기 때문이다. 그러나 깨닫지 못한 사람은 다르다. 깨달은 사람이 자기들처럼 평범한 일상을 살아가면, 그 모습을 보고 혼란스러워 한다.

깨달은 사람은 현상계를 자신의 본질적인 부분으로 보는가? 현상계를 어떻게 보는지 궁금하다.
존재하는 것은 오로지 『나』뿐이다. 이 외에는 사실 아무것도 존재하지 않는다. 다만 무지로 인해 다음과 같은 세 가지 분별이 생긴다.

1. 같은 종류
2. 다른 종류
3. 자신의 일부분

현상계는 참나와 비슷한 또 다른 참나가 아니다. 현상계는 『나』와 다르지 않으며, 또 『나』의 일부분도 아니다.

현상계는 『나』에 마음이 투영되어 나타나는 게 아닌가?
투영되려면 반영되는 물체와 반영된 상像이 있어야 하는데, 『나』에는 그런 분별이 없다.

깨달은 사람도 꿈을 꾸는가?

그렇다. 깨달은 사람도 꿈을 꾼다. 하지만 그는 그것이 꿈이라는 것을 알
며, 마찬가지로 깨어 있는 상태 역시 꿈에 불과하다는 것을 잘 안다. 잠
잘 때 꾸는 꿈을 첫 번째 꿈이라고 한다면, 깨어 있는 상태에서 꾸는 꿈
은 두 번째 꿈이라고 할 수 있다.

　깨달은 사람은 지고의 실체인 '네 번째 상태(뚜리야turiya)'에 뿌리내리
고 있다. 그는 깨어 있는 상태, 꿈꾸는 상태, 깊이 잠든 상태를 네 번째
상태 위에 나타나는 영상으로 여기며 집착 없이 바라본다. 깨어 있는 상
태와 꿈꾸는 상태, 깊이 잠든 상태를 경험하는 사람들은 이 세 가지 상
태를 넘어 존재하는 '깨어 있는 잠(wakeful sleep)'을 '뚜리야'라고 부른다.
그러나 실제로 존재하는 것은 뚜리야뿐이다. 나머지 세 가지 상태는 실
재가 아니다. 따라서 뚜리야는 '네 번째 상태'를 넘어선 상태(뚜리야티타
turiyatita)다. 이를 확실히 알아야 한다.

그렇다면 깨달은 사람은 마음의 세 가지 상태를 전혀 분별하지 않는가?

마음 자체가 의식의 빛에 녹아서 소멸했는데, 세 가지 상태를 분별하고
말고 할 게 있겠는가?

　깨달은 사람에게는 세 가지 상태 모두 실재하지 않는다. 그러나 깨닫
지 못한 사람은 이를 이해하지 못한다. 왜냐하면 깨닫지 못한 사람은 실
체인지 아닌지의 기준을 깨어 있는 상태로 삼지만, 깨달은 사람에게 실
체의 기준은 실체 그 자체이기 때문이다. 순수 의식인 이 실체는 그 본
질상 영원하며, 따라서 깨어 있든 꿈을 꾸든 깊이 잠자든 한결같이 지
속된다. 실체와 하나 된 사람에게는 마음도 없고, 마음의 세 가지 상태
도 없으며, 따라서 안으로 파고드는 내향성이나 현상계에 집착하는 외

향성 또한 없다.

　깨달은 사람의 의식은 늘 깨어 있는 상태에 있다. 그는 영원한『나』에 대해 깨어 있기 때문이다. 깨달은 사람의 의식은 늘 꿈꾸는 상태다. 그에게 현상계란 늘 되풀이되어 나타나는 꿈과 같은 현상에 불과하기 때문이다. 깨달은 사람의 의식은 또한 깊이 잠든 상태이기도 하다. 그에게는 '육체가 나'라는 의식이 없기 때문이다.

깨달은 사람에게는 '육체가 나라는 생각' 자체가 없다는 것인가? 그렇다면 예를 들어 스승께서는 벌레에 물려도 아무런 감각이 없는가?

감각도 있고, '육체가 나'라는 생각도 있다. 그런 의식은 깨달은 사람에게나 그렇지 못한 사람에게나 모두 다 있다. 하지만 차이가 있다. 깨닫지 못한 사람은 자신의 육체만을 '나'라고 생각한다. 하지만 깨달은 사람은 모든 것이『나』, 즉 브라만Brahman임을 안다. 그러므로 고통이 있어도 그냥 내버려둔다. 고통 또한『나』의 일부이기 때문이다.『나』는 완전하다.

　'육체가 나'라는 생각을 넘어서야 참나를 깨닫는다. '육체가 나'라는 의식이 사라지면, 행위도 행위하는 자도 있을 수가 없다. 그러므로 깨달은 사람에게는 카르마가 없다. 다시 말해 깨달은 사람은 아무런 행위도 하지 않는다. 이것이 깨달은 사람의 체험이며, 이런 체험이 없다면 깨달은 것이 아니다. 깨닫지 못한 사람은 깨달은 사람 역시 '육체를 가진 사람'이라고 여기지만, 정작 깨달은 사람은 그렇게 생각하지 않는다.

내가 보기에 당신은 여러 가지 일을 하고 있다. 그런데도 어떻게 아무런 행위도 하지 않는다고 말할 수 있는가?

라디오는 노래도 하고 말도 하지만, 속을 열어보면 거기엔 아무도 없다.

마찬가지로 나의 존재는 마치 텅 빈 공간과 같다. 육체가 라디오처럼 말을 하지만, 이 육체 속에는 행위자가 없다.

이해하기가 너무 어려우니 자세히 설명해주면 좋겠다.

인간은 살아가며 활동하기 위해서는 마음을 써야 한다. 하지만 깨달은 사람은 마음이 없이도 활동하며 살아간다. 어떻게 그것이 가능한지는 이미 여러 책에도 나온다. 이를테면 이런 이치다. 도자기 만드는 데 쓰는 물레는 도공이 그릇을 다 만든 후 더 이상 돌리지 않아도 얼마 동안은 계속해서 돌아간다. 선풍기 역시 스위치를 꺼도 얼마 동안 계속해서 날개가 회전한다.

마찬가지로, 육체를 형성하도록 만든 과거의 발현업發現業(prarabdha karma)으로 인해 육체는 결정된 운명에 따라 행위를 한다. 그러나 깨달은 사람은 자신이 행위를 한다는 의식 없이 그런 행위를 해나간다.

어떻게 이런 일이 가능한지 이해하기 어려울 것이다. 대개는 이런 식으로 설명한다. 잠자던 아이를 깨워 음식을 먹이면 받아먹긴 하지만, 다음 날 아침에 일어나면 간밤에 뭔가를 먹었다는 것을 기억하지 못한다. 깨달은 사람의 행위도 이와 같다.

여기서 한 가지 명심할 점은, 이런 설명을 깨달은 사람들을 위해 하는 것이 아니라는 점이다. 깨달은 사람은 진실을 알고 있으며 한 점의 의혹도 없기 때문이다. 그는 자기가 육체가 아니라는 사실을 잘 알고 있으며, 육체가 어떤 행위를 하더라도 자신은 아무런 행위를 하고 있지 않다는 것을 잘 안다. 앞의 설명은, 깨달은 사람을 육체를 지닌 사람으로 여기고 그를 여전히 육체라고 여기는 사람들을 위한 것이다.

깨달음의 충격이 너무 큰 나머지 육체가 견디지 못해 죽는다는 말도 있다.

깨달은 후에도 육체를 지닌 채 살아갈 수 있는지에 대해서는 여러 논쟁과 학설이 있다. 어떤 사람은 깨달음을 얻은 사람의 육체는 허공으로 사라져버리거나 비슷한 방식으로 없어지므로, 죽는 사람은 깨달은 자가 아니라고 주장한다. 그밖에도 우스꽝스러운 이론들이 많다.

그런데 깨달음에 이르는 즉시 육체를 떠나야 한다면, 참나 또는 깨달음에 대한 가르침이 어떻게 다른 사람들에게 전해질 수 있었겠는가? 만약 그렇다면 여러 책에 기록되어 있는, 자신의 깨달음의 열매를 우리에게 전해준 사람들은 모두 깨달은 사람이라고 볼 수 없다. 왜냐하면 깨달음을 얻었는데도 죽지 않고 생을 이어갔기 때문이다.

더 나아가 세상 속에서 어떠한 행위를 했다는 이유로 그를 깨달은 사람이라고 할 수 없다면(마음이 없이는 행위가 불가능하기 때문에), 깨달음을 얻은 이후에도 계속해서 이런저런 활동을 한 위대한 성인들도 모두 깨닫지 못한 사람으로 치부해야 한다. 심지어는 여러 신들은 물론이고 이스와라Iswara(힌두교 최고의 인격신) 역시 깨닫지 못했다는 말이 된다. 왜냐하면 이스와라는 쉬지 않고 세상을 돌보고 있기 때문이다.

하지만 진실은 이렇다. 깨달은 사람도 어떤 행위든 할 수 있으며, 매우 잘할 수도 있다. 그러나 그는 자신과 행위를 동일시하지 않으며, 자신을 '행위자'라고 생각하지도 않는다. 어떤 힘이 그의 육체에 작용해, 그의 육체를 통해 일이 이루어지도록 한다.

깨달은 사람이 죄를 지을 수도 있는가?

깨닫지 못한 사람은 『나』를 모르기 때문에 자신을 육체라고 여긴다. 같은 실수를 깨달은 사람에게까지 적용한다. 깨달은 사람을 볼 때도 그를 육체로 간주해 육신의 틀에서만 깨달은 사람을 이해한다.

또한 깨닫지 못한 사람은 자신이 행위자가 아닌데도 행위자라고 생각한다. 그는 육체가 하는 행위를 자기가 한다고 여기기 때문에, 깨달은 사람이 몸을 움직이는 걸 보고는 그도 자기와 마찬가지로 행위를 한다고 여긴다.

그러나 깨달은 사람은 진리를 알고 있으며 혼란에 빠지지 않는다. 깨닫지 못한 사람은 깨달은 사람의 상태에 대해 이러쿵저러쿵 말하거나 정의내릴 수 없다. 따라서 깨닫지 못한 사람들이나 그런 문제를 궁금해할 뿐, 깨달은 사람은 그런 의문이 생기지 않는다. 당신이 행위를 하고 있다면 자신이 하는 행위의 본질이 무엇인지는 알아야 하지 않겠는가? 진실은 이렇다. 『나』는 결코 행위자가 아니다. 누가 행위자인지 탐구해보라. 그러면 『나』만이 드러날 것이다.

요컨대 이렇게 말할 수 있는가? 깨달은 사람을 본다고 해서 그를 이해하는 것은 아니다. 즉, 깨달은 사람의 육신만을 보는 것에 불과하며 그의 깨달음을 보는 것은 아니다. 따라서 깨달은 사람에 대해 알려면 자신이 먼저 깨달아야만 한다.

깨달은 사람은 그 누구도 깨닫지 못했다고 여기지 않는다. 그에게는 모든 사람이 깨달은 사람으로 보인다. 무지에 휩싸여 있는 사람은 자기 수준에서 깨달은 사람을 보기 때문에, 그도 자신과 같은 행위자라고 착각한다.

그러나 깨달은 사람은 어떤 것도 『나』에서 분리되어 있다고 여기지 않는다. 『나』는 늘 빛을 발하는, 순수한 깨달음(jnana)이다. 따라서 깨달은 사람의 눈에는 '깨닫지 못함(ajnana, 무지)' 자체가 존재하지 않는다.

남도 자신처럼 무지하다고 착각하는 이야기가 있다. 두 친구가 나란히 누워 잠이 들었다. 한 친구는 둘이 함께 긴 여행을 떠나 여러 가지 기이한 경험을 하는 꿈을 꾸었다. 그는 잠에서 깨어난 다음 친구에게 자신의 꿈 이야기를 하며 친구도 그렇지 않았냐고 물었다. 친구는 대수롭지 않은 듯 웃으며 "그건 너의 꿈일 뿐, 나와는 아무 상관없잖아?"라고 반문했다. 이렇듯 자기가 착각하고 있으면서 남도 마찬가지일 거라고 넘겨짚는 것처럼, 깨닫지 못한 사람도 깨달은 사람에 대해 착각하고 있다.

스승께서는 깨달은 사람도 행위를 할 수 있고 실제로 행위를 하며, 사람들을 만나거나 온갖 일을 처리할 수 있다고 말했다. 이제 그 점에 대해서는 의혹이 없다. 그러나 깨달은 사람은 만물을 차별 없이 보며, 모든 게 하나이고, 늘 의식 안에서 존재한다고 말했다. 만약 그렇다면, 사람이나 일이나 사물이 제각기 모두 다른데 어떻게 사람을 대하고 일을 처리해 나갈 수 있는가?
깨달은 사람은 세상 만물이 겉모습에서만 차이가 있다고 본다. 그는 모든 것을 자신과 하나인 참된 실재로부터 분리된 존재로 보지 않는다.

그러나 깨달은 사람은 보통사람보다 더 정밀하게 표현하고, 차이점도 더 잘 식별하는 것 같다. 내게 설탕은 달고 쑥이 쓰다면, 그도 그렇게 느끼는 것 같다. 깨달은 사람도 형태, 소리, 맛 등의 차이를 보통 사람과 똑같이 지각하는 것처럼 보인다. 그렇다면 어떻게 그것들이 단지 겉모습에 지나지 않는다고 말할 수 있는가? 깨달은 사람에게도 그런 분별이 삶의 경험의 일부를 이루고 있지 않은가?
나는 평등성이 깨달음의 진정한 표시라고 말했다. 평등성이라는 말은 차이가 있다는 의미를 내포하고 있다. 내가 평등성이라고 부르는 것은 깨달은 사람이 여러 가지 다양한 차이점 속에서도 '전일성숲一性'을 본다는 뜻이다.

또한 평등성은 차이점을 무시한다는 뜻이 아니다. 당신이 깨닫게 되면 그런 차이점들이 매우 피상적이어서 결코 실재적이지 않고 영원하지도 않다는 것을 알게 될 것이다. 또한 겉으로 보이는 차이점들 속에 내재한 본질은 오직 유일한 진리이자 유일한 실체뿐임을 알게 될 것이다. 그것을 나는 '하나'라고 부른다. 당신은 형태, 소리, 맛 등을 언급했다. 깨달은 사람도 그 차이를 느낀다. 하지만 그는 그 모든 것에 깃든 하나의 실체 또한 항상 인식하고 경험한다.

그렇기 때문에 그에게는 특정한 것을 선호하는 경향성이 없다. 돌아다니든, 말을 하든, 무슨 일을 하든 그는 항상 유일한 실체 안에서 행위하고, 돌아다니고, 말한다. 그에게는 유일한 지고의 진리에서 분리되어 있는 것이 아무것도 없다.

깨달은 사람은 모든 사람과 모든 일을 절대적으로 평등하게 대한다는 말인가?
그렇다. 《요가수트라》의 일부를 인용하겠다. '깨닫고 나면 우정, 친절, 배려와 같은 태도가 천성이 된다. 선한 사람에게 애정을 베풀고, 불쌍한 사람에게 친절하다. 선행할 때 기쁨을 느끼고, 악한 사람을 용서한다. 이런 것들이 깨달은 사람의 자연적인 성품을 이룬다.(파탄잘리의 《요가수트라》 1장 37경●)'

당신은 깨달은 사람에 대해 묻고 있는데, 그는 실체, 즉 진리를 알고 있기 때문에, 어떤 상황이나 조건에서도 한결같다. 음식을 먹거나, 돌아

● 파탄잘리Patanjali의 《요가수트라Yoga Sutra》는 4장 194경으로 구성된 인도 고대의 경전이다. 파탄잘리는 기원전 2세기경의 인물로 인도의 정통 육파철학六派哲學(shad darshana)인 요가학파의 시조로 알려져 있다.

다니거나, 쉬는 등 일상생활을 할 때도 그는 다른 사람들을 위해서만 행위하며, 자신을 위해서는 어떤 행위도 하지 않는다. 초상이 나면 돈을 받고 곡哭을 하는 직업을 가진 사람처럼 집착하지 않고 다른 사람을 도우며, 자신이 한 행위에 영향을 받지도 않는다.

깨달은 사람은 우는 사람과 함께 울고, 웃는 사람과 함께 웃으며, 노는 사람과 함께 놀고, 노래하는 사람과 장단을 맞추며 함께 노래한다. 그가 잃을 것이 있겠는가? 깨달은 사람의 존재는 순수하고 투명한 거울과 같아서, 무엇이든 있는 그대로를 비춘다. 거울이나 거울을 받치는 받침대가 어떻게 비치는 대상에 영향을 받겠는가? 거울은 오로지 대상을 비추고 있을 뿐이다. 반대로, 세상이라는 무대에 서 있는 배우들, 즉 깨닫지 못해 행위를 하는 자들은 세상에 도움을 주기 위해 어떤 노래를 부르고 어떤 행위를 해야 할지 그리고 어떤 행위가 경전의 가르침에 부합하는지, 어떤 행위가 세상에 쓸모 있는지를 혼자 힘으로 결정해야 한다.

육신으로 존재하는 동안에 해탈하는 사람과 죽는 순간에 해탈하는 사람이 있다고 들었다.

해탈이라는 게 애당초 없는데, 해탈한 자가 대체 어디에 있단 말인가?

힌두 경전에서 해탈에 대해 말하고 있지 않은가?

해탈은 『나』와 동의어다. 살아 있는 동안의 해탈이니 죽는 순간의 해탈이니 하는 말들은 모두 무지한 사람들을 위한 설명이다. 깨달은 사람은 해탈이니 속박이니 하는 것들을 의식하지 않는다. 속박이나 해탈이라는 말도, 해탈에 대한 설명도 모두 깨닫지 못한 사람들의 무지를 떨쳐내기 위한 방편일 뿐이다. 오로지 해탈, 즉 『나』만이 존재하며 그 외에는 존재하지 않는다.

깨달은 사람의 견지에서는 모두 맞는 말이겠지만, 우리처럼 평범한 사람에게는 그렇지 않다.
다른 사람과 나를 분별하는 것이 깨달음을 방해하는 장애물이다.

스승께서는 전에 이렇게 이야기한 적이 있다. "해탈한 사람은 자기가 원하는 것을 무엇이든 자유롭게 행할 수 있다. 그리고 육체를 떠난 다음에는 절대 차원에 이르러, 사실상 죽음과 같은 이 세상에 다시 돌아오지 않는다." 이 말은 이 차원에는 다시 태어나지 않지만, 그가 원하면 더 높은 차원에서 계속 활동할 수 있다는 느낌을 준다. 그에게도 어떤 것을 선택하고자 하는 욕구가 남아 있는 것이 아닌가?
아니다. 내가 말한 것은 그런 뜻이 아니었다.

또 어떤 인도 철학자는 그의 책에서 상카라sankara*의 가르침을 해설하면서, "죽는 순간에 얻는 해탈 같은 것은 없다. 해탈한 사람은 죽은 뒤에도 전 인류가 자유로워질 때까지 빛의 몸으로 머무르기 때문이다"라고 말한다.
그 말이 상카라의 견해일 리가 없다. 《비베카추담마니Vivekachudamani》 566절에 따르면 상카라는, 해탈한 사람은 그 육체가 소진消盡된 후에 '물에 부은 물, 기름에 부은 기름'처럼 된다고 말하고 있다. 그것은 속박의 상태도 아니고 해탈의 상태도 아니다. 다른 형태의 몸을 갖는다는 것

---

* 상카라는 8세기 인도의 철학자로, 아드바이타 베단타 학파의 개조開祖로 불린다. 아드바이타 Advaita는 불이일원론不二一元論으로 6장에서 자세히 언급한다.

은 그것이 아무리 미묘한 몸이라 해도 실체 위에 막膜을 가린다는 뜻이며, 그것은 속박이다. 해탈은 절대적이며 되돌아오지 않는다.

깨달은 사람은 두 개의 차원에서 살고 있다고 볼 수 있지 않은가? 그도 우리처럼 이 현상계에서 활동하며, 우리가 보는 것처럼 온갖 대상을 본다. 그가 현상계의 대상을 보지 않는 것 같지는 않다. 예컨대, 길을 가다가 의자나 책상 등이 놓여 있는 것을 보면 그도 그 장애물을 피해서 돌아간다. 따라서 깨달은 사람은 『나』를 보는 동시에 현상계의 여러 가지 대상도 함께 본다는 사실을 인정해야 하지 않겠는가?
깨달은 사람이 길을 가다가 장애물을 보고 피해 간다고 당신은 말했다. 그런데 그 장애물이라는 게 누구의 눈으로 본 것인가? 깨달은 사람의 눈으로 본 것인가, 아니면 당신의 눈으로 본 것인가? 깨달은 사람은 오직 『나』만을 보며, 그의 눈에는 모든 것이 『내』 안에 존재한다.

깨달은 사람의 본연적 상태를 좀더 분명하게 설명하는 책이나 경전은 없을까?
있다. 예컨대 당신은 거울과 거울에 비친 상을 동시에 본다. 당신은 거울이 실체이며 거울에 비친 상은 비친 것일 뿐이라는 사실을 잘 안다. 그렇다고 거울만 보고 거기에 비친 상은 보지 말아야 할 필요가 있는가?

깨달은 사람인지 판단할 수 있는 근본적인 기준은 무엇인가? 미친 것처럼 행동하는 사람도 있다고 하기 때문이다.
깨달은 사람의 마음은 깨달은 사람만이 알 수 있다. 깨달은 사람을 이해하기 위해서는 자신이 먼저 깨달은 사람이 되어야만 한다. 깨달은 사람의 주변에 감도는 평화로운 기운이 구도자의 마음도 평화롭게 하는 걸 통해서나마 그의 위대함을 느낄 수 있을 뿐이다.

말이나 행동 또는 겉모습은 깨달은 사람을 나타내는 기준이 아니다. 왜냐하면 깨달은 사람의 말이나 행동이나 겉모습은 보통 사람들의 이해 범위를 넘어서 있기 때문이다.

여러 경전에서는 깨달은 사람을 어린아이와 같다고 하는데, 그 이유가 무엇인가?
어떤 점에서 보면 어린아이와 깨달은 사람은 흡사한 점이 있다. 어린아이는 어떤 상황이 벌어지는 동안에만 그 상황에 관심을 갖고 몰두하지만, 상황이 지나가버리면 더 이상 마음을 쓰지 않는다. 그래서 아이는 그 상황에 대해 깊은 인상을 마음에 남기지 않고, 정신적인 영향을 받지도 않는다. 깨달은 사람도 그와 같다.

당신은 성스러운 존재(바가반bhagavan)다. 그러니 내가 언제 깨닫게 될지 내다볼 것이다. 내가 언제 깨달음을 얻을 수 있을지 말해달라.
먼저 내가 만약 성스러운 존재라면 나에게는 오로지 『나』밖에 없으며, 내 입장에서는 깨달은 사람도 깨닫지 못한 사람도 없다. 반대로 내가 깨달은 사람이 아니라면, 당신과 별반 다를 게 없고 당신보다 많이 알지도 못할 것이다. 따라서 내가 어떤 사람이든 당신의 질문에 답할 수 없다.
　이곳에 와서 자기에 대해 묻지 않고 남의 얘기만 묻는 사람들이 있다. "깨달은 사람도 현상계를 지각하는가?", "깨달은 사람도 카르마의 영향을 받는가?", "육체를 떠난 뒤에 얻는 해탈은 어떤 것인가?", "육체를 떠난 뒤에야 해탈하는가, 아니면 육체를 지닌 채 존재하면서도 해탈할 수 있는가?", "깨달은 사람의 육체는 빛 속으로 녹아 들어가는가, 아니면 다른 식으로 볼 수 없게 되는가?"라며 시시콜콜히 묻는다.
　그들의 질문은 끝이 없다. 왜 그토록 많은 질문을 하면서 사서 걱정을 하는가? 그런 것들을 알면 해탈할 방법을 찾을 수 있는가? 그래서 나는 이렇게 말한다. "자유를 얻는 해탈에 대해 묻기 전에, 먼저 속박이 존재하는지부터 살펴보라! 무엇보다 먼저, 나는 누구인지를 보라!"

'나는 존재한다(I exist).' 이것만이 누구에게나 영속적이고 자명自
明한 체험이다. 다른 어떤 것도 '내가 있다(I am)'는 것만큼 자명하
지는 않다. 사람들이 자명하다고 하는 것은 감각기관을 통해 얻는
경험이며, 결코 자명하지 않다. 오로지 『나』만이 자명하다. 그러므
로 자기탐구를 하고 나서 '나는 존재한다'의 상태가 되는 것만이
우리가 할 일이다. '내가 있다'는 것이 실체다. 나는 이렇다거나 저
렇다고 하는 것은 모두 실체가 아니다. '나는 존재한다'는 진리이
며, 그것을 다른 말로 하면 『나』이다.

헌신이란 그저 자기 자신을 바로 아는 것이다. 면밀하게 고찰해보
면, 깨달음과 지고한 헌신은 본질적으로 같은 하나다. 어느 하나가
다른 하나의 수단이라고 말하는 것은 그 본질을 모르기 때문이다.
깨달음의 길과 헌신의 길이 서로 얽혀 있다는 것을 깨닫고, 떼어놓
을 수 없는 이 두 길을 나누지 말고 따르라.

제 2 부

자기탐구

Enquiry and Surrender

제4장

—❦—

자기탐구 – 이론

'깨달음과 무지'를 다룬 3장에서, 스리 라마나는 육체와 마음을 통해 작용하는 개체적인 자아가 실재한다는 생각을 버리기만 하면 바로 『나』를 깨달을 수 있다고 강조했다. 앞서 나가는 소수의 탐구자들은 쉽고 빠르게 할 수 있었지만, 대부분의 사람들은 평생 몸에 밴 습성을 버리지 못했다. 특정한 수행 형태를 갖추지 않고 하는 스리 라마나의 탐구 방식을 따라가기에는 사실상 역부족이었던 것이다.

스리 라마나는 곤경에 빠진 탐구자들에게 연민을 느끼고, 그들이 『나』를 깨달을 수 있는 수행법을 갈구할 때마다 언제나 자기탐구(self-enquiry)라는 방편을 권했다. 이 수행법은 그의 실천적 가르침의 주춧돌을 이루는 것으로, 이후 세 장을 통해 그 면면을 자세히 소개할 것이다.

자기탐구 수행법을 구체적으로 설명하기에 앞서, 먼저 스리 라마나가 말하는 마음의 본질을 살펴볼 필요가 있다. 왜냐하면 자기탐구의 목적은 마음이 실재하지 않는다는 것을 직접 체험하여 깨닫는 데 있기 때문이다.

스리 라마나의 가르침에 따르면, 마음이나 육체의 모든 의식적인 행위는 그 행위를 하는 '나'라는 존재가 있다는 전제하에 이루어진다. '나는 생각한다', '나는 기억한다', '나는 행위한다'는 말 속에는 '내가 모든 행위를 한다'는 공통분모가 있다. 스리 라마나는 이 공통 요소를 '아함 브리티aham-vritti(我相)' 즉 '나라는 존재가 따로 있다는 생각'이라고 불렀다. 문자 그대로 풀이하면 '아함 브리티'는 '내가 만드는 끊임없는 마음의 변이(mental modification of 'I')'라는 뜻이다. 하지만 참나 혹은 진짜 나는 자신이 무엇을 한다거나 생각한다고 여기는 일이 결코 없다. 그러므로 '나'라는 것은 마음이 만들어내는 허구에 지나지 않으며, 『내』가 만드는 끊임없는 마음의 변이(mental modification of 'the Self')라고 불린다. 그러나 이렇게 번역하면 너무 장황하고 복잡해지므로 대개는 '나라는 생각'이라고 번역한다.

스리 라마나는, 개체성이라는 개념은 '나라는 생각'이 여러 형태로 바뀌어서 나타나는 것이라고 보았다. 마음의 다양한 활동(에고, 지성, 기억 등)을 각각 별개의 기능으로 보지 않고, 그것들이 뭉뚱그려져 '나라는 생각'이 다양한 형태로 드러난 것이라고 보았다.

그는 개체성이 곧 마음이며, 마음이 곧 '나라는 생각'이라고 말했다. 이는 『나』를 깨달아 개체성이 사라지면 마음도 따라 사라지며, '나라는 생각'도 함께 사라진다는 뜻이다. 이 점은, 『나』를 깨달은 후에는 생각하는 자도 없고, 행위하는 자도 없으며, 개체성이 존재한다는 생각도 없다는 말을 그가 자주 했다는 사실이 뒷받침한다.

그는 『나』만이 유일하게 존재하는 실체'라는 입장을 견지했으므로, '나라는 생각'은 실재하지 않는 망상에 불과하다고 보았다. '나라는 생각'은 대상과 '나'를 동일시하기 때문에 일어난다고 설명했다. 어떤 생각이 일어나면, '나라는 생각'이 따라서 일어나 '나는 생각한다', '나는 믿는다', '나는 원한다', '나는 행한다'라는 식으로 주인 행세를 한다. 그러나 '나라는 생각'은 나와 동일시할 대상이 있어야 존재하며, 동일시할 대상 없이 독립적으로 존재하는 '나라는 생각'은 없다. 그런데도 '나라는 생각'이 지속적으로 일어나 마치 실체처럼 보이는 것은, 대상과 나를 동일시하는 행위가 끊이지 않기 때문이다.

이렇게 나와 대상을 동일시하는 근원을 추적해보면, '나라는 존재가 육체에 국한되어 있다는 착각이 그 뿌리를 이룬다. 즉 내가 육체를 소유·점유하고 있거나, 같은 공간에 한정되어 육체의 틀 안에서 존재한다는 것이다. 이렇듯 '나는 육체다'라는 생각 때문에 이후의 모든 그릇된 동일시가 이루어지기에, 이 생각을 소멸시키는 것이 자기탐구의 주목표이다.

스리 라마나는 주체인 '나'와 '나'가 동일시하는 생각의 대상을 떼어놓음으로써, 스스로를 한계 짓는 동일시의 성향을 억제할 수 있다고 시종일관 가르쳤다. 개체로서의 '나라는 생각'은 동일시할 대상이 없으면 존재할 수 없으므로, '나' 또는 '내가 있다'는 주체적인 느낌에 강렬하게 집중하면, '나는 이것이다' 혹은 '나는 저것이다'라는 생각이 일어나지 않고, 개체적인 '나'는 대상과의 연결고리가 끊어진다. '나'에 대해 지속적으로 알아차리다 보면 '개체로서의 나라는 생각은 사라지고, 『나』를 직접 체험할 수 있다.

이와 같이 지속적으로 '나' 또는 '내가 존재한다'는 내면을 응시하고 알아차리는 수행을 가리켜 스리 라마나는 '자기탐구'라고 했다. 그는 이 수행법이 '나라는 생각'이 실체가 아닌 허구에 지나지 않음을 깨닫는 데 가장 효과적이고 직접적인 방법이라며, 누구에게나 늘 권했다.

스리 라마나의 표현에 따르면, '나라는 생각'은 『나』혹은 가슴에서 일어나지만, '나'와 '생각의 대상'을 동일시하는 습관을 그치면 다시 가슴 속으로 가라앉는다. 이런 이유에서, 그는 아직 수준이 무르익지 않은 제자들의 수준에 맞추어 '나라는 생각'이 일어났다가 가라앉는 이미지로 알기 쉽게 설명하곤 했다.

그는 제자들에게 '나라는 생각'의 근원을 끝까지 파헤쳐 보라든지, '나'라는 것이 어디에서 생기는지 찾아보라고 했는데, 그 의미는 항상 같았다. 스리 라마나가 어떤 식으로 말하든, 그 요지는 '나라는 생각'이 애당초 나왔던 근원으로 다시 녹아들어갈 때까지 '나'에 대한 알아차림을 놓지 말라는 것이었다.

그는 '나'에 대해 생각하거나, '나(나는 원한다, 나는 움직인다 등)'를 반복하면 올바른 방향으로 가게 되지만, 이런 수행은 예비 단계에 지나지 않는다는 점을 지적하곤 했다. 왜냐하면 마음속으로 '나'를 반복적으로 되뇌는 방법은 지각하는 주체와 지각하는 대상이 이원적二元的으로 존재할 수밖에 없기 때문이다. 이런 이원성이 존재하는 한 '나'라는 생각은 결코 사라지지 않을 것이다.

'나라는 생각'은 육체적·정신적으로 '인지하는 대상'이 소멸되어야 마침내 사라진다. '나'를 알아차리는 데서 그치는 게 아니라 『나』가 되어야 하는 것이다. '나'를 대상으로 아는 게 아니라 주체적으로 체험하는 것이 자기탐구의 궁극적 차원이며, 이것은 다음 장에서 좀더 자세히 다룰 것이다.

이와 같은 '자기탐구'야말로 다른 영적 수행과는 차별화되는 핵심 요소이며, 스리 라마나가 다른 수행은 자기탐구에 비해 효과가 적다고 줄

곧 강조한 이유다. 그는 몇몇 전통 명상법이나 요가 수행은 명상해야 할 대상이 필요하다는 점을 지적했으며, 이런 상태에서는 '나라는 생각'이 없어지기보다는 오히려 그것을 지속시킨다는 한계를 지적하곤 했다. 그의 견해로는, 여러 가지 전통 명상법을 통해 마음을 평정하고 지복을 체험하기도 하지만, '나라는 생각'을 고립시키고 그 정체성의 허구를 깨부수지 못하기 때문에 궁극적인 깨달음에 이르지 못한다.

이 장에 수록된 질문과 답은 스리 라마나가 말한 자기탐구의 이론적인 배경을 주로 다룬다. 구체적인 수행법에 대해서는 5장에서 자세히 다룰 것이다.

마음의 본질은 무엇인가?

마음은 '나라는 생각'에 지나지 않는다. 마음과 에고는 하나이며 똑같다. 지성이나 기억 따위의 다른 정신적인 기능들도 역시 마음이다. 마음, 지성, 습의 저장소, 에고 등도 모두 마음이다. 이는 같은 사람을 두고 그 역할에 따라 다른 이름으로 부르는 것과 마찬가지다. 개체적 영혼 역시 마음이나 에고일 뿐이다.

마음의 본질을 어떻게 알아낼 수 있을까? 다시 말하면 마음이라는 현상을 일으키는 궁극적인 원인 혹은 본체 말이다.

여러 가지 생각들을 그 가치에 입각하여 배열해보면 '나라는 생각'이 가장 중요하다. 그러므로 '내가 개별적인 존재'라는 생각은, 다른 모든 생각들의 뿌리나 밑동이라고 할 수 있다. 왜냐하면 관념이나 생각은 '누군가가 행위를 일으켰기 때문에 생기는데, 그것들이 에고와 별개가 아니기 때문이다. 그러므로 사고 행위가 에고에 드러나는 것이다. 그, 너, 그것 같은 2인칭이나 3인칭은 애초에 '나'라는 1인칭이 있어야 등장하는 개념이다. 2인칭이나 3인칭은 1인칭이 있어야 등장하기 때문에, 결국 이 셋은 함께 등장했다가 함께 사라진다. 그렇다면 한번 파헤쳐보라. 궁극적인 원인은 '나'라는 생각' 혹은 개체성인 것이다.

그렇다면 '나'는 어디에서 일어나는가? 내면에서 '나라는 생각'을 탐구해보면 곧 사라지고 만다. 이런 식으로 지혜를 탐구하는 것이다. 마음으로 마음의 본질을 쉬지 않고 규명해가다 보면, 결국 마음이라는 게 별도로 존재하지 않는다는 사실이 드러난다. 이것이 누구든 에두르지 않고 곧바로 가는 길이다. 마음이란 '생각의 더미'에 불과하며, 모든 생각 중에서도 '나라는 생각'이 뿌리를 이룬다. 그러므로 마음은 결국 '나라는 생각'으로 요약된다.

'나라는 생각'의 탄생이 한 개인의 탄생이며, '나라는 생각'의 죽음이 곧 그 사람의 죽음이다. '나라는 생각'이 일어나면, 그릇되게도 육체와 나를 동일시하게 된다. '나라는 생각'을 없애라. '나라는 생각'이 있는 한 괴로울 것이며, '나라는 생각'이 없어지면 괴로움도 존재하지 않는다.

알겠지만, '나라는 생각'에 집중하려고 하면 다른 생각들이 일어나서 방해한다.
그것들이 누구의 생각인지 찾아보라. 그러면 그 생각들이 사라질 것이다. 모든 생각은 오로지 '나라는 생각'에 뿌리를 두고 있다. 그러니 '나라는 생각'의 뿌리를 캐면 다른 생각들은 저절로 사라진다.

탐구를 하는 것이 에고인데, 어떻게 에고 자신이 실재하지 않음을 밝힐 수 있는가?

'나라는 생각'이 일어나는 근원을 깊이 파고 들어가면, 겉으로 드러나는 현상에 불과한 에고는 사라진다.

그러나 '나라는 생각'은 에고가 모습을 드러내는 세 가지 형태 가운데 하나가 아닌가?《요가 바시시타Yoga Vasishtha》(성자 발미키가 쓴 고대 힌두 경전으로, 인간의 마음과 깨달음을 다룬다.—옮긴이)를 비롯한 몇몇 고대 경전은 에고가 세 겹의 형태를 취하고 있다고 설명한다.

그렇다. 에고는 조악체(gross body, 거친 형태), 미묘체(subtle body, 미묘한 형태), 원인체(casual body, 근원적인 형태)의 세 가지 형태가 있다고 말하곤 한다. 하지만 그것은 좀더 분석적인 설명 방법일 뿐이다.

에고의 형태에 따라 탐구 방법이 달라져야 한다면 자기탐구는 불가능하다. 에고가 나타나는 형태는 무수히 많기 때문이다. 따라서 자기탐구를 하기 위해서는 에고가 단 하나의 형태, 곧 '나라는 생각'이라는 형태만을 갖고 있다는 기본 전제하에 진행해야 한다.

그러나 그런 방법만으로는 깨달음을 얻기 어려울 것 같다는 생각이 든다.

'나라는 생각'을 단서로 파헤쳐 들어가는 자기탐구는, 개가 냄새를 좇아 자신의 주인을 찾아가는 것과도 같다. 주인이 멀리 낯선 곳에 가 있더라도 개는 주인을 찾아낸다. 개에게는 주인의 냄새가 주인을 찾는 확실한 단서이며, 그밖에 주인이 입은 옷이라든가, 키나 체격 같은 것은 중요하지 않다. 개가 주인을 좇는 동안 한눈팔지 않고 냄새만 추적하면 결국 주인을 찾아낸다.

마음은 여러 형태로 바뀐다. 그런데도 왜 스승께서는 마음의 다른 형태는 제쳐두고, 유독 '나라는 생각'의 뿌리를 캐는 게 깨달음을 얻는 직접적인 방편이라고 권유하는지 여전히 의아하다.

'나('I-ness')' 또는 '내가 있다(I am-ness)'라는 개념은 '아함 브리티aham-vritti(我相, 내가 만들어내는 마음의 변이-옮긴이)'라고 쓰이지만, 마음이 만들어내는 다른 상相 혹은 변이와는 다르다. 다른 마음의 상 혹은 변이들은 본질적으로 서로 연관성이 없다. 하지만 '나라는 생각'은 마음이 일으키는 모든 변이와 동등하고 본질적인 연관성이 있기 때문이다. '나라는 생각'이 없이는 어떤 마음의 작용도 일으킬 수 없지만, '나라는 생각'은 다른 마음의 변이에 의존하지 않고도 스스로 존속할 수 있다. 따라서 '나라는 생각'은 마음이 일으키는 다른 변이와는 근본적으로 다르다.

그러므로 '나라는 생각'의 근원을 탐구하는 것은 에고의 여러 형태 가운데 한 가지만의 뿌리를 찾는 것이 아니라, '내가 있다'는 생각이 일어나는 근원 그 자체를 찾는 것이다. 바꾸어 말하면, '나라는 생각'이라는 형태로 나타난 에고의 근원을 추적하는 것은, 모든 형태의 에고를 초월한다는 의미를 내포하고 있다.

근본적으로 '나라는 생각' 속에는 다른 모든 형태의 에고가 포함된다는 걸 인정한다 하더라도, 왜 '나라는 생각'만을 자기탐구의 수단으로 선택해야 하는가?
'나라는 생각'은 더 이상 환원할 수 없는 유일한 경험의 소여所與(the one irreducible datum of your experience•)이기 때문이다. 또한 '나'의 근원을 찾

• 아무리 쪼개려 해도 더 이상은 쪼갤 수 없는 경험의 기본 조건을 말함. 경험론에 따르면 대상, 감각기관, 감각인상 등이 인식의 성립 근거이며, 그 어떤 것도 내가 없으면 존재하지 않기 때문이다. 1부 3장 참조.

는 것이야말로, 『나』를 깨닫기 위해 유일하게 할 수 있는 수행이기 때문이다.

에고에 원인체(잠들어 있을 때 '나'의 상태)가 있다 한들, 어떻게 탐구의 주체가 될 수 있겠는가? 에고가 원인체의 형태를 띠고 있을 때 당신은 잠의 어둠 속에 빠져 있는데 말이다.

그러나 미묘체와 원인체일 때의 에고는 뭐라 꼬집어 말하기 난해할 정도로 감지하기 어렵다. 마음이 깨어 있는 상태에서 탐구하기에는 너무 어렵지 않은가?

그렇지 않다. '나라는 생각'의 근원을 탐구하다 보면 바로 에고라는 존재 자체와 만나게 된다. 에고의 형태가 아무리 미묘하더라도 대수롭지 않은 것이니, '나라는 생각'의 근원을 탐구하라.

우리의 목표는 조건 지어지지 않은 순수한 『나』를 깨닫는 것이며, 『나』 자체는 에고와 독립적으로 존재한다. 그런데도 에고의 한 형태인 '나라는 생각'을 탐구하는 것이 무슨 소용인가?

기능적인 면에서 보면 에고는 오직 하나의 특성만 지니고 있다. 즉, 에고는 순수의식인 『나』와, 스스로는 무력하고 지각 능력도 없는 육체를 잇는 연결고리 역할을 한다. 그래서 에고를 '의식과 무력한 육체를 연결하는 연결고리(치트-자다-그런티chit-jada-granthi)'라고 부른다. '나라는 생각'의 근원을 계속해서 탐구해 들어가다 보면, 에고의 본질적인 의식(치트chit)을 만난다. 그런 이유로, 자기탐구를 하다보면 반드시 『나』의 순수의식을 깨닫게 되는 것이다.

그 자체로 순수한 '나'와 '나라는 생각'을 구별해야 한다. '나라는 생각'은 단지 생각일 뿐으로, 주체와 대상을 나누며, 자고, 깨고, 먹고, 마시고, 생각하고, 죽고, 다시 태어난다. 그러나 순수한 '나'는 무지와 망상에서 벗어난 순수 존재이며, 영원한 실재다. 아무런 생각 없이 존재 자체로의 '나'에 머물 수 있다면 '나라는 생각'은 사라지고 망상도 영원히 사라질 것이다. 영화관에서는 어둠 속에서 또는 어슴푸레한 빛 속에서 영화를 보지만, 불이 환하게 켜지고 나면 스크린에 아무것도 보이지 않는다. 마찬가지로 지고한 참나의 환한 빛 속에서는 모든 대상이 사라진다.

그게 바로 초월적인 상태인가?
아니다. 당신만이 홀로 존재하는데, 누가 무엇을 초월한다는 말인가?

스승께서는 『나』는 마음을 넘어서 있다고 하면서, 마음을 통해 그것을 깨달아야 한다고 말하고 있다. '마음으로는 『나』를 알지 못한다. 그러나 마음으로만 『나』를 깨달을 수 있다'는 식이다. 이 모순을 어떻게 해결할 수 있는가?
'죽은 마음' 즉 생각이 비워지고 내부로 향하는 마음으로 참나(아트만)를 깨달을 수 있다. 그때 마음은 마음 자신의 근원을 보며, 스스로 『나』 자체가 된다. 이는 어떤 주체가 대상을 지각하는 것과는 다르다.

　방이 어두우면 등불을 밝혀야 사물을 분간할 수 있지만, 해가 일단 떠오르고 나면 무엇을 보기 위해 등불을 켤 필요가 없다. 또 해를 보는 데도 등불은 필요치 않다. 스스로 빛나는 해를 향해 눈을 돌리기만 하면 되기 때문이다.

　마음도 이와 마찬가지다. 대상을 보기 위해서는 마음에서 반사된 빛이 필요하지만, 가슴(the Heart, 여기서는 참나의 또 다른 표현으로 사용했다—옮긴이)을 보기 위해서는 마음을 그저 가슴 쪽으로 향하게 하기만 하면 된다. 그러면 마음은 저절로 사라지고, 가슴만이 빛을 발한다.

마음의 본성은 바로 자각 혹은 의식이다. 그러나 에고가 마음을 지배할 때, 마음은 분별하고 생각하고 느끼는 작용을 한다. 그러나 '우주적마음'은 에고에 묶여 있지 않으므로 아무것도 자신과 분리시키지 않는다. 그리하여 오로지 의식만이 존재한다. 성서에서 말하는 '나는 스스로 존재하는 자(I am that I am)'라는 말은 바로 이런 경지를 표현한 것이다.

『나』의 지고한 의식 안에서 마음이 소멸되면, 애착하게 만드는 힘(여기에는 행위를 하게 하는 힘과 무엇을 인지하는 힘도 포함된다)을 위시한 모든 힘들이 완전히 사라지며, 그것들이 자신의 의식 현상에 나타났던 비실재적인 허상이었음을 알아차리게 된다.

생각과 망각의 작용을 일으키는 순수하지 못한 마음이, 스스로 삶과 죽음을 반복하는 윤회(samsara)를 한다. 생각과 망각 활동이 사라진 『나』만이 순수한 해탈이다. 이 상태에 이르면 태어나고 소멸하는 원인이 되는 '『나』에 대한 망각(pramada)'이 없다.

에고는 어떻게 없애야 하는가?

에고라는 것이 있다면, 먼저 한번 에고를 잡아보라. 그런 다음에 없애는 방법을 물어야 한다. "어떻게 에고를 없애야 하는가?"라고 질문하는 자는 누구인가? 그것이 에고다. 이런 질문은 에고를 없애기는커녕 소중히 여기는 것이다. 막상 에고를 찾아보면 결코 존재하지 않는다는 것을 알게 될 것이다. 그것이 에고를 없애는 유일한 길이다.

어떻게 하면 깨달을 수 있는가?

불에서 불꽃이 일어나듯이 절대적인 『나』에서 불꽃이 솟아나는데, 그것을 에고라고 한다. 무지한 사람은 에고가 나타남과 동시에 자신과 특정 대상을 동일시한다. 에고는 대상과 연결되지 않은 채, 독립적으로는 존재하지 못하기 때문이다. 자신과 대상을 연결시키는 것이 바로 무지이며, 이 연결고리를 깨는 것이 우리가 지향하는 목표다. 에고는 이렇듯 스스로와 객체를 대상화하는 습성이 있다. 또한, 스스로를 육체와 그릇되게 동일시함으로써 '육체가 나'라는 생각에 고착된다. 이것이 사라져야 깨달음에 이른다. 이것이 사라지면 에고는 순수한 상태로 남아 그 근원의 자리로 녹아든다.

순수한 '나'는 두 가지 상태, 또는 두 가지 생각 사이의 틈새에서 체험된다. 에고는 다른 것을 잡은 다음에야 이전에 쥐고 있던 것을 놓는 송충이와도 같다. 에고의 진정한 본질은 대상이나 생각과의 연결이 끊어진 찰나에야 알 수 있다.

형태가 없는 이 유령 같은 에고는 어떤 것을 붙듦으로써 존재하고, 형태를 붙듦으로써 지속하며, 붙든 형태를 양식 삼아 점점 더 커진다. 또한 한 형태를 놓으면서 다른 형태로 옮아가는데, 막상 찾으려고 하면 도망가버린다.

에고 즉, 1인칭이 '이 몸이 나'라는 식의 생각에 붙어 존재하는 한, 2인칭과 3인칭(너, 그, 그들 등)도 동시에 존재하게 된다. 그러나 1인칭의 실체를 샅샅이 파헤쳐보면 1인칭이 사라지고, 1인칭이 사라짐과 동시에 2인칭과 3인칭도 저절로 사라지게 된다. 그러면 스스로 빛나는 자신의 본성이 『나』의 상태로 존재하게 될 것이다.

'피와 살로 이루어진 이 몸이 나'라는 생각의 한 가닥 줄 위에 여러 개의 다른 생각들이 줄줄이 매달려 있다. 그러므로 눈을 내면으로 돌려 '내가 어디에 있는가?'를 탐구하면 '나라는 생각'을 포함한 모든 생각이 소멸하고, 참나가 저절로 빛을 발할 것이다.

당신의 책에서 '탐구야말로 깨달음에 이르는 방편'이라고 읽었다.

그렇다. 그것이 바로 자기탐구(vichara)다.

자기탐구는 어떻게 해야 하는가?

탐구자가 『나』의 존재를 인정해야만 한다. '나는 존재한다'가 곧 깨달음이다. 깨달음에 이르기까지, 이 실마리를 쥐고 파헤쳐 들어가는 것이 자기탐구다. 자기탐구가 곧 깨달음이다.

여전히 손에 확 잡히지는 않는다. 무엇에 대해 명상해야 하는가?

명상에는 집중할 대상이 필요하지만, 자기탐구에서는 대상이 없고 오직 주체만 있다. 명상과 자기탐구는 이 점이 다르다.

그러나 명상도 깨달음에 이르기 위한 효과적인 방편이 아닌가?

명상은 어떤 대상을 향해 집중하는 것이다. 따라서 잡다한 생각을 물리치고 마음을 한 생각에 고정시키는 데에는 도움이 되지만, 그 한 생각마저도 사라져야 깨달음을 얻을 수 있다. 깨달음이란 없던 것을 새롭게 얻는 게 아니다. 깨달음은 늘 존재하고 있지만 단지 생각이라는 막에 가려져 있을 뿐이다. 따라서 이 막을 걷어내는 데에 모든 노력을 집중해야 한다. 실재를 가리고 있는 막을 걷으면 깨달음은 저절로 드러난다.

　구도자에게 명상을 하라고 권하면, 많은 사람들이 그것에 만족하여 돌아간다. 하지만 몇몇은 다시 돌아와서 되물을 것이다. "어떤 대상에 대해 명상을 하는 나는 대체 누구입니까?"라고 말이다. 나는 이런 사람들에게 『나』를 찾으라고 말한다. 이것이 마지막 단계인 자기탐구다.

그렇다면 명상을 하지 않고, 자기탐구만 해도 되는가?

자기탐구는 과정이자 목표다. '나는 존재한다'가 목표이며, 궁극적인 실체다. '나는 존재한다'를 놓치지 않는 노력이 곧 자기탐구이며, 노력을 기울이지 않고도 자연스럽게 자기탐구가 이루어지면 깨달음이 온다.

　가장 효과적인 수행법인 자기탐구를 빼고는, 마음을 온전히 다스리는 다른 방법은 없다. 설령 다른 방법으로 마음을 다스린다손 치더라도, 마음이 가라앉은 것 같지만 얼마 지나지 않아 다시 부르르 일어난다. 자기탐구는 조건 없는 절대적인 존재로서의 당신 자체를 깨닫는 가장 확실하고 직접적인 방편이다.

왜 자기탐구만을 깨달음에 이르는 직접적인 방법이라고 여기는가?

자기탐구를 제외한 여타의 모든 수행법에서는, 수행을 해나가는 도구로서 마음을 유지하는 것을 전제로 삼기 때문에 마음이 없이는 수행을 할 수 없다. 그럴 경우 수행이 진전됨에 따라 에고는 미묘한 여러 가지 다른 형태로 모습을 바꾸어 고착되며, 결코 저절로 사라지지 않는다.

　고대 인도의 왕인 자나카가 한 말이 있다. "그동안 나를 줄곧 망쳐온 도둑을 이제야 찾았다. 이놈을 당장 처단하리라!" 그가 말한 도둑은 바로 에고 또는 마음이다.

그렇지만 그 도둑은 다른 방법으로도 잡을 수 있는 게 아닌가?

자기탐구가 아닌 다른 방법으로 에고 또는 마음을 소멸시키려고 하는 것은, 마치 도둑이 경찰관으로 가장해서 도둑인 자기 자신을 잡으려는 것과 같다. 자기탐구만이 에고나 마음이 실재하지 않는다는 진리를 드러낼 수 있으며, 순수하고 차별 없는 존재를 깨닫게 할 수 있다.

『나』를 깨닫고 나면 더 이상 알아야 할 것이 없다. 『나』는 완전한 지복至福이자 모든 것이기 때문이다.

자기탐구가 다른 방법보다 직접적이라고 말하는 이유는 무엇인가?

언제나 '나'로서 빛을 발하며, 대상과 객체로 분리되지 않는 순수한 실체인 『나』에 대한 주시만이 '이 몸이 나'라는 미망에 현혹된 사람이 끝없이 태어나고 죽는 '윤회의 바다'를 건널 수 있는 유일한 뗏목이기 때문이다.

실체는 에고가 없는 상태일 뿐이다. 에고의 정체를 파악하여 에고를 없애라. 에고는 실체가 아니기 때문에 저절로 사라질 것이며, 실체가 스스로 빛을 발할 것이다.

이 수행법이야말로 에두르지 않는 직접적인 방법이다. 이에 반해 다른 수행법들은 에고를 유지하지 않고는 불가능하다. 다른 수행법을 따르다 보면 수많은 의심이 생기는 데에다, '나는 누구인가?'라는 영원한 질문이 마지막까지 고스란히 남는다. 그러나 자기탐구는 처음부터 '나는 누구인가?'라는 마지막 질문 하나로 시작한다. 이 질문에 대해 탐구하는 데는 다른 수행법이 필요 없다.

우리 자신이 이미 실체이면서도 실체를 찾으려고 한다는 이 사실보다 더 큰 신비는 없다. 우리는 무언가가 실체를 가리고 있으며, 실체를 깨닫기 위해서는 그것을 없애야 한다고 생각한다. 우스꽝스러운 노릇이다. 언젠가 과거의 노력을 돌이켜보며 웃음을 터뜨릴 날이 올 것이다. 당신이 웃게 될 그날에 존재할 그것이, 지금 여기에, 있는 그대로 존재하고 있다.

제5장

자기탐구 – 수행

스리 라마나는 자기탐구를 처음 시작하는 사람들에게 '나'라는 내면의 느낌에 주의를 기울이고, 가능한 한 그 느낌을 오랫동안 유지하라고 일렀다. 또한 다른 생각 때문에 집중력이 분산되면 '나라는 생각'을 알아차리는 데에 마음을 집중하고, 마음이 산란해질 때마다 다시 '나라는 생각'으로 되돌아가서 탐구해야 한다고 가르쳤다.

그는 이런 과정에 도움이 되는 여러 수행 방편을 제시했다. 예컨대, 탐구자가 스스로에게 '나는 누구인가?'라든지 '나는 어디에서 오는 것인가?'라고 자문해보도록 했다. 이런 질문의 궁극적인 목적은 몸과 마음에서 일어나는 모든 행위의 주체라고 여기는 '나'를 끊임없이 알아차리도록 하기 위함이었다.

자기탐구 수행의 초기 단계에서는 '나'라는 느낌에 주의를 기울이는 것이 하나의 생각 또는 지각의 형태를 띤 정신적인 행위가 된다. 하지만 수행이 진전되면서 차츰 주관적으로 경험되는 '나'라는 느낌으로 발전한다. 그리고 '나라는 느낌'이 다른 생각이나 대상과 연결되어 스스로를 그 생각이나 대상이라고 여기는 '동일시'를 멈추면, 그 느낌마저도 사라진다. 이때 개체성에 대한 느낌이 일시적으로 정지되고 '존재에 대한 체험'만이 남게 된다.

이런 종류의 체험은 처음에는 드문드문 일어난다. 하지만 수행을 거듭함에 따라 그 상태에 이르거나, 그 상태를 유지하기가 점점 더 쉬워진다. 자기탐구가 이 정도 수준에 이르면, 애쓰지 않고도 존재를 자각하게 되며 더 이상 개인의 노력이 불가능한 상태가 된다. 왜냐하면 노력하던 '나'가 일시적으로 사라지기 때문이다. 물론 이 단계에 도달해도 '나라는 생각'이 주기적으로 다시 나타나기 때문에, 『나』를 깨달았다고 볼 수는 없다. 하지만 수행의 최고 단계인 것만은 분명하다.

수행을 하면서 '존재에 대한 체험'이 반복해서 일어나다 보면, '나'라는 생각을 일으키는 습(바사나vasanas, 마음의 습성)이 차츰 약해지고 마침내는 소멸한다. 습의 구속력이 일정 수준 이하로 약해지면, 『나』의 힘이 남아 있는 '습'들을 완전히 제거함으로써 '나라는 생각'이 다시는 일어나지 않게 된다. 이 상태가 다시는 예전으로 돌아가지 않는 궁극의 깨달음이다.

'나라는 생각'을 주시하거나 알아차리는 수행법은, 생각을 어딘가에 묶거나 고정시켜서 제어하는 대개의 수행법에 비해 조화로운 방편이라고 할 수 있다. 이 수행법은 특정 대상에 생각을 묶지도 않고, 생각을 억누르지도 않으며, 그저 마음이 일어나는 근원에 대한 주의를 일깨우기만 하면 된다.

자기탐구의 수단이자 목적은 마음의 근원에 머무는 것이며, 실체가 아닌 것들에 대한 관심이나 이끌림을 거두어들여서 유일한 실체를 알아차리는 데 있다. 수행의 초기 단계에서는 들끓는 온갖 생각들로부터 '생각하는 자신'에게로 주의를 돌리는 데 꽤나 노력이 필요하다. 하지만 일단 '나'라는 느낌에 대한 알아차림이 확실하게 자리 잡으면, 그 뒤부터는 더 이상의 노력이 오히려 방해가 된다. 이때부터는 행위의 과정이 아니라 존재의 과정이며, '존재하기 위해 애쓰는 과정'이 아니라 '애쓸 필요 없이 존재하는' 과정이다.

원래부터 우리는 애쓰지 않고도 존재하는 실체로서 늘 현존하고 있으며, 그것을 스스로 늘 체험하고 있다. 하지만 몸과 마음처럼 실재하지 않는 것이 현존하는 척 가장을 하려면, 잠재의식 차원에서 끊임없이 정신적인 노력을 기울여야 한다.

그러므로 자기탐구 수행이 고차원적인 단계에 이르면, 노력을 하면 할수록 존재를 체험하는 데에 방해가 되며 오히려 노력을 그쳐야 존재를 체험할 수 있게 된다. 궁극적으로 『나』는 어떤 행위를 한 결과로서가 아니라 오로지 존재함으로써 발견되기 때문이다. 이에 대해 스리 라마나는 다음과 같이 말한 적이 있다.

"명상하지 말고, 존재하라!"
"스스로가 누구인지 생각하지 말고, 존재하라!"
"존재에 대해 생각하지 말라. 당신은 그냥 존재한다!"

자기탐구를 마치 특정한 시간에 특정한 장소에서 치르는 명상 수행처럼 생각해서는 안 된다. 깨어 있는 동안, 어떤 일을 하든지 자기탐구는 계속되어야만 한다. 스리 라마나는 일과 자기탐구가 절대 서로 상충하지 않으며, 실제로 조금만 해보면 어떤 상황에서도 쉼 없이 할 수 있게 된다고 강조했다. 물론 초보 단계에서는 한시적으로나마 시간을 정해 놓고 규칙적으로 하는 것도 좋을 거라고 말하기는 했다. 하지만 오랫동안 앉아서 명상하는 방식은 결코 권하지 않았다. 또한 제자들이 세속의 생활을 정리하고 명상에만 전념하겠다고 나설 때면 언제나 만류했다.

스승께서는 『나』를 탐구함으로써 깨달을 수 있다고 하는데, 이때 탐구란 어떤 성격을 띠는가?

당신은 마음이다. 또는 당신은 마음이 자신이라고 생각한다. 마음은 생각에 지나지 않는다. 그런데 모든 생각의 배후를 관찰해보면, 거기에는 '나'라는 생각이 공통적으로 밑바탕에 깔려 있다. 이 '나라는 생각'을 첫 번째 생각이라고 할 수 있다. '나라는 생각'에 끈질기게 달라붙어 그게 무엇인지 알아낼 때까지 질문해보라. 이 의문에 강하게 사로잡히면, 다른 생각을 하려고 해도 할 수 없을 것이다.

자기탐구 수행을 하면서 '나라는 생각'에 끈질기게 매달리고 있어 보면, 이 생각 저 생각들이 일어났다가 금세 사라지곤 한다. 그렇지만 '나는 누구인가?'라는 질문을 던져도 아무런 답을 찾지 못한다. 이런 상태로 계속 있는 게 자기탐구인가?

사람들은 흔히 그런 실수를 한다. 『나』를 진지하게 탐구하다 보면 '나라는 생각'은 사라지고 내면 깊은 곳에서 우러나오는 무언가가 당신을 사로잡는데, 그것은 탐구를 시작했던 그 '나'가 아니다.

그 다른 무언가가 대체 무엇인가?

그것은 진정한 『나』이며, '나'라는 것이 존재하는 의미다. 그것은 에고가 아니며, 지고한 존재 자체다.

자신에게 질문을 시작할 때 다른 생각은 물리쳐야만 한다는데, 생각이 끝없이 밀려온다. 한 생각을 물리치면 금세 또 다른 생각이 나타나서, 이런 식으로는 아무리 생각들을 물리쳐도 도무지 끝이 안 날 것 같다.

나는 생각들을 물리쳐야 한다고 말하지 않았다. 당신 자신, 곧 '나'라는 생각'을 끈질기게 물고 늘어져보라. 그 한 생각에만 집중하다 보면, 다른 생각들은 저절로 물러나고 사라질 것이다.

그러면 생각들을 물리칠 필요가 없다는 말인가?

아니다. 사람에 따라서는 생각을 물리치는 훈련이 한동안 필요할 수도 있다. 그리고 당신은 생각이 끊임없이 일어나고 또 일어나니, 생각을 물리치는 일이 도무지 끝날 길이 없을 것 같다고 예상하지만 실제로는 그렇지 않다. 끝이 나게 되어 있다. 자기탐구 수행의 고삐를 늦추지 않은 채, 생각이 일어날 때마다 물리치려는 노력을 계속해서 끈질기게 하다 보면, 자신의 내면으로 점점 더 깊이 들어가게 된다. 그런 수준에 이르면 굳이 생각을 물리치려고 애쓸 필요도 없어진다.

노력하거나 안간힘을 쓰며 자신을 몰아붙이지 않고도 가능하다는 뜻인가?

물론이다. 그뿐만 아니라, 일정 수준을 넘으면 노력한다는 것 자체가 아예 불가능해진다.

좀더 자세히 알고 싶다. 그렇다면 노력을 전혀 하지 말아야 한다는 것인가?

당신의 현재 수준에서는 노력을 하지 않으면 안 된다. 하지만 수행이 더 깊어지면 어떤 노력도 할 수 없게 된다는 뜻이다.

자기탐구를 통해 마음이 내면을 파고들어 '나라는 생각'의 근원으로 향하면, 차츰차츰 저절로 습이 소멸된다. 그런데 『나』의 빛이 습에 비쳐 반사되는 현상이 곧 마음이다. 따라서 습이 사라지면 마음 또한 사라진다. 마음은 유일한 실체인 가슴(Heart, 여기서는 『나』의 또 다른 표현)의 빛 속으로 녹아들고, 사라져버린다.

이것이 구도자들이 알아야 할 핵심적인 내용이다. 구도자들은 모름지기 '나라는 생각'의 근원을 온 마음을 다해 일념으로 탐구해야 한다.

초심자는 자기탐구를 어떻게 시작해야 하는가?

마음은 오로지 '나는 누구인가?'라는 질문을 탐구함으로써만 다스릴 수 있다. 불을 지피고 이리저리 뒤집다가 마지막에는 자신도 불길에 던져지는 화장터의 막대기처럼, '나는 누구인가?'라는 생각은 다른 모든 생각들을 소멸시킨 뒤에, 마지막에는 그 자체도 소멸된다.

만약 딴 생각이 일어나거든, 그 생각의 뿌리를 파고들어서 캐내려고 하지 말고 '이 생각이 누구에게 일어나는가?' 하고 자문해보라. 아무리 많은 생각이 일어난다고 해도 괘념치 마라. 어떤 생각이 일어날 때마다, 그 순간을 놓치지 말고 '이 생각이 누구에게 일어나는가?'라고 묻는다면, '나에게서' 일어난다는 것을 알게 된다. 그런 다음 다시 '나는 누구인가?'라고 물으면, 마음은 그 근원(참나)으로 돌아가고, 일어났던 생각들도 사라질 것이다. 또한 이런 수행을 거듭하면 마음이 그 근원에 머무는 힘이 커질 것이다.

때로는 오랜 세월에 걸쳐 반복된 '감각 대상을 좇는 습성(vishaya vasanas,

비샤야vishaya는 소리, 촉감, 형태, 빛깔, 맛의 대상을 말하며, 바사나vasanas는 습이다.)'
이 바다의 파도처럼 무수히 일어날 것이다. 하지만 자신의 본성에 대한 탐구가 깊고 강렬해지면 이것들은 모두 소멸된다. 끈질기게 '자기주시'로 되돌아가라. '이 온갖 습을 모두 소멸하고 『나』에만 머문다는 것이 가능할까?'라는 의심이 일어날 여지를 주지 말라.

'감각대상을 좇는 마음의 습성'이 남아 있는 한, '나는 누구인가?'라는 탐구는 계속되어야만 한다. 한 생각이 일어나면, 생각이 일어난 바로 그 자리를 파고들어 그 뿌리를 탐구함으로써 그것을 깡그리 소멸해야 한다. 『나』가 아닌 다른 생각(anya)에 주의를 기울이지 않는 것이 무집착(vairagya) 또는 무욕(nirasa)이다. 『나』에서 떠나지 않는 것이 앎 또는 깨달음(jnana)이다. 그러므로 무욕과 깨달음은 사실상 같다. 진주를 캐는 사람이 허리에 무거운 돌을 매달고 바닷속으로 뛰어들어 바다 밑에 있는 진주를 캐내듯이, 집착하지 않고 자신의 내면을 향해 깊이 뛰어들면 누구든지 『나』라는 진주를 얻을 수 있다.

『나』의 깨달음에 이를 때까지 본성의 기억(swarupa-smarana)을 부단히 견지한다면, 그것만으로 충분하다.

'속박되어 있는 나라는 존재는 누구인가?'를 탐구함으로써, 자신의 진면목을 밝히는 것이 곧 해탈이다. 마음을 늘 『나』에 고정시키는 것이 '자기탐구'이며, 스스로를 '존재 – 의식 – 지복' 상태의 절대자(Brahman)라고 생각하는 것이 명상(禪)이다.

요가 수행자들은 "진리를 깨달으려면 속세를 버리고 외딴 숲 속으로 들어가야 한다"고 말한다.
일상생활을 포기할 필요는 없다. 자신에게 주어진 일을 하면서 하루에 한두 시간 정도만 정진하면 된다. 시간은 문제가 안 된다. 올바른 방법으로 탐구하여 마음을 잘 길들인다면, 일을 하는 중에도 마음의 흐름이 유지될 것이다.

그렇게 하다 보면 어떤 결과가 오는가?

그렇게 계속하다 보면, 사람과 사물과 일을 대하는 태도가 차츰 변화한다. 어떠한 행위를 하든지 자연스럽게 탐구하는 마음 상태가 된다.

그렇다면 요가 수행자들의 견해에 동의하지 않는 것인가?

사람은 자신을 이 세상에 얽매이게 하는 개인적인 이기심을 버려야 한다. 거짓 자아를 버리는 것이 진정한 출가다.

세속적인 일을 하면서 어떻게 이기적으로 되지 않을 수 있는가?

세속적인 일과 지혜는 서로 상충하는 것이 아니다.

자신의 직업을 유지하면서 예전에 하던 일을 계속 할 수 있다는 것인가? 예컨대 일을 하면서도 깨달음을 얻을 수 있다는 것인가?

안 될 이유가 하나도 없지 않은가? 수행을 계속하다 보면, 일을 하고 있는 사람이 옛날의 자기가 아니라는 것을 알게 될 것이다. 자기탐구를 하는 과정에서 의식이 차츰 변화되어, 나중에는 소아小我를 넘어서 참나에 이르게 될 것이기 때문이다.

세상일에 빠지다 보면 탐구할 시간이 거의 없지 않을까?

따로 시간을 내어 하는 탐구는 걸음마 단계의 수행자한테나 해당되는 얘기다. 수행이 무르익은 사람이라면 일을 하든, 안 하든 깊은 지복을 누리기 시작할 것이다. 설령 그의 손은 세속에 머물러도, 정신은 초연하게 평정을 유지할 것이다.

그렇다면 당신은 '요가의 길'에 대해서는 가르치지 않는가?

요가 수행자는 목동이 회초리로 소를 몰 듯, 자신의 마음을 목적지로 몰고 가려고 한다. 하지만 자기탐구 수행에서는 풀을 한 움큼 내밀어 소가 스스로 따라오게 한다.

어떻게 그럴 수 있는가?

자기 자신을 향해 '나는 누구인가?' 하고 물어야 한다. 이 질문으로 탐구하다 보면, 내면에 있었으면서도 마음에 가려 보이지 않던 무언가를 발견하게 될 것이다. '나는 누구인가?'라는 큰 문제 하나를 풀면, 나머지 문제들은 덩달아 풀리게 된다.

아무리 '나'를 찾아봐도, 아무것도 보이지 않는다.

당신은 육체를 자기라고 여기는 습관에 길들여져 있고, 눈에 보이는 것만이 전부라는 생각에 길들여져 있다. 그렇기 때문에 아무것도 보이지 않는다고 말하는 것이다.

대체 무엇을 보아야 한단 말인가? 그 보는 자는 누구란 말인가? 무엇을 또 어떻게 본다는 말인가? 유일한 의식만이 있을 뿐인데, 그것이 '나라는 생각'으로 발현되어 육체를 자기라고 여기고, 눈을 통해 스스로를 비추어 주위의 사물을 보는 것이다.

개체성을 지닌 사람은 깨어 있는 상태에만 스스로를 제한한 채 무언가를 보려고 한다. 감각기관을 통해 수집한 증거에 대해 추호의 의심을 하지 않은 채 그것들을 확고부동한 것으로 여긴다. 그러나 그는 결코 보는 자, 보이는 대상, 보는 과정이 모두 동일한 의식, 곧 '나의 현현顯現'이라는 사실을 인정하지 않는다.

그러나 감각기관이 아닌 내면으로 숙고해 보라. 『내』가 눈에 보여야만 한다는 허상에서 벗어날 수 있을 것이다. 실은 눈에 보이는 것은 아무것도 없다.

지금 '나'를 어떻게 느끼고 있는가? 내가 존재한다는 것을 확인하기 위해 거울이라도 눈앞에 놓고 보아야 하는가? 내가 존재함이 곧 '나'다. 이 점을 깨달으라. 이것이 진리다.

생각의 근원을 파고들어 탐구하다 보면 '나'를 인식할 수 있다. 하지만 그게 전부는 아닌 것 같아 만족할 수 없다.

그렇다. 그때 '나'에 대한 인식은 어떠한 형태(아마도 육체)와 연관되어 있다. 그러나 순수한 『나』는 무엇과도 연관되어 있을 리가 없다. 『나』는 어떤 것과도 연관되지 않은 순수한 실체인데, 그로부터 육체와 에고가 발현한다. 모든 생각을 가라앉히고 나면, 순수한 의식만이 오롯이 남는다.

막 잠에서 깨어나 외부 세계를 채 인식하기 직전에, 순수한 '나'가 있다. 다시 잠에 빠지지도 말고, 다른 생각이 당신을 사로잡도록 놔두지도 말고, 그 '나'를 지켜보도록 하라. 그때 그 '나'에 머물 수만 있다면, 잠에서 깨어나 외부 세계를 바라봐도 상관없다. 그때 '보는 자'는 현상의 영향을 받지 않는다.

에고가 무엇인가? 탐구해 보라. 육체는 스스로 뭔가를 할 수 있는 능력이 없는 무력한 것이며, '나'라고 주장하지도 않는다. 또한, 『나』는 순수의식이며 비이원적이다. 따라서 『나』가 '나'라고 주장할 리도 없다. 우리가 자는 동안에 스스로를 '나'라고 내세우는 존재는 없지 않나? 그렇다면 에고란 무엇인가? 에고는 무력한 육체와 『나』 사이를 연결하는 매개체일 뿐이며, 실체가 없으므로 아무리 찾아봐도 허깨비처럼 사라질 뿐이다.

　어떤 사람이 밤에 자기 옆에 비친 그림자를 보고 귀신이라고 생각했다고 치자. 그러나 자세히 살펴본다면 실제로 거기에 귀신이 있는 게 아니라, 나무나 전신주의 그림자를 보고 귀신으로 착각했다는 사실을 알게 될 것이다. 자세히 살펴보지 않으면 귀신인 줄 알고 질겁하겠지만, 자세히 살펴보면 귀신은 사라진다. 왜냐하면 귀신은 애당초 거기에 없었기 때문이다. 에고도 마찬가지다. 에고는 육체와 순수의식 사이를 잇는 보이지 않는 연결고리일 뿐 실체가 아니다. 자세히 살펴보지 않으면 에고는 끊임없이 문제를 일으키지만, 자세히 탐구해 보면 에고가 실재하지 않는다는 것을 깨닫게 된다.

　이러한 사실을 잘 보여주는 또 다른 이야기가 있다. 어느 힌두교식 혼인 잔치에서 벌어진 일이다. 힌두교인들은 흔히 혼인 잔치를 대엿새씩 계속하는데, 하루는 신부 측 가족이 실수로 어느 낯선 사람을 신랑 측의 귀한 손님인 줄 오해하여 극진히 대접했다. 실수는 또 다른 실수를 낳아 그걸 본 신랑 측 역시, 그 낯선 사람을 귀한 손님으로 지레 짐작하여 특별히 대접했다. 물론 당사자인 낯선 사람은 상황이 어떻게 되어 자신이 특별대우를 받는지 눈치 채고 있었다. 그러던 어느 날, 신랑 측 가족들이 그제야 낯선 사람의 정체가 무엇인지 확인하고 싶어, 신부 측 가족들에게 물었다. 그러자 그 순간, 낯선 사람은 본색이 드러날 상황임을 알아차리고 슬그머니 도망을 쳤다. 에고도 이와 같다. 자세히 살펴보면 사라진다. 그러나 자세히 살펴보지 않으면, 끊임없이 문제를 일으킨다.

'나는 누구인가?'라고 물으며 자기탐구를 시작하면, 금세 잠이 들어버린다. 이런 경우에는 어떻게 하면 좋은가?

깨어 있는 동안에 끈질기게 파고들어 탐구하면 된다. 그것만 해도 충분하다. 잠이 드는 순간까지도 계속 탐구했다면, 자는 동안에도 그 탐구가 이어질 것이다. 그리고 잠에서 깨어나는 즉시 다시 자기탐구를 시작하면 된다.

나는 '자기탐구'를 통해서는 평화를 얻을 것 같지 않다. 어떻게 하면 마음의 평화를 얻을 수 있는가?

당신의 '본래 상태(natural state)'가 평화다. 그러나 마음이 본래 상태를 가로막고 있는 것이다. 당신이 자기탐구를 통해서도 평화를 체험하지 못한다면, 자기탐구가 마음속에서만 이루어졌기 때문이다. 마음이 무엇인지 탐구해 보라. 그러면 마음은 사라질 것이다. 생각과 별개인 마음은 없다. 그런데도 생각이 계속 일어나기 때문에, 당신은 마음이라고 불리는 생각의 시발점이 있을 것이라고 짐작한다. 그러나 마음이 무엇인지 철저히 탐색해 보면, 그런 것은 애당초 존재하지 않는다는 것을 알게 될 것이다. 이렇게 해서 마음이 사라지면, 당신은 '영원한 평화'에 이른다.

'나라는 생각'이 일어나는 근원을 탐구하다 보면, 생각이 끊어지는 고요한 마음자리에 이르곤 한다. 거기엔 아무런 생각도 일어나지 않는, 텅 빈 '공空'만이 있다. 몸이 없어지고, 대신에 은은한 빛이 주위에 충만하다. 육체를 비롯해 다른 형상은 보이지도, 인식되지도 않는다. 이러한 체험이 30분 가까이 이어지는데, 좋은 기분이 든다. 궁금한 점은, 이런 체험이 몇 시간이나 며칠 혹은 몇 달씩 계속되도록 수행해 나간다면, 영원한 행복 즉 자유와 구원(또는 달리 무어라 부르든 간에)을 얻을 수 있는가?

그러한 체험은 구원이 아니다. 그런 상태를 '마노라야manolaya', 즉 생각이 일시적으로 가라앉은 상태라고 부른다. 마노라야는 생각의 흐름을 일시적으로 차단해 몰입한다는 의미다. 이 몰입 상태가 그치면, 예전처럼 온갖 생각들이 물밀 듯이 밀려오게 된다. 설령 일시적으로 마음을 가라앉힌 상태가 한 천 년쯤 이어진다고 해도 마찬가지다. 이는 생각을 완전히 소멸시킨 것이 아니며, 태어나고 죽는 윤회의 쳇바퀴에서는 벗어나지 못한다.

따라서 수행자가 만약 그런 경험을 한다면 정신을 바짝 차리고, 이러한 체험을 하는 자가 누구인지, 이러한 상태에서 즐거움을 맛보는 자가 누구인지에 대해 내적 탐구를 해야 한다. 이렇게 탐구하지 않으면, 긴긴 황홀경(trance)이나 깊은 수면(yoga nidra, 요가 수면) 상태에 빠지게 되고 만다. 많은 사람들이 수행을 하다가 이런 상태에 이르며, 적절한 가르침을 받지 못한 나머지 자신이 해탈했다는 미혹에 빠지곤 한다. 오로지 극소수만이 이 상태에서 가까스로 빠져나와 목표에 이른다.

이 점을 잘 보여주는 다음의 이야기가 있다. 어느 요가 수행자가 여러 해 동안 갠지스 강둑에서 '고행 명상(tapas, 신체에 고통을 주어 개체성을 소멸시킴으로써 신과 하나가 되려는 요가 수행의 일종-옮긴이)'을 하고 있었다. 그는 높은 수준으로 몰입할 수 있게 됐고, 그 상태를 오래 유지하면 마침내 해탈에 이를 것으로 믿고 수행을 계속했다. 그러던 어느 날이었다. 깊은 몰입 상태에 들어가려는데 그만 갈증이 일어났다. 그는 제자를 불러 어서 갠지스 강으로 가서 마실 물을 떠오라고 일렀다. 하지만 제자가 물을 떠오기도 전에 그는 그만 '요가 수면'에 빠져버렸다. 게다가 그 후 수십 년의 세월을 그 상태로 흘려보냈다. 그 사이 강물은 쉬지 않고 흘렀으며, 마침내 강줄기마저 바뀌었다.

어느 날 그는 마침내 깊은 수면 상태에서 깨어났다. 정신이 들자마자 "물! 물!" 하고 외쳤다. 하지만 이미 때는 늦었다. 물을 뜨러 간 제자도, 갠지스 강도 보이지 않았기 때문이다.

그가 깨어나자마자 달라고 한 것은 '물'이었다. 깊은 몰입 상태에 들기 직전에, 의식의 가장 표층부에 자리했던 생각이 물이었기 때문이다. 이처럼 몰입 상태가 아무리 오래 그리고 깊이 지속된다고 해도, 그것은 일시적으로 생각을 가라앉히는 역할밖에는 할 수 없다. 그가 의식을 되찾자마자 마치 홍수가 둑을 터뜨리듯이 엄청난 힘과 속도로 의식의 가장 표층부에 자리했던 생각이 터져 나왔다. 몰입 상태에 들어가기 직전에 막 형태를 갖춘 생각이 그 정도라면, 그 전에 뿌리내렸던 생각들이 없어졌을 리는 만무하다. 우리는 생각이 완전히 없어진 상태를 해탈이라고 부른다. 그렇다면 그가 과연 구원을 얻었다고 할 수 있겠는가?

하지만 구도자들 중에서도, 일시적으로 마음이 고요해진 상태(마노라야)와 생각이 영원히 소멸된 상태(마노나사manonasa)가 다르다는 것을 아는 이는 드물다. 마노라야 상태에서는 생각의 물결이 일시적으로 잠잠해지는데, 그 상태가 설령 천 년 동안 지속된다고 하더라도 일시적인 것에 지나지 않는다. 잠잠해진 생각들은 몰입 상태가 끝나기 무섭게 다시 일어난다.

따라서 구도자는 자신의 구도 과정을 주의 깊게 살펴야 한다. 구도자는 생각이 일시적으로 멈추는 마력魔力에 빠져들지 않도록 경계해야 한다. 만약 수행 중에 생각이 그런 체험을 하게 되면, 즉시 정신을 바짝 차려서 그 고요함을 체험하는 자가 누구인지 내면을 탐구해야 한다. 탐구하는 중에는 다른 어떠한 생각도 끼어들지 않도록 해야 하며, 이와 동시에 깊은 수면 상태(요가 수면)나 자기최면에 빠지는 일도 경계해야 한다. 물론 그런 상태를 체험한다는 것은, 한편으로는 목표를 향해 잘 나아가고 있다는 신호일 수도 있다. 하지만 그 지점은 해탈의 길로 갈 것인지, 요가 수면의 길로 갈 것인지 나뉘는 분기점이기도 하다.

구원에 이르는 가장 쉽고, 가장 직접적이며, 가장 빠른 샛길은 자기탐구 수행이다. 자기탐구 수행을 하면 생각의 힘에 끌려 다니지 않게 되며, 생각의 힘을 더욱 내면 깊은 곳으로 밀어붙여 마침내 생각이 나온 근원에 이르게 된다. 그러면 내면으로부터 반응을 얻게 될 것이며, 모든 생각을 깡그리 소멸한 후 거기에서 영원히 쉴 것이다.

'나라는 생각'은 나에게서 일어나지만, 정작 『나』에 대해서는 잘 모르겠다.
당신이 말하는 것은 모두 정신적인 관념일 뿐이다. 당신은 지금 그릇된 '나' 즉 '나라는 생각'과 자신이 같다고 여기고 있다. '나라는 생각'은 일어났다가 가라앉지만, 참된 의미의 '나'는 일어나고 가라앉음을 초월해 존재한다.

당신이 존재한다는 것에는 단절이 있을 리 없으며, 항시 그대로 존재한다. 당신은 밤에 잠을 잤지만 지금은 깨어 있다. 깊은 꿈속에서는 불행하다는 느낌이 없었지만, 깨어 있는 지금은 불행하다고 느낀다. 도대체 무엇 때문에 이런 차이를 경험하는가? 자고 있을 때는 '나라는 생각'이 없었지만, 지금은 '나라는 생각'이 있기 때문이다. 진짜 '나'는 뚜렷이 드러나지 않지만, 거짓 '나'는 자신을 과시하듯이 활개를 친다. 이 거짓 '나'가 올바른 앎을 방해한다. 이 거짓 '나'가 대체 어디에서 일어나는지 찾아보라. 그러면 그것은 사라질 것이다. 그때 당신은 오로지 있는 그대로, 즉 절대적인 존재로 머무르게 될 것이다.

나는 아직 그런 단계를 성취하지 못했다. 어떻게 하면 그럴 수 있는가?
'나라는 생각'의 근원을 찾아보라. 그것만 하면 된다. 우주는 '나라는 생각'으로 인해 존재한다. '나라는 생각'이 사라지면 불행 역시 끝난다. 거짓 '나'는 그 근원을 찾아야만 사라진다.

그런데도 사람들은 어떻게 하면 마음을 다스릴 수 있느냐며 똑같은 질문을 거듭 한다. 나는 이렇게 답한다. "그 마음이라는 것을 보여주십시오. 그러면 어떻게 하는지 알려드리겠습니다." 사실 마음이란 여러 가지 생각을 엮어놓은 다발일 뿐이다. 그런데 이 생각의 다발을, 그와 마찬가지인 생각이나 욕망으로 없앨 수 있겠는가? 생각과 욕망은 마음을 구성하는 중요한 요소다. 새로운 생각이 일어나면 마음은 점점 비대해져 갈 뿐이다. 그러므로 마음으로 마음을 없애려는 것은 어리석은 짓이다. 마음을 없애는 유일한 방법은 그 근원을 찾아 거기에 머무는 것이다. 그러면 마음은 저절로 사라진다.

요가에서는 '마음의 작용을 제어하는 법●'을 가르친다. 하지만 나는 자기탐구를 이야기한다. 이것이 실제적인 방법이기 때문이다. 우리가 잠들었을 때나 기절했을 때 또는 단식을 할 때, 마음의 변화는 잠잠해지지만 일시적일 뿐이다. 그때가 지나면 다시 온갖 생각이 고개를 치켜들기

● 치타 브르티 니로다chitta vritti nirodha. 여기서 치타chitta는 마음, 정신, 생각, 이성 등을 의미하고, 브르티vritti는 좁게는 소용돌이, 넓게는 마음의 변화, 변이, 작용 등을 가리키며, 니로다 nirodha는 없다, 소멸하다의 뜻이다.

시작한다. 그렇다면 그게 다 무슨 소용인가? 인사불성 상태에서도 고통이 없으며 평화롭지만, 그 상태에서 깨어나면 고통이 다시 찾아오는 것과 마찬가지다. 그러므로 마음을 제어하는 것은 쓸데없는 짓이다. 거기엔 지속적인 효과가 없다.

그러면 수행의 효과가 지속되게 하려면 어떻해야 할까? 고통의 원인을 찾으면 된다. 그렇다면 무엇이 고통의 원인인가? 고통이 존재하는 까닭은 지각할 대상이 있기 때문이다. 지각할 대상이 없으면, 그에 따른 생각도 없으며, 고통도 모두 사라지게 된다.

이제 그 다음 과제는, '어떻게 하면 대상이 사라지게 할 것인가?'라는 문제다. 여러 경전들과 현자賢者들은 대상이란 마음이 만들어낸 창조물이며, 실제로 존재하지 않는 환영幻影일 뿐이라고 입을 모아 말한다. 이 문제를 탐구하여 직접 진위를 확인해 보라. 결국 객관 세계는 주관적인 의식 안에 존재한다는 결론에 이를 것이다.

『나』는 현상계 속에 두루 스며 있으며, 동시에 현상계를 품고 있는 전일적全一的인 실체다. 『나』에는 이원성이 없으므로, 그 차원에 머무르면 평화를 방해하는 어떤 생각도 일어날 수 없다. 이것이 바로 『나』에 대한 깨달음이다. 『나』는 영원하기에 깨달음 또한 영원하다.

참된 정신 수행이란 생각에 방해받을 때마다 『나』 안으로 물러나는 것이다. 이 수행은 몰입하는 것도 아니고, 마음을 파괴하는 것도 아니다. 다만 『나』 속으로 물러나는 것이다.

몰입을 통해 마음을 제어하는 것이 왜 효과가 없는가?
마음을 가지고 마음을 없애려고 하는 것은 도둑을 경찰로 임명해 도둑을 잡으려는 것과 같기 때문이다. 도둑은 당신을 따라다니며 도둑을 잡는 척 하겠지만, 결국 허탕만 칠 것이다. 그보다는 생각을 내면으로 돌려 어디에서 마음이 일어나는지를 관찰하라. 그러면 마음은 사라질 것이다.

마음을 없애기 위해 마음을 내면으로 향하게 한다면, 여전히 마음을 사용하는 게 아닌가?

물론 마음을 사용하는 것이다. 마음은 마음을 써야만 없앨 수 있다는 것은 잘 알려져 있고, 널리 인정받고 있는 사실이다. 다만 마음이 있으니 이 마음을 없애버려야겠다고 여기지 말고, 대신에 마음의 근원을 탐구하라는 말이다. 그러면 마음이란 애당초 존재하지 않는다는 것을 알게 될 것이다. 마음이 외부로 향하면 생각과 대상을 낳지만, 내면으로 향하면 스스로『나』가 된다.

그렇다고 해도 여전히 모르겠다. 지금 '나'는 그릇된 '나'라고 하는데, 이 그릇된 '나'를 어떻게 없앨 수 있는가?

그릇된 '나'를 없애려고 애쓸 필요가 없다. 어떻게 그릇된 '나'가 스스로를 없앨 수 있겠는가? '나'의 근원을 찾아 거기에 머무르기만 하면 된다. 근원에 도달하는 것까지만 노력하고 나면, 그 뒤부터는 일이 저절로 진행될 것이다. 마음이 근원에 머무르게 되면 할 수 있는 일이 없으며, 모든 노력이 부질없게 된다.•

　'나'가 지금 여기에 늘 있다고 하는데, 그렇다면 왜 나는 '나'가 지금

• 노력이란 개체성이 있어야 가능한데, '참나'의 근원은 주체와 대상이 모두 사라져, 노력할 대상 또한 없기에 노력하려고 해도 할 수 없다는 뜻이다.

여기에 늘 있다는 것을 느끼지 못하는가?

바로 그 점에 대해 살펴보라. 느끼지 못한다고 말하는 자는 누구인가? 진짜 '나'인가, 아니면 가짜 '나'인가? 잘 살펴보면, 그릇된 '나'임을 알게 될 것이다. 그 그릇된 '나'가 바로 장애물이다. 진짜 '나'가 숨지 못하게 하려면, 그 거짓 '나'를 없애야 한다.

또한 '나는 깨닫지 못했다'는 느낌이 깨달음을 가로막는 장애물이다. 사실은 이미 깨달았으며, 더 이상 깨달을 게 없기 때문이다. 그렇지 않다면, 깨달음은 기존에 없던 새로운 것이어야만 한다. 이제까지는 없었기에, 새롭게 생겨야 한다는 뜻이다. 하지만 이는 곧바로 모순에 직면한다. 생生하는 것은 결국 멸滅할 수밖에 없기 때문이다. 그런데 생각해보라. 깨달음조차 영원하지 않고 사라지는 것이라면, 추구할 만한 가치가 없지 않겠는가?

그러기에 우리가 추구하는 깨달음은 새롭게 생기는 게 아니라, 원래 갖고 있던 것일 수밖에 없다. 깨달음은 영원하지만, 장애물이 우리를 가로막고 있는 바람에 이제껏 모르고 있었을 뿐이다. 우리가 찾는 깨달음은 그런 것이기에 무지를 걷어내기만 하면 된다. 본래 영원한 것임에도 무지로 인해 모르고 있을 뿐이다. 무지가 바로 장애물이다. 무지를 극복하면 나머지는 모두 저절로 이루어질 것이다.

무지는 곧 '나라는 생각'이다. 이 생각의 근원을 찾아 탐구하라. 그러면 '나라는 생각'은 저절로 사라질 것이다.

'나라는 생각'은 마치 허깨비와도 같다. 비록 손에 잡히지는 않지만, 육체와 동시에 발현해 왕성하게 활동하다가, 육체가 사라지면 자신도 함께 사라진다.

'육체가 나라는 의식' 자체가 '그릇된 나'다. '육체가 나라는 의식'을 버려라. 나의 근원을 탐구하면 그렇게 할 수 있다. 육체는 "내가 존재한다"고 말하지 않는다. "이 몸이 곧 나"라고 말하는 건 바로 당신('나')이다. 이 '나'가 누구인지 찾아보라. 그 근원을 찾으면, 그릇된 '나' 역시 사라질 것이다.

마음은 가슴에 얼마나 오래 머무를 수 있는가?
그 사람의 수행 정도에 따라 다르다. 수행이 깊어질수록 가슴에 머무르는 시간이 늘어난다.

마음이 가슴에 머무르는 시간이 끝난 뒤에는 어떻게 되는가?
마음은 현재의 일상적인 상태로 돌아온다. 가슴 속의 '유일한 의식'이 당신이 지각하는 다양한 현상들로 뒤바뀌는 것이다. 이러한 마음을 '외부로 향하는 마음(outgoing mind)'이라고 부른다. 반대로, 가슴으로 향하는 마음은 '머무르는 마음(resting mind)'이라고 한다. 일상생활 중에 틈틈이 마음을 근원에 머무르게 하는 수련을 반복해보라. 마음의 결점이 소멸되어 지극히 순수해져갈 것이다. 또한 수행이 몸에 익어서 탐구를 시작하자마자 순수해진 마음이 가슴에 머무르게 될 것이다.

어떤 사람이 수행 중에 '존재 – 의식 – 지복(사트-치트-아난다sat-chit-anada)'을 체험했다고 치자. 그런 사람 역시 수행을 하지 않으면, 다시 '육체가 곧 나'라고 여길 수 있는가?
그럴 수도 있다. 하지만 수행이 진전됨에 따라 그런 그릇된 동일시는 점점 희미해진다. 『나』가 빛을 비추면 미망의 어둠은 영원히 사라진다.
'마음의 습성(바사나vasanas)'을 송두리째 뿌리 뽑지 않은 채 체험한 것은 안정적으로 지속되지 않는다. 그러므로 마음의 습성을 제거하는 노력을 해야만 한다. 습성이 모조리 뿌리 뽑힌 다음에라야 흔들리지 않는 깨달음에 머무를 수 있다.

우리는 오랜 세월 고착된 '마음의 습성'과 싸워야만 한다. 그러다 보면 언젠가는 습이 사라질 것이다. 다만 전생에 수행한 사람들은 비교적 빨리 습을 제거하고, 그렇지 않은 사람들은 조금 더 늦을 뿐이다.

마음의 습성은 서서히 사라지는가? 아니면 어느 날 갑자기 단박에 사라지는가? 이 질문을 하는 이유는, 나는 이곳에서 수행을 오래 했는데도 점점 나아져가는 내면의 느낌이 없기 때문이다.

해가 떠오를 때 어둠이 서서히 사라지는가? 아니면 단박에 사라지는가?

탐구가 얼마나 진척되었는지 알 수 있는 방법이 있는가?

생각이 얼마나 일어나는지를 보면, 수행이 얼마나 무르익었는지 알 수 있다. 하지만 깨달음 자체는 진척되고 말고 할 게 없다. 그것은 늘 그대로다. 『나』는 항상 깨달음 속에 머물러 있다. 생각이 깨달음을 막고 있을 뿐이다. 따라서 수행의 진척 정도는, 『나』가 늘 깨달음 상태에 있다는 것을 알지 못하게 하는 장애물을 얼마나 제거했는지에 따라 가늠할 수 있다. 생각이 일어날 때, 누가 그것을 일으켰는지 탐구해야 한다. 생각이 일어나는 근원을 파고 들어가면, 더 이상 생각이 일어나지 않는다.

온갖 의심이 늘 일어나는데, 이것을 어떻게 해야 하나?

한 가지 의심이 일어났을 때 그것을 해결하고 나면, 다른 의심이 뒤이어 일어난다. 그런데 그 의심을 해소하고 나면, 이번에는 또 다른 의심이 꼬리를 물고 일어난다. 이런 식으로 의심은 계속해서 일어난다. 따라서 모든 의심을 해소한다는 것은 불가능하다. 그런 의심들을 일으키는 게 누구인지 관찰하라. 의심이 일어나는 근원으로 들어가서 거기에 머무르라. 그러면 더 이상 의심이 일어나지 않을 것이다. 이것이 의심을 없애는 방법이다.

그렇다면 계속해서 "나는 누구인가?"를 묻되 대답하지 말아야 하는 것인가? 그리고 누가 누구에게 묻는 것인가? 탐구할 때는 또 어떤 태도를 지녀야 하는가? 묻는 '나'는 참나인가, 아니면 에고인가?

먼저 "나는 누구인가?"라고 질문을 던지는 '나'는 에고다. '나는 누구인가?'라는 질문의 진짜 의도는 에고의 근원 또는 시발점이 무엇인지를 캐묻는 것이다. 이 질문을 탐구할 때는 태도 같은 것은 필요없다. 오히려 내 이름은 무엇이며, 체격은 어떻고, 외모는 어떻다는 식의 태도를 버려야 한다. 당신의 참된 본성에 대해서는 어떤 태도도 취할 필요가 없다. 그것은 항상 있는 그대로 존재한다. 그것은 실재할 뿐 어떤 태도를 갖지 않는다.

하지만 '내'가 '나'를 찾아야 한다는 게 우습지 않은가? "나는 누구인가?"에 대한 탐구는 결국 허무한 공식으로 끝나는 것은 아닌가? 아니면 내가 스스로에게 만트라mantra(진언眞言)처럼 이 물음을 끊임없이 되풀이해야 하는 것은 아닌가?

자기탐구는 알맹이 없는 공식이 아니다. 또한 주문을 외는 어떠한 수련보다 값지다. "나는 누구인가?"에 대한 탐구가 정신적인 질문일 뿐이라면, 그렇게 큰 가치는 없을 것이다. 그러나 자신의 근원을 탐구하는 자기탐구의 목적은, 온 마음을 그 근원의 자리에 집중시키는 데에 있다. 따라서 '내'가 또 하나의 다른 '나'를 찾는 것이 아니다. 자기탐구가 더더욱 허무한 공식이 아닌 이유는, 온 마음을 순수한 깨달음에 지속적으로 맞추어가는 강렬한 행위이기 때문이다.

아침저녁으로 시간을 할애해 자기탐구를 하는 것으로도 충분한가? 아니면 항상, 이를테면 글을 쓰거나 걸으면서도 늘 자기탐구를 해야 하는가?

당신의 참된 본성은 무엇인가? 글을 쓰는 것인가? 걷는 것인가? 아니면 존재하는 것인가? 유일 불변한 실체는 존재다. 그러므로『나』가 순수하게 존재하는 상태를 깨달을 때까지 탐구를 계속해야 한다. 일단『나』안에 자리 잡게 되면, 더 이상의 걱정은 없을 것이다.

만약 생각이 일어나지 않는다면 아무도 생각의 근원을 탐구하지 않을 것이다. 그러나 '나는 걷고 있다'거나 '나는 글을 쓰고 있다'는 생각이 일어나는 한은, 그 생각을 하는 자가 누구인지 탐구하라.

일어나는 생각을 계속해서 물리치는 것도 자기탐구라고 할 수 있는가?

그런 행위도 디딤돌이 될 수는 있다. 하지만 자기탐구는 당신이『나』에 굳건히 자리 잡아 마음의 움직임과 생각의 파동을 그칠 때 진정으로 시작된다.

그렇다면 자기탐구는 지적知的인 행위가 아닌 것인가?

자기탐구는 지적인 탐구가 아니다. 그것은 내면의 탐구다. 초보자에게는 마음을 붙잡고 탐구하라고 가르친다. 하지만 마음이란 게 무엇인가? 마음은『나』가 투사되어 발현된 것이다. 마음이 누구에게서 발현되는지, 또 어디에서 일어나는지 찾아보라. 그러면 '나라는 생각'이 원인이 되

는 뿌리임을 알 수 있을 것이다. 그때 더 깊이 들어가 보라. '나라는 생
각'도 사라지고, 무한히 확장된 '나라는 의식('I-consciousness)만이 있을
것이다.

스리 오로빈도 아시람* 어머니**에게 이런 질문을 한 적이 있다. "저는 아무 생각
도 일어나지 않게 마음을 완전히 비움으로써 신이 참된 존재로 현현顯現하기를 바
랍니다. 그러나 아직까지 아무것도 감지하지 못했습니다." 그랬더니 그는 대략 이
런 내용의 대답을 했다. "당신의 태도가 옳다. 신의 능력이 강림할 것이고, 머잖아
직접 체험하게 될 것이다." 내가 여기서 무엇을 더 해야 하는가?

있는 그대로 존재하라. 능력이 강림하거나 신이 현현하는 게 아니다. 에
고를 놓아버리기만 하면 된다. 『나』는 이미 현존하고 있다. 지금도 당신
은 참나이며, 결코 참나와 별개가 아니다. 마음을 비우고 빈 마음을 보
는 것은 당신이다. 비운 마음을 보는 당신이 존재한다는 것이다. 그런데
도 무엇을 더 기다리는가? '아무것도 보지 못했다'는 생각, 무언가를 보
고자 하는 기대, 무엇을 얻고자 하는 욕망은 모두 에고의 작용이다. 에
고가 만든 함정에 빠져버린 것이다. 그런 말을 하는 것은 진정한 자신이
아니라 에고다. 있는 그대로 존재하라. 그것이 전부다.

　일단 태어난 이상 당신은 어딘가에 도달한다. 거기에 도달하면 당신
은 다시 되돌아온다. 그러니 이런 장황한 이야기에서 벗어나라. 있는 그

---

* 스리 오로빈도Sri Aurobindo라는 존칭으로 알려진 오로빈도 고시Aurobindo Ghosh(1872~1950)
가 1926년에 인도 남동부 해안 퐁디셰리Pondicherry에 세운 수행 공동체
** Mother, 스리 오로빈도와 함께 오로빈도 아시람을 이끈 프랑스인 미라 알파사Mira Alfassa
(1878~1973)를 가리킴

대로 존재하라. 당신이 누구인지 알고, 참나로 머무름으로써 '태어나고, 가고, 오고, 다시 돌아가는' 윤회에서 벗어나라.

『나』를 어떻게 하면 알 수 있는가?

『나』를 안다는 것은 『나』로 존재한다는 뜻이다. 당신이 어떻게 『나』를 모른다고 말할 수 있는가? 당신이 자기 눈동자를 직접 바라보지 못한다고 해서, 거울이 없어서 그 사실을 확인할 수 없다고 해서, 두 눈이 있다는 사실 자체를 부인할 수 있을까? 마찬가지로 『나』가 객관적으로 대상화되지 않는다고 해도, 당신은 『나』를 이미 알고 있다. 그런데도 『나』가 객관적으로 대상화되지 않았다는 이유로 『나』를 부인할 셈인가? 당신이 "나는 『나』를 알 수 없다"고 말할 때, 이는 상대적인 지식의 범주에서 보면 『나』가 없다는 뜻이다. 상대적인 지식에 익숙해 있기 때문에 자신에 대한 상대적인 인식과 자신을 동일시한다. 자기 정체성을 잘못 인식했기 때문에, 이렇게 명백한 『나』를 모른다. 『나』는 객관적으로 대상화될 수 없기 때문이다. 그런데도 당신은 "『나』를 어떻게 알 수 있는가?"라고 묻고 있다.

존재하라고 하는데, 어떻게 존재해야 하나?

당신이 해야 할 일은 그냥 존재하는 것이지, 이것이나 저것으로 존재하는 게 아니다. '나는 스스로 존재하는 자(I am that I am)'라는 말이 모든 진리를 압축한 것이다. 여기에 이르는 방법은 '고요하라(Be still)'라는 말로 압축할 수 있다. 그렇다면 여기서 '고요함'이 의미하는 것은 무엇일까? 이는 자신을 없애라는 뜻이다. 왜냐하면 모든 형상과 빛깔이 괴로움의 원천이기 때문이다. '나는 이러이러한 사람이다'라는 관념을 버려라. 고요해지기만 하면 『나』를 깨닫는다. 이보다 더 쉬운 일이 어디 있겠는가? 세상에서 가장 쉬운 일이 『나』를 깨닫는 것이다.

세상에서 면밀히 탐구해볼 만큼 알 가치가 있는 지식은, 오로지 자기 자신에 대한 진리다. 이것을 관심을 가져야 할 목표로 삼아, 가슴에서 맹렬하게 깨달아야 한다. 날뛰고 괴로워하는 마음의 활동에서 벗어나, 의식이 고요하고 청정해져야만 자신에 대해 알 수 있다.

형상 없는 『나』로 가슴에서 항시 빛나며, 존재한다거나 존재하지 않는다는 생각조차 없이 고요히 존재함으로써 알 수 있는, 이 의식만이 온전한 실체임을 알라.

제6장

자기탐구 – 그릇된 견해

스리 라마나의 철학적인 견해는 천 년 이상 번성했던 인도의 아드바이타* 베단타advaita vedanta 학파와 매우 유사하다. 스리 라마나와 아드바이타 베단타 학파는 대부분의 이론적인 문제에서 견해를 같이한다. 하지만 수행에 대한 지점에 이르면, 서로 입장이 극명하게 갈린다.

스리 라마나는 자기탐구를 옹호하지만, 아드바이타 베단타 학파의 스승들 대다수는 『나』만이 유일한 실체라고 마음으로 확언하는 명상 수행을 권한다. 그들은 주로 "나는 브라만Brahman**"이다, "내가 그다(I am he)"라는 확언을 진언(mantra)으로 삼아, 이를 반복해서 되뇌면서 긍정명

---

* 아드바이타는 산스크리트어로 불이원론不二元論 또는 불이일원론不二一元論을 뜻하며, 7세기에 시작되어 8세기 무렵 상카라Sankara가 체계화했다고 전한다.
** 산스크리트어로 '힘'을 뜻하며, 인도 철학에서는 우주의 근본원리이자 유일한 실체를 가리킨다.

상을 한다. 또한 그보다 드물기는 하지만, 이 진언에 내포된 의미를 명상하고, 그것을 직접 체험하고자 노력하는 사람들도 있기는 하다.

스리 라마나가 권하는 자기탐구는 흔히 "나는 누구인가?"라는 질문으로 시작하기 때문에, 아드바이타 베단타 학파의 전통을 따르는 이들은 그 답이 "나는 브라만이다"일 것이라고 지레짐작해버린다. 그래서 그들은 다른 생각을 할 여지도 없이 "나는 브라만이다"를 마음속으로 되풀이해서 되뇌는 것을 해법으로 삼는다.

하지만 스리 라마나는 물음에 대한 답을 찾거나 답을 반복해서 외는 데 마음을 온통 빼앗기는 한, 마음을 그 근원으로 가라앉혀 소멸하지는 못할 것이라며 그와 같은 수행법을 비판했다. 스리 라마나는 "나는 누구인가?"를 진언으로 사용하는 수행자들 역시 같은 이유에서 비판했다. 두 가지 수행법 모두 자기탐구의 핵심을 놓치고 있다는 것이다.

스리 라마나는 "나는 누구인가?"라는 질문의 의도는 마음을 분석하여 그 본성에 대한 어떤 결론에 이르고자 하는 것이 아니며, 이를 진언으로 사용하는 것도 아니라고 말했다. 이 질문은 생각이나 인식의 대상으로부터, 생각하고 인식하는 자에게로 '주의'를 되돌리기 위한 도구라는 것이다. 스리 라마나의 견해에 따르면, "나는 누구인가?"라는 질문에 대한 해답은 마음으로 찾을 수도 없고, 마음에서 찾을 수도 없다. 왜냐하면 진정한 해답은 '마음이 사라진 상태'를 체험하는 것이기 때문이다.

힌두교 신앙에서 비롯되어 널리 유포된 그릇된 견해에는 이런 것도 있다. 생각과 인식의 대상이 되는 모든 것을 『나』가 아닌 것으로 여기고, 이를 마음에서 떨쳐내야만 『나』를 발견할 수 있다는 생각이다. 이것은 전통적으로 '네티 네티neti-neti(이것이 아니다, 이것이 아니다)' 수행이라고 불린다. 이 수행을 하는 사람은 '내'가 동일시하는 모든 대상을 말로 부정해야 한다.

이 수행법의 의도는 이렇다. 예컨대 "나는 마음이 아니다" 또는 "나는 육체가 아니다"라고 부정함으로써, 진정한 '나'를 오염되지 않은 순수한 형태로 체험할 수 있다는 것이다. 힌두교에서는 이 수행을 가리켜 '자기 탐구'라고 부른다. 스리 라마나의 수행법과 이름이 같아서 종종 혼동을 일으키곤 한다.

스리 라마나는 이런 자기분석적 수행 전통에 대해서도 전적으로 부정적인 입장을 표했다. 그를 따르던 수행자들이 이런 방법으로 수행하고자 하면, 이런 수행법은 지적知的 행위에 불과하기 때문에 결코 마음을 넘어설 수 없다고 설명하면서 만류했다. 이 수행법이 어떤 효과가 있는지를 묻는 질문에 대해 스리 라마나가 제시한 핵심적인 답안은 다음과 같다. '네티 네티' 수행법으로 모든 대상에 대해 분별하면, 결국 '나라는 생각'이 지속되는 것을 어쩌지 못한다. 또한 '내가 아니다'라며 육체와 마음에 대한 생각을 아무리 없앤다 해도, 그것을 없애고 있는 그 '나'까지 없애지는 못한다.

"나는 브라만이다"를 되뇌는 수행 그룹과 '네티 네티'를 되뇌는 수행 그룹은, 전자는 긍정 수행이요 후자는 부정 수행임에도 불구하고 중요한 공통점이 하나 있다. 그것은 '마음으로『나』를 찾을 수 있다'는 기본적인 믿음이 수행법의 근간에 깔려 있다는 것이다. 이처럼 자기탐구 수행을 둘러싼 대다수의 그릇된 견해들은, 마음을 일으켜『나』에 이를 수 있다는 잘못된 믿음이 그 뿌리를 이루고 있다.

그릇된 견해의 전형적인 예로는 이런 것도 있다. 자기탐구를 하려면 '가슴 중심(가슴 차크라)'에 의식을 집중해야만 한다는 믿음이다. 사람들 사이에 널리 퍼졌던 이러한 견해는, 스리 라마나가 말한 가슴에 대한 설명을 잘못 해석한 데서 비롯했다. 어떻게 이런 오해가 생겼는지를 알기 위해서, 우리는 이 문제에 대한 스리 라마나의 견해를 좀더 세심하게 살펴볼 필요가 있다.

스리 라마나는 '나'라는 생각이 어떻게 처음 일어나는지를 설명할 때, 이 생각이 오른쪽 가슴 중심에서 시작해서 일련의 경로를 타고 머리로 올라온다고 말했다. 그는 이 부위를 '가슴 중심'이라고 불렀으며, '나'라는 생각이 『나』 속으로 침잠하여 소멸할 때, 가슴 중심으로 다시 내려와서 없어진다고 말했다.

또한 그는 『나』를 의식적으로 체험할 때, 가슴 중심이 마음과 세상의 근원이라는 사실을 명백히 알아차릴 수 있다고도 했다. 다만 그는 가슴 중심을 신체 부위로만 받아들이는 사람들의 오해를 우려해 다음과 같이 덧붙였다. 가슴 중심에 대한 그런 이야기는 엄밀히 말해 진실이 아니며, 자신과 육체를 동일시하는 데서 도저히 벗어나지 못하는 사람들을 위한 도식적인 표현일 뿐이라는 것이다. 또한 가슴은 결코 육체 안에 있는 게 아니며, 지고한 진리의 관점에서 보자면, '나'라는 생각이 오른쪽 가슴중심에서 일어나서 다시 그곳으로 들어가 사라진다는 설명도 마찬가지로 진실이 아니라고 했다.

스리 라마나가 수행을 가르칠 때 "'나'라는 생각이 일어나는 곳을 찾으라" 혹은 "마음의 근원을 찾으라"고 자주 말했기 때문에, 사람들 중에는 자기탐구를 할 때는 특정 신체 부위에 마음을 집중해야 한다고 오해하는 이도 있었다. 물론 스리 라마나는 마음 혹은 '나'의 근원은 특정 신체 부위에 집중함으로써 찾는 게 아니라, '나라는 생각'에 주의를 기울여야 찾을 수 있다고 거듭 설명하며 그런 해석을 누누이 거부했다.

그가 간혹 가슴 중심에 마음을 집중하는 것은 좋은 수행법이라고 말한 적도 있기는 했다. 하지만 이런 수행법을 자기탐구와 결부시키지는 않았다. 또한 가슴에 대한 명상이 『나』에 이르는 효과적인 수행법 중의 하나라고 이따금 말하기는 했지만, 육체에 있는 가슴 중심(가슴 차크라)에 집중하라는 말은 결코 하지 않았다. 대신에 그는 '있는 그대로의 가슴'에 대해 명상해야 한다고 말했다. 스리 라마나에 따르면, '있는 그대로의 가슴'이란 신체의 특정 부위가 아니라 내면에 존재하는 『나』이며, 스스로 『내』가 되는 것만이 그것의 참된 본성을 알 수 있는 유일한 길이다. 올바른 수행법 없이, 단순히 몰입만 해서는 그 자리에 이를 수 없다.

가슴 또는 가슴 중심을 둘러싼 그의 가르침 중에는 애매모호하게 들릴 수 있는 표현들이 종종 눈에 띈다. 하지만 그의 저작이나 대화록의 어디를 들춰봐도 자기탐구가 가슴 중심에 집중하는 수행이라는 일부의 주장을 뒷받침할 만한 근거는 한마디도 없다. 사실 이 주제에 대한 스리 라마나의 진술을 자세히 살펴보면, 우리가 『나』를 체험하면 가슴 중심에 대해 알게 되지만, 그렇다고 해서 가슴 중심에 집중함으로써 『나』를 체험할 수 있는 것은 아니라는 결론을 내릴 수 있을 따름이다.

"나는 누구인가?"를 물으면서 자기탐구를 시작해, '내'가 아닌 육체를 부정하고, '내'가 아닌 호흡을 부정하는 식으로 수행하고 있다. 하지만 여기서 더 이상은 나아갈 수 없다.

더 이상 나아갈 수 없는 게 당연하다. 지성知性으로는 거기까지밖에 도달할 수 없기 때문이다. 당신의 수행법은 지적이다. 모든 경전에 적혀 있는 수행법들 역시 사실상 수행자들이 진리를 알 수 있게 인도하는 역할밖에는 하지 못한다. 진리란 직접적으로 콕 집어서 가리킬 수는 없다. 그래서 당신처럼 지적으로 수행하는 방법도 등장하게 된다.

하지만 '나 아닌 것'을 없애는 자가 '나'까지 없앨 수는 없다는 점을 잘 관찰하라. "나는 이것이 아니다"라거나 "나는 저것이다"라고 할 때는, 반드시 '나'가 있어야 한다. 이 '나'가 바로 에고 혹은 '나라는 생각'이다. 이러한 '나라는 생각'이 일어난 뒤에, 다른 모든 생각도 뒤따라 일어난다. 따라서 '나라는 생각'이 '뿌리 생각'이다. 뿌리를 뽑으면 거기에 딸린 온갖 생각들이 함께 우르르 뽑힌다. 그러므로 뿌리인 '나'를 찾아서, "나는 누구인가?"를 스스로에게 물어야 한다. 그 근원을 찾으면 모든 생각이 사라지고 순수한 『나』만이 오롯이 남을 것이다.

'나'를 찾으려면 어떻게 해야 하는가?

'나'는 늘 존재한다. 깊이 잠들어 있을 때나, 꿈꾸고 있을 때나, 깨어 있을 때나 늘 한결같이 '나'는 존재한다. 일례로 잠자고 있던 그 사람과 지금 말하고 있는 그 사람은 똑같은 사람이다. 이처럼 '나'라는 느낌은 항상 있다. 그게 아니라면 당신은 스스로의 존재를 부정하는 셈인데, 그럴 수는 없을 것이다. 당신은 '내가 있다'고 말한다. 그 '나'가 누구인지를 찾아보라.

나는 '네티 네티(이것이 아니다, 이것이 아니다)**' 명상을 하고 있다.**

그것은 명상이 아니다. 근원을 찾는 것만이 참된 명상이다. 근원에 이르는 길밖에는 없다. 그러면 가짜 '나'는 사라지고, 진짜 '나'를 깨닫게 될 것이다. 가짜 '나'는 진짜 '나'와 떨어져 있는 별개의 존재가 아니다. 육체나 감각 따위를 『나』라고 그릇되게 여기고 있을 뿐이다. 그런 그릇된 동일시를 버리는 것이 참된 '네티 수행'이다. 더 이상 버리려고 해도 버릴 수 없는 하나에만 매달려야 그렇게 할 수 있다. 그 하나란 바로 이티iti(존재하는 것)다.

"나는 누구인가?"라고 물으면 "나는 언젠가는 반드시 소멸하는 육체가 아니라 의식이며, 『나』다"라는 대답이 나온다. 그때 느닷없이 이런 질문도 뒤따른다. "『나』는 왜 환영幻影의 세계에 들어왔는가?" 바꾸어 말해, "신은 왜 이 세상을 창조했는가?"라는 의문이다.

"나는 누구인가?"라고 묻는 자기탐구의 참된 목적은 에고 또는 '나'라는 생각의 근원을 찾으려는 것이다. 탐구를 하면서 '나는 이 육체가 아니다'라는 식의 다른 생각을 해서는 안 된다. '나'의 근원을 찾아야 다른 모든 생각이 없어진다. 자기탐구를 할 때는 방금 당신이 말했던 생각이 들어설 틈을 주지 말아야 한다. 여러 생각들이 일어날 때 그 생각들을 누가 하는지 묻고 또 물어, '나라는 생각'의 근원을 찾는 데만 주의를 집중해야 한다. 그렇게 해서 '내가 그 생각을 한다'는 답이 나오면, 다시 "이 '나'는 누구이며 그 근원은 무엇인가?"라고 물으며 탐구해야 한다.

"나는 누구인가?"를 계속 되풀이하여, 마치 진언을 외우듯 해야 하는가?
아니다. "나는 누구인가?"라는 물음은 진언이 아니다. 모든 생각의 근원인 '나라는 생각'이 나의 어디에서 일어나는지 찾으라는 의미다.

"나는 브라만이다"라는 진언에 대해 명상해야 하는가?
경전의 참된 의미는 "나는 브라만이다"라는 글귀 자체를 곱씹으라는 뜻이 아니다. 누구나 '나'를 알고 있다. 또한 누구에게나 '브라만'이 '나'로 깃들어 있다. 그 '나'를 찾으라. 그 '나'가 이미 브라만인데 굳이 '나는 브라만'이라고 억지로 생각할 필요가 있겠는가? '나'를 찾기만 하면 된다.

경전에는 껍질(환각)을 버리는 '네티 네티(이것이 아니다, 이것이 아니다)' 수행을 하라고 가르치고 있지 않은가?

'나'라는 생각이 일어난 연후에 육체, 감각, 마음 따위를 '나'로 여기는 착각이 뒤따라 일어난다. '나'가 그것들과 그릇되게 어우러지기 때문에 진짜 '나'는 보이지 않는다. 껍질을 벗어버리라는 가르침은 오염된 '나'로부터 순수한 '나'를 가려내라는 의도에서 언급한 것이다.

그러나 좀더 정확한 의미를 말하자면, 그것은 『나』가 아닌 것을 버리라는 게 아니라 『나』를 찾으라는 가르침이다. 『나』는 무한한 '나'다. 이 '나'는 완전하고 영원하다. 이 '나'는 시작도 없고 끝도 없다. 그러나 다른 '나'는 태어나고 죽는다. 다른 '나'는 영원하지 않다. 끊임없이 변하는 생각이 누구에게서 일어나는지를 찾아보라. '나라는 생각'이 일어난 후에 그것들이 뒤따라 일어난다는 것을 알게 될 것이다. 따라서 '나라는 생각'을 끈질기게 파고 들어가면, 나머지 생각들도 사라져버릴 것이다. '나라는 생각'의 근원을 추적해 들어가라. 그러면 『나』만이 남을 것이다.

무슨 말씀인지 그 의미를 따라가기 어렵다. 자기탐구의 이론은 이해하겠지만, 수행은 어떻게 해야 하는지 모르겠다.

다른 수행법들은 모두 『나』를 스스로 탐구할 수 없는 사람들을 위한 것이다. '나는 브라만이다'를 되뇌거나 생각할 때는 반드시 행위자가 있어야 한다. 그 사람이 누구인가? '나'가 아닌가? 그 '나'가 돼라. 이것이 직접적인 방법이다. 설령 다른 방법으로 수행을 해도, 결국 마지막에는 자기탐구에 의존할 때가 올 것이다.

'나'에 대한 알아차림이 있는데도 여전히 내 고민이 그치지 않는다.

그때의 '나라는 생각'은 순수하지 않다. 당신이 알아차렸다는 '나'는 육체와 감각이 어우러져 오염된 것이다. 그 고민이 누구에게서 일어나는지 찾아보라. '나라는 생각'에서 일어날 것이다. 거기에 매달려라. 그러면 다른 생각은 모두 사라질 것이다.

알겠다. 그런데 어떻게 해야 하는가? 전혀 감을 잡지 못하겠다.

내가 말한 '나'와 당신이 말한 '나'에 대해 생각하라. '나'는 다른 생각을 모두 물리치게 한다. 그 '나'를 파고들어가라.

자기탐구보다 '신을 인정하고 시인하는 수행'이 더 효과적이지 않을까? 신을 인정하고 시인하는 수행은 긍정적으로 보이지만, 자기탐구는 부정적으로 느껴진다. 또한 자기탐구는 '나'가 『나』와 분리되었음을 나타낸다.*

깨닫고자 한다면, 내가 충고하는 방법대로 하는 것이 좀더 적절할 것이다. 당신이 신을 인정하고 시인하는 수행을 한다는 것 자체에 이미 신과 당신이 분리되어 있다는 의미가 담겨 있다.

"나는 지고한 존재다"라는 진언을 되풀이하는 것이 "나는 누구인가?"라고 묻는

---

* 힌두교에는 신의 이름을 진언(만트라mantra)으로 삼아 되풀이해서 부름으로써 신과 합일하고자 하는 수행 전통이 있다. 신에게 귀의하며, 신을 받아들여 나와 하나가 된다는 의미다.

것보다 낫지 않을까?

그렇게 말하는 자가 누구인가? 누군가 그렇게 말하는 사람이 반드시 있을 것이다. 그를 찾으라.

자기탐구보다는 명상이 낫지 않은가?

명상에는 마음에서 심상心象을 만드는 행위가 포함되어 있다. 하지만 자기탐구는 실체를 추구한다. 또한 명상은 대상을 다루지만, 자기탐구는 자기 자신을 다룬다.

이 문제에 대한 과학적인 접근 방식이 있어야 하지 않는가?

실체가 아닌 것을 멀리하고, 실체를 좇는 것이야말로 과학적이다.

내가 말하는 '과학적'이라는 의미는, 처음에는 마음을 없애고, 다음에는 지성을 없애고, 그 다음에 에고를 없애는 식의 순차적인 방법론이 필요하지 않느냐는 것이다.

『나』만이 실체이며, 나머지 다른 모든 것은 실체가 아니다. 마음이나 지성도 당신이 없으면 존재하지 않는다. 성서에는 "고요하라 그리고 내가 하느님인 줄 알라(시편 46장10절)●"는 말씀이 나온다. 『내』가 하느님임을 깨닫는 유일한 필요조건은 고요함이다.

● 여기에서 하느님(God)은 기독교의 인격신이라기보다는, 우주의 근본원리이자 창조주이며 동시에 나 자신인 '브라만'을 말한다. '하나님'은 기독교 유일신 신앙의 틀 안에서 사용되는 용어이므로 여기서는 '하느님'으로 번역한다.

"나는 브라만이다"라고 긍정하는 것은 "나는 누구인가?"라고 묻는 것과 같지 않은가?

그렇지 않다. 유일한 공통점은 둘 다 '나'라는 말이 들어 있다는 것뿐이다. 하나는 "나는 브라만이다"이고, 다른 하나는 "나는 누구인가?"이다. 이 두 문장은 서로 다르다. 왜 "나는 브라만"이라고 거듭해서 말해야 하는가? 『나』를 찾아야 한다. 또한 "나는 누구인가?"라는 질문에서 '나'는 에고를 가리킨다. 하지만 에고를 추적해서 그 근원을 찾으면, 에고란 독립적으로 존재하지 않으며 진짜 '나' 안으로 녹아든다는 것을 깨닫게 된다.

당신은 너무 어렵게 접근하고 있다. 자기탐구는 "나는 시바 신이다" 또는 "나는 절대자다"라는 진언을 반복해서 되뇌는 종류의 명상과는 다르다. 나는 그런 수행보다는 자기를 아는 것이 더 중요하다고 강조한다. 왜냐하면 인간은 이 세상이나 신에 대해 알려고 하기 전에 자기 자신에게 먼저 관심을 가지기 때문이다.

"나는 절대자다" 혹은 "나는 브라만이다"라며 반복해서 되뇌는 식의 명상은, 마음으로 하는 생각일 뿐이다. 그러나 내가 말하는 자기탐구는 직접적인 방법이며, 그 어떤 명상법보다 강력하다. 당신이 『나』를 탐구하기 시작해 수행이 점점 더 깊어져 가면, 진짜 나는 내면에서 기다리고 있다가 당신을 맞이할 것이다. 이때부터는 당신이 일체 관여할 필요가 없다. 수행이 저절로 진전되어가기 때문이다. 이 단계에 들어서면 모든 의심과 회의가 사라지는데, 마치 잠이 드는 순간 모든 근심을 잊어버리게 되는 것과도 같다.

무언가가 나를 기다리고 있다가 반갑게 맞을 거라고 말하는 근거는 무엇인가?

영혼이 충분히 성숙하면 자연히 알게 된다.

어떻게 하면 영적으로 성숙해질 수 있는가?
여러 가지로 대답할 수 있다. 그러나 과거에 이룬 영적인 성숙과 상관없이, 자기탐구 수행을 하면 영적인 성숙에 좀더 빨리 도달할 수 있다.

그것은 순환논법 아닌가? 내가 어느 정도 영적으로 성숙해야 자기탐구를 할 수 있다고 말하면서, 자기탐구를 해야 좀더 빨리 영적으로 성숙해진다는 말을 하고 있다.
마음은 늘 이런 식의 곤란에 처한다. 마음은 자신을 만족시킬 수 있는 확실한 이론을 원한다. 하지만 신에게 가까이 가고자 하거나, 자신의 참된 존재를 깨닫고자 진지하게 열망하는 사람에게는 실제로 어떤 이론도 필요하지 않다.

당신이 말하는 자기탐구 수행법이 직접적인 수단이라는 점에 대해서는 의심의 여지가 없다. 하지만 너무나도 어렵다. 우리는 이 수행을 어디서부터 시작해야 할지 모르겠다. "나는 누구인가? 나는 누구인가?" 하고 진언을 염송하듯이 반복해서 되뇌다 보면 금세 지루해진다. 다른 수행법에는 단계를 밟아 한 걸음 한 걸음 나아갈 수 있도록 초심자를 위한 예비 단계 같은 것이라도 있는데, 당신의 방법론에는 그런 요소가 없다. 에두르지 않고 곧장 『나』를 탐구하는 수행법은 직접적이기는 하지만 너무 어렵다.
당신도 스스로 자기탐구가 직접적인 방법임을 인정하고 있다. 자기탐구는 직접적이고도 쉬운 방법이다. 자기에게 낯선 엉뚱한 것들은 쉽게 좇으면서, 자신의 내면으로 들어가는 게 왜 그다지도 어려운가? 당신은 어디에서부터 시작해야 할지 모르겠다고 말하지만, 시작도 없고 끝도 없다. 당신 자신이 시작이고 끝이다.

만약 당신이 여기에 있고 『나』가 다른 곳에 있어서, 당신이 『나』에게 이르려면 어디에서 출발해서 어떻게 가고 어디에 도착해야 하는지에 대해 설명을 들어야 할 것이다. 하지만 당신이 여기 '라마나스라맘 Ramanasramam에 있으면서, "라마나스라맘에 가고 싶은데, 어디에서 출발해서 어떻게 가야 하나?"라고 묻는다면 뭐라고 답해줄 수 있겠는가? 자신에 대한 탐구도 이와 마찬가지다. 나는 언제나 『나』이기에 다른 곳에서 찾을 필요가 없다.

또한, 당신은 "나는 누구인가?"를 묻는 일이 주문을 외우는 것처럼 지루하며 반복적이라고 말했다. 그런데 자기탐구는 "나는 누구인가?"라는 말을 계속 묻기만 하라는 의미가 아니다. 그렇게 해서는 생각이 쉽게 제거되지 않는다. 당신이 인정했듯이, 이 수행법은 직접적인 방법이므로 "나는 누구인가?"라고 묻고, 모든 생각의 뿌리인 '나라는 생각'이 일어나는 내면에 집중해야 한다. 『나』는 밖에 있지 않고 당신의 내면에 있기 때문에, 의식을 외부 세계에 돌리지 말고 안으로 깊이 파고들어야 한다. 자기 자신에게 가는 것보다 쉬운 일이 어디 있겠는가?

그러나 이 수행법을 어렵게 여기고 마음이 동하지 않는 사람들도 있는 게 사실이다. 그런 이유로 지금까지 여러 다른 명상법도 함께 가르쳐 왔다. 어느 방법이든지 각자에게 가장 좋고 쉬운 수행법이라야 마음을 낼 수 있는 법이니, 각자의 적성에 맞는 수행법을 택하면 된다.

하지만 세상에는 자기탐구 외에는 마음이 동하지 않는다는 사람들도 있다. 이런 종류의 사람들은 "이런저런 것을 알라고 하고 이런저런 것을 보라고 하는데, 그렇다면 대체 아는 자는 누구이고 보는 자는 누구입니까?"라고 물을 것이다. 어떤 수행법을 선택하더라도 '행위자'가 있을 수밖에 없기 때문이다. 이는 예외가 있을 수 없다. 그러므로 그 행위자가 누구인지 알아야 하며, 그를 알기 전에는 수행이 완료되지 않는다. 따라서 어떤 수행을 하든지 궁극에는 "나는 누구인가?"라는 질문에 답을 해야 한다.

당신은 자기탐구 수행에 초심자를 위한 예비단계 같은 것이 없다고 불평했다. 당신에게는 '나'가 있으니, 그것으로 시작하라. 당신은 『나』가 늘 존재함을 안다. 그러나 당신의 육체는 늘 존재하지 않는다. 가령 잠잘 때를 생각해보라. 잠은 당신이 육체 없이도 존재한다는 것을 보여준다. 우리는 '나'와 육체를 동일시하고, 『나』도 육체를 지니며 한계를 지닌다고 여기는데, 모든 문제가 여기에서 비롯한다. 『나』에 육체, 형상, 한계가 있다는 생각을 버리기만 하면 된다. 그러면 늘 존재했던 『나』가 바로 나 자신이라는 깨달음에 이르게 된다.

"나는 누구인가?"를 생각해야 하는가?
당신은 '나'라는 생각이 일어난다는 것을 안다. 그 '나라는 생각'을 붙들고, 그 근원을 찾으라.

그 방법을 알려줄 수 있는가?
이제까지 얘기한 대로 해보면 된다.

어떻게 해야 할지 잘 모르겠다.
그 방법이 객관적인 것이라면 객관적으로 보여줄 수 있을 것이다. 하지만 자기탐구 수행법은 주관적인 것이다.

하지만 나는 여전히 모르겠다.

뭐라고? 자신이 존재한다는 것을 모르겠다는 말인가?

부디 그 방법을 알려 달라.

지금 당신이 이미 집 안에 있는데도, 집 안으로 들어가는 방법을 알려 줘야 한다는 말인가? 『나』는 이미 당신 안에 있다.

당신은 "가슴이 『나』의 중심"이라고 이야기한 바 있다.

그렇다. 가슴은 『나』의 단 하나뿐인 지고한 중심이다. 이 점에 대해서는 의심할 필요가 없다. 진정한 『나』는 에고, 즉 개체로서의 자아의 배후인 가슴에 있다.

그러면 당신이 말하는 가슴은 육체의 어느 부위에 해당하는지 부디 알려 달라.

마음으로는 알 수 없다. 설령 내가 그 중심이 여기(오른쪽 가슴을 가리키며) 있다고 말해도, 가슴이 어떤 것인지 상상해서 깨달을 수는 없다. 환영을 실체라고 착각하는 행위를 그치고, 당신 자신으로 존재하는 것만이 가슴을 깨닫는 유일하고도 직접적인 방법이다. 깨닫고 나면 중심이 어디에 있는지 저절로 느끼게 될 것이다. 경전에서는 이 중심을 가리켜 가슴 공간(리트-구하hrit-guha), 아룰arul(은총), 울람ullam(심장) 등으로 부른다.

가슴에 그런 중심이 있다고 말하는 책은 한 번도 본 적이 없다.

내가 이곳에 온 지 오랜 시간이 지난 후, 《아유르베다Ayurveda(인도 전통 의학서)》의 교과서인 《아시탕가리다얌Ashtangahridayam》의 말라얄람어(인도 서남부 케랄라 지역에서 쓰이는 언어-옮긴이) 번역본을 본 적이 있다. 그 책에는 가슴 오른쪽에 '생명의 자리(오자스 스타나ojas sthana, 육체적 생명력의 원천 또는 빛의 자리-옮긴이)'가 있으며, 거기가 바로 '의식이 자리하는 곳'이라는 글귀가 적혀 있었다. 그 밖의 다른 책에서는 가슴이 거기에 있다고 언급하는 것을 본 적이 없다.

옛 사람들이 말한 '가슴'이 지금 당신이 말하는 '가슴'과 같다고 할 수 있을까?

그렇다. 같다. 하지만 가슴의 위치가 신체 어느 부위인지를 알려고 하기보다는 가슴을 체험하려고 애써야 한다. 사람이 대상을 보려면 그냥 쳐다보면 되지, 눈이 어디에 있는지를 알아야만 그것을 볼 수 있는 것은 아니다. 가슴은 당신이 그 안으로 들어갈 수 있도록 늘 거기에 열린 채로 머무르며, 당신이 의식하지 못할 때에도 당신의 모든 움직임을 지원하고 있다.

어쩌면 『나』가 가슴에 있다기보다는, 가슴 자체가 『나』라고 말하는 편이 더 합당할 것이다. 진실로 『나』는 중심 그 자체다. 중심은 모든 곳에 있으니, '깨달음'이 곧 '가슴'임을 알라.

그렇다면 가슴이 어떻게 육체의 특정 부위에 있다고 말할 수 있는가? 가슴이 육체의 특정한 위치에 있다고 못 박아 말하는 것은, 시공을 초월한 개념인 가슴을 한계 속에 가두는 것이 아닌가?

맞다. 그러나 가슴의 위치에 대해서 캐묻는 사람은, 자신이 육체를 가졌거나 육체 안에 깃들어 존재한다고 여긴다.

지금 당신이 질문을 할 때, 당신의 몸은 여기에 있는 채로 다른 곳에서 말을 한다고 할 수 있는가? 그럴 수는 없다. 당신은 자신이 육체적 존재임을 인정하고 있다. 가슴을 육체와 결부지어 생각하는 언급은 모두 이런 견지에서 나온 것이다.

진실로 말해서, 순수의식은 분할할 수 없다. 그것은 형태도 없고, 빛깔도 없으며, 안도 없고, 바깥도 없다. 또 오른쪽도 없고 왼쪽도 없다. 순수의식 또는 가슴에는 모든 것이 포함되어 있다. 순수의식에서 분리되어 존재하는 것은 아무것도 없다. 이것이 궁극의 진리다.

이런 절대적 견지에서 보자면 가슴, 참나 혹은 의식은 육체의 특정 부위에 있다고 말할 수 없다. 왜 그럴까? 육체는 마음이 투사된 것에 불과하고, 마음은 찬란하게 빛나는 가슴을 초라하게 반사한 것에 지나지 않는다. 세상 모든 것을 포괄하는 가슴이, 어떻게 유일한 실체의 극미하고 현상적인 발현에 불과한 육체의 작은 한 부분에 국한될 수 있겠는가?

그러나 사람들은 이것을 이해하지 못한다. 그들은 물리적인 육체나 현상계의 관점에서만 생각한다. 예를 들어보자. 당신은 "나는 히말라야 저 너머에 있는 고향을 떠나 여기 아시람까지 왔습니다"라고 말한다. 하지만 이 말은 진실이 아니다. 당신의 본질이 유일하고 무소부재無所不在한 정신 자체인데, 거기에 어떻게 오고 감과 움직임이 있겠는가?

당신은 늘 있어온 거기에 그대로 있다. 아시람에 도착할 때까지 이곳에서 저곳으로 움직이거나 탈 것에 실려 다닌 것은 당신의 육체일 뿐이다. 이것은 아주 단순한 진리인데도, 자신을 객관적인 세계 속에서 살아가는 개체일 뿐이라고 생각하는 사람에게는 그 진리가 환영처럼 보인다. 가슴이 육체의 특정 부위에 있다고 말하는 것은 이런 보통 사람들의 이해를 돕기 위한 것이다.

그러면 "가슴의 특정 부위에서 '가슴 중심(가슴 차크라)'을 체험할 수 있다"는 당신의 말을 어떻게 이해해야 하는가?

진정으로 절대적인 관점에서, 순수의식인 가슴이 시공時空을 초월해 있다는 것을 받아들이면, 그 나머지도 올바른 관점에서 쉽게 이해하게 될 것이다.

가슴이 오른쪽에 있다고도 하고, 왼쪽에 있다고도 하고, 가운데에 있다고도 한다. 사람들의 견해가 이렇게 각자 다른데, 과연 마음을 어디에 두고 명상해야 하나?
당신이 존재한다는 것은 분명한 사실이다. 그리고 명상(선禪)은 당신 혼자서, 당신에 의해, 당신이 하는 것이다. 당신이 존재한다는 바로 거기에 대해 명상해야 한다. 가슴은 당신의 외부에 있는 것이 아니기 때문이다. 그러니 당신이 명상의 중심이며, 그 자체로 곧 가슴이다.

그런데도 의심이 일어나는 이유는, 가슴을 육체적이고 물질적인 것으로만 여기기 때문이다. 가슴은 개념이 아니며, 명상의 대상이 될 수도 없다. 하지만 명상이 이루어지는 자리가 바로 가슴이다. 『나』는 모든 것을 아우르며 스스로 존재한다. 가슴 안에 육체도 있고, 세상도 있다. 가슴과 분리되어 존재하는 것은 아무것도 없다. 그러므로 당신이 하는 모든 노력도 가슴 안에 있다.

스승께서는 '나'라는 생각이 '가슴 중심'에서 나온다고 했는데, 그렇다면 생각의 근원을 가슴에서 찾아야 하는가?
당신에게 한 가지 묻겠다. '나'라는 생각이 육체의 어느 부위에서 나오는지 찾아보라. '나'라는 생각이 오른쪽 가슴에서 일어나고 사라진다는 것은, 엄밀히 말해 정확한 표현이 아니다. 왜냐하면 가슴은 실체의 다른 이름이며, 몸 안에 있지도 않고, 몸 밖에 있지도 않기 때문이다. 가슴에는 안과 밖이 없다. 왜냐하면 그것만이 유일하게 존재하기 때문이다.

가슴에 대해 명상하려면, 마음을 오른쪽 가슴에 집중하면 되는 것인가?

가슴은 특정한 신체 부위가 아니다. 오른쪽 가슴도 아니고 왼쪽 가슴도 아니다. 마음을 『나』에 두고 명상하라. 누구나 '나는 존재한다'는 것을 안다. 그런데 이 '나'가 누구인가? '나'는 안에 있지도 않고 밖에 있지도 않고, 오른쪽에 있지도 않고 왼쪽에 있지도 않다. 나는 그냥 존재한다. '나는 존재한다.' 이것이 전부다.

오른쪽이니 왼쪽이니 하는 생각에 집착하지 말고 그냥 내버려두라. 그런 생각은 육체에서 비롯된 것이다. 가슴이 바로 『나』다. 그것을 깨달으라. 그러면 스스로 알게 될 것이다. 가슴이 어디에 있으며, 무엇인지는 굳이 알려고 애쓸 필요가 없다. 『나』에 대한 탐구에 전념한다면, 나머지는 가슴이 알아서 할 것이다.

〈가르침의 정수*〉에 '가슴에 거하는 것이 최고의 행위(카르마karma)이고, 최고의 헌신(박티bahkti)이며, 최고의 깨달음(즈나나jnana)'이라는 말이 나온다. 여기에서 말하는 가슴은 무엇인가?

거기에서 언급한 가슴은 그 안에 모든 것이 살며, 모든 것이 결국 그 안으로 합일되는, 모든 것의 근원이다.

그런 가슴을 어떻게 하면 알 수 있는가?

가슴 그 자체를 알려고 할 필요는 없다. '나'라는 생각이 어디에서 솟아

---

* 우파데사 사람Upadesa Saram 라마나 마하리시가 시인 무르가나르에게 부탁받아 지은 타밀어로 쓴 30연의 시로, 시바의 가르침에 대한 내용을 담았다.

나는지만 찾으면 된다. 육체를 지닌 존재들의 모든 생각이 일어나는 곳을 가슴이라고 부른다. 가슴에 대한 여러 가지 묘사는 단지 마음이 만들어낸 개념일 뿐이다.

흉부에는 색깔이 서로 다른 여섯 개의 기관이 있는데, 그 중에서 가슴은 흉부 중앙선으로부터 오른쪽에 손가락 두 개를 합한 정도의 크기로 존재한다고들 한다. 하지만 가슴은 또한 형태가 없다고도 한다. 그렇다면 우리는 가슴이 특정한 모습을 지니고 있다고 상상하면서, 그것에 대해 명상해야 하는가?

아니다. 오로지 "나는 누구인가?"라는 탐구만이 필요하다. 깊이 잠들어 있을 때나 깨어 있을 때나 '나'는 존재한다. 그러나 깨어 있을 때는 괴로워하고 '나'를 없애려고 애쓴다. 잠에서 깨어난 사람이 누구냐고 물으면, 당신은 '나'라고 대답한다. 그 '나'를 단단히 붙들라. 그렇게 하면 '영원한 존재'가 스스로 드러날 것이다. '가슴 중심'에 대한 탐구가 아니라, '나'에 대한 탐구가 핵심이다. 안이나 밖은 존재하지 않는다. 안이나 밖은 똑같다고 할 수도 있고, 존재하지 않는다고 할 수도 있다.

물론 '가슴 중심(이때의 의미는 신체의 가슴 차크라-옮긴이)'에 대한 명상 수행도 있기는 하다. 그러나 그것은 수행일 뿐이지 탐구는 아니다. 마음이 활동을 그치고 고요해졌을 때, 가슴에 대해 명상하는 사람만이 알아차릴 수 있다. 다른 육체의 중심에 대해 명상하는 사람들은 그것을 알아차릴 수 없고, 마음이 다시 활동하기 시작한 후에야 마음이 고요했다는 것을 미루어 짐작할 뿐이다.

어느 부위이든 상관없이, 육체의 특정한 곳에 『나』가 머무른다고 생각하는 사람은, 바로 그렇게 생각하는 힘 때문에 마치 『나』가 실제로 머무르는 것 같은 느낌을 받는다. 그러나 가슴만이 '나'가 일어나고 가라앉는 안식처다. 사람들은 가슴이 안과 밖에 두루 존재한다는 점을 이야기하긴 하지만, 절대적인 진리의 관점에서 보자면 가슴은 안과 밖 어디에도 존재하지 않는다. 왜냐하면 안과 밖을 구별하게 만드는 기준이 되어주는 것이 육체인데, 이 육체라는 것은 마음이 만들어낸 상상력의 산물에 불과하기 때문이다. 근원인 가슴이 모든 것의 시작이고, 중간이며, 끝이다. 지고한 공간인 가슴은 형태가 없다. 가슴은 진리의 빛이다.

제7장

순명

세계의 많은 종교들은 개체적인 자아를 초월하는 수단으로, 신에게 모든 것을 내려놓고 순명順命(saranagati)해야 한다고 강조한다. 스리 라마나도 이런 방법의 타당성을 인정하고, 신에 대한 순명이 자기탐구처럼 효과가 있다고 자주 언급하곤 했다.

　전통적으로 순명의 길은, 주체와 객체가 따로 있는 '이원적인 헌신獻身(bhakti)' 수행을 연상시킨다. 하지만 스리 라마나에게는 그런 요소는 부차적인 문제에 지나지 않았다. 그는 진정한 순명은 신을 숭배함으로써 파생되는 주체와 객체의 관계를 초월한다고 강조했다. 왜냐하면 진정한 순명이란, 신과 분리되었다고 생각하는 자기 자신이 존재하지 않게 되었을 때에야 비로소 성취되기 때문이다. 그는 '진정한 순명'이라는 목표를 성취하려면 서로 다른 두 개의 수행을 할 것을 권했다.

　1. 신과 분리되어 있다고 생각하는 그 사람이 사라질 때까지 '나'라

는 생각을 붙들고 놓지 않는 법.

2. 자기 삶의 모든 권한을 신 또는 『나』에게 완전히 맡기는 법.

이런 자기 순명이 효과적으로 이루어지려면, 자신의 의지나 욕망이 없어야 하며, 신과 따로 떨어져서 독립적으로 살아가는 개인이 존재한다는 관념에서 완전히 벗어나야 한다.

첫 번째 방법은 수행의 이름만 다를 뿐이지, 명백히 자기탐구다. 스리 라마나는 동일한 수행법을 '순명'과 '자기탐구'라는 각기 다른 이름으로 부를 뿐이며, 깨달음에 이르는 효과적인 방법은 이 두 가지뿐이라고 자주 말함으로써 두 수행을 동일하게 평가했다. 이는 '나'라는 생각에 대한 알아차림이 포함된 수행은 『나』에 이르는 직접적이면서도 유효한 길인 반면에, 그렇지 않은 모든 수행법은 직접적이지도 유효하지도 않다는 그의 견해와도 일치한다.

'나'에 대한 주관적인 알아차림만이 『나』에 이르는 유일한 수단이라는 스리 라마나의 주장은, 흔히 신에 대한 순명이라고 여겨지는 '헌신'이나 '경배'에 대한 그의 태도에도 반영된다. 그는 제자들이 '헌신 수행'을 하는 것을 굳이 말리지는 않았지만, 구도자가 헌신자, 숭배자, 종 등의 이름으로 신과의 관계를 맺는 것은 모두 허상임을 지적하곤 했다. 왜냐하면 신만이 유일하게 존재하기 때문이다. 그는 참된 헌신이란, 신과 관계를 맺고 있다는 관념마저 사라져버린 단계로, 있는 그대로의 상태에서 유일한 실체로 머무는 것이라고 말했다.

두 번째 방법은 인생의 모든 과제를 신에게 의탁하는 수행법이며, 이 또한 자기탐구와 관련성이 있다. 왜냐하면 이 방법은, 대상 또는 행위와 끊임없이 동일시하는 '나라는 생각'을 떼어놓음으로써 '나라는 생각'을 제거하려는 목적을 지니고 있기 때문이다.

이 수행법을 따를 때는, 무엇을 바라거나 어떠한 행위를 하는 개체로서의 '나'는 존재하지 않고 오직 『나』만이 실재하며, 『나』와 따로 떨어져서 독립적으로 행위할 수 있는 것은 아무것도 없다는 알아차림을 지속적으로 이어나가야 한다. 이 수행을 할 때는 반드시 '내가 ~를 원한다'거나 '내가 ~를 하고 있다'는 식의 생각을 하고 있지 않은지 알아차려야 한다. 만약 그런 생각에 빠져 있음을 알아차렸다면, 즉시 마음을 외부의 접촉으로부터 거두어들여 『나』 안에 머무르게 해야 한다.

이는 마치 자기탐구 과정에서 '자기 주시(self-attention)'를 놓쳤을 때, 다시 자신에게 주의를 돌리는 것과 비슷하다. 두 가지 방법 모두 '나라는 생각'을 고립시켜 그 생각을 근원으로 사라지게 하는 것이 목표다.

하지만 스리 라마나 역시 이런 방법을 통해, 자연스러우면서도 완전하게 신 앞에 '나'를 내려놓는 것이 많은 사람들에게는 불가능한 목표라는 것을 인정했다. 그래서 이 길을 가려는 구도자가 헌신하는 방법을 닦고 마음을 다스릴 수 있도록 예비 수련을 권하기도 했다. 이런 수련은 대개 신이나 스승의 이름을 계속해서 되뇌거나, 그의 모습을 마음속에 생생하게 떠올림으로써 신이나 스승에 대해 명상하는 것이다. 스리 라마나는 '헌신 수행'을 하는 사람들에게, 사랑과 헌신의 마음을 다해 규칙적으로 이 수행을 하다 보면 명상하는 대상 속으로 마음이 저절로 녹아들어갈 것이라고 가르쳤다.

일단 대상 속으로 마음이 녹아 들어가면 순명은 한결 쉬워진다. 신에 대해 계속 알아차리다 보면 자기를 다른 대상과 같다고 여기는 마음은 일어나지 않고, 오로지 신만이 존재한다는 믿음이 두텁게 쌓인다. 또한 이 수행을 하면 그 응답으로 『나』로부터 힘 또는 은총이 흘러나오게 되어, '나라는 생각'에 대한 집착을 약화시킨다. 그 은총의 힘으로, '나라는 생각'을 영속시키고 강화하는 습習(vasana)마저도 부서진다. 따라서 이 단계에 이르면, '나라는 생각'은 다루기 쉬울 정도로 약해져서, 약간의 '자기 주시'만으로도 그것을 일시적으로나마 가슴 속으로 가라앉힐 수 있게 될 것이다.

자기탐구와 마찬가지로, 궁극적인 깨달음은『나』의 힘으로 저절로 이루어진다. 밖으로 향하던 마음의 습이 거듭되는 존재의 체험 속으로 녹아버리고 나면, 참나는 '나라는 생각의 자취마저 완전히 소멸시켜 다시는 일어나지 않게 한다. 그러나 '나'를 완전히 없애려면 반드시 아무것도 바라지 않는 무조건적인 순명이 이루어져야 한다. 은총이나 깨달음을 얻기 위해 순명한다면, 그것은 온전한 순명이 아니다. '나라는 생각'이 만든, 보상을 바라고 한 거래와 다를 바 없다.

무조건적인 순명이란 무엇인가?

자신을 신에게 온전히 맡기면 질문하는 자도 사라지고, 생각하는 대상도 사라질 것이다. 생각이 사라지게 하려면 '나'라는 '뿌리 생각'을 끈질기게 탐구하거나, 더 높은 힘에 무조건 순명해야 한다. 깨달음에 이르는 길은 이 두 가지밖에 없다.

완전한 순명이 이루어지려면, 신의 은총이나 해탈에 대한 갈망까지도 버려야 하는 것인가?

완전한 순명을 하려면 자신의 욕망이 전혀 없어야 한다. 순명이란 신이 당신에게 무엇을 주든지 받아들이는 태도이기 때문이다. 이는 결국 자신의 욕망을 모두 내려놓아야 한다는 뜻이다.

그 점에 대해서는 충분히 이해가 되었다. 그런데 순명을 이루기 위해서는 어떤 단계를 밟아야 하는가?

여기에는 두 가지 길이 있다. 하나는 '나'의 근원을 찾아서, 그 근원 속으로 녹아드는 방법이다. 다른 하나는 '내 힘만으로는 불가능하다. 신만이 전능하며, 나 자신을 신에게 완전히 던지는 것 이외에 다른 방법이 없다'고 통렬히 깨닫는 것이다. 이 길을 통해 오로지 신만이 존재하며, 에고는 하잘 것 없다는 확신을 차츰차츰 발전시키게 된다. 이 두 가지 길은 결국에는 모두 동일한 목표점에 닿는다. 완전한 순명은 깨달음이나 해탈의 또 다른 이름이다.

내게는 순명의 길이 더 쉽게 느껴진다. 그 길을 선택해 수행하고 싶다.

당신이 어떤 길을 가든 마찬가지다. 그 길을 가는 도중에 자신을 완전히 내려놓아야 한다. 순명은 "당신이 전부입니다" 그리고 "당신의 뜻대로 이루소서"라고 말하는 단계에 도달해야지만 비로소 완전해진다.

순명의 상태는 깨달음과 같다. "내가 절대자다"라고 긍정하는 경우에는 이원성이 있지만, 순명은 그런 것이 아니다. 순명은 비이원성非二元性이다. 실체에는 이원성도 없고, 비이원성도 없으며, 오로지 존재가 있을 뿐이다.

어찌 보면 순명은 쉬운 길처럼 보인다. 왜냐하면 입으로는 "신에게 헌신한다"고 말하면서 자신의 짐을 모조리 신에게 맡겨 놓으면, 홀가분하기도 하려니와 무엇이든 원하는 대로 할 수 있으리라고 여겨지기 때문이다. 그러나 진실은 이렇다. 신에게 헌신하기로 한 이후에는, 무엇에 대해서든 좋고 싫음이 없어야 한다. 자신의 의지는 완전히 소멸하고, 신의 의지가 그 자리를 대신해야 하기 때문이다. 이렇게 해서 에고가 완전히 죽으면 깨달음과 같은 상태가 된다. 따라서 어느 길을 가든 마찬가지다. '신과의 합일'에 이르러야 한다는 점에서는 둘 다 동일하다.

에고를 죽이는 가장 좋은 방법은 무엇인가?

각자에게 가장 쉬워 보이고, 가장 마음에 끌리는 방법이 가장 좋은 것이다. 모든 길은 똑같이 좋다. 어느 길이든 에고가 『나』 속으로 녹아들도록 이끈다는 동일한 목표를 추구하기 때문이다. 그저 부르는 이름만 다를 뿐이다. 헌신의 길을 가는 수행자가 '순명'이라고 부르는 것을, 자기탐구의 길을 가는 구도자는 '깨달음(jnana)'이라고 부른다. 하지만 두 사람 모두 목표는 한가지다. 에고를 그것이 나온 근원으로 되돌리고, 마침내 그 속으로 녹아들게 하려는 것이다.

구도자가 신의 은총에 힘입으면, 그런 단계에 더 빨리 도달할 수 있지 않을까?

신에게 모든 것을 내맡기고, 무조건 순명하라. 두 가지 가운데 하나를 선택할 수밖에 없다. 자신이 무능함을 인정하고 좀더 높은 차원의 힘에 매달리든지, 아니면 괴로움의 근원으로 파고들어가 그 원인을 탐구하고 『나』 속으로 녹아들어야 한다. 어느 길을 가든지 제대로만 한다면 괴로움에서 벗어날 것이다. 신은 헌신하는 사람을 결코 저버리지 않는다.

순명한 다음에도 마음이 산란한 것은 무엇 때문인가?

지금 질문하는 그 마음은 순명하는 마음인가?

끊임없이 신에게 헌신하고자 열망할수록 신의 은총이 점점 더 커져가는 것을 체험하고 싶다.

단번에 완전히 순명함으로써 그런 갈구를 없애라. 자신이 행위한다는 느낌이 남아 있는 한 갈구는 사라지지 않는다. 갈구는 개체성의 징표이기도 하다. 행위한다는 느낌이 소멸되고 나면, 『나』가 순수하게 빛을 발하고 있음을 깨닫게 된다. 행위 자체는 속박이 아니다. 하지만 행위자라는 느낌은 속박이다.

'고요하라. 그리고 내가 하느님인 줄 알라(시편 46장10절)'는 구절에서, 고요함이란 실오라기만큼의 개체성마저 내려놓고 완전히 순명하는 자세를 뜻한다. 내면이 고요함으로 가득 차면 마음도 날뛰지 않는다. 마음이 날뛰는 것은 욕망, 행위자라는 느낌 그리고 개체성이 그 원인이다. 그것을 그치면 내면은 고요해진다. 위의 구절에서 '알라(knowing)'는 말은 '존재하라(being)'는 말과 통한다. 또한 이때의 앎이란, 상대적인 앎의 세 가지 요소인 아는 자, 아는 행위, 아는 대상이 따로 없는 것이다.

'나는 신이다' 또는 '나는 지고한 존재다'라고 생각하면 도움이 되는가?
'나는 스스로 존재하는 자(I am that I am)'이다. '내가 존재하는 것(I am)' 자체가 신이지, '내가 신이다(I am God)'라고 생각한다고 해서 신이 되는 것은 아니다. '나는 존재한다'는 것을 생각하지 말고, '나는 존재한다'라는 것을 깨달으라. '내가 하느님인 줄 알라'는 것이지, '내가 하느님인 줄 생각하라'는 것이 아니다.

순명에 관한 모든 이야기는 갈색 설탕으로 만든 '가네사Ganesa(힌두교에서 지혜의 신이며, 시바의 아들이다. 코끼리 머리를 한 모습으로 유명하다-옮긴이)' 신상神像의 우화와도 같다. 즉, 순명이란 가네사 신상에서 갈색 설탕을 떼어서, 다시 같은 가네샤 신상에게 제물로 바치는 일과도 같다. 당신은 자신의 몸과 정신 그리고 모든 소유물을 신에게 바친다고 말한다. 하지만 신에게 바치는 그 소유물들이 진정으로 당신의 것인가? 당신은 이렇게 말할 수 있을 뿐이다. "저는 지금까지 이 모든 것이 당신의 것인데도 불구하고 제 것인 양 착각하고 있었습니다. 이제 이 모든 게 당신의 것인 줄 알았으니, 더 이상 내 것인 양 굴지 않겠습니다."

유일한 실재는 신 혹은 『나』뿐이다. 나도 없고, 내가 가진 것들도 없음을 아는 것이 깨달음이다. 그러므로 헌신과 깨달음은 다르지 않다. 헌신은 '깨달음의 어머니'이다.

세속에서 살아가는 우리는 항상 이런저런 근심 걱정에 시달린다. 하지만 어떻게 극복해야 좋을지 모른다. 신에게 기도하지만 여전히 해결되지는 않는다. 어떻게 해야 하나?

신을 믿으라.

순명을 해도 여전히 별 도움이 되지 않는다.

만약 순명했다면 신의 뜻에 따라 살아야만 하며, 괴로운 일이 생겨도 걱정하지 않을 것이다. 또한 외부세계에서 벌어지는 사건들이 영적인 차원에서는 전혀 다른 의미를 가질 수도 있다. 때로는 현실의 괴로움이 신에 대한 믿음을 이끌기도 한다.

그러나 우리는 세속에서 살고 있다. 처자식이 있으며 친구와 친척이 있다. 주위 사람들은 팽개친 채로, 내 안에 있는 개인성을 조금도 남기지 않고 신의 의지에 완전히 나 자신을 맡겨버릴 수는 없다.

그렇다면 당신은 말로만 헌신을 하고, 실제로는 헌신을 하지 않은 것이다. 오로지 신만을 믿고 따라야 한다.

신에게 순명하라. 신이 나타나든 사라지든 그의 뜻에 따르라. 신이 기뻐하기만을 기다리라. 당신을 기쁘게 해주기를 신에게 바란다면 잘못된 것이다. 왜냐하면 겉으로는 신에게 순명한다면서, 실제로는 신이 자신의 뜻대로 해주기를 바라는 것이기 때문이다. 그러면서 자기가 신에게 순명하고 있다고 생각하면 되겠는가. 순명한다면 신에게 자신을 따르라고 해서는 안 된다. 신은 무엇이 최선인지 그리고 언제 어떻게 해야 하는지도 잘 알고 있다. 신에게 모든 것을 온전히 맡겨라. 신이 당신의 무거운 짐을 질 것이며, 당신은 더 이상 아무 걱정을 하지 않아도 된다. 당신의 걱정거리는 모두 신의 몫이다. 이런 것이 순명이다. 이것이 헌신이다.

이 방법을 따르지 않으려면, 이런 질문이 대체 누구에게서 일어나는지를 탐구해도 좋다. 가슴 속 깊숙이 들어가 『나』로 남으라. 구도자라면 이 두 가지 길 가운데 하나를 택하면 된다.

도저히 순명할 수 없을 것 같다.

그렇다. 처음에는 온전히 순명을 한다는 것이 불가능하다. 그러나 누구라도 부분적으로는 순명할 수 있다. 때가 무르익으면, 부분적인 순명이 완전한 순명으로 바뀔 것이다.

또한, 당신이 순명을 할 수 없다면 다른 무엇을 할 수 있겠는가? 당신에게는 마음의 평화가 없으며, 당신 스스로 마음의 평화를 만들어 낼 수도 없다. 오로지 순명함으로써 그렇게 할 수 있다.

순명만으로도 『나』에 이를 수 있는가?

물론이다. 순명하는 것만으로도 『나』에 이를 수 있다. 순명이란 자신이 존재하게 된 근본 원인에게 자신을 내맡기는 것이다. 그 근원이 자신의 외부에 있는 어떤 신이라는 미망에 빠지지 말라. 당신의 근원은 당신 안에 있다. 그 근원에 자신을 맡겨라. 이 말은 그 근원을 찾아서 그 속에 녹아들어가야 한다는 뜻이다.

개중에는 "신에게 전적으로 귀의하고 다른 생각을 하지 않으면 모든 것을 얻을 수 있다"고 말하는 사람들이 있다. 그렇다면, 한 곳에 가만히 앉아서 모든 생각, 심지어는 육체를 유지하는 데 필요한 음식에 대한 생각까지도 버리고, 신에 대해 늘 명상해야 된다는 뜻인가? 설령 병이 나더라도 약을 먹거나 치료받을 생각을 해서는 안 되고, 건강하든지 아프든지 전적으로 신의 섭리에 맡겨야 한다는 의미인가? (이 내용은 스리 라마나에게 서면으로 한 질문이다.)

　　《바가바드 기타Bhagavad Gita(기원전 2세기~기원후 5세기 사이에 지어진 인도의 신화서이자 철학서─옮긴이)》에도 이런 구절이 나온다. "모든 갈망을 버리고, 아무 근심 없이 살며, '나'와 '나의 것'이라는 느낌에서 벗어난 사람, 이런 사람은 평화를 얻는다(2 : 17)." 이 말은 결국 모든 욕망을 버린다는 뜻이다. 그렇다면 우리는 오로지 신에 대한 명상만을 하며, 음식이나 물도 달라고 하지 말고, 신의 은총이 허락할 때만 그런 것을 받아야 하는가? 아니면 그래도 최소한의 노력은 해야 하는 것인가? 스승이여, 부디 순명의 비밀에 대해 설명해 달라.

(스리 라마나는 서면 질문을 읽은 뒤, 방에 있는 사람들에게 말했다.) '완전한 순명'을 하려면 어떤 생각에도 집착해서는 안 된다. 하지만 그 의미가 과연 육체를 유지하는 데에 필요한 음식이나 물도 생각하지 말아야 한다는 뜻일까? 이 사람은 이렇게 묻고 있다. "내가 스스로 음식을 구하지 말고, 신의 지시가 있을 때에만 음식을 먹어야 하는가? 아니면 약간의 노력은 해

야 하는가?"

그렇다. 우리는 때가 되면 자연히 음식을 먹게 되어 있다. 그렇다손 치더라도, 음식을 먹는 자는 결국 누구인가? 또한, 음식을 씹어 삼키는 것역시 노력이 아닌가? 그렇다면 다른 사람이 우리 입에 음식을 넣어준다고 해도, 신의 지시가 없다면 그것을 삼켜서는 안 된다는 말인가?

이 사람은 또 이렇게 묻는다. "병이 나면 약을 먹어야 하는가, 아니면 아프든 건강하든 모든 것을 신의 처분에 맡기고 가만히 있어야 하는가?" 상카라가 쓴 《사다나 판차캄Sadhana Panchakam(깨달음에 이르는 40단계의 수행에 대해 쓴 운문집-옮긴이)》이라는 책에는 '배고픔이라는 병을 치료하기 위해서는 시주받은 음식을 먹어야만 한다'는 말이 있다. 그러려면 밖으로 나가서 탁발이라도 해야 한다. 만약 모든 사람들이 먹을 음식이 저절로 눈앞에 나타나기를 기다리며 눈을 감고 가만히 앉아 있는다면, 세상이 어떻게 유지되겠는가?

그러므로 관습에 따라 지금까지 하던 대로 하되, 자신이 어떤 행위를 한다는 느낌에서 벗어나야 한다. 내가 무엇을 한다는 그 느낌이 속박이다. 따라서 우리는 그 느낌을 극복하는 방법에 대해 생각해야지, 아프면 약을 먹어야 하는지, 배가 고프면 밥을 먹어야 하는지 따위를 염려해서는 안 된다. 그런 의심은 계속 일어나고 끝나지 않을 것이다. 그렇게 계속해서 의심하다 보면 나중에는 이렇게 물을 것이다. "아플 때는 신음 소리를 내도 되는가?" "숨을 들이마신 다음에 내쉬어도 되는가?"

그것을 '신神(이스와라Iswara)'이라고 부르든 '업業(카르마Karma)'이라고 부르든 간에, 보다 높은 힘(카르타Karta)이 개개인의 영적 성숙도에 맞춰 매사를 이끌어 나갈 것이다. 그러므로 보다 높은 힘에 모든 것을 내맡겨라. 그러면 인생의 모든 일이 저절로 제 갈 길로 갈 것이다.

우리가 길을 걸을 때를 생각해보라. 매 걸음마다 한 발을 올린 후, 다른 발은 언제 올릴지, 어느 지점에서 멈추어야 할지를 일일이 계산하여 움직이는가? 그냥 무심코 걷지 않는가. 숨을 들이마시고 내쉬는 것도 마찬가지다. 특별히 노력하지 않아도, 숨을 잘 들이쉬고 내쉰다. 인생도 마찬가지다. 무엇을 그만두고 싶다고 해서 다 그만둘 수 있으며, 마음이 내킨다고 해서 무엇이든 다 할 수 있는가? 실로 많은 일들이 우리가 채 의식하지도 못한 사이에 저절로 일어나버린다.

신을 향한 완전한 순명이란, 일체의 생각을 버리고 온 마음을 신에게 집중하는 것을 뜻한다. 신에게 온 마음을 집중할 수 있다면, 다른 생각은 사라진다. 마음과 말과 육체로 하는 모든 행위가 신과 하나로 합일되면, 인생의 모든 짐을 신이 떠맡아주실 것이다.

그러면 내가 하는 모든 행위는 실제로는 신이 하고 있다는 것인가?
지금 당신은 행위자가 사람이라고 생각하는 문제에 빠져 있다. 그것은 착각이다. 보다 높은 힘이 모든 행위를 하고 있으며, 인간은 단지 도구에 지나지 않는다. 이런 태도를 받아들인다면 괴로움에서 벗어날 수 있다. 그렇지 않으면 고통을 자초한다.

예들 들어, 어느 사원의 탑 하단에 인물상이 새겨져 있다고 치자. 그것은 마치 자기의 어깨로 탑을 떠받치고 있는 듯한 자세를 취하고 있다. 얼굴 표정 또한 혼자서 탑 전체의 무게를 감당하고 있는 듯이 힘이 잔뜩 들어가 있다. 하지만 생각해보라. 탑은 땅 위에 서 있으며, 땅 밑에는 기반이 있어서 탑을 견고하게 지탱한다. 그런데도 인물상은 마치 자기가 탑의 무게를 버티고 있는 듯이, 헛된 자세와 표정을 하고 있는 것이다. 우습지 않은가? 사람도 이와 마찬가지다. 자기가 행위를 한다는 느낌이라는 게 이런 착각에 불과하다.

신을 사랑하는 것도 좋은 방법이 아닌가? '사랑의 길'을 따르는 건 어떤가?

그 길을 따르지 말라고 누가 말한 적이 있는가? 그 길을 가도 좋다. 그러
나 당신이 말하는 사랑에는 이원성이 있다. 신을 사랑하는 사람과 그로
부터 사랑을 받는 신이 분리되어 있다. 하지만 개체는 신과 분리되어 있
지 않다. 그러므로 사랑의 길은 결국 나 스스로 『나』를 향하는 것이다.

**질문을 던진 이유가 바로 그것이다. '사랑의 길'을 통해서 신을 경배해도 되는지
궁금하다.**

내가 하고 있는 말이 바로 그것이다. 사랑 자체가 신의 실제 모습이다.
만약 "나는 이것을 사랑하지 않는다, 나는 저것을 사랑하지 않는다"는
식으로 모든 것에 대한 애착을 물리치고 나면, 참모습(스와루파swarupa)
즉 본래의 『나』만이 남는다. 그것은 순수한 지복이다. 물론 그것을 순수
한 지복이라고 하든, 신이라고 하든, 아트만atman(참나)이라고 하든, 무엇
이라고 불러도 상관없다. 그것이 헌신이고, 깨달음이며, 모든 것이다.

　이처럼 모든 것에 대한 애착을 떨치고 나면, 참나만이 오롯이 남는다.
그것이 참된 사랑이다. 사랑의 이러한 비밀을 이해한 자는 현상계 자체
가 우주의 사랑으로 가득 차 있음을 안다.

　'유일한 의식'을 망각하지 않는 체험이 '헌신'의 상태이며, 이는 변하지
않는 진정한 사랑의 관계다. 왜냐하면 참나에 대한 참된 앎은 분리할 수
없는 지복 그 자체로 빛나며, 사랑의 본질로 솟구치기 때문이다.

　참나의 본성인 사랑의 진리를 깨달아야만 비로소 단단히 얽힌 삶의
매듭을 풀 수 있다. 사랑의 정점에 도달해야만 해탈을 얻는다. 이것이 모

든 종교의 정수精髓이다. 『나』의 체험은 오로지 사랑뿐이어서, 사랑만을 보고, 사랑만을 듣고, 사랑만을 느끼고, 사랑만을 맛보고, 사랑만을 냄새 맡는다. 이것이 지복이다.

나는 헌신의 길을 갈망하며, 앞으로도 더욱 강하게 이 길을 갈망하고자 한다. 깨닫지 못하더라도 상관없다. 나의 갈망이 굳건해지도록 도와달라.

그런 갈망이 있다면, 설령 깨닫기를 원치 않는다고 해도 깨달을 수밖에 없다. 강렬하게 갈구하여 마음이 헌신에 녹아버리게 하라. 장뇌樟腦(camphor)●는 타 버리고 난 후에 아무런 흔적도 남기지 않는다. 마음도 장뇌와 같다. 마음이 진아 속으로 녹아들어 아무런 흔적도 남기지 않을 때, 비로소 『나』를 깨달은 것이다.

나는 '형상 명상(murti dhyana)'에 믿음을 갖고 있는데, 이 역시 깨닫는데 도움이 될 수 있을까?

반드시 도움이 될 것이다. 그런 명상(우파사나upasana)●●은 마음을 집중하는 데 도움이 된다.

'형상 명상'을 하게 되면, 마음이 다른 생각에서 벗어나 명상하는 대상으로만 가득 차게 되며, 명상하는 대상과 하나가 되어 매우 순수해진

● 독특한 향기가 있는 무색의 고체로 녹나무에서 발견된다. 의약품, 방충제, 화장품 등에 쓰인다.
●● 우파사나는 힌두어로 '가까이 앉는다'는 뜻이며, 주로 '신에게 가까이 가기 위한 명상'이라는 의미로 사용된다. 자신이 존경하는 신을 정하여 그 형상을 마음에 떠올리면서 명상을 한다. 이는 기독교에서 말하는 우상 숭배와는 다르다. 자신을 신에게 철저히 바침으로써, 이기심을 버리고 자신의 '거짓 나(에고)'에서 벗어나 해탈로 가는 수행법이다. 우리나라에 널리 알려진 '위파사나(비파사나)'와는 발음은 유사하지만 다른 수행법이다.

다. 그때 경배하는 자가 누구인지를 생각해보라. 그 대답은 '나' 즉 『나』다. 이런 식으로 하다 보면, 마침내 『나』에 이를 수 있다.

'생각 없는 생각(unthought thought 즉, 생각하는 자가 없는 생각-옮긴이)'으로 형상 없는 실체를 경배하는 것이 가장 좋은 경배다. 그러나 형상 없이 하는 경배가 자신에게 맞지 않는 사람들은 형상을 그리며 경배할 수밖에 없다. 형상 없이 하는 경배는 에고의 형상(ego-form, 아상我相)이 없는 사람들이나 할 수 있다. 에고의 형상을 지닌 사람들이 하는 모든 경배는 형상을 경배하는 것임을 알아야 한다.

은총(참나)과 한 몸을 이룬 순수한 상태에서는 어떠한 집착도 없으며, 자신만이 존재하는 침묵의 상태일 뿐 다른 것은 아무것도 없다. 그런 근원적인 침묵에 머무르며, 있는 그대로의 침묵을 체험하는 것만이 참된 '정신적 경배(manasika-puja)'임을 알아야 한다. 또한 자신을 내려놓은 마음으로 신을 '가슴의 왕좌(heart-throne)'에 모시고, 지속적이면서도 참되고 자연스럽게 경배하는 것이 곧 침묵이다. 이 침묵이 모든 경배 가운데 최고의 경배임을 알아야 한다.

자기를 내세우는 에고의 목소리가 사라진 침묵이 곧 해탈이요, 헌신이다. 반대로, 그런 침묵으로부터 이탈시키는, 참나에 대한 사악한 망각이야말로 '비非헌신(vibhakti)'이다. 참나가 그렇듯이 차분해진 마음으로 침묵 속에 머무르는 것이, 신을 향한 진정한 헌신임을 알아야 한다.

신에게 자신을 완전히 맡겨 순명함으로써, 『나』의 본성으로 돌아와 지극히 충만한 평화를 누리게 된다. 그 평화에 머무르는 동안 가슴에서는 자신의 결함이나 부족함에 대한 불평이 사라진다. 이러한 평화만이 지고한 헌신의 본질이다.

이처럼 신의 종從이 되고, '나는 그의 종이다'라는 에고의 생각조차 사라진 침묵에 머무르는 것이 바로 『나』에 깃드는 일이며, 그것이 바로 지고한 깨달음이다.

구도자가 신을 찬미하는 노래를 부르는 데에 몰두해 세상을 떠돌아다녀도, 죽기 전에 깨달음에 이를 수 있는가? 아니면 한 곳에만 머무르면서 수행해야 하는가?
몸이 어디를 떠돌아다니든, 마음만은 한 곳에 집중하면 된다. 반대로 몸이 아무리 한 곳에 머물러 있어도, 마음이 떠돌아다닌다면 무슨 소용이 있겠는가?

이유 없는 헌신도 가능한가?
그렇다. 가능하다. 뭔가 바라는 게 있어서 신을 경배한다면, 그것은 바라는 대상에 대한 경배일 뿐이다. 바라는 대상에 대한 모든 생각을 끊는 것이, 신의 상태에 도달하기 위해 갖춰야 할 우선적인 마음의 전제 조건이다.

힌두교의 고대 경전인 《스리 바가바탐Sri Bhagavatam•》에는 가슴에서 신(크리슈나 Krishna)을 찾는 길의 하나로, 모든 대상을 향해 신처럼 경배하고 머리를 조아리는 수행법이 등장한다. 이런 방법이 깨달음으로 이끄는 올바른 길인가? 마주치는 모든 대상에서 신을 발견하고 경배하는 것이, '나는 누구인가?'라는 정신적 탐구를 통해 초의식적인 것을 추구하는 것보다 쉽지 않은가?

• 크리슈나에 대한 헌신을 주된 내용으로 하는 인도의 고대 경전으로서, 다른 이름으로 《스리마드 바가바탐Śrīmad Bhāgavatam》 혹은 《바가바타 푸라나Bhāgavata Purāṇa》라고도 불린다.

그렇게 생각할 수도 있다. 하지만 당신이 모든 대상에서 신을 본다면, 당신은 신을 생각하는 것인가, 아니면 신을 생각하지 않는 것인가? 주위의 모든 것에서 신을 발견하려면, 반드시 신을 떠올려야만 한다. 이처럼 마음에 신을 품고 있으면, 그것이 곧 깨달음 이전 단계에 해당하는 '명상수행'이다.

깨달음은 『나』에 의해서만 그리고 『나』의 안에서만 가능하다. 깨달음은 결코 『나』와 떨어질 수 없다. 깨달음을 얻으려면 명상을 먼저 해야 하지만, 그것이 신에 대한 명상이든 『나』에 대한 명상이든 상관없다. 어차피 목표는 같기 때문이다. 당신이 어떤 방법을 쓰든 『나』에서 벗어나지 못한다.

당신은 모든 것에서 신을 발견한다고 하면서도, 왜 자신에게서는 신을 발견하지 않는가? 모든 것이 신인데, 그 모든 것에서 왜 자신은 쏙 빠져 있는가? 또한 당신도 신이라면, 모든 것이 신이라고 해서 새삼 놀라울 게 있겠는가? 《스리 바가바탐》을 비롯하여 여러 사람들이 제시하는 수행법이 바로 이러한 길이다. 그러나 이 수행법을 따른다손 치더라도, 반드시 보는 자나 생각하는 자가 있을 것이다. 그는 누구인가?

세상 만물에 두루 편재하는 신을 어떻게 하면 볼 수 있는가?
신을 본다는 것은 곧 신이 되는 것이다. 무소부재한 신에게서 구별되어 존재하는 것은 아무것도 없다. 오로지 신만이 존재하기 때문이다.

헌신 수행을 하는 자에게는 헌신할 신이 반드시 있어야만 한다. 그런데 그런 사람에게도 경배하는 자도, 경배받는 신도 없으며 오로지 『나』만이 존재한다는 것을 가르쳐야 하는가?

물론 수행을 위해서는 신이 필요하다. 그러나 '헌신의 길'을 간다고 하더라도 마지막에는 나를 완전히 포기해야만 한다. 에고를 소멸함으로써 『나』가 늘 있는 그대로 남아 있도록 하는 것 이외에, 헌신 수행이 다른 무슨 의미가 있겠는가? 어떤 길을 가더라도 '나'를 피할 수는 없다. 이유 없이 헌신을 하더라도 '나'가 있고, 자신이 참된 본성과 분리되었다고 느끼며 신과 결합하기를 갈구하는 '나'가 있으며, 그밖에 다른 모든 경우에도 '나'가 있다. 이 '나'의 근원을 찾아야만 한다. 그러면 모든 의문이 풀릴 것이다.

'나' 또한 환영幻影이라면, 이 환영을 누가 만드는 것인가?

내가 '나'라는 환영을 만들어낸다. 그러나 여전히 '나'는 '나'로서 남아 있다. 이것이 깨달음의 역설이다. 그러나 깨달은 사람은 이 점에 대해 아무런 모순도 느끼지 않는다.

헌신을 예로 들어 보자. '나'는 신에게 다가가서, 신 안으로 녹아들기를 기도한다. 그리고 나는 믿음으로써 신에게 나를 맡기고, 신에게 집중한다. 이렇게 하면 무엇이 남는가? 원래의 '나'를 대신하여, 그 '나'가 사라진 곳에 신의 자취만 남는다. 이것이 여러 헌신 중에서도 지고至高한 헌신이자 순명이다. 그리고 이것이 바로 무집착의 정점이다.

우리는 흔히 '나의 소유물' 가운데 이런 저런 것을 포기한다. 그러나 그 대신에 '나'와 '나의 것'을 포기하면, 모든 것을 한꺼번에 포기할 수 있다. 바로 '소유의 씨앗'이 없어지는 것이다. 이렇게 하여 악은 그 싹이 잘리고, 배아胚芽가 뭉개질 것이다.

물론 그러기 위해서는 매우 굳건한 무집착의 마음이 있어야 한다. 그 간절함이 물에 빠진 사람이 살려고 죽기 살기로 발버둥치듯 해야 한다.

신과 스승은 실상 다르지 않다. 호랑이 입 안에 들어간 먹이가 도
망칠 수 없듯이, 스승이 발산하는 은총의 빛 아래로 다가온 사람
은 결코 버림받지 않으며 반드시 구원에 이른다. 그러나 제자는
스승이 일러주는 길을 반드시 따라야만 한다.

스승의 관점에서 보자면 제자가 존재하지 않지만, 제자의 관점에
서 보자면 스승의 은총은 바다와 같다. 그러나 자신이 가지고 온
잔의 크기만큼만 그 물을 담을 수 있을 뿐이다. 바다가 인색하다
고 탓해봐야 아무 소용이 없다. 그릇이 크면 클수록 더 많이 담을
수 있는 법이다. 그것은 전적으로 제자 자신에게 달려 있다.

현자賢者와 교류하면 마음을 일시적으로 그치게 할 수 있다. 스승
은 삼매(사마디|samadhi)에 통달했기에, 그들과 함께하면 쉽고 자연
스럽게 그리고 영원히 삼매에 들 수 있다. 그들에게 가까이 다가가
공감대를 넓히다 보면, 그들의 몸에 배어 있는 삼매를 차츰차츰
흡수하게 된다.

제 3 부

스승

The Guru

제8장

스승

'스승(Guru)'이라는 말은 포괄적인 용어다. 정신적인 가르침을 주는 사람이라면 누구에게나 그 말을 쓰곤 한다. 하지만 스리 라마나는 스승이라는 말을 훨씬 더 제한적인 의미로 사용했다. 스리 라마나가 말하는 참된 스승이란 『나』를 깨달은 이로서, 자신의 힘으로 다른 사람들을 도와 '깨달음'이라는 목표로 나아가도록 할 수 있어야 한다.

　스리 라마나는 신과 스승과 『나』는 동일하다고 자주 말하곤 했다. 스승은 사람의 모습으로 나타난 신이며, 동시에 모든 헌신자의 가슴 속에 있는 『나』이기도 하다는 것이다. 스승은 안에도 있고 밖에도 있기 때문에, 그의 힘도 두 가지 다른 방식으로 작용한다. 밖에 있는 스승은 가르침을 주어 그 힘으로 헌신자들이 계속해서 『나』를 알아차리도록 한다. 반대로 안에 있는 스승은 구도자의 마음을 그 근원으로 되돌려, 『나』에 흡수되도록 하고 마침내 마음을 사라지게 한다.

　스리 라마나의 기본적인 교의敎義는, 『나』에 대한 영원한 깨달음에 목마른 거의 대부분의 사람들에게 스승이 필요하다는 것이다. 정신적 진보에서 스승이 하는 촉매 역할은 매우 중요하다. 왜냐하면 아주 드문 몇몇 경우를 제외하고는, 『나』에 대한 무지가 너무 깊이 뿌리 박혀서 구도자 자신의 노력으로는 벗어날 수 없기 때문이다.

이런 이유에서, 스리 라마나는 『나』를 깨닫고자 하는 사람에게는 반드시 스승이 필요하다고 가르쳤다. 하지만 있는 힘을 다해 구도求道하지 않는 사람들이라면 스승이라도 깨달음을 줄 수는 없는 노릇이라고 지적했다. 수행자가 『나』를 깨닫기 위해 성심성의껏 노력하면 스승의 은총과 힘이 저절로 흐르기 시작한다. 그러나 그 같은 노력을 하지 않는다면 스승도 어쩔 수 없다.

이 장에 실린 대화는 스승의 본질이란 무엇인지 그리고 스승은 제자가 깨달음을 얻는 데에 어떤 역할을 하는지에 대한 스리 라마나의 견해를 요약한 것이다. 스리 라마나가 그의 힘을 쓴 특유의 방식에 대해서는 제9장에서 좀더 자세히 살펴볼 것이다.

스승의 은총이란 무엇인가? 그리고 스승의 은총이 어떻게 해서 제자를 깨달음에 이르게 하는가?

스승은 『나』다. 인간은 살아가면서 자기가 가진 것에 만족하지 못하고 성에 차지 않아, 자신의 욕망을 채우려고 신에게 기도한다. 그러다가 마음이 점점 정화되어 신을 알고자 하게 되고, 세속적인 욕망을 채우기보다는 신의 은총을 얻고자 한다. 그때 신의 은총이 나타나기 시작한다. 신은 스승의 모습으로 제자에게 나타나서, 그 헌신자에게 진리를 가르치고, 더 나아가 서로 교감하면서 제자의 마음을 정화시킨다. 그러면 헌신자의 마음은 힘을 얻게 되어 내면으로 파고들 수 있게 된다. 그리고 그 마음은 명상을 통해 더욱 정화되어 마침내 잔물결 하나조차 일지 않을 만큼 고요해진다. 그렇게 고요하고 광활한 곳이 바로 『나』다.

스승은 제자의 외부에도 있고 내부에도 있다. 스승은 외부에서 제자의 마음이 안으로 향하도록 밀어붙인다. 동시에, 스승은 내부에서 『나』쪽으로 마음을 끌어당겨 고요해지도록 돕는다. 이것이 스승의 은총이다. 신과 스승과 『나』는 동일하다. 이들 사이에는 아무런 차이도 없다.

신지학회神智學會에서는 자신들을 인도해줄 스승을 찾기 위해서 명상을 한다.

스승은 내면에 있다. 명상은 스승이 밖에 있다는 무지한 생각을 없애기 위한 것이다. 당신이 기다리는 스승이 자기와 동떨어진 낯선 존재라면, 그 또한 없어지게 되어 있다. 그처럼 잠시 스쳐가는 존재라면 무슨 소용이 있겠는가? 그러나 자신이 『나』에서 분리되었다고 여기거나 자신을 육체라고 여기는 한, 외부의 스승이 필요하며 그 스승도 육체를 지닌 것으로 보일 것이다. '이 몸이 나'라고 여기는 그릇된 동일시가 사라지면, 스승은 바로 『나』임을 알게 될 것이다.

양식화된 사제관계가 『나』를 깨닫도록 도와주는가?

스승이 당신의 손을 잡고 귓속말이라도 해준다는 것인가? 당신은 스승도 자신과 같으리라고 예상하고 있다. '이 몸이 나'라고 여기기 때문에 스승 역시 육체를 지닐 것이며, 당신에게 뭔가 눈에 보이는 일을 해주리라고 넘겨짚는 것이다. 그러나 스승은 제자의 내면에서, 정신적인 차원에서 일을 한다.

어떻게 하면 스승을 찾을 수 있는가?

우리 내면에 머무르는 신은 그를 사랑하는 헌신자에게 연민을 느끼고 은총을 내려, 헌신자의 수준에 따라 자신의 모습을 나타낸다. 헌신자는 스승이 그냥 인간일 뿐이라고 여기기 때문에 두 육체적인 존재가 교분을 나누는 것이라고 생각한다. 그러나 신 또는 『나』의 화신化身인 스승은 헌신자의 내면에서 일하며, 헌신자가 자신의 수행길에서 잘못을 깨닫도록 도와주고, 그를 올바로 인도하여 마침내 자신의 내면에 깃든 『나』를 깨닫도록 이끈다.

참된 스승임을 알아볼 수 있는 특징은 무엇인가?

참된 스승은 항상 『나』에 머무른다. 또한 때와 장소, 상황에 상관없이 흔들림 없는 모습으로 만물을 평등하게 바라본다.

세상에는 수많은 스승들이 서로 다른 여러 가지 길을 가르친다. 그 가운데 어떤 이를 스승으로 삼아야 하는가?

그에게서 평화를 얻는 이를 스승으로 삼으라.

그의 가르침이 어떤 것인지는 고려하지 않아도 되는가?

열렬한 구도자에게 이걸 해라, 저건 하지 말라고 하는 사람은 참된 스승이 아니다. 구도자는 이미 자신의 행위 때문에 괴로움을 당하고 있으며, 평화와 휴식을 원한다. 바꾸어 말하면, 그는 자신의 행위를 끝내고 싶어한다. 가르치는 이가 제자의 행위에 뭔가를 추가하거나, 그걸 대신해서 다른 행위를 하라고 한다면 제자에게 도움이 되겠는가?

　행위는 뭔가를 만들어내는 것(creation)이다. 행위는 자신이 본래 가지

고 있는 행복을 파괴한다. 만약 가르치는 이가 어떤 행위를 하라고 부추
긴다면, 그는 스승이 아니라 살인자다. 그런 상황이 펼쳐진다면, 창조의
신(브라마Brahma)이나 죽음의 신(야마Yama)이 스승으로 가장하여 나타난
것일지도 모른다. 그런 사람은 구도자를 해탈에 이르게 하기는커녕 오
히려 속박만 단단하게 가중시킬 뿐이다.

나의 스승은 어떻게 해야 찾을 수 있는가?
집중적인 명상을 통해서 찾을 수 있다.

**말씀대로 『나』가 진정 스승이라면, 제자가 아무리 많이 배우고 신비한 능력을 지
니고 있다고 하더라도, 스승의 은총이 없이는 깨달을 수 없다는 가르침과 상충하
지 않는가? 여기에 대해 설명해 달라.**
절대적 진리에서 보면 『내』가 곧 스승이다. 하지만 무지한 탓에 자아가
개체적으로 되면, 스승의 은총 없이는 자신의 진면목이나 본성을 깨닫
기가 매우 어렵기 때문이다.

스승의 은총을 알아볼 수 있는 특징은 무엇인가?
그것은 말과 생각을 넘어서 있다.

**만약 그렇다면, 제자가 어떻게 스승의 은총에 힘입어 자신의 진면목을 깨닫는다는
것인가?**
그것은 코끼리가 꿈에서 사자를 보고 놀라 잠에서 깨어나는 것과 같다.
코끼리가 사자의 모습만 보고도 잠에서 깨어나듯이, 제자는 스승의 자
비로운 은총으로 '무지의 잠'에서 '참된 앎'으로 확실히 깨어난다.

참된 스승의 본성은 지고한 신의 본성이라는 말이 있는데, 그 의미는 무엇인가?

개체가 신의 상태, 혹은 깨달음의 상태에 도달하려면 부단한 헌신 수행을 해야 한다. 헌신이 무르익는 단계에 이르면, 그 개체의 영혼을 지켜본 자이기도 하고 그 영혼 자신이기도 한 신이 나타난다. 신은 그의 세 가지 본질적 속성인 '존재 – 의식 – 지복(사트-시트-아난다sat-chit-anada)'의 도움으로 우아한 외모와 이름으로 가장해 인간의 모습으로 나타난다. 그는 축복하는 척 하면서 제자를 자신의 안으로 흡수한다. 이런 교의에 따라 스승은 진실로 신이라고 하는 것이다.

몇몇 훌륭한 사람들은 스승 없이도 깨달음을 얻었다던데, 어떻게 가능한가?

정신적으로 성숙한 몇몇 사람들에게는, 신이 형상 없는 지혜의 빛으로 나타나 진리의 깨달음을 전해준다.

스승이 자신에게 맞는지 어떻게 알 수 있는가? 스승의 진면목(swarupa, 참된 본성, 참된 모습)은 무엇인가?

서로 마음이 잘 맞는 스승이 당신에게 적합한 스승이다. 만약 "내게 맞는 스승인지 어떻게 알 수 있으며, 스승의 진면목은 무엇인가?"라고 묻는다면, 그는 평정, 인내, 관용 등의 미덕을 갖추어야 한다. 자석이 쇠붙이를 끌어당기듯이 눈빛만으로 사람들을 끌어당길 수 있어야 하며, 만물을 평등하게 대해야 한다.

이런 덕을 갖춘 이가 스승이지만, 스승의 참된 모습을 알고 싶다면 먼저 자기 자신의 진면목을 알아야 한다. 자기 자신의 참된 본성도 모르는 사람이, 스승의 참된 본성을 어떻게 알겠는가? 스승의 참된 성품 또는 참 모습을 알고자 한다면, 먼저 우주 전체를 스승의 모습으로 보는 법부터 배워야 한다. 살아 있는 모든 존재 속에서 스승을 보아야 한다는 것이다. 신의 경우도 마찬가지다. 모든 대상에서 신의 모습을 발견해야 한다. 하지만 『나』를 모르는 사람이 어떻게 신의 참모습이나 스승의 참모습을 알아볼 수 있겠는가? 그러므로 먼저 자신의 참모습과 본성을 알도록 하라.

그것을 알기 위해서라도 스승이 필요하지 않은가?

맞다. 세상에는 위대한 사람이 많다. 당신과 마음이 맞는 사람을 스승으로 삼으라. 당신이 믿음을 가질 수 있는 사람이 스승이다.

스승의 은총은 해탈을 이루는 데 어떤 의미가 있는가?

해탈은 당신의 밖에 있는 것이 아니라, 오직 당신의 내면에 있다. 어떤 사람이 『나』에서 벗어나기를 바란다면, 내면의 스승은 그를 『나』 안으로 끌어당기고, 외부의 스승은 그를 『나』 속으로 밀어 넣는다. 이것이 스승의 은총이다.

어떤 사람들은 당신이 스승은 필요치 않다고 말했다고 하고, 또 어떤 사람은 당신이 스승은 필요하다고 말했다고도 한다. 당신의 실제 견해는 무엇인가?

나는 스승이 필요하지 않다고 말한 적이 없다.

스리 오로빈도Sri Aurobindo를 비롯한 몇몇 분들은 당신에게 스승이 따로 없었다고 말한다.

그것은 어떤 존재를 스승이라고 부르느냐에 달려 있다. 스승이 반드시 사람의 모습을 하고 있을 필요는 없다. 다타트레야Dattatreya(고대 인도의 성자로 비슈누, 시바, 브라마의 화신이었다고 전한다-옮긴이)에게는 지地, 수水, 화火, 풍風, 공空의 5원소를 포함하여 스물넷이나 되는 스승이 있었다. 그에게는 이 세상 만물이 모두 스승이었다. 스승은 반드시 필요하다. 고대 인도의 철학 경전인 《우파니샤드Upanishads》에서는 오로지 스승만이 지성과 감각의 밀림에 갇힌 사람을 구해낼 수 있다고 말한다. 그러므로 스승은 반드시 있어야 한다.

방금 전에 내가 했던 질문에서, 스승이란 사람의 몸을 가진 스승을 말한다. 당신에게는 그런 스승이 없지 않았는가?

나에게도 한때 스승이 있었을 것이다(여기서 '한때'는 전생의 한때를 뜻함-옮긴이). 또한 나는 성산聖山 아루나찰라를 찬송하기도 했다. 스승이 무엇인가? 스승은 신이며, 『나』다. 처음에 인간은 자신의 소원을 이루어 달라고 신에게 기도한다. 그러다가 물질적인 욕망을 채우기 위해서가 아니라, 신 자체를 위해 기도하는 때가 온다. 그러면 신은 인간의 기도에 응답하여, 그에게 필요한 존재로 나타난다. 신은 때로는 사람의 모습으로, 때로는 사람이 아닌 다양한 모습으로 나타나 그를 자신에게로 이끈다.

한 스승에게 헌신하면서 다른 스승을 존경할 수도 있는가?

스승은 오로지 하나다. 스승은 육체적인 존재가 아니다. 스승은 강한 힘으로 제자가 나약함을 극복할 수 있도록 도와주어야 한다.

명상가 크리슈나무르티J. Krishnamurti는 "스승은 필요없다"라고 말한다.

그가 어떻게 해서 그것을 알았겠는가? 깨달은 뒤에는 그렇게 말할 수 있다. 하지만 그 전에는 스승이 필요하다.

당신은 우리가 진리를 깨닫도록 도와줄 수 있는가?

도움은 언제 어디에나 있다.

그렇다면 질문을 할 필요도 없을 것이다. 하지만 나는 언제 어디에나 있다는 그 도움의 손길을 느끼지 못한다.

순명하라. 그러면 도움의 손길을 만날 것이다.

나는 늘 스승에게 헌신하고 있다. 그러니 따라야 할 가르침을 주면 좋겠다. 그렇지 않으면 600마일이나 떨어진 곳에서 사는 내가 어떻게 도움을 받겠는가?

참 스승(sadguru, 존재와 하나가 된 스승)은 이미 당신 안에 있다.

내가 그 말을 이해할 수 있도록 인도해줄 스승이 필요하다.

참 스승은 이미 당신 안에 있다.

나는 눈에 보이는 스승을 원한다.

눈에 보이는 스승이 지금 말하길, 스승은 이미 당신 안에 있다고 한다.

수행의 성취는 결국 스승의 은총에 달려 있지 않은가?

그렇다. 당신이 수행을 한다는 그 자체도 스승의 은총에 힘입은 게 아니 겠는가? 결실은 수행의 결과이며, 수행을 하면 저절로 따라온다. 인도 고대 경전 가운데 하나인 《카이발야Kaivalya》에 이런 구절이 나온다.

"오, 스승이시여! 당신은 늘 저와 함께 계셨으며, 여러 생을 통해 저를 지켜보셨고, 제가 해탈할 때까지 제가 가야 할 길을 정해 주셨습니다."

『나』는 필요할 때가 되면 외부에 스승의 모습으로 나타나고, 그렇지 않을 경우에는 늘 내면에서 필요한 일을 한다.

시르디 사이 바바shirdi Sai Baba(?~1918, 신에 대한 헌신을 강조했던 인도 힌두교의 정신적 스
승-옮긴이)의 몇몇 제자들은 그의 사진을 경배하면서 그것이 자기들의 스승이라고
한다. 어떻게 그럴 수 있는가? 그들이 스승의 사진을 신으로 경배할 수도 있겠지
만, 그렇게 한다고 무슨 이익이 있겠는가?
그들은 그렇게 함으로써 확실히 집중한다.

그럴 수도 있다는 점에서는 동의한다. 어느 정도는 집중하는 훈련이 될 수도 있을
것이다. 하지만 그러한 집중을 위해서라도 역시 스승이 필요하지 않겠는가?
물론이다. 그러나 '스승(Guru)'이란 결국 '집중(guri)'을 뜻할 뿐이다.

생명이 없는 사진이 어떻게 집중력을 키우는 데 도움이 되겠는가? 그렇게 하려면
실제로 집중하는 것을 보여줄 수 있는 살아 있는 스승이 필요하다. 당신 같은 분
이라면 살아 있는 스승 없이도 완성에 이를 수 있겠지만, 나 같은 사람이라면 그
런 일이 가능하겠는가?
맞는 말이다. 하지만 그렇다고 쳐도, 생명 없는 사진을 경배하여 어느 정
도까지는 집중할 수 있다. 그러나 자기탐구를 통해 『나』를 알지 못하면,
그 집중 상태가 오래가지는 않을 것이다. 그런 자기탐구를 위해서 스승
의 도움이 필요한 것이다.

스승이 자신의 힘을 제자에게 전해줌으로써 제자가 『나』를 깨닫도록 할 수 있다
고 하던데, 그것이 사실인가?
그렇다. 그러나 스승이 깨달음을 가져다주지는 않는다. 다만 깨달음에

방해가 되는 걸림돌을 제거할 뿐이다. 『나』는 항상 깨달은 상태로 존재한다.

깨달음을 구하는 데에 스승이 절대적으로 필요한가?
『나』를 깨닫고자 한다면 스승이 필요하다. 스승이 『나』다. 스승의 자아가 진정한 참나라면, 당신의 자아는 개체적 자아에 불과하다. 그러나 무지가 제거되면 이런 이원적인 느낌도 사라진다. 이원성이 지속되는 한 스승은 필요하다. 당신은 자신을 육체라고 여기기 때문에, 스승도 육체일 뿐이라고 여긴다. 그러나 당신은 육체가 아니며, 스승도 육체가 아니다. 당신은 참나며, 스승 또한 참나다. 이러한 앎은 당신이 '깨달음'이라고 부르는 것에 이르면 얻을 수 있다.

누군가가 스승으로서 자격이 있는지, 그 여부를 어떻게 하면 알 수 있는가?
그와 함께 있으면 마음이 평화로워지고, 그를 존경하는 느낌을 갖게 된다면, 그는 스승으로서 자격이 있다.

만약 그 스승이 자격 없는 사람으로 드러난다면, 그를 절대적으로 믿고 따르던 제자들의 운명은 어떻게 되는 것인가?
각자 자신이 쌓은 수행 정도에 따라 제 갈 길을 갈 것이다.

나도 당신의 은총을 받을 수 있는가?
은총은 언제 어디에나 있다.

하지만 그것을 느끼지 못하고 있다.

순명하면 은총을 알게 될 것이다.

나는 온 마음을 다 바쳐서 순명하고 있다. 나는 스스로의 진심을 누구보다 잘 알고 있다. 그런데도 아직 은총을 느끼지 못하고 있다.

당신이 순명했다면 그런 질문은 일어나지 않을 것이다.

나는 순명하고 있다. 그런데도 의심이 일어난다.

은총은 늘 존재하며 변하지 않는다. 하지만 당신의 판단은 늘 변한다. 그렇다면 그것 외에 잘못된 일이 따로 있겠는가?

여러 명의 스승을 두어도 좋은가?

누가 스승인가? 결국 『내』가 스승이다. 마음이 성숙하는 단계에 맞추어, 참나가 각기 다른 스승의 모습으로 외부에 나타난다. 고대의 유명한 성자 다타트레야는 그의 스승이 스물넷이 넘는다고 말하기도 했다. 무엇 하나라도 배울 게 있다면 다 스승이다. 때로는 다타트레야가 그랬던 것처럼 무생물을 스승으로 삼을 수도 있다. 신, 스승, 『나』는 모두 같은 것이다.

　정신적인 수행을 하는 이는 신이 무소부재하다고 여기고, 자신의 스승으로 삼는다. 시간이 지나 신이 수행자를 인간의 모습을 한 스승과 만나도록 인연을 맺어주면, 수행자는 그 스승이 모든 것을 쏟아부을 만한 존재임을 알아본다. 그러다가 궁극에 가서는 스승의 은총으로 『내』가 바로 실체임을 느낀다. 이렇게 하여 그는 『나』가 스승임을 알게 되는 것이다.

《바가바드 기타》에는 "순수한 지성으로, 스승에 대한 섬김으로, 탐구로 『나』를 깨달으라*"라는 말이 있다. 이런 여러 가지 수행을 어떻게 하면 조화시킬 수 있을까?

신이 스승과 같고, 스승이 『나』와 같다. 내면에 이원성의 느낌이 지속되는 한, 스승이 자신과는 다른 사람이라고 생각하면서 스승을 찾게 된다. 그러나 스승은 당신에게 진리를 가르치며, 당신은 지혜를 얻게 될 것이다.

영혼이 『나』로 향하게끔 이끎으로써 『나』에 대한 지고한 앎을 주는 사람만이, 현자들이 '신의 모습을 한 『나』'라고 찬미하는 지고한 스승이다. 그런 스승에게 매달리도록 하라. 그런 스승에게 다가가 온 마음으로 섬기면, 그의 은총을 통해 태어남과 괴로움의 원인을 배우게 될 것이다. 그러면 태어남과 괴로움은 『나』로부터 벗어났기 때문에 생기는 것이므로, 『나』로서 굳건하게 머무르는 것이 최선임을 알게 된다.

구원으로 가는 이 길을 받아들여 꾸준하게 정진하는 구도자들조차도, 때로는 『나』를 잊어버리거나 앎의 길에서 벗어나기도 한다. 그러나 어떠한 경우라도 스승의 말을 거역해서는 안 된다. 현자들의 말에 따르면, 신에게 잘못을 저지르면 스승이 바로잡아줄 수 있지만, 스승에게 잘못을 저지르면 신이라고 해도 바로잡아줄 수 없다.

---

*《바가바드 기타》4장 34절. 원문은 다음과 같다. 'tad viddhi pranipatena, pariprasnena sevaya, upadeksyanti te jnananm, jnaninas tattva-darsinah.' 데이비드 갓맨이 엮은 이 책의 원서는 'tad'를 '순수한 지성(pure intellect)'으로 옮겼지만, 박티베단타 스와미Bhaktivedanta Swami 가 주석을 단《바가바드 기타》영역본은 이를 '다양한 헌신에 의한 앎'이라고 옮겼다. 참고로, 함석헌 주석의《바가바드 기타》한글판에는 위의 구절이 '겸손한 공경으로 거듭하는 질문으로, 받들어 섬김으로써 스승에게서 그것을 배울지어다'라고 번역되어 있다.

만약 누군가가 보기 드물게 열정적이고 충만하게 스승을 사랑하여, 스승이 베푸는 은총의 빛에 대해 완전한 믿음을 지닌다면, 그는 모든 괴로움에서 벗어날 것이다. 또한 그런 사람은 이 세상에서 신들의 왕인 '푸루후타Puruhuta'처럼 살아가게 된다.

모든 사람은 평화를 갈망하지만 참된 스승의 은총을 통해 마음이 고요해지기 전까지는 어떤 방법으로도, 누구에 의해서도, 어느 때라도, 어느 곳에서라도 평화를 얻지 못한다. 그러므로 일념으로 스승의 은총을 구하라.

당신의 제자 중에는 당신의 은총에 힘입어 큰 어려움 없이 깨달은 이들이 있다. 나도 그런 은총을 받고 싶다. 하지만 나는 여자인 데에다가 멀리 떨어진 곳에 살기 때문에, 이 수행 공동체에 내가 원하는 만큼 오래 머무를 수도 없고 자주 올 수도 없다. 어쩌면 다시는 이곳에 올 수 없을지도 모른다. 그래서 부디 은총을 간구한다. 집에 돌아가서도 당신을 늘 기억하고 싶다. 모쪼록 나의 소원을 기꺼이 들어주기 바란다.

당신이 어디로 간다는 말인가? 당신은 어디에도 가지 않는다. 당신을 그저 육체라고 가정한다고 해도 마찬가지다. 당신의 육체가 북인도 러크노에서 남인도인 이곳 티루반나말라이까지 왔다고 생각하는가? 당신은 그저 자동차에 앉아 있었을 뿐이고, 실제로 움직인 것은 이런저런 교통수단들이다. 그러고는 마침내 이곳에 도착했다고 말하는 것이다.

사실을 말하자면 당신은 결코 육체가 아니다. 『나』는 움직이지 않으며, 세상이 『내』 안에서 움직인다. 당신은 그저 있는 그대로의 당신일 뿐이다. 당신 안에서는 변한 것이 없다. 그러므로 당신이 여기서 멀리 떠나는 것처럼 보일지라도, 당신은 여기에 있고 저기에도 있으며 어느 곳에

든 있다. 스크린은 그대로 있는데, 장면만 여러 번 바뀌는 것과 같다.

또 은총에 대해 말하자면, 은총은 이미 당신 안에 있다. 은총이 당신의 바깥에 있는 것이라면 그것은 쓸모가 없다. 은총은 『나』다. 당신은 은총에서 결코 벗어나지 않는다. 은총은 늘 존재한다.

내가 한 이야기는, 내가 당신의 모습을 기억할 때 굳센 마음을 갖겠지만, 스승인 당신으로부터도 어떤 응답이 와야 한다는 뜻이다. 부디 너무나 약해빠진 혼자만의 힘으로 믿음을 잃고 상실감에 빠지지 않게 해달라.

은총은 『나』다. 이미 말한 것처럼, 당신이 나를 기억한다면 그것은 참나가 그렇게 하도록 이끌기 때문이다. 그렇다면 이미 은총이 있는 것 아닌가? 당신에게 은총이 내리지 않은 때가 단 한순간이라도 있는가? 당신이 나를 기억한다는 것이 바로 은총의 징표다. 당신이 나를 기억한다는 것이 바로 응답이고, 자극이며, 『나』이며, 은총이다. 걱정할 필요가 없다.

외적인 도움이 없이, 나 스스로의 노력만으로 더 깊은 진리에 이를 수 있겠는가?

당신이 『나』를 탐구하는 데 몰두하는 것 자체가 신의 은총이 발현한 것이다. 은총은 내적 존재이자, 실재하는 『나』인 가슴에서 눈부시게 빛나고 있다.

은총은 내면에서 당신을 끌어당긴다. 당신은 외부에서 내면으로 들어가려고 애써야 한다. 당신이 진지하게 탐구할 때 내면 깊숙한 곳에서 일어나는 움직임이 은총이다. 은총이 없이는 참된 탐구가 이루어질 수 없으며, 반대로 『나』를 탐구하려고 애쓰지 않는 자는 은총을 입을 수 없다고 말하는 이유가 바로 이 때문이다. 탐구하려는 노력과 은총, 이 두 가지 모두 필요하다.

깨닫기 위해서는 얼마나 오랜 기간 동안 스승이 필요한가?

무지가 남아 있는 한 스승이 필요하다. 무지는 『나』에 스스로 한계를 두었기에 생기는 것이다. 신은 경배를 받으면 헌신자가 꾸준하게 헌신할 수 있도록 이끌어 결국 순명에 이르게 만든다. 헌신자가 순명하면 신은 스승의 모습으로 나타나 자비를 베푼다. 스승 혹은 신은 그를 따르고 헌신하는 이에게, 신은 내면에 있으며 『나』와 다르지 않다고 말하여 그를 인도한다. 이렇게 하여 헌신자의 마음은 자기 내면으로 향하고, 마침내 깨달음에 이른다.

은총이 그토록 중요하다면 개개인의 노력은 무슨 역할을 하는가?

깨달음의 단계로 갈 때까지는 노력이 필요하다. 그때까지 『나』가 자연스럽게 드러나게 해야 하며, 그렇지 않으면 그 행복은 완전하지 않다. '저절로 되는' 상태에 이를 때까지는 어떤 형태로든 반드시 노력이 뒤따라야 한다.

물론 노력의 유무有無를 넘어서는 상태도 있다. 하지만 그 상태를 깨닫기 전까지는 노력이 필요하다. 한번이라도 그런 지복을 맛보았다면, 그 뒤부터는 그 상태로 다시 돌아가기 위해 거듭해서 노력한다. 평화로운 지복을 한번 체험하고 나면, 누구라도 거기에서 나오고 싶어 하지 않으며, 다른 행위에 몰두하려고 하지 않는다.

깨달음을 얻기 위해서는 반드시 신의 은총이 필요한가? 아니면, 개개인의 진지한 노력만으로도 태어나고 죽는 윤회가 없는 상태에 이를 수 있는가?

깨달음에 이르기 위해서는 신의 은총이 반드시 필요하다. 은총은 우리 자신이 모두 신임을 깨달을 수 있도록 이끌어준다. 그러나 그런 은총은 참된 헌신자나 수행자에게만 특별히 허락되는 것이다. 그런 은총은 자유를 향한 길에서 열심히 그리고 부단히 애쓰는 사람에게만 주어진다.

스승과 멀리 떨어져 있으면, 그 점이 은총을 받는 데 어떤 영향을 주는가?
시간과 공간은 우리 안에 있다. 그리고 당신은 언제나 『나』 안에 있다. 시간과 공간이 어떻게 영향을 미칠 수 있겠는가?

라디오를 들을 때에도 가까이 있는 사람이 먼저 듣는 법이다. 당신은 인도인이고 우리는 미국인인데, 이것 때문에 생기는 차이는 없는가?
차이가 없다.

남이 내 생각을 읽을 때도 있다.
그게 바로 우리가 모두 하나임을 보여주는 증거다.

우리를 가엾게 여겨 은총을 베풀어주지 않겠는가?
그 말은, 턱 밑까지 물에 잠겨 있으면서 목이 마르다며 물을 달라고 외치고 있는 셈이다. 또는 물속의 고기가 목말라하는 노릇이다.

왜냐하면 은총은 어디에나 항상 있기 때문이다. "스승의 은총 없이는 무집착심도 얻을 수 없고, 깨달음도 얻을 수 없으며, 『내』 안에 머무를 수도 없다"고 했다.

하지만 수행 또한 필요하다. 스스로의 노력으로 『나』에 머무는 것은, 사납게 날뛰는 황소를 맛있는 풀로 꾀어 우리 안에 가두고 도망치지 못하게 길들이는 것과 같다.

최근에 타밀어로 된 노래를 우연히 들었다. 가사를 쓴 이는 자신이 제 어미를 꽉 붙잡고 있는 야무진 새끼 원숭이 같지 않고, 제 어미가 목덜미를 물고 다녀야 하는 허약한 새끼 고양이 같다고 한탄하며, 신에게 자신을 보살펴달라고 기원했다. 내가 꼭 그렇다. 부디 나를 불쌍히 여겨 달라. 마치 어미 고양이처럼 내 목덜미를 물고, 내가 떨어져 다치지 않도록 도와달라.

그것은 불가능하다. 스승의 도움도 필요하지만, 자기 스스로도 필사적으로 노력해야만 한다.

스승의 은총을 받으려면 얼마나 오랜 시간이 필요한가?

그런 것은 왜 알려고 하는가?

희망을 갖기 위해서다.

그런 갈망도 장애물이다. 『나』는 어디에나 늘 존재하며, 『나』 없이는 아무것도 존재하지 않는다. 있는 그대로의 『내』가 되면 욕망과 의심이 사라질 것이다.

　은총은 시작이고, 중간이며, 끝이다. 은총이 참다. 『나』를 육체라고 여기는 그릇된 동일시 때문에 스승도 육체라고 여기는 것이다. 그러나 스승의 입장에서 보면, 스승은 『나』일 뿐이다. 『나』는 오로지 하나이며, 스승도 『나』만이 존재한다고 말해준다. 그렇다면 결국 『나』 자체가 당신의 스승이 아니겠는가? 은총은 『나』로부터 온다. 『나』의 발현이 은총의 발현이며, 은총의 발현이 곧 『나』의 발현이다. 당신에게 일어나는 모든 의심과 혼란은 그릇된 견해 때문에, 자신의 외부에 있는 무언가를 기대하는 데에서 비롯한다. 하지만 『나』의 외부에는 아무것도 없다.

제9장

━━━━━━ ⚜ ━━━━━━

침묵 그리고 존재와 하나 됨

스리 라마나는 자신에게 질문을 던지는 모든 사람들에게 기꺼이 입을 열어 가르침을 베풀었다. 하지만 '침묵의 가르침'이 훨씬 직접적이며 강력하다는 것을 자주 강조하곤 했다. 이 '침묵의 가르침'은 정신적인 힘으로, 그의 육체적 형상에서 나오는 것으로 보인다. 그 힘은 워낙 강력해서 그는 '침묵의 가르침'을 그의 가르침 가운데 가장 직접적이고 중요한 것으로 여겼다.

가령 그는 마음을 어떻게 다스릴 것인지를 말로 가르치기보다는, 자연스럽게 침묵의 힘을 발산하여 주위에 있는 사람들의 마음을 저절로 가라앉혔다. 그 힘에 의식을 동조했던 사람들은 내적으로 평화롭고 행복한 상태를 체험했다고 말한다. 또한 정신적으로 성숙한 몇몇 수행자는 그 힘 덕분에 『나』를 직접 체험하기도 했다.

인도에서는 '침묵의 가르침'이 꽤나 오랜 전통을 지니고 있다. 이런 가르침을 가장 널리 알린 주창자는 '다크시나무르티Dakshinamurti•'다. '시바의 화신'이라고 알려진 그는 침묵의 힘으로 학식 있는 네 명의 현자가 『나』를 체험하도록 했다. 스리 라마나는 다크시나무르티에 크게 동감하며 자주 언급했고, 이 장에 실린 문답 중에도 그의 이름이 여러 번 등장한다.

스승에게서 흘러나오는 침묵의 힘은, 『나』나 스승의 모습에 초점을 맞추고 집중하는 사람이라면 누구나 받을 수 있다. 스승과 물리적인 거리가 떨어져 있다고 해서 효과가 없거나 줄어드는 것은 아니다.

이와 같은 집중 상태를 '사트상가sat-sanga'라고 하는데, 이를 문자 그대로 풀이하면 '존재와의 하나 됨**'을 뜻한다.

스리 라마나는 온 힘을 다해 이 수행법을 장려했다. 그는 이 수행법이야말로 『나』를 직접 체험하는 가장 효과적인 방법이라고 자주 강조했다. '사트상가'는 전통적인 의미로는 『나』를 깨달은 사람의 물질적 육신 곁에 머무르는 것을 가리킨다. 그러나 스리 라마나는 사트상가를 좀더 넓은 의미로 정의했다.

그는 사트상가에서 가장 중요한 요소는 스승과의 정신적 연결이며, 사트상가는 스승의 육신 옆에 있을 때 이루어질 뿐 아니라, 언제 어디서든 스승을 생각하기만 하면 이루어진다고 말했다.

---

* 인도의 고대 경전인 《우파니샤드》에 나오는 신으로, 깨달음(jnana)이 형상화하여 나타난 것으로 전한다. 다크시나무르티는 '남쪽을 바라보는 자'라는 뜻인데, 힌두교에서 남쪽은 '변화'를 가리키고 변화의 신이 '시바Siva'이므로, '시바의 현현顯現'이라고도 한다.

** 원서의 영문 표현은 'association with being'이다. 참고로 association은 결합, 연결, 교류, 연상, 사귐, 연관, 합일 등의 뜻이 있다. 이 맥락에서는 유일한 존재에 녹아드는 것을 뜻하므로 여기에서는 '하나 됨'으로 옮겼다. 아울러 스리 라마나가 말하는 '사트상가'는 수행처에서 일반적으로 행하는 회합과는 다른 독창적인 의미로 사용되므로 대체어를 찾을 수 없어 고유명사처럼 취급해 '사트상가'라고 옮겼으며, 때에 따라 '존재와의 하나 됨'으로도 번역했다.

다음의 인용문은 사트상가의 힘이 어떤 것인지를 잘 보여준다. 다섯 편의 산스크리트 운문으로, 스리 라마나가 떠돌아다니는 시를 여러 차례에 걸쳐 모은 것이다. 그는 이 내용에 깊은 감명을 받아 타밀어로 번역했고, 실체의 본질에 대해 쓴 자신의 책《울라두 나르파두 아누반담 Ulladu Narpadu Anubandham(라마나 마하리시의 가르침을 40연의 운문에 담은 저작-옮긴이)》에도 수록했다.

1. 사트상가를 통해 세속의 대상들과 연결이 끊어질 것이다. 세속적인 것들과 인연이 끊어지면, 집착이나 마음의 경향성(습習)도 따라서 소멸될 것이다. 마음의 집착이 없는 자는 움직임이 없는 것들 속으로 사라질 것이다. 그리하여 '살아서 해탈(jivan mukti, 육체가 살아 있는 가운데 이루는 해탈-옮긴이)'을 이룰 것이다. 사트상가를 나누는 사람들과의 관계를 소중히 여겨라.

2. 많은 이들이 찬미하는 그런 지고한 상태는, 깨달은 스승(사두 sadhu, 산스크리트어로 성스러운 사람, 선한 사람을 뜻하며, 일반적으로 깨달음을 목표로 수행하는 사람을 가리킨다. 이 책에서는 '깨달은 스승'을 의미한다.-옮긴이)과의 관계를 통해 가슴에서 불 일듯 일어나며, 선명한 자기탐구를 통해 이 생에서 성취된다. 이런 지고한 상태는, 설법을 듣거나 경전의 의미를 익히고 배우거나, 다른 덕행을 하거나, 다른 어떤 방법을 동원해도 도달할 수 없다.

3. 만약 우리가 스승의 존재와 하나가 된다면, 모든 종교 계율이 무슨 필요가 있으랴? 시원한 남풍이 불어오는데, 부채질이 무슨 필요가 있으랴?

4. 더위는 시원한 달이 없애주고, 궁핍은 천상에 있는 소원을 이루

BE AS YOU ARE

어주는 나무가 없애주며, 죄는 갠지스 강이 씻어내준다. 그러나 더위를 비롯한 이 모든 것들은, 무엇과도 비할 바 없는 깨달은 스승을 친견親見하기만 해도 소멸한다.

5. 돌과 흙으로 빚은 신상神像들로 단장된, 깨끗한 물이 있는 성스러운 목욕소沐浴所조차도 위대한 영혼들(마하트마mahatmas)의 정화력에 비할 수 없으리. 아, 이 얼마나 놀라운가! 사람들은 신상이 있는 목욕소에서 셀 수 없이 많은 날을 보낸 뒤에야 마음의 정결함을 얻지만, 깨달은 스승이 보내는 한 번의 시선만으로도 사람들의 마음이 순수해진다.

스승께서는 왜 밖으로 나가서 최대한 많은 사람들에게 진리를 가르치지 않는가?

왜 내가 많은 사람들에게 진리를 전하지 않는다고 여기는가? 연단 위에 올라가 사람들 앞에서 열변을 토하는 것만이 설법인가? 설법이란 깨달음을 있는 그대로 알리는 것이며, 그것은 오로지 침묵 속에서만 참되게 전할 수 있다. 한 시간 내내 가르침을 듣고도, 자신의 삶을 변화시킬 만한 감명을 받지 못하고 돌아가는 사람을 당신은 어떻게 생각하는가? 이와 반대로, 잠시라도 성스러운 침묵 속에서 머물다가 삶에 대한 관점이 완전히 변해서 돌아가는 사람을 비교해보라. 효과도 없이 큰 소리로 설법하는 것과 말없이 내면의 힘을 전하는 것 중에서, 어느 편이 더 낫겠는가?

덧붙여 말하자면, 언어란 어떻게 해서 일어나는가? 처음에는 추상적인 앎이 있다. 거기에서 에고가 일어나고, 에고가 생각을 일으키며, 마침내 '언어'라는 형태로 발화發話한다. 따라서 말이란, 그 출발점을 추적해 들어가면 '근원'에서 증손자뻘만큼이나 먼 것이다. 이런 말을 가지고도 효과를 만들어낼 수 있다면, 침묵을 통한 설법은 얼마나 더 강력하겠는 지 한번 생각해보라.

침묵의 힘이 어떻게 그토록 강력할 수 있는가?

깨달은 사람은 정신적 영향력을 지닌 파동을 발산하는데, 그것이 많은 사람들을 끌어당긴다. 심지어 동굴 속에 앉아 완전한 침묵을 지키면서 도 얼마든지 그런 일이 가능하다. 그래서 진리에 대한 강의를 듣고 나서 도 그 주제에 대해 실마리조차 잡지 못한 채 돌아온 사람도, 깨달은 이 와 만나면 그가 말 한마디 하지 않더라도 진리에 대해 훨씬 더 많은 것 을 이해할 수 있다. 그렇기에 깨달은 사람은 굳이 군중들 사이를 돌아다 닐 필요가 없다. 만약 그럴 필요가 있다면, 그는 다른 사람을 매개로 쓸 수도 있을 것이다.

스승은 '남아 있는 실체(residual reality•)'로서, 진정한 자기인식의 광채 를 드러내는 침묵의 수여자다. 그래서 스승과 제자가 서로 눈빛을 한번 나눈 것만으로도 충분하다. 거기에 다른 말은 필요 없다.

스승께서도 전수의식을 통해 깨달음을 전해주는가?

침묵이야말로 가장 강력한 최상의 전수의식이다. 이는 스리 다크시나무

• 『나』에 대한 깨달음으로 무지를 걷어내면 실체의 광채가 드러난다. 즉, 에고를 걷어내면 '남아 있는 실체'라는 뜻이다.

르티가 사용한 방법이기도 하다. 신체 접촉이나 응시 등의 전수의식은 모두 침묵보다 낮은 수준의 방법들에 불과하다. 침묵을 통한 전수는 모든 이의 마음자리를 변화시킨다.

다크시나무르티는 제자들이 다가왔을 때 침묵을 지켰다. 침묵은 가장 고차원적인 전수 방법으로, 다른 모든 형태의 전수 방법을 포괄한다. 다른 전수 방법에서는 모두 주체와 객체의 관계가 설정될 수밖에 없다. 즉, 행위를 하는 주체가 있으며 행위를 받아들이는 객체가 있어야 한다. 주체와 객체로 나뉘지 않는다면, 어떻게 한 사람이 다른 사람을 응시하거나 신체 접촉을 할 수 있겠는가? 이에 비해 침묵을 통한 전수는 가장 완벽하여, 신체 접촉이나 응시를 비롯한 모든 방법을 두루 포괄하고 있다. 이 전수 방법은 제자를 모든 측면에서 정화하며, 그를 실체 안에 자리잡게 한다.

스와미 비베카난다 Swami vivekananda(1862~1902, 벵골 태생의 영성가로 베단타 철학의 불이일원사상을 널리 전파했다.-옮긴이)**는 정신적인 스승은 제자에게 영성의 실체를 전해준다고 말한다.**

전달할 실체가 따로 존재하는가? 진정한 '전달'이란 자신이 제자라는 착각을 깡그리 소멸시키는 것이다. 스승은 그렇게 한다. 사람이란 한때는 어떤 사람이었는데, 시간이 흐르면 다른 사람으로 바뀌는 것이 아니다.

은총은 스승이 주는 선물이 아닌가?

신, 은총, 스승은 모두 동일한 의미다. 그것은 모든 사람의 내면에 영원히 존재한다. 『나』는 이미 내면에 있지 않은가? 그런데도 스승이 따로 은총을 베풀어야 한다는 말인가? 만약 그렇게 생각하는 스승이 있다면, 그는 스승으로 불릴 자격이 없다.

책에는 여러 가지 전수의식이 나와 있다. 예컨대 손으로 만지거나, 신체 접촉을 하거나, 응시하는 따위의 방법들이 등장한다. 또한 스승이 물 또는 불을 사용하거나, 진언을 되뇌거나 염송 등을 하면서 특정한 의식을 하는데, 이렇게 기이한 행위를 통칭해 '전수의식'이라고 한다. 이런 의식의 밑바탕에는 스승이 그런 절차를 베풂으로써 제자가 성숙한다는 식의 생각이 깔려 있다.

그러나 생각해보라. 전수의식을 받는 '개체'라는 것이 실제로 존재하는가? 아무리 찾아봐도 보이지 않는다. 마찬가지로 스승도 존재하지 않는다. 물론 다크시나무르티도 존재하지 않는다. 다크시나무르티는 어떻게 했는가? 제자들이 다가오자 그는 침묵했다. 그가 계속해서 침묵 속에 머무르는 동안, 제자들이 가졌던 진리에 대한 의심은 사라졌다. 제자들의 개체성이 소멸한 것이다. 그것이 바로 깨달음이다. 이는 사람들이 흔히 연상하는 온갖 언어유희와는 다르다.

침묵은 가장 강력한 전수방식이다. 경전이 아무리 방대하고 그 내용이 훌륭하더라도, 효과 면에서는 침묵에 비할 수 없다. 스승이 침묵하면 모두에게 평화가 만연해진다. 스승의 침묵은 세상 모든 경전을 합친 것보다 더 방대하며 더 탁월하다.

당신이 내게 이런 질문들을 하는 까닭은, 여기에 오래 있으면서 많은 이야기를 듣고 열심히 노력했는데도 아무것도 얻지 못했다고 느끼기 때문이다. 내면에서 일어나는 일은 금세 뚜렷하게 드러나지 않는다. 실상을 말하자면, 스승은 늘 당신의 내면에 존재한다.

스승의 침묵이 실제로 제자의 정신적 각성을 앞당길 수 있는가?

스승이 발산하는 '침묵의 힘'을 잘 보여주는 옛날 얘기가 하나 있다. 타트바라야Tattvaraya가 그의 스승인 스와루파난다Swarupananda를 기리는 시를 완성한 뒤에, 학자들을 불러 모아서 그 시를 낭송하고 평가를 청했다고 한다. 그러자 학자들은 그런 시는 전쟁에 나가 천 마리의 코끼리를 죽일 만한 위대한 영웅을 기릴 때나 지어야 하는데, 고작 일개 수행자를 기리기 위해서 그런 작품을 지어서는 안 된다며 일제히 고개를 절레절레 저었다.

그들의 말에 타트바라야는 이렇게 대꾸했다. "자, 그럼 다 같이 저의 스승에게 가서 문제를 해결해봅시다." 그들은 다함께 스승인 스와루파난다의 거처로 갔다. 모두가 자리를 잡고 앉자, 타트바라야가 자기들이 찾아온 이유를 스승에게 말했다. 하지만 그 말을 들은 스승은 그저 아무 말 없이 가만히 앉아 있을 따름이었다. 스승이 침묵하자 다른 이들도 모두 침묵에 잠겼다.

그렇게 한나절이 다 가고 밤이 찾아왔으며, 이어서 며칠 밤낮이 흘렀다. 그러나 아무도 침묵을 깨지 않은 채 그 자리에 그대로 앉아 있었다. 어느 누구에게도 아무런 생각이 일어나지 않았으며, 아무도 그들이 왜 거기 왔는지 이유를 따지지도, 묻지도 않았다. 사나흘이 흐른 뒤에 스승이 그의 마음을 약간 일으키자, 그제야 좌중은 다시 예전의 사고 활동을 재개했다. 그리고 그들은 한목소리로 공언했다.

"전쟁터에서 천 마리의 코끼리를 정복하는 것은, 사납게 날뛰는 에고라는 코끼리를 정복하는 이 스승의 힘에 비하면 아무것도 아니다. 따라서 이 스승이야말로 명백히 그와 같은 시를 헌정받아 마땅하다!"

침묵의 힘은 어떻게 작용하는가?

언어란 한 사람의 생각을 다른 사람에게 전달하는 매개체일 뿐이다. 말은 생각이 일어난 다음에야 발현된다. '나'라는 생각이 일어난 다음에야 다른 생각들이 우르르 일어나기 때문에, '나'라는 생각이 모든 언어의 뿌리인 셈이다. 따라서 생각 없이 머무른다면, 침묵이라는 '우주적 언어'를 통해 다른 사람을 이해할 수 있다.

침묵은 항상 말하고 있다. 침묵은 언어의 영원한 흐름이지만, 말이라는 형태로 고정되면 그 흐름이 차단되고 만다. 지금 내가 하는 말들도 사실 침묵의 언어를 방해하고 있다. 예컨대, 전깃줄에 전기가 흐르고 있다고 생각해보라. 전기가 흐르는 도중에 저항이 있기 때문에 전등이 켜지거나 선풍기가 돌아간다. 그런데도 전기 에너지는 여전히 전깃줄 안에서 흐르고 있다. 이와 마찬가지로, 침묵이란 언어의 영원한 흐름인데 말에 방해를 받는다.

말로는 몇 년이 걸려도 이해할 수 없는 것을, 침묵을 통해서 혹은 침묵 앞에서는 단박에 깨달을 수 있다. 다크시나무르티와 그를 따르는 네 명의 제자가 좋은 예다. 침묵은 최상의 언어이며, 가장 효과적인 언어다.

스승께서는 "깨달은 스승의 영향력은, 침묵 속에서 비로소 헌신자의 내면으로 스며든다"고 했다. 또 당신은 "위대한 성자와 접촉하는 것이야말로 자신의 참된 존재를 깨닫는 가장 효과적인 방법"이라고 말했다.

그렇다. 그 말에 무슨 모순이 있는가? 깨달은 사람, 위대한 사람, 위대한 성자 사이에 어떤 차이라도 있다고 보는가?

아니다.

그들과 접촉하는 것이야말로 좋은 일이다. 그들은 침묵을 통해 해야 할 일을 할 것이다. 말을 하면 힘이 줄어든다. 침묵이야말로 가장 강력하다. 말은 언제나 침묵보다 힘이 약하므로, 정신적인 접촉이 가장 좋다.

침묵의 힘은 깨달은 사람의 육체가 소멸된 후에도 힘을 유지하는가? 아니면 그가 살과 피를 지닌 존재로 있는 동안에만 유효한가?

스승은 육체적인 형상이 아니다. 따라서 스승과의 접촉은 스승의 육체적 형상이 사라진 뒤에도 계속된다. 스승이 죽으면 다른 스승을 찾을 수도 있겠지만, 어차피 모든 스승은 하나이며 그들 가운데 어느 누구도 당신이 보는 그 형상이 아니다. 정신적인 접촉이 언제나 최선이다.

침묵의 힘은 스승의 마음에서 우러나오는 은총이 제자의 마음에 작용하는 이치인가, 아니면 다른 작용인가?

스승은 침묵을 통해 제자에게 은총을 내린다. 은총 중에서도 최고의 은총이 침묵이다. 또한 침묵은 최고의 가르침이기도 하다.

영성가 비베카난다도 "침묵이야말로 가장 우렁찬 기도"라고 말한 바 있다.

침묵은 구도자에게 그런 의미를 지닌다. 스승의 침묵은 가장 우렁찬 가르침이며, 최고의 은총이다. 모든 전수의식은 사실 '침묵의 힘'이 그 핵심이고, 나머지 형식적인 요소는 모두 부차적인 것에 불과하다. 침묵이야말로 가장 근본적인 형태의 전수의식이다. 스승이 침묵 속에 머무르면, 구도자의 마음은 저절로 정화된다.

당신의 침묵은 실로 큰힘을 지니고 있다. 당신이 침묵하면 우리 마음이 일제히 평화로워진다.

침묵은 다함이 없는 언어이다. 소리 내서 하는 언어는 침묵의 언어를 방해할 뿐이다. 침묵 속에서 우리는 자신을 둘러싼 것들과 좀더 내밀한 접촉을 갖는다. 다크시나무르티는 침묵의 언어로 네 현자들의 의심을 제거했다. 다크시나무르티가 했던 '침묵으로 나타난 진리'라는 말은 진리는 침묵을 통해서 온전히 드러난다는 뜻이다. 침묵이야말로 진리를 그 세세한 부분까지 전하는 길이다. 침묵은 그토록 큰힘을 지닌다.

입을 열어 말을 하기 위해서는, 언어보다 먼저 발성기관이 필요하다. 그러나 또 다른 언어인 침묵은 생각마저도 넘어선다. 침묵은 한마디로 '초월 언어' 혹은 '말 없는 말'이다.

누구나 그러한 침묵으로부터 도움을 받을 수 있는가?
침묵이야말로 참된 가르침이다. 침묵이야말로 완전한 가르침이다. 그러나 침묵은 정신적으로 무르익은 사람에게는 적합하지만, 그렇지 못한 사람들이라면 침묵에서 온전한 영감을 얻지는 못할 것이다. 그들에게는 진리를 설명해줄 언어가 필요하다.

그러나 진리 그 자체는 언어를 넘어서 있다. 그것은 설명을 용납하지 않는다. 언어로 할 수 있는 것이라고는 고작 진리를 가리켜 보이는 것뿐이다.

위대한 성인이 눈길을 한번 보내주는 것만으로도 수행의 효과가 충분하며, 이에 비해 신상神像을 경배하거나 성지를 순례하는 것 등은 오히려 효과가 별로 없다고들 한다. 하지만 나는 여기에 석 달이나 머물렀지만, 당신이 나를 바라봄으로써 내가 어떤 도움을 받았는지 잘 모르겠다.
응시凝視는 정화하는 효과가 있다. 하지만 정화되는 것이 눈에 보이지는 않는다. 또한 석탄에 불을 붙이는 데에는 오랜 시간이 걸리고, 숯은 그보다 시간이 덜 걸리며, 화약에는 즉시 불이 붙듯이, 위대한 성인과의 접촉이 일으키는 효과도 그 사람의 수준에 따라 조금씩 다르다.

중요한 것은, 지혜의 불은 모든 업業을 태워버린다는 점이다. 지혜는 깨달은 이와 교류함으로써, 더 엄밀히 말하면 깨달은 이가 발산하는 정신적 아우라로 성취할 수 있다.

노력하지 않는 제자조차도 스승이 발산하는 침묵의 힘으로 깨달음을 얻을 수 있는가?

위대한 스승의 곁에 있으면 습이 활동을 멈추고, 마음이 고요해지며, 삼매에 들게 된다. 그렇게 하여 제자는 스승의 곁에서 참된 앎과 바른 체험을 얻게 되는 것이다. 그러나 흔들리지 않고 그 상태에 머무르기 위해서는 힘껏 분투해야 한다. 계속해서 노력하다 보면 마침내 제자는 자신의 참된 존재를 알게 되고, 그리하여 살아 있는 가운데 해탈을 이루게 된다.

자신의 실체를 탐구하는 것이 내면에서 이루어진다면, 굳이 스승의 육신 곁에 머무를 필요는 없지 않은가?

모든 의심이 사라질 때까지는 가까이 있을 필요가 있다.

혼자 힘으로는 집중이 안 된다. 나를 도와줄 수 있는 힘을 찾고 있다.

그렇다. 당신이 찾고 있는 도움이 바로 은총이다. 우리는 개인적으로는 무능하다. 마음이란 것이 원래 약하기 때문이다. 은총이 반드시 있어야 한다. 깨달은 스승을 시봉侍奉함으로써 은총을 받을 것이다. 그러나 새롭게 얻는 것은 아무것도 없다. 약한 사람이 힘센 사람의 수하에 들어가듯, 약한 마음을 지닌 사람은 굳센 마음을 지닌 스승을 곁에 모시면 마음을 다스리기가 훨씬 쉬워진다. 존재하는 것은 오로지 은총 뿐이며 다른 것은 없다.

스승의 육신을 모실 필요가 있는가?

경전에는 『『나』를 깨달으려면 12년 동안 한 스승을 모셔야 한다』는 말이 있다. 그런데 스승이 무엇을 해주는가? 스승이 제자에게 깨달음을 손에 쥐어주기라도 한다는 말인가?『나』는 항상 깨달은 상태에 있지 않은가? 그렇다면 스승을 모셔야만 한다는 세간의 통념은 무엇을 뜻하는가? 사람은 항상『나』이지만, 그것을 모르고 있다. 대신에 사람은『나』를 참나가 아닌 것, 육체 따위와 착각하고 있다. 이런 착각은 무지에서 비롯하는 것이다. 무지를 없애면 착각도 저절로 사라지며 깨달음이 드러난다. 깨달은 현자들을 지속적으로 대하면 차츰차츰 무지가 사라져, 언젠가는 완전히 제거될 것이다. 그리하여 영원한『나』가 드러날 것이다.

당신은 '깨달은 사람과의 하나 됨(사트상가)'을 말하면서, 동시에 그를 섬겨야 한다고 말한다.

그렇다. '사트상가'는 드러나지 않은 존재 혹은 절대적 존재와의 하나 됨을 뜻하지만, 그렇게 할 수 있는 사람은 극히 드물다. 그렇기에 차선책으로, 눈에 보이는 존재인 스승과의 하나 됨을 말하는 것이다. 생각은 워낙 끈질기기 때문에 현자들과 교류해야만 한다. 현자는 이미 마음을 극복하고, 평화 속에 머물러 있기 때문이다. 그의 곁에 있으면 다른 사람들도 그런 상태를 얻는 데 도움이 된다. 그렇지 않다면 그와 함께 있는 게 아무런 의미도 없다. 스승은 사람들의 눈에는 보이지 않지만, 제자에게 꼭 필요한 힘을 준다.

'섬김'이란 일차적으로 『나』에 머무르는 것이지만, 스승의 몸을 편안하게 하며 그의 거처를 돌보는 것도 포함된다.

스승과의 만남은 필요하지만, 이는 어디까지나 정신적인 접촉을 의미한다. 만약 제자가 내면에서 스승을 찾을 수 있다면, 어디에 있든 상관없다. 여기에 있든 다른 곳에 있든 마찬가지이며, 같은 효과를 얻는다는 것을 알아야 한다.

나는 직업상 스승의 곁에 오래 머무를 수가 없다. 직장 근처에 살아야 하기 때문이다. '사트상가(깨달은 사람과의 하나 됨)'를 하지 않고도 깨달음을 얻을 수 있을까?

사트sat란 '나라는 생각의 정수精髓', 즉 '나 중의 나'를 뜻한다. 스승이 바로 '나 중의 나'인 참나다. 그는 모든 이의 내면에 존재한다. 그러니 『나』 없이 존재하는 사람이 어디 있겠는가? 그런 사람은 어디에도 없다. 그러니 아무도 '사트상가'에서 벗어나 있지 않다.

스승의 곁에서 지내는 것이 도움이 되는가?

그 질문의 의미는 스승의 육신에 가까이 머무르는 것을 뜻하는가? 생각해보라. 몸이 스승의 곁에 있다고 무슨 소용이 있겠는가? 마음이 중요하다. 스승과는 마음으로 만나야 한다. '사트 상가(깨달은 사람과의 하나 됨)'는 마음을 가슴 속으로 가라앉게 할 것이다.

그런 교류는 정신적이면서 동시에 육체적인 것이다. 눈에 보이는 스승은 제자의 마음을 내면으로 밀어넣는다. 그와 동시에 제자의 가슴 속에 머무르면서, 내면으로 향하는 제자의 마음을 가슴 속으로 끌어당긴다.

사트상가가 꼭 필요한 것인지 궁금하다. 아울러 내가 여기에 온 것이 무슨 도움이 될지 알고 싶다.

먼저 사트상가가 무엇인지부터 분명히 정의해야 한다. 사트상가는 사트 sat, 즉 실체와의 하나 됨을 뜻한다. 사트를 아는 이, 깨달은 이도 또한 사트로 간주된다. 사트를 아는 이와의 하나 됨은 모든 이에게 절대적으로 필요하다. 중세 인도의 구도자인 상카라Sankara는, 삼계三界를 통틀어 태어남과 죽음의 망망대해를 안전하게 건너는 데는 사트상가보다 나은 배가 없다고 말했다.

사트상가는 '실체와의 하나 됨'을 뜻한다. 사트란 바로 참나다. 그러나 지금은 참나가 실체(사트)임을 알지 못하고 있기 때문에, 『나』를 이해하고 있는 스승이 필요한 것이다. 그것이 바로 사트상가다. 사트상가를 하면 마음이 내면으로 향한다. 그러면 실체(사트)가 드러난다.

• 불교 세계관에서 중생이 생사유전生死流轉 한다는 3단계의 세계로, 욕계欲界, 색계色界, 무색계無色界를 말한다.

제 4 부

명상과 요가

Meditation and Yoga

최고의 명상은 의식이 '세 가지 상태(꿈, 잠. 깨어 있음)'를 넘나들더라도 끊임없이 이어진다. 명상은 '내가 명상을 하고 있다'는 생각조차 비집고 들어오지 못할 만큼 치열해야 한다.

기만적인 감각기관을 통해 현상계를 인식하려는 애착을 가라앉히고 외부에 현상계가 있는 줄 아는 마음, 즉 날뛰는 에고의 대상적 인식을 내려놓은 후 가슴에 존재하는 빛이 없는 빛, 소리 없는 소리를 아는 것이 참된 '요가의 힘'이다.

제10장

명상과 집중

스리 라마나는 '나라는 생각'을 알아차리는 것이 『나』를 깨닫는 전제 조건임을 줄기차게 강조했다. 따라서 그런 특성이 포함되어 있지 않은 모든 정신 수행은, 간접적이며 비능률적이라고 보았다. 다음의 인용문에 서도 스리 라마나의 그러한 소신이 고스란히 드러난다.

이 길('나'에 대한 주시)은 곧바로 깨닫는 길이며, 다른 모든 길들은 에두르는 길이다. 이 길은 『나』에게로 이끌지만, 나머지 길들은 각기 다른 곳으로 인도한다. 설령 '나에 대한 주시'가 아닌 다른 길을 통해 정신적인 성숙을 이룬다고 해도, 궁극적인 목표에 도달하려면 결국 마지막에는 '나에 대한 주시'를 통해야 한다. 그러므로 수행자는 결국 이 길을 걸을 수밖에 없다. 어차피 그렇다면 왜 지금 이 길을 가지 않는가? 왜 시간을 허비하고 있는가?

다시 말해, 다른 방편으로 수행하다가도 자기주시 또는 자기인식이 이루어지는 고요한 마음자리에 이를 수 있지만, 그것은 『나』에 이르기까지 멀리 둘러가는 길일 뿐이라는 것이다. 스리 라마나는 다른 수행법을 통해서는 결국 자기탐구의 출발점에 도달할 수 있을 뿐이라고 자주 강조했다. 따라서 그는 상대가 자기탐구를 할 수 없거나 자기탐구를 받아들이려고 하지 않는 경우를 제외하고는, 다른 수행법들을 권하지 않았다.

이 점은 그의 초기 대화록인《스리 라마나 기타Sri Ramana Gita》에 수록된 한 문답에서도 확연히 드러난다. 여기서 그는 왜 자기탐구가『나』를 깨닫는 유일한 길인지를 자세히 설명하고 있다. 그의 설명을 주의 깊게 듣고 나서도 여전히 자기탐구가『나』에 이르는 유일한 길임을 선뜻 받아들이지 않고,『나』를 깨달을 수 있는 다른 방법은 없냐고 질문하는 어느 수행자에게, 스리 라마나는 다음과 같이 대답했다.

> 자기탐구를 하는 사람이나 어떤 대상을 놓고 명상을 하는 사람이나 목표는 같다. 명상을 하는 이는 명상을 통해서 고요함에 이르고, 자기탐구를 하는 이는 앎을 통해서 고요함에 이른다. 또 명상을 하는 이는 무언가를 얻기 위해 애쓰고, 자기탐구를 하는 이는 얻고자 하는 자가 누구인지를 찾는다. 물론 명상 수행의 경우가 시간은 좀 더 오래 걸린다. 하지만 그것을 통해서도 결국『나』에 이른다.

그 질문자는 주체와 대상이 있는 명상을 선호하고 있었기 때문에, 스리 라마나는 그의 믿음을 굳이 흔들지 않았다. 또한 그 질문자가 자기탐구를 쉽게 받아들이지 않으리라는 것도 이미 알고 있었기 때문에, 스리 라마나는 그가 선택한 수행법으로도『나』에 이를 수 있다고 말함으로써 그 길을 가도록 격려했다. 스리 라마나는 아무 수행도 하지 않는 것보다 어떤 수행이라도 하는 게 낫다고 여겼다. 지금은 다른 방편으로 수행을 하더라도, 그 수행이 언젠가는 자기탐구로 이어질 수 있다고 보았기 때문이다.

그는 비슷한 질문을 던지는 다른 이들에게도, 그와 같은 취지로 답변을 했다. 그러나 자기탐구나 순명順命 이외의 수행법으로도 깨달음에 이를 수 있다는 스리 라마나의 답변을 액면 그대로 받아들여서는 안 된다. 왜냐하면 어떤 이유로든 자기탐구가 내키지 않아서 다른 수행법을 고집하는 사람들에게만 그런 답변을 했기 때문이다. 그는 다른 수행법들을 뭉뚱그려 '둘러가는 방편'이라고 불렀으며, 그런 수행법을 고수하지 않는 다른 수행자들에게는 궁극적으로 '자기주시'가 꼭 필요한 방편임을 재차 역설하곤 했다.

이처럼 스리 라마나는 자기탐구에 대한 자신의 견해에서는 한 치도 흔들림이 없었다. 하지만 어느 누구에게도 자신의 신념이나 선호하는 수행법을 바꾸라고 말하지 않았으며, 수행자들이 자기탐구를 도저히 따라오지 못하면 다른 수행법에 대해서도 기꺼이 조언하곤 했다.

이 장에 실린 대화는 전통적인 명상법(禪*)에 대해 조언을 구하는 이들이 던지는 다양한 질문에 답하는 내용이 주를 이룬다. 그는 이런 조언을 할 때, 다른 생각을 물리치고 한 생각에 집중하는 수행이 명상이라고 정의했다. 그러나 마음을 『나』에 붙잡아 두는 것이야말로 참된 명

---

* 이 책은 명상을 맥락에 따라 'meditation'이라고만 적기도 하고, 그 옆에 괄호를 넣어 'meditation(디야나dhyana)'라고 좀더 한정 또는 부연하기도 한다. 각각의 경우에 해당되는 내용이 다르므로, 굳이 다른 표현으로 구분해둔 것이다. 한국어판 역시 다소의 난삽함을 무릅쓰고 전자의 경우는 '명상', 후자의 경우는 '명상(禪)'으로 옮겼다.

상이라고 말함으로써, 명상의 차원을 좀더 높이 확장하여 바라보도록 이끌기도 했다. 그가 말하는 참된 명상은 사실상 '자기탐구'나 같다. 그의 초기 저작들 가운데 하나에는 다음과 같은 설명이 나온다.

"마음을 늘 『나』에 붙잡아두는 것이 자기탐구다. 반면에 명상은 자신을 '브라만Brahman(신)'이라고 여기는 것이다."

명상(선)과 자기탐구의 차이는 무엇인가?

궁극적인 의미에서 그 둘은 같다. 자기탐구가 맞지 않는 사람은 명상을 해야 한다. 명상에서는 수행자가 자신을 잊어버리고 '나는 브라만이다' 또는 '나는 시바Siva다'라고 명상하며, 그것을 통해 한눈팔지 않고 의식을 브라만이나 시바에 계속 묶어두게 된다. 이 수행을 거듭하다 보면, 결국 존재로서의 브라만이나 시바의 마지막까지 남아 있는 자각(residual awareness, 모든 것을 걷어낸 후 마지막까지 남아 있는 자각-옮긴이)을 얻게 된다. 그제야 비로소 수행자는 이것이 순수 존재, 즉 『나』임을 깨닫게 된다.

반면에 자기탐구의 방식은 이와는 다르다. 자기를 끈질기게 붙잡고 '나는 누구인가?'를 자신에게 물음으로써 탐구하면, 『나』가 분명히 드러나게 된다.

이처럼 자신을 '존재 – 의식 – 지복(사트-치트-아난다Sat-chit-ananda)'으로서 빛을 발하는 지고한 실체라고 마음으로 상상하는 것이 명상이다. 이와는 달리, 마음을 참나에 붙들어 매어 실체가 아닌 '망상의 씨앗'을 말려 죽이는 것이 자기탐구다.

누구든 어떤 심상心象으로 『나』를 명상하면, 그 심상 안에서만 『나』

에 도달하게 된다. 하지만 어떠한 심상도 없이 침묵에 머무르는 평화로운 사람들은, 완전무결하고도 고귀한 하나 됨(kaivalya 절대적 합일, 모든 집착을 여읨)의 상태, 형상 없는 『나』의 상태에 이른다.

나는 명상이 자기탐구보다 더 직접적이라고 본다. 명상은 계속해서 진리를 마음에 품고 있는 반면, 자기탐구는 진리가 아닌 것으로부터 진리를 가려내기 때문이다.
형상을 두고 하는 명상이 초심자에게는 더 받아들이기 쉽고, 수행하기도 쉽다. 하지만 그렇게 수행하다 보면, 결국 실체가 아닌 것으로부터 실체를 가려내는 자기탐구로 이어지게 마련이다.

자신의 마음에 서로 모순적인 요소들이 가득 차서 들끓고 있는데, 진리를 마음에 계속해서 품고 있는 게 무슨 소용인가? 자기탐구는 스스로가 『나』를 아직 깨닫지 못했다고 여기게 만드는 장애를 없앰으로써 깨달음으로 곧바로 이끈다.

명상은 수행자의 수준에 따라 양상이 달라진다. 명상을 하기에 적합한 수준이라면, '생각하는 자(즉 자기 자신)에게 곧바로 달라붙어 끈질기게 파고들게 될 것이며, 그러면 그 '생각하는 자'가 그 자신의 근원인 순수의식 속으로 저절로 들어가게 될 것이다.

하지만 '생각하는 자'를 붙잡고 계속해서 파고들 수 없다면, 신에 대해 명상해야 한다. 적절한 때가 오면 '생각하는 자'가 자신의 근원인 순수의식 속으로 사라질 것이다.

명상 수행은 에고를 계속해서 유지하고 있어야만 가능하다. 명상을 하는 주체인 에고가 있어야 하며, 명상을 하는 대상도 있어야 한다. 그러나 『나』는 오로지 하나뿐이기 때문에 필연적으로 한계에 부딪친다. 그래서 주체와 객체가 분리된 명상을 하면 둘러갈 수밖에 없다고 말하는 것이다. 하지만 자기탐구는 다르다. 에고를 탐구해 보면, 에고는 자기 자신의 근원에 존재한다는 것을 알게 되며, 그러면 에고는 즉시 사라진다. 에고가 사라진 뒤에 남는 것이 『나』다. 자기탐구 수행법이야말로 직접적인 방법이다.

명상을 해도 내면으로 들어가는 길을 찾지 못하겠다.
우리가 지금 어디 다른 곳에 있는가? 우리가 존재한다는 것 자체가 바로 그 길이다.

존재하고 있으면서도 우리는 존재를 모르고 있다.
무엇을 모른다는 것이며, 누가 모른다는 것인가? 내가 『나』를 모른다면, 세상에 '나(self)'가 둘이라도 있다는 말인가?

내(self)가 둘이라는 것은 아니다. 그러나 한계가 있다는 느낌은 부정할 수 없다.
한계는 마음속에서만 존재한다. 당신은 깊이 잠들어 있을 때도 한계를 느끼는가? 당신은 깊이 잠들어 있을 때도 여전히 존재한다. 그 순간에도 자신이 존재한다는 것을 부정할 수는 없을 것이다. 그런데 그와 똑같은 자신이 지금 여기에, 깨어 있는 순간에도 존재한다. 그런데도 당신은 지금 한계가 있다고 말한다. 그렇게 말하는 까닭은, 두 가지 상태 사이에 차이가 있기 때문이다. 그 차이는 마음에서 비롯한다. 잠들었을 때는 마음이 없었는데, 지금은 마음이 활발하게 움직인다. 그러나 『나』는 마음이 없을 때도 여전히 존재한다.

이해는 하겠는데, 그것을 깨닫지는 못하겠다.

명상을 통해 머지않아 깨닫게 될 것이다.

명상은 마음으로 하는 것이다. 그런데 어떻게 명상으로 마음을 죽여서 『나』를 드러낼 수 있다는 말인가?

명상은 하나의 생각을 끈질기게 붙잡는 것이다. 그러면 그 한 가지 생각이 다른 생각들을 모조리 물리친다. 마음이 산만해진다는 것은 마음의 힘이 약하다는 징표다. 명상을 꾸준히 하면 마음이 힘을 얻는다. 다시 말해, 도망 다니던 힘없는 생각은 물러나고, 생각에서 벗어난 항구적인 마음 바탕이 그 자리를 대신 차지한다. 생각이 소멸한 광활한 공간이 바로 『나』다. 이 순수한 상태의 마음이 바로 『나』다.

명상(선禪)이란 무엇인가?

명상이란 자신의 참된 본성에서 벗어나지 않고, 자신이 명상한다는 느낌도 없이 『나』에 머무는 것이다.

명상(선禪)은 삼매三昧와 어떻게 다른가?

명상은 의도적인 마음의 노력을 통해 이루어지지만, 삼매에는 그런 노력이 없다.

명상을 할 때 명심해야 할 점은 무엇인가?

『나』에 굳건히 자리 잡은 사람은 그 몰입 상태에서 한 치도 벗어나지 않도록 자신을 잘 살펴야 한다. 참된 본성에서 벗어나면 밝은 광채를 보거나, 이상한 소리를 듣거나, 자신의 내외부에서 진짜처럼 보이는 신의 환영을 보게 될 것이다. 이런 것들에 속아서 자신을 잊으면 안 된다.

명상 수행은 어떻게 해야 하는가?

명상 수행의 참된 의미는, 『나』로서 굳건히 머무르는 것이다. 그러나 일반적인 의미로는, 마음에 오가는 생각을 없애려고 노력하는 것을 가리켜 명상이라고 한다. 당신의 참된 본성은 『나』로서 굳건히 머무르는 것이다. 있는 그대로 머무르도록 하라(Remain as you are). 그것이 명상의 참된 목표다.

그러나 생각들은 일어난다. 애써 명상한다는 것은, 그 생각들을 없애려고 노력한다는 뜻인가?

그렇다. 한 가지 대상을 놓고 명상하면, 다른 생각들은 달아난다. 그러나 이런 명상에는 단지 생각이 일어나지 않게 하는 정도의 소극적인 효과만 있을 뿐이다.

'『나』안에 마음을 붙박아 둔다'라는 말이 있다. 그러나 『나』는 생각할 수 없지 않나?

도대체 명상을 하려는 이유가 무엇인가? 당신이 명상을 하려고 하기 때문에 '『나』안에 마음을 붙박아 둔다'라는 말이 귀에 들리는 것이다. 왜 명상을 그만두고 있는 그대로 머무르지 않는가? 마음이란 무엇인가? 모든 생각이 없어지면, 마음은 '『나』안에 고정'될 것이다.

나는 어떤 형상이 있으면 그 형상을 두고 명상할 수 있다. 그렇게 명상하면 다른 생각도 사라진다. 하지만 『나』는 형상이 없지 않은가?

형상이나 구체적인 대상을 두고 하는 명상을 선禪(dhyana)이라고 한다. 반면에, 『나』에 대한 탐구를 가리켜 '자기탐구(vichara)' 또는 '끊임없는 존재의 자각(nididhyasana, 명상에 몰입하여 다른 생각이 끊어진 상태-옮긴이)'이라고 한다.

감각적 쾌락보다 명상이 더 즐겁다. 그런데도 마음은 명상을 좇지 않고, 감각적 쾌락을 좇는다. 왜 그런 것인가?

기쁨이나 괴로움은, 단지 마음이 여러 가지로 모습을 바꾼 것에 불과하다. 우리의 본질적인 성품은 행복이다. 그러나 우리는 『나』를 잊어버리고는, 육체나 마음을 『나』라고 여긴다. 괴로움이 비롯되는 까닭은, 이처럼 자기 정체성을 그릇되게 인식하기 때문이다. 그렇다면 어떻게 해야 되겠는가? 이런 마음의 습은 아주 오래된 것이며, 헤아릴 수 없이 숱한 전생에서 이어져온 것이다. 윤회를 거듭하며 습은 매우 질기고 강해졌다. 이 습을 소멸해야 본질적 성품인 행복이 확연하게 드러날 것이다.

명상은 어떤 방법으로 해야 하는가? 눈을 뜨고 해야 하는가, 아니면 눈을 감고 해야 하는가?

어떻게 하든지 상관없다. 마음을 내면으로 향하게 하고, 내면을 적극적으로 파고들어가는 게 명상의 핵심일 뿐이다.

때로는 눈을 감고 명상할 때, 마음에 숨어 있던 생각들이 엄청난 기세로 몰려오기도 한다. 때로는 눈을 뜨고 명상할 때, 마음을 내면으로 돌리기가 어려울 수도 있다. 대체로는 눈을 뜨고 명상하려면 마음의 힘이 강해야 한다. 어떤 대상이 마음을 차지하게 되면 마음이 오염되고 만다. 그렇지만 않다면 마음은 순수하다. 명상에서 핵심적인 요소는, 외부적인 감각 인상을 받아들이거나 딴 생각에 빠지지 말고, 마음 자체를 적극적으로 파고 들어가야 한다는 점이다.

명상을 하다 보면 머리에 고열이 나고, 그래도 계속하면 온몸이 화끈거린다. 이런 증상을 고칠 수 있는 처방은 무엇인가?

머리를 써서 집중하면 열이 나고 두통까지 올 수 있다. 머리가 아니라, 시원하고 상쾌한 가슴 안에서 집중해야 한다. 긴장을 풀면 명상이 쉬워질 것이다. 생각이 끼어들면 긴장하지 말고 부드럽게 물리치면서 변함없는 마음을 유지하라. 그러면 곧 깨달음을 성취하게 될 것이다.

명상을 하다 보면 졸음이 오는데, 어떻게 하면 쫓을 수 있는가?

명상 중에 졸음을 쫓으려고 한다는 것은, 명상 중에 생각을 한다는 뜻이다. 그것은 피해야 한다. 설령 명상 중에 잠에 빠진다고 해도, 잠잘 때 그 명상이 지속되며, 잠에서 깨어난 후에도 그 명상은 지속된다. 물론 잠도 하나의 생각이므로 마땅히 제거되어야 한다. 왜냐하면 최후의 본연적 상태는 깨어 있는 상태에서 생각의 방해를 받지 않은 채 의식적으로 이루어져야 하기 때문이다. 깨어 있음이나 수면 상태는, 모두 생각에서 자유로운 '본래 상태'라는 스크린 위를 스쳐지나가는 화면에 불과하다. 어떤 화면이 비치든지 신경 쓰지 말고 그냥 지나가게 내버려두라.

무엇에 대해 명상해야 하는가?

무엇이든 당신이 좋아하는 것에 대해 명상하라.

시바, 비슈누, 가야트리gayatri(힌두교에서 학문과 지식의 여신. 브라마의 배우자 여신들 중의 하나다.—옮긴이) **가운데 어느 신을 두고 명상해도 효과가 똑같다고 한다. 그 중에서 어느 신에 대해 명상하는 것이 좋겠는가?**

어떤 신이든 상관없으니 좋아하는 신에 대해 명상하라. 누구를 택하든 효과는 같다. 단, 그 가운데 하나의 대상에만 집중해야 한다.

그렇다면 어떻게 명상해야 하는가?

가장 좋아하는 하나의 대상에만 집중하라. 한 가지 생각만으로 마음이 충만해지면 나머지 생각들은 차츰차츰 물러나게 되며, 마침내 사라질 것이다. 다양한 생각들이 마음에 들끓게 되면, 나쁜 생각들도 일어나게 된다. 그러나 사랑의 대상이 마음에 충만해지면 좋은 생각들이 내면을 장악한다. 그러므로 한 생각에만 매달려라. 선禪 명상은 최고의 수행법이다.

선禪 명상을 하는 것은 전쟁과도 같다. 명상을 시작하기가 무섭게 딴생각들이 떼 지어 몰려들고, 그것들이 한데 뭉쳐서 당신이 붙들고자 하는 한 생각을 침몰시키려고 기를 쓴다. 그러니 수행을 거듭하고 거듭해서 좋은 생각에 힘을 붙이는 수밖에 없다. 그 힘이 강해지면 다른 생각들은 달아날 것이다. 이것이 명상 수행에서 늘 벌어지는 대전투다.

사람들은 누구나 괴로움에서 벗어나고 싶어 한다. 그러기 위해서는 마음의 평화를 얻어야 하는데, 이는 이런저런 생각들에서 생기는 산만함이 없어져야 가능하다. 결국 마음의 평화는 명상(선禪)을 통해서만 얻을 수 있다.

스승께서는 『나』의 자리는 가슴이지만, 이는 신체 특정 부위를 지칭하는 게 아니기에 몸의 다른 부위나 중심점(차크라chakra)에서도 얼마든지 작용할 수 있다고 했다. 그렇다면 양 눈썹 사이의 '아즈나 차크라Agnya chakra'에 의식을 집중하거나 명상한다면, 그 부위가 『나』의 자리가 되게 할 수도 있지 않은가?

신체 특정 부위에 의식을 계속해서 집중한다면,『나』의 자리에 대한 어떤 생각도 모두 이론에 그치고 만다. 자신을 주체 즉 '보는 자'로 여긴다면, 주의를 집중하는 모든 부위가 '보이는 대상'이 되고 말 것이다. 이것은 단지 하나의 심상心象을 만드는 일일 뿐이다. 반대로 '보는 자' 그 자신을 바라보게 되면, 의식이 『나』에 녹아들어 마침내 하나가 될 것이다. 그것이 바로 가슴이다.

양 눈썹 사이에 의식을 집중하는 수행도 권장할 만한 방법인가?
어떤 종류의 명상(선禪)이든 그 최종적인 목표는, 수행자가 마음을 고정시키는 대상이 더 이상 주체와 별개로 분리되어 존재하지 않는 것이다. 둘로 분리되어 있었던, 보는 자와 보이는 대상은 유일한 참나로 통합되며, 그것이 곧 가슴이다.

스승께서는 왜 특정한 중심 혹은 차크라에 집중하는 수행을 우리에게 직접 가르쳐주지 않는가?
《요가수트라Yoga Sutra》의 해설서인 《요가 사스트라Yoga Sastra》에는 사하스라라sahasrara(정수리에 있는 차크라로, 한의학의 백회혈에 해당한다.-옮긴이) 혹은 뇌를 가리켜 참나의 자리라고 한다. 하지만 〈푸루샤 수크타Purusha Sukta(인도의 고대 경전인 《리그베다》 제10권)〉는 가슴을 가리켜 참나의 자리라고 말한다.

나는 수행자들이 이에 대한 의문을 깨끗이 해소할 수 있도록 하기 위해, '나'라는 느낌 또는 '내가 있다'는 느낌을 단서로 삼아 그 근원을 끝까지 파헤쳐 보라고 권한다.

그 이유는 두 가지다. 첫 번째는 '나'라는 관념이 존재한다는 점에 대해서는 어느 누구도 의심할 수 없기 때문이다. 두 번째는 어떤 수행법을 선택하든 최종 목표는, 경험의 1차적 전제 조건인 '나는 존재한다'는 것의 근원을 깨닫는 것이기 때문이다. 그러므로 당신이 만약 자기탐구를 수행한다면, 가슴 즉『나』에 이르게 될 것이다.

나는 하타 요가hatha yoga*를 수행하며, '나는 브라만이다'를 되뇌는 명상도 한다. 그런데 명상을 시작한 후 조금만 지나면, 머리가 멍해지다가 열이 나며 죽을지도 모른다는 두려움이 일어난다. 어떻게 하면 좋겠는가?

죽을지도 모른다는 두려움은 '나'라는 생각이 일어난 후에 생기는 것이다. 누가 두려워 하는가? 브라만은 결코 그렇게 말하지 않는다. 브라만이 왜 그렇게 말하겠는가? 진짜 '나'도 그렇게 말할 리 없다. 왜냐하면 '나'는 늘 브라만으로 머무르기 때문이다. 당신이 말한 것은 모두 생각에 지나지 않는다. 그것은 누구의 생각인가? 모든 생각은 '거짓 나' 즉 '나라는 생각'에서 비롯한다. 생각 없이 머물러야 한다. 생각이 있는 한 두려움이 따를 것이다.

'내가 곧 브라만'이라는 명상을 계속하다 보면, 모든 것을 망각하는 몰입 상태가 온다. 하지만 머리에서는 열이 나고 두려움이 몰려온다.

당연하다. 마음을 머리에 집중하기 때문에 머리에서 열이 나는 것이다. 그리고 두려움은 '나'라는 생각 때문이다. '나'라는 생각이 일어날 때, 죽음에 대한 두려움도 동시에 일어난다. 망각에 대해 말하자면, 생각이 있

---

* 인체를 소우주로 보고 인체의 생명 에너지를 각성시키는 요가로, 13세기경 북인도의 고라크나트가 개조했다고 전해진다. 쿤달리니 요가 역시 하타 요가의 한 부류다.

는 한 망각 또한 있게 마련이다. '내가 곧 브라만'이라는 생각을 일으켰다면, 언젠가는 그것을 잊어버리게 되어 있다. 생각과 망각 모두 '나라는 생각'에서 비롯한다. '나라는 생각'을 끈질기게 파고들어 추적해보라. 그러면 그것은 허깨비처럼 사라질 것이다. 그런 뒤에 진짜 '나', 참나만이 남는다.

'내가 곧 브라만'이라는 생각에 집중하면 다른 생각을 물리칠 수 있다. 자연히 의식을 집중하는 데에는 도움이 된다. 그 한 생각만 끈질기게 붙잡으라. 그러다가 마침내 그 한 생각만이 남았거든, 대체 그 생각을 누가 하고 있는지 살펴보라. '나'에서 비롯했음을 알게 될 것이다. 그렇다면 '나'라는 생각은 대체 어디에서 왔는가? 그것을 탐색해 들어가면, 결국 '나'라는 생각은 사라질 것이며, 지고한 참나가 스스로 빛날 것이다. 그러면 더 이상은 노력할 필요가 없게 된다.

진짜 '나'만 남게 되면, 진짜 나는 '내가 곧 브라만'이라고 말하지 않는다. '나는 사람이다'라고 끊임없이 말하는 사람이 어디 있겠는가? 누군가가 거기에 대해 시비라도 걸지 않는 한, 왜 자신이 사람이라는 당연한 얘기를 여기저기 떠벌리고 다니겠는가? 누군가 자신을 짐승이라고 오해라도 한다는 얘긴가? 그래서 "아니요, 나는 짐승이 아니고 사람입니다"라고 밝혀야 한다는 것인가? 마찬가지로, 브라만 혹은 '나'는 유일한 실체로 존재하기 때문에, 거기에 아무도 시비를 걸 사람이 없다. 따라서 "내가 곧 브라만"이라고 누누이 강조해야 할 이유도 없다.

왜 우리가 '생각할 수도 없는 지점'•에 대해 생각해야 한다'는 자기최면을 걸어야 하는가? 그 대신에 빛을 응시하거나, 호흡을 조절하거나, 내면의 소리를 듣거나, 음악을 듣거나, 신성한 음절인 옴om 또는 다른 진언眞言을 반복해서 외거나 해서는 안 되는가?

빛을 응시하고 있으면 한동안 마음이 멍해지며 의지가 마비될 뿐, 지속적인 효과는 없다. 호흡을 조절해도 잠깐 동안 의지를 마비시킬 뿐이고 지속성이 없다. 소리를 듣는 것도 마찬가지다. 진언 또한 그것이 신성한 말이라서 자신을 정화할 수 있는 보다 높은 차원의 힘에 도움을 받을 수 있는 것이 아니라면 역시 마찬가지다.

어떤 이들은 양미간에 있는 중심점(아즈나 차크라Agnya chakra)에 의식을 집중하라고들 하던데, 그게 올바른 방법인가?

누구나 '내가 존재한다'는 것을 자각한다. 그런데도 사람들은 자각을 젖혀두고 신을 찾아 헤맨다. 의식을 양미간에 집중한다고 한들 무슨 소용이 있겠는가? 신이 미간에 있다고 말하는 어리석은 짓에 불과하다. 그런 조언은 고작해야 마음의 집중을 도울 뿐이다. 그저 마음을 다스리고, 마음이 흐트러지지 않게 억지로 붙들어 매는 방법 가운데 하나일 뿐이다. 그것은 마음이 하나의 통로로만 흐르도록 강제로 방향을 잡는 것이며, 마음을 집중시키는 방편일 뿐이다.

　깨달음에 이르는 최선의 수단은 '나는 누구인가?'라는 탐구다. 현재의 고통은 마음에 있으며, 마음은 마음으로만 제거할 수 있다.

나는 육체의 특정한 중심점(차크라)에만 집중하지 않는다. 어떨 때는 이 중심점에

• 주체와 객체가 따로 없는 유일한 실체는 생각으로 알 수 없는 지점이기 때문에 이런 질문을 하는 것이다. 질문자는 생각할 수 없는 지점에 대해 '나는 누구인가?'라고 묻는 것이 공허한 자기 최면이 아닌지 의심하고 있다.

마음을 집중하기가 쉬운데, 또 어떨 때는 다른 중심점에 집중하기가 더 쉽다. 또한 한 중심점에 의식을 두고 집중하고 있었는데, 저절로 의식이 다른 중심점으로 옮겨가서 고정되는 경우도 있었다. 이런 일은 왜 일어나는가?

과거(전생)에 수행했던 습 때문에 그럴 수 있다. 그러나 어떤 경우라도 어느 중심점에 마음을 집중하는지는 별로 중요하지 않다. 왜냐하면 참된 가슴은 모든 중심에 다 있으며, 심지어는 몸 밖에도 존재하기 때문이다. 신체의 특정 부위에 의식을 고정하든 외부의 대상에 의식을 고정하든 가슴은 바로 거기에 있다.

한 번은 여기에 집중하고, 한 번은 저기에 집중하는 식으로 변화를 주어도 되는가? 아니면 늘 일관되게 같은 중심점에만 의식을 집중해야 하는가?

방금 전에 이야기한 것처럼, 어디에 집중하든 해가 될 일은 없다. 왜냐하면 집중은 생각을 내려놓기 위한 수단일 뿐이기 때문이다. 어느 중심점 혹은 대상에 집중하든, 집중하는 자는 늘 그대로 존재한다.

어떤 사람은 우리가 형체가 있는 대상에 대해서만 명상해야 한다고 말한다. 또한 우리가 끊임없이 마음을 없애려고 하면 엄청난 불행이 닥칠 수 있다고도 한다.

누구에게 엄청난 불행이 닥친다는 말인가? 『나』와 별개로 그런 일이 벌어질 수 있다는 말인가?

끊임없이 지속되는 '나'는 무한한 바다다. 에고 즉 '나'라는 생각은 그 위에 떠 있는 하나의 물거품에 지나지 않는다. 이를 가리켜 우리는 개아 個我, 즉 개체적 영혼이라고 한다. 그 물거품 또한 물이며, 그것은 때가 되면 부서져 바다와 하나가 된다. 물론 물거품은 물거품인 채로 남아 있어도 여전히 바다의 일부다.

이 단순한 진리를 몰라서, 여러 교파에서 요가, 헌신, 행위와 같은 수많은 방편들이 나왔다. 이 수행법들은 다시 숱하게 수정 및 변형되었으며, 방대한 기교와 복잡한 세부 사항들로 가지를 뻗어서, 구도자들을 유혹하고 그들의 마음을 혼란스럽게 만든다. 세계 여러 종교의 종파나 교리 또한 마찬가지다. 그 모든 가르침은 궁극적으로 무엇을 위한 것인가? 오직 『나』를 알고자 하는 것이다. 다시 한 번 말하지만, 모든 가르침들은 『나』를 알기 위한 방편이며 수행일 뿐이다.

감각을 통해 지각한 대상에 대한 앎을 '직접적인 지식'이라고 한다. 그러나 감각을 통하지 않고도 늘 체험하는 『나』보다 더 직접적인 앎이 어디 있겠는가? 감각을 통해 지각한 앎은 간접적인 지식일 뿐 직접적인 지식이 아니다. 자기 자신을 알아차리는 것만이 직접적인 지식이며, 이는 누구에게나 공통적인 체험이다. 『나』를 아는 데 보조적인 수단은 필요 없다.

제11장

진언과 염송

진언眞言(만트라mantra)이란, 흔히 전수의식에서 스승이 제자에게 주는 단어 또는 문장이다.[*]

스승이 깨달음이나 명상의 결과로 정신적인 힘을 축적했다면, 그가 가진 힘의 일부가 진언에 실려 제자에게 전달된다. 스승이 내려준 진언을 제자가 반복해서 암송하면, 스승의 힘이 작용해 제자가 깨달음이라는 목표로 나아갈 수 있도록 돕는다.

스리 라마나도 이런 수행법의 타당성을 인정하기는 했다. 하지만 그럼에도 자신이 진언을 내려준 일은 극히 드물었다. 하물며 전수의식을 베풀어 진언을 사용한 적은 한 번도 없었다. 반면에 그는 '명호염송名號念誦

---

[*] 힌두교에서 제자가 스승에게 귀의할 때 스승이 대개 입문 의식을 베푸는데, 스승은 모든 제자에게 동일한 진언을 줄 수도 있지만, 제자의 수행 정도나 성향에 따라 각기 다른 진언을 내려주기도 한다.

(nama-japa, 신의 이름을 반복적으로 외는 것)' 수행을 적극적으로 권장했으며, 순명順命의 길을 따르는 사람들에게 유용한 방편이라고 강조하곤 했다.

앞서 7장에서, 우리는 생각하거나 행위하는 개체적인 '나'가 존재하지 않으며, 현상계의 모든 행위를 주관하는 보다 높은 힘만이 존재한다는 것을 자각함으로써, 신이나 『나』에 대한 순명順命을 효과적으로 수행할 수 있다는 것을 확인했다. 스리 라마나는 이런 수행 태도를 닦기 하기 위한 효과적인 방편으로 염송念誦(japa)을 권장했다. 왜냐하면 이 수행을 하면 개체나 현상계에 대한 자각이 '보다 높은 힘'에 대한 자각으로 바뀌기 때문이다.

염송을 처음 시작하는 단계에서는 집중이나 명상을 잘하기 위해 신의 이름을 반복해서 왼다. 이런 노력을 계속하다 보면 노력하지 않고도 저절로 끊임없이 염송이 계속되는 단계에 이르게 된다. 물론 이런 상태에 이르기 위해서는 집중해야 할 뿐만 아니라, 자기가 호명하는 신에게 온전히 헌신해야 한다.

"신의 이름을 염송에 사용하려면, 그의 이름을 간절하게 부르고 완전하게 순명해야 한다. 이런 순명이 이루어져야 신의 이름이 항상 그와 함께할 것이다."

스리 라마나가 말하는 이런 고차원적인 수준의 염송에는, 거의 신비한 차원이라고 여길 만한 생각이 담겨 있다. 그는 신의 이름이 『나』와 같다고 말하곤 했다. 또한 『나』를 깨달으면 가슴속에서 아무런 노력 없이 신의 이름이 끊임없이 되풀이된다고도 말했다.

하지만 이와 같은 궁극의 단계는, 염송 수행이 자기주시 수행에 녹아들 때 비로소 도달할 수 있다. 스리 라마나는 염송에서 자기주시로 이행해야 할 필요성을 설명할 때는, 대개 14세기 인도 서부 지역에서 활동한 성자인 남데브Namdev(1270년 마하라시트라에서 태어나 활동한 시인이자 명상가)의 말을 인용했다.

"이름에 깃든 무소부재無所不在 한 본성은, 자기 자신의 '나'를 알아볼 때 비로소 이해할 수 있다. 자기 자신의 이름을 알아보지 못한다면, 무소부재 하는 이름도 이해할 수 없다."

이 인용문은 남데브가 지은 짧은 저작인 《신의 이름에 대한 철학(the philosophy of the divine name)》에서 발췌한 것인데, 그 전문은 이 장의 후반부에 나오는 스리 라마나의 대답에 들어 있다. 스리 라마나는 1937년에 이 글을 발견하고는, 그의 생애 마지막 13년 동안 자신의 침대 곁에 있는 작은 책꽂이에 그 사본을 간직했다. 그러고는 방문자들이 그에게 염송의 본질과 효용에 대해 질문할 때마다 그 글을 읽어주곤 했다. 그가 남데브의 글에 공감한다는 취지로 말한 횟수로 짐작하건대, 그 내용을 전적으로 지지했다고 추측해도 무방할 것이다.

나는 숨을 들이마시면서 신의 이름을 부르고, 내쉬면서 사이 바바Sai Baba●의 이름을 부르는 염송을 해왔다. 이와 동시에 나는 늘 사이 바바의 모습을 떠올리는 수행을 하고 있다. 심지어는 당신을 보면서도 사이 바바를 떠올린다. 그런데 이제는 내면의 무언가가 '내가 이렇게 이름과 형상에 집착하면, 결코 이름과 형상을 넘어서지 못할 것'이라고 경고의 말을 건넨다. 그렇다면 나는 이 수행을 계속해야 하는가, 아니면 다른 방법으로 바꿔야 하는가? 그러나 이름과 형상을 포기한다면,

---

● 시르디 사이 바바(?~1918)를 가리키는 것으로, 신에 대한 헌신을 강조했던 인도 힌두교의 정신적 스승이다.

앞으로는 무엇을 어떻게 해야 할지 도무지 모르겠다. 이 점에 대해 가르침을 베풀어 나를 일깨워 달라.

지금 하던 수행을 계속해도 좋다. 염송을 지속적으로 반복하면 다른 생각을 그치고 자신의 참된 본성에 머무르게 되는데, 그 본성이 바로 염송 또는 명상(선禪)이다. 우리 마음은 외부 현상계의 대상을 향해 있기 때문에, 자신의 참된 성품이 언제나 염송임을 알아차리지 못한다. 그렇기에 의식적인 노력으로 염송이나 명상을 해서, 우리 마음이 다른 것들에 한눈팔지 않도록 해야 한다. 그렇게 되면 남는 것은 우리의 참된 성품, 즉 염송만 남는다.

당신이 스스로를 이름과 형상이라고 생각하는 한, 염송을 할 때도 이름과 형상을 피할 수 없다. 자기 자신이 이름과 형상이 아니라는 것을 깨달을 때, 이름과 형상은 저절로 떨어져 나갈 것이다. 다른 노력은 필요 없다. 염송이나 명상을 꾸준히 하면 자연스럽게 그리고 당연히 깨달음에 이를 것이다. 지금은 염송을 수단으로 여기겠지만, 때가 되면 목표 그 자체인 줄을 알게 될 것이다. 신의 이름(명호名號)과 신은 다르지 않다. 이 점은 남데브의 가르침에 분명히 설명되어 있다.

1. 이름은 가장 높은 천상天上에서 가장 낮은 하계下界에 이르기까지 온 우주에 빈틈없이 스며 있다. 얼마나 깊디깊은 바닥까지, 얼마나 높디높은 하늘까지 이름이 뻗쳐 있는지 누가 알겠는가? 무지한 자는 사물의 본질을 알지 못한 채, 팔백사십만 번 이런저런 모습으로 거듭 태어난다. 남데브가 말한다. "이름은 영원불멸하다. 형상들은 셀 수 없이 많지만, 이름은 그 모두에 존재한다."
2. 이름 자체가 형상이다. 이름과 형상은 다르지 않다. 신이 현현顯顯

하면서 이름과 형상을 취하였다. 그리하여 《베다Vedas》에 나오는 이름이 확립되었다. 이름을 넘어서는 진언은 없음을 알라. 이와 달리 말하는 사람은 무지하다. 남데브가 말한다. "이름은 신, 그 자신이다. 이는 신을 사랑하는 헌신자들만 알 수 있다."

3. 이름에 깃든 무소부재無所不在 한 본성은, 자기 자신의 '나'를 알아볼 때 비로소 이해할 수 있다. 자기 자신의 이름을 알아보지 못한다면, 무소부재 하는 이름도 이해할 수 없다. 누구라도 스스로를 알면, 어느 곳에서든 이름을 찾지 못할 곳이 없다. 이름(The Name)이 '이름 붙여진 신(The Named)'과 다르다고 보는 것이 착각을 만든다.● 남데브는 말한다. "성자들에게 물어보라."

4. 지식을 공부하거나, 명상을 하거나, 고행을 해서는 이름을 깨닫지 못한다. 스승에게 자신을 맡겨 순명順命하고, '나' 자신이 그 이름임을 알라. '나'의 근원을 찾고 나면, 스스로 존재하며 이원성이 없는 '하나(oneness)' 안으로 개체성이 녹아들어간다. 이원성과 비이원성을 초월해 무소부재 하는 그 이름이 삼계에 두루 스며든다. 이름은 이원성에서 비롯하는 행위를 하지 않는, 지고한 브라만 그 자체다.

이와 같은 생각을 성경에서도 찾을 수 있다. "태초에 말씀이 있으니, 그 말씀이 하느님(God)과 함께 있었으며, 그 말씀이 곧 하느님이셨다."

●이름과 이름 붙여진 신을 다르게 보는 것은 이분법적 사고이기 때문에, 실체를 바로보지 못하는 착각 또는 환영幻影에 빠진다는 뜻이다.

그러면 신의 참된 이름은 궁극적으로는 자기탐구를 통해 찾을 수 있다는 것인가?

당신 스스로가 '염송 그 자체'인데, 자기가 누구인지를 탐구하여 본성을 알게 된다는 것이 얼마나 놀라운 일인가! 자기탐구를 하여 본성을 알게 되면, 그 전까지 애써서 하던 염송이 아무 노력 없이도 가슴에서 지칠 줄 모르고 이어질 것이다.

염송 수행을 얼마나 오래 해야 하는가? 그리고 염송을 하면서 동시에 신상神像에 집중해야 하는가?

염송 수행이 외부적인 신상보다 훨씬 더 중요하다. 염송이 자연스럽게 될 때까지 계속해야 한다. 처음에는 애를 써야 하지만 때가 되면 저절로 염송이 이어지게 된다. 그것이 자연스러워지면, 그를 가리켜 깨달음이라고 한다.

염송은 다른 일을 하는 동안에도 할 수 있다. 이는 즉 유일한 실체이기 때문이다. 그러므로 그것은 형상, 염송, 진언으로 나타날 수도 있고, 자기탐구 또는 실체에 도달하기 위한 어떤 수행 형태로 나타날 수도 있다. 이것들이 결국에는 모두 단 하나의 실체에 녹아든다.

헌신, 자기탐구, 염송은 실체가 아닌 것을 멀리하려는 노력이 서로 다른 다양한 형태로 나타난 것이다.

비록 지금은 실체가 아닌 것이 우리를 사로잡고 있지만, 우리의 참된 성품은 실체다. 다만 우리는 그릇된 비非실체에서 좀처럼 헤어나지 못하고 있다. 즉, 생각에 집착하고 세속적 활동에 집착한다. 이것들을 멈춰야 진리가 드러날 것이다. 우리는 이것들을 물리치려고 애써야 하며, 그렇게 하려면 오로지 실체만을 생각해야 한다. 실체가 우리의 참된 본성이 긴 하지만, 이런 수행을 하는 동안에는 마치 우리가 실체를 생각하는 것처럼 보인다. 그러나 우리가 실제로 하는 일은, 우리의 참된 존재가 드러나는 것을 가로막는 장애물을 제거하는 것뿐이다.

노력만 한다면 틀림없이 깨달을 수 있는가?
깨달음이 우리의 본성이다. 깨달음은 새로 얻는 게 아니다. 또한 새롭게 얻는 것이라면 영원한 게 아니다. 따라서 『나』를 잃을지 얻을지를 놓고 염려할 필요가 없다.

『나』를 탐구하는 것이 진정한 수행임을 알았을 때도 염송을 하는 게 좋은가?
모든 수행법은 다 좋다. 왜냐하면 궁극적으로는 결국 자기탐구에 이르게 되기 때문이다. 염송은 우리의 참된 본성이다. 우리가 『나』를 깨달으면, 별다른 수고를 하지 않고도 염송이 가슴에서 끊이지 않는다. 그리고 어떤 단계에 이르면, 수단이었던 것이 목표 그 자체로 탈바꿈한다. 따로 애쓰지 않아도 염송이 이어진다면, 그것이 바로 깨달음이다.

나는 경전을 배우지 못했으며, 자기탐구도 무척이나 어렵게 느껴진다. 나는 또한 여자인 데에다, 자식이 일곱이나 되고, 집안일도 너무 많아서 명상할 짬을 내기 어렵다. 스승께서 좀더 쉽고 편한 방법을 일러주면 좋겠다.
자기 자신을 알기 위해 거울을 볼 필요가 없는 것처럼, 『나』를 아는 데는 학식이나 경전에 대한 지식 같은 것은 필요 없다. 또한 모든 지식은 참나가 아니기에, 결국 내려놓아야 하는 것일 뿐이다. 집안일이나 자녀들을 돌보는 일도 장애라고만 할 수는 없다. 할 수 있는 게 없다면, '나'

에 대해 계속 생각하는 것은 할 수 있지 않은가? '나'에 대해 생각을 거듭하다 보면, 그 상태(참나)에 이를 것이다. 그러니 무슨 일을 하든, 서 있든 앉아 있든 걷든 상관없이 '나'에 대해 끊임없이 생각하라. '나'야말로 신의 이름이다. 이것이야말로 모든 진언 중에서도 첫째가는 가장 위대한 진언이다. '옴Om'조차도 이에 미치지 못한다.

마음을 다스리는 데 입 밖으로 소리 내지 않고 하는 진언(ajapa mantra)• 수행과 '옴' 소리를 내면서 하는 진언 수행 가운데 어느 것이 더 나은가?

말없이 저절로 되는 염송(ajapa)이 무엇이라고 생각하는가? "나는 절대자다, 나는 절대자다(소함, 소함soham, soham)"라고 반복해서 되뇌는데도 그것이 자연적 염송인가? 진정한 자연적 염송이란, 입으로 되뇌지 않아도 저절로 계속되는 염불의 의미를 아는 것이다. 사람들은 염송의 진짜 의미도 모른 채, 손가락을 꼽거나 염주를 돌려서 숫자를 헤아려가며, '나는 절대자다, 나는 절대자다'를 수천 번이고 수만 번이고 반복해 외우면서, 그것을 염송이라고 여긴다.

염송을 하기 전에는 먼저 호흡을 다스리는 것이 순서다. 조식調息(프라나야마pranayama, 호흡 고르기)을 마친 뒤에 진언 수행을 시작하라는 것이다. 조식을 하려면 먼저 입을 다물어야 한다. 그렇지 않은가? 숨을 멈춤

• 의식적인 '중얼거림(japa)'이 없는 상태가 바로 '자연적 염송(ajapa)'이다. 염송(japa)은 의식적으로 소리를 내거나 마음속으로 진언(mantra)을 반복하는 것이지만, 자연적 염송은 의식적인 노력을 하지 않더라도 저절로 이루어지는 것으로, 만트라 수행의 완성 단계라고 할 수 있다. 자연적 염송의 단계에 이르면, 군이 소리를 내거나 따로 애를 쓰지 않아도 끊임없이 마음의 염송을 이어나가게 된다. 하지만 질문자는 외양만 보고, 자연적 염송을 단순히 소리 내지 않는 것으로만 생각하고 질문했다.

으로써, 몸의 5대 원소가 하나로 묶여 통제된다면, 남은 것은 『나』뿐이다. 그러면 그 『나』가 저절로 '나, 나(아함, 아함aham, aham)'를 끊임없이 되풀이할 것이다. 이것이 바로 자연적 염송(ajapa)이다. 이것을 안다면, 그저 입으로 반복해서 외는 것을 어떻게 자연적 염송이라고 할 수 있겠는가?

저절로 자연스럽게, 마치 기름이 고요하고도 끊임없이 흘러내리듯이 다함없는 흐름으로 계속되는 『나』의 화신이 바로 자연적 염송이며, 가야트리gayatri(힌두교에서 학문과 지식의 여신. 브라마의 배우자 여신들 중 하나다.-옮긴이)이며, 모든 것이다.

당신이 과연 누가 염송을 하고 있는지를 안다면, 염송에 대해 완전히 이해할 것이다. 염송을 하고 있는 자가 누구인지 탐색해서 찾아내면, 그 염송 자체가 『나』가 된다.

입으로 소리 내어 염송을 하는 것은 수행에 아무 도움이 안 되는가?

아무 도움이 안 된다고 누가 말했던가? 소리 내어 하는 염송은 마음을 깨끗하게 하는(chitta suddhi, 마음 정화) 수단이 될 것이다. 또한 그 수행을 계속해 나가다 보면, 그 노력이 무르익어 머지않은 시기에 바른 길로 들어서게 될 것이다. 선악을 불문하고, 어떤 행위든 그 결과가 없어지는 일은 없다. 개개인의 수행이 성숙한 정도에 비추어, 각자가 감당해야 할 복덕이나 과실이 있을 뿐이다.

마음으로 하는 염송이 소리 내어 하는 염송보다 낫지 않은가?

소리 내어 하는 염송에는 소리가 담겨 있다. 소리는 생각에서 일어나는데, 생각이 말이 되어 입 밖으로 튀어 나오려면 먼저 생각이 일어나기 때문이다. 그런데 생각을 파고들어가면, 그것은 마음에서 만들어진다.

따라서 마음으로 하는 염송이 소리 내어 하는 염송보다 낫다.

염송을 마음으로 내관內觀하면서, 그것을 입으로도 되풀이하면 안 되는가?

마음에서 염송이 이루어진다면 굳이 소리를 낼 필요가 있겠는가? 마음으로 염송하면, 저절로 내관 상태가 된다. 선禪 명상, 내관, 마음으로 하는 염송은 모두 같은 것이다. 산만한 생각들을 멈추고 오로지 한 생각만을 지속하여 다른 생각들을 모두 물리칠 때, 이를 두고 내관이라고 한다. 염송이나 명상의 궁극적인 목적은 여러 생각들을 물리치고 오로지 한 생각에만 집중하려는 것이다. 그러면 마침내 그 한 생각마저 자신의 근원, 즉 절대 의식 속으로 사라진다. 『나』인 마음이 염송에 몰두함으로써, 자신의 근원 속으로 가라앉게 되는 것이다.

마음이 뇌에서 나온다고 들었다.

뇌가 어디에 있는가? 뇌는 몸에 있다. 그런데 몸 자체가 마음이 만들어낸 착각에 불과하다. 당신은 몸이 있다고 생각하기에 뇌에 대해 이야기한다. 그러나 몸과, 몸 안의 뇌를 만들어낸 것은 마음이며, 뇌가 자기 자리에 있다고 우기는 것도 마음이다.

스승께서는 염송의 근원까지 추적해 들어가야 한다고 말했다. 그 근원은 마음을 뜻한 게 아닌가?

이 모든 것이 단지 마음의 작용일 뿐이다. 염송은 마음을 한 생각에 고정시키기 위한 것이다. 염송은 다른 모든 생각들을 굴복시켜 사라지게 만든다. 염송이 마음으로 이루어질 때, 그것을 명상(선禪)이라고 한다. 명상은 우리의 참된 본성이다. 그럼에도 그것을 명상이라고 부르는 까닭은, 그것이 노력을 통해 이루어지기 때문이다. 생각이 이리저리 날뛰는 한 노력이 필요하다. 다른 생각들을 하기 때문에, 한 생각만 지속되는 상태를 가리켜 명상이나 선禪이라고 부르는 것이다. 만약 애쓰지 않고도 저절로 선정禪定이 이루어진다면, 그것이 바로 당신의 참된 본성임을 알게 될 것이다.

사람들은 신들에게 여러 가지 이름을 붙인 뒤, 그 이름이 신성하기 때문에 그 이름을 되풀이해서 외우면 복을 받는다고 이야기한다. 그 말이 진실인가?
왜 아니겠는가? 당신도 남이 부르면 대답하는 이름이 있다. 그러나 당신이 태어날 때부터 이름을 몸에 새기고 태어난 것은 아니며, 그 몸이 자기에게는 이런 이름이 붙어 있다고 누군가에게 말한 것도 아니다. 그럼에도 당신은 이름을 가지고 있고, 그 이름을 부르면 대답한다. 왜냐하면 당신은 그 이름이 자기라고 여기기 때문이다. 따라서 이름은 허무맹랑한 허구가 아니라 무언가 의미를 담고 있다. 마찬가지로 신의 이름도 효력이 있다. 신의 이름을 되풀이해서 외우면, 그 이름이 뜻하는 신을 떠올리게 된다. 따라서 복을 받게 된다.

한 시간이나 그 이상 염송을 하다 보면 잠과 비슷한 상태에 빠진다. 깨어나서 정신을 수습해보면 하던 염송 수련을 멈춘 상태라서 다시 이어서 시작하곤 한다.
'잠과 비슷한 상태'라는 그 말이 진정으로 맞다. 그것이 본래 상태이기 때문이다. 당신은 지금 자신을 에고와 연관시키고 있기 때문에, 그 본래 상태가 당신의 수행을 중단시켰다고 여기는 것이다. 그러므로 그 상태가 자신의 본래 상태임을 깨달을 때까지, 반복해서 그런 체험을 해야만 한다. 그러면 당신이 하던 염송을 당신이 하고 있지 않아도, 저절로 끊임없이 이어지고 있음을 알게 될 것이다.

지금 당신의 의심은 염송하는 마음이 자신이라고 여기는 그릇된 동일시 때문에 일어나는 것이다. 염송이란 한 생각에 매달림으로써 다른 생각들을 모조리 물리치는 것이다. 그것이 염송의 목적이다. 그렇게 하다 보면, 염송은 선禪이 되고, 결국『나』에 대한 깨달음 또는 참된 지혜에 이르게 된다.

염송 수행은 어떻게 해야 하나?

헌신하는 마음으로 하라. 기계적으로, 피상적으로 신의 이름을 불러서는 안 된다.

신의 이름을 기계적으로 외는 것은 아무 소용이 없다는 것인가?

병이 나면 약을 먹어야 병이 낫지, 약 이름을 계속 되뇐다고 병이 나을 수 없는 이치. 마찬가지로, 태어나고 죽는 속박에서 벗어나기 위해 '나는 시바다'와 같은 진언을 아무리 많이 반복해서 왼다고 한들 그 속박에서 벗어날 수는 없다. '나는 지고한 존재다'와 같은 진언을 외면서 방황하지 말고, 당신 스스로가 지고한 존재로 머물러라. 태어나고 죽는 불행은 '나는 그것이다(I am That)'라는 진언을 아무리 소리 내어 되풀이 외친다고 해도 끝나지 않는다. 내가 '그것'으로 머물러야만 끝이 난다.

별 생각 없이 임의로 고른 진언을 외워도 유익한가?

아니다. 진언은 자신의 수준에 맞아야 하며, 스승을 통해 받아야 한다. 진언에 얽힌 다음과 같은 이야기가 하나 있다. 한 나라의 왕이 그 나라에서 으뜸가는 승려의 처소를 찾았다. 거기에서 왕은 그 승려가 진언 수행 중이라는 말을 들었다. 기다리던 왕은 그가 나오자, 어떤 진언을 암송하는지 물었다. 승려는 그 진언은 모든 진언 가운데 가장 성스러운 가야트리gayatri 진언이라고 말했다. 욕심이 난 왕은 승려에게 그 진언을 전수해 달라고 청했다. 하지만 승려는 자신이 왕에게 전수해줄 능력은 없다고 고백했다. 하는 수 없이 왕은 다른 사람에게 그 진언을 배웠고, 나중에 그 승려를 만나서 자기가 제대로 하고 있는지를 물었다. 승려는 가야트리 진언은 정확하지만, 왕에게는 맞지 않는다고 대답했다. 왕은 그이유를 설명해달라고 다그쳤다. 그러자 승려는 시종 한 명을 부르더니 왕을 당장 체포하라고 명령했다. 그러나 시종이 그 명령에 따를 리 없다. 승려는 몇 번이고 계속해서 명령했지만, 시종은 끝까지 따르지 않았다. 왕은 이를 보고 크게 격분했다. 그 시종에게 승려를 당장 체포하라고 일렀다. 그러자 시종은 왕의 명령대로 즉시 승려를 체포했다. 그러자 승려는 껄껄 웃으며 왕이 설명해달라고 한 것이 바로 이와 같다고 말했다. 왕은 "어째서 그렇습니까?" 하고 되물었다. 승려는 다음과 같이 대답했다. "보십시오! 명령도 같고, 명령을 받은 사람도 같은데, 효력이 다르지 않습니까? 제가 명령했을 때는 아무런 효과도 없었지만, 왕께서 명령하자 즉시 이루어졌습니다. 진언도 이와 같습니다."

진언 염송은 수행에 대단한 효험을 발휘한다고 배웠다.

모든 진언 가운데 『나』가 가장 위대한 진언이다. '『나』'라는 진언은 저절로 영원히 지속되기 때문이다. 하지만 '『나』'라는 '내면의 진언'을 아직 알아차리지 못하겠다면, 진언 염송을 통해 의식적으로 『나』를 마음에 품고 애써 주의를 기울임으로써 다른 잡생각들을 물리쳐야 한다. 쉬지 말고 『나』에 집중하라. 그러면 마침내 깨달음의 경지에 이르게 되며, 더 이상 애쓰지 않아도 그치지 않는 '내면의 진언'을 알아차리게 될 것이다. 이 알아차림에 확고하게 머무르면, 다른 번잡한 일을 아무리 많이 한다고 해도 상관없다. 애쓰지 않고도 계속해서 그 흐름 속에 머무르게 될 것이다.

진언을 암송함으로써 마음을 다스릴 수 있다. 그러면 진언은 마음과 하나가 되며, 생기生氣(prana, 몸을 지탱하게 해주는 에너지-옮긴이)와도 하나가 된다. 진언의 구절이 생기生氣와 하나가 되었을 때 그것을 선禪이라고 하며, 선禪이 깊어지고 단단해지면 '본성의 자리'에 자연스럽게 이르게 된다.

진언을 하나 받았다. 그런데 주변 사람들이 그 진언을 계속해서 암송하면 예상치 못한 일이 벌어질 거라면서 겁을 준다. 그 진언은 '옴om'일 뿐인데도 말이다. 그래서 가르침을 청한다. 이 진언을 외워도 괜찮겠는가? 나는 이 진언에 상당한 믿음이 있다.

물론이다. 믿음을 가지고 암송해야 한다.

그것만 해도 충분하겠는가? 아니면 나에게 더 깊은 가르침을 주겠는가?

진언 염송의 목적은, 애쓰지 않아도 우리 내면에서 이미 염송이 계속되고 있음을 깨닫기 위한 것이다. 소리 내어 하는 염송이, 마음으로 하는 염송으로 발전하고, 마음으로 하는 염송이 마침내 '영원한 존재'로서 그 모습을 드러낼 것이다. 그때의 진언은 그 사람의 참된 본성이다. 그것은 역시 깨달음의 상태이기도 하다.

그렇게만 하면 삼매三昧의 지복을 얻을 수 있는 것인가?

염송이 마음으로 이어지고, 마침내 『나』로서 드러난다. 그것이 삼매다.

제12장

세속에서의 삶

힌두교에는 진지한 구도자들의 경우에, 삶을 4단계의 주기(四住期,asramas)에 맞춰 살도록 규정하고 권유하는 전통이 확립되어 있다. 그것은 다음과 같다.

1. 학습기學習期(Brahmacharya) : 결혼하기 전까지 오랜 시간을 들여 경전을 공부하는 기간. 대개는 베다학(Vedic scholarship)을 전문적으로 가르치는 교육기관에서 공부한다.

2. 가주기家住期(Grihastha) : 독신 시절의 공부가 끝난 뒤, 결혼해서 가정과 직업의 의무를 성실하게 이행하는 기간. 하지만 거기에 집착하지는 않는다.

3. 임서기林棲期(Vanaprastha) : 자녀들이 출가하여 가정의 모든 의무를 마치면, 구도자는 홀로 지낼 수 있는 곳으로 은퇴한다. 흔히 숲

같은 곳에서 지내면서, 온종일 명상에 전념한다.

4. 유행기遊行期(Sannyasa) : 구도자가 이르는 삶의 마지막 단계로, 속
세를 떠나 유랑하는 탁발승이 된다. 물질적, 사회적, 재정적 속박
에서 벗어났으므로, 이 단계의 수행자는 적어도 외적 조건 면에
서는 이제껏 깨달음의 길을 방해해온 모든 집착을 제거한 것이다.

이런 유서 깊은 수행 전통 때문에 인도에서는 깨달음을 얻기 위해 진지
하게 수행하려면 가정을 버리고 독신으로 금욕 생활을 해야 한다는 통
념이 보편적으로 이어져오고 있다. 스리 라마나는 이런 믿음에 대해 여
러 번 질문을 받았으나, 그 믿음에 대해 늘 탐탁찮게 여기는 견해를 내
비쳤다. 그의 헌신자들이 구도를 위해 자신의 세속적 의무를 포기하고
자 하는 경우에도, 그는 시종일관 이를 허락하지 않았다. 아울러 깨달
음은 그 사람이 어떤 물질적인 환경에 처해 있든 상관없이, 누구나 똑같
이 성취할 수 있다고 강조했다.

그는 형식적인 출가를 권하는 대신에, 자각을 가지고 일상적인 의무
와 책임을 다하는 것이 수행의 측면에서 더욱 생산적이라고 그를 따르
는 모든 헌신자들에게 일렀다. 이때의 '자각'이란 자신의 육체가 하는 행
위를 자기가 한다거나 자신이 주관한다고 여기는 '개체적 나'는 없다는
자각을 말한다.

그는 정신적 진보에서, 물질적 환경보다는 정신적 태도가 훨씬 중요한
영향을 미친다고 확신했으며, 환경을 조금만 바꾸면 정신적으로 큰 도
움이 될 거라고 기대하는 질문자들에게 시종일관 고개를 내저었다.

그가 허락한 유일한 물질적 변화는 음식에 관한 것이다. 그는 먹는 음
식이 생각의 양과 질에 영향을 미친다는 힌두교의 보편적인 음식 이론

을 수용했으며, 정신적 수행에 가장 도움이 되는 음식으로 적당량의 채식을 권했다.

스리 라마나가 공감을 표한 힌두교의 음식 이론은, 음식을 섭취했을 때 나타나는 마음 상태에 따라 종류를 다음과 같이 구분하고 있다.

1. 순수성 식품(사트바Sattva, 순수함 또는 조화로움) : 유제품, 과일, 채소, 곡류는 순수한 음식으로 간주한다. 수행자가 이런 식품을 위주로 먹으면, 고요하고 차분한 마음을 유지하는 데 도움이 된다.
2. 활동성 식품(라자스Rajas, 격렬함 또는 활동) : 육류, 생선 그리고 고추, 양파, 마늘처럼 매운 음식이 활동성 음식에 속한다. 이런 음식을 먹으면 마음이 지나치게 활동적으로 된다.
3. 나태성 식품(타마스Tamas, 무기력 또는 태만) : 부패하거나 상한 음식 그리고 발효 과정을 거친 음식(예를 들면, 술)이 여기에 속한다. 이런 음식은 마음을 둔하고 무감각하게 만들어 명쾌한 사고를 방해한다.

하던 일을 그만두고, 스승과 늘 함께하고 싶은 바람을 가지고 있다.

스승은 늘 당신 곁에, 당신 안에 있으며, 당신 자신이 스승이다. 이것을 깨닫기 위해 하던 일을 그만두거나 집에서 도망칠 필요는 없다. '출가'란 세속에서 입던 옷을 벗고, 가족과 관계를 끊고, 집을 떠나는 것을 뜻하지 않는다. 욕망과 애정과 집착을 버리는 것을 뜻한다. 직업을 버릴 게 아니라 모든 짐을 대신해서 지는 신 앞에 자신을 버려라.

욕망을 버린 사람은 진실로 세상 속에 녹아들어, 자신의 사랑을 우주 전체로 확장한다. 신에게 진정으로 헌신하는 사람에게는 '버림'이라는 말보다는, '사랑의 확장'이라는 말이 더 맞는 표현이다. 왜냐하면 표면적으로는 가까운 사람들과의 관계를 버리는 것처럼 보이지만, 실제로는 계급과 종교와 인종의 경계를 넘어 보다 넓은 세계로 사랑을 확장하기 때문이다. 구도자가 세속에서 입던 옷을 벗고 집을 떠나는 까닭은 가까운 사람들이 싫어서가 아니라, 그의 사랑이 넓은 영역으로 확장될 만큼 커졌기 때문이다. 이처럼 사랑이 커지는 때가 되면, 마치 다 익은 과일이 나무에서 떨어지듯이 구도자는 집을 떠나게 된다. 집에서 도망치는 것이 아니다. 하지만 그때가 되기도 전에 가정을 떠나거나, 직업을 버리는 것은 어리석은 일이다.

삶에서 가주기에 해당되어 가장의 역할을 맡고 있는 상황이다. 어떻게 하면 해탈을 도모할 수 있는가? 해탈을 얻기 위해서는 탁발 수행자가 되어야 하지 않는가?

왜 스스로를 가장이라고만 생각하는가? 출가하여 탁발 수도승이 된다면, 그때부터는 자신이 출가 수행자라는 생각이 귀신들린 것처럼 떠나지 않을 것이다. 가장으로 계속 남아 있든, 아니면 모든 것을 버리고 숲으로 들어가든, 당신의 마음은 늘 당신을 따라다닌다.

에고가 모든 생각의 근원이다. 에고가 육체를 만들어 내고, 이 세상을 만들어 내며, 당신이 스스로를 가장이라고 생각하게 만든다. 만약 당신이 출가한다고 하더라도, '가장'이라는 생각이 그때부터는 '출가 수행자'라는 생각으로 바뀔 뿐이다. 가정이라는 환경이 숲으로 바뀔 뿐이다. 그런데도 마음의 장애는 여전히 남아 있을 것이다. 오히려 새롭게 바뀐 환경에서 장애가 더 늘어날 수도 있다. 환경을 바꾸는 것은 전혀 도움이 되지 않는다. 마음이 유일한 장애물이며, 집에 있든 숲에 있든 그 마음을 극복해야 한다. 숲에서 마음을 극복할 수 있다면, 집에서라고 왜 못하겠는가? 그런데도 왜 굳이 환경을 바꾸려고 하는가? 어떤 환경에 처해 있든, 지금 당장이라도 수행할 수 있다.

분주한 세속의 일을 하는 와중에서도 삼매三昧(실체를 알아차림)의 즐거움을 누릴 수 있는가?

'내가 일한다'는 느낌이 장애물이다. '누가 일하는가?'라고 스스로에게 물어보라. 당신이 누구인지를 기억하라. 그러면 일이 당신을 속박하지 않을 것이며, 저절로 일이 진행될 것이다. 일을 하려고 노력하지도 말고, 일을 그만두려고 노력하지도 마라. 그런 노력이 속박이다. 일어나게 되는 일은 일어날 것이다. 만약 당신이 일을 하지 않도록 정해져 있다면, 일을 찾아서 하려고 해도 할 수 없게 될 것이다. 만약 당신이 일을 하도록 정해져 있다면, 일을 피할 길이 없으며 결국 일을 할 수밖에 없을 것이다. 그러니 세속의 일은 보다 높은 힘에 맡겨두라. 당신이 원한다고 해도 일을 그만둘 수밖에 없으며, 반대로 당신이 하기 싫어도 일을 해야 할 수 있다.

어제 스승께서는 우리가 '내부세계'에서 신을 찾는 일에 몰두하는 동안에도, '외부세계'의 일은 저절로 진행될 것이라고 이야기했다. 스리 차이타니아Sri Chaitanya(1486~1534, 힌두교 스승으로 크리슈나에 대한 순명과 헌신이 깨달음의 방법이라고 설파했다—옮긴이)의 삶을 보면, 그는 제자들에게 설법을 하면서도 실제로 내면에서는 크리슈나를 좇아, 자신의 육체에 대한 모든 것을 잊고 오로지 크리슈나를 향한 찬미를 쉬지 않았다고 한다. 하지만 이런 이야기를 들어도 그게 정말로 가능한지, 마냥 내버려 두어도 외부세계의 일이 제대로 될 수 있는지 의심이 생긴다. 아무리 그래도 육체로 하는 일에 약간은 신경을 써야 하지 않는가?

『나』가 모든 것이다. 당신은 『나』로부터 별개로 떨어져 있는가? 『나』 없이 세상에 되는 일이 있는가? 『나』가 온 우주에 작용하지 않는 일이 없으니, 당신이 무엇을 하려고 하든 또는 하지 않으려고 하든, 모든 행위는 순리대로 이루어질 것이다. 일은 스스로 진행된다.

그래서 크리슈나Krishna는 아르주나Arjuna에게, 카우라바스 일족을 죽이는 것에 대해 괴로워하지 말라고 한 것이다. 카우라바스 일족은 신에게 이미 죽임을 당했기 때문이다. 아르주나는 스스로 결단을 내리고 괴로워할 것이 아니라, 그의 본성이 보다 높은 신의 의지를 수행하도록 해야 했다.●

하지만 주의를 기울이지 않으면 일이 엉망이 될지도 모른다.

『나』에 주의를 기울인다는 것이 곧 일에 주의를 기울인다는 것이다. 당신은 스스로를 육체라고 여기기 때문에 당신이 그 일을 한다고 생각한다. 그러나 그 일을 비롯하여, 육체와 육체가 하는 행위는 『나』와 분리되어 있지 않다. 그러니 당신이 일에 주의를 기울이든 그렇지 않든, 무슨 문제가 되겠는가? 당신이 한 장소에서 다른 장소를 향해 걸어갈 때, 발걸음을 언제 떼고 언제 디뎌야 하는지 주의하지 않지만 시간이 지나면

●인도의 신화《바가바드 기타》에 등장하는 이야기다. 마부이자 스승인 크리슈나와 판다바족의 왕족 아르주나 사이에 벌어지는 대화인데, 전쟁에 나가 친척들을 죽이고 왕권을 되찾아야 하는 사명을 앞두고 고민에 휩싸인 아르주나에게 크리슈나는 싸울 것을 권한다. 여기서는 '인간이 육체를 지니고 사는 한은 매 순간 행위를 하지 않을 수 없으니, 행하되 집착하지 말고 신의 뜻에 맡기라'는 의미를 함축하고 있다.

목적지에 도착한다. 주의를 기울이지 않아도, 발을 언제 어떻게 디디고 떼야 하는지 다 알고 있다. 다른 일도 이와 마찬가지다.

그렇다면 『나』를 늘 자각하며 한시도 잊지 않는 사람의 행위는 항상 옳은가?
틀림없이 그렇다. 그러나 그런 사람은 행위의 옳고 그름에는 관심이 없다. 그가 하는 일은 신이 하는 일이며, 그러므로 옳을 따름이다.

나는 다른 사람들보다 마음을 많이 쓰는 일을 한다. 그러니 어떻게 마음의 평정을 유지할 수 있겠는가? 지금 하는 일을 그만두고 홀로 은거하고 싶다.
아니다. 지금 있는 곳에 그대로 머물면서 하던 일을 계속해도 된다. 마음에 활기를 주고, 마음이 이 모든 일을 할 수 있게 하는 기저基底의 흐름은 무엇인가? 그것이 『나』다. 따라서 『나』가 모든 행위의 참된 근원이다. 일을 하는 동안에도 『나』를 알아차리고 잊어버리지만 않으면 된다. 일을 하고 있는 동안에도 마음 바탕에 주의를 기울여라. 단, 그러기 위해서는 서두르지 말고 여유를 가져야 한다. 일을 하는 중이라고 하더라도 당신의 참된 본성이 살아 있음을 기억하고 서두르지 마라. 서두르면 참된 본성을 잊어버리게 된다. 또한 신중해져라. 마음이 가라앉을 때까지 명상하고, 마음의 활동을 주관하는 『나』와의 관계를 알아차리도록 하라. 당신이 일을 하고 있다고 생각하지 말라. 일을 하고 있는 것은 근원적인 흐름이라고 여기고, 자신 또한 그 흐름이라고 여겨라. 서두르지 않으며 항시 자신을 되돌아보면서 일을 한다면, 일이나 사업은 수행에 아무런 장애도 되지 않는다.

수행 초기 단계에서는 인생에 주어진 외부적인 의무를 버리고, 홀로 지내는 시간을 갖는 것이 도움이 되지 않을까?

수행을 위한 버림 또는 포기는 마음으로 하는 것이다. 가정을 버리고 숲이나 은둔지로 들어간다든지, 자신의 의무를 저버리는 것이 결코 아니다. 핵심은 마음이 외부로 향하지 않고 내면으로 향하도록 살피는 것이다. 수행처를 이곳에서 저곳으로 옮기든 말든, 또는 자신의 의무를 등지든 말든, 그런 것은 정말로 중요하지 않다. 이 모든 일은 운명에서 정해진 대로 일어난다. 육체가 어떤 행위를 할지는 태어날 때부터 결정된다. 당신이 받아들이거나 거부할 수 있는 문제가 아니다. 자유로워질 수 있는 유일한 길은, 마음을 자신의 내면으로 돌려, 거기에서 일체의 행위를 버리는 것이다.

하지만 마치 어린 나무 둘레에 울타리를 쳐주는 것처럼, 초심자에게 특히 도움이 되는 것들이 있지 않겠는가? 예컨대 여러 책에는 성지 순례나 사트상가 등이 도움을 준다고 적혀 있지 않은가?

그런 것들이 도움이 되지 않는다고 누가 말하던가? 다만 그런 일을 하고 하지 않고는, 당신에게 달려 있는 게 아니라는 뜻이다. 당신에게 달려 있는 일은 오로지 마음을 내면으로 돌리는 것뿐이다. 많은 사람들이 당신이 말하는 성지 순례나 사트상가를 원하지만, 그 사람들이 모두 자신이 원하는 대로 하고 있는가?

마음을 내면으로 돌리는 일만 우리에게 달려 있고, 외부세계의 다른 일은 그렇지 못한 이유가 무엇인가?

근본으로 돌아가고자 한다면 자기가 누구인지를 탐구하여, 자유로운 자는 누구이고 운명에 속박된 자는 누구인지를 찾아야 한다. 당신은 누구이며, 이런 한계를 지닌 육체를 얻게 된 이유는 무엇인가?

자기탐구를 하려면 홀로 있어야 하는가?

'홀로 있음'은 내면의 문제다. 어떤 이는 번잡하기 그지없는 속세에 있으면서도, 마음의 평정을 잃지 않는다. 그런 사람이 홀로 있는 것이다. 어떤 이는 숲 속에 혼자 있으면서도 마음을 다스리지 못한다. 그런 사람은 홀로 있어도, 홀로 있다고 말할 수 없다. '홀로 있음'은 마음에 달린 것이다. 욕망에 집착하는 사람은 어디에 있든지 홀로 있을 수 없으며, 반면에 집착을 버린 사람은 늘 홀로 존재한다.

그렇다면 우리는 일을 하면서도 욕망에 초연하다면, 홀로 있을 수 있다는 것인가?

그렇다. 어떤 일이든 집착을 가지고 하면 그 일이 족쇄가 되지만, 집착에서 벗어나 일을 한다면 행위자에게 영향을 주지 않는다. 이처럼 집착을 버리고 일한다면, 그는 일을 하는 동안에도 홀로 있는 것이다.

우리가 일상을 살아가면서, 일을 하면서도 집착하지 않기는 대단히 어렵다.

왜 당신은 행위를 하는 게 자기 자신이라고 생각하는가? 당신이 여기에 어떻게 해서 도착했는지, 그 과정을 놓고 예를 들어 얘기해보겠다. 당신은 아마도 집을 나서서 마차를 타고 역에 도착해서 기차를 탄 다음, 다시 이곳 역에 도착하여 또 한 번의 마차를 타고 여기까지 왔을 것이다. 하지만 누군가가 여기에 어떻게 왔느냐고 물으면 어떻게 답할까? 당신은 그저 집에서부터 여기까지 여행을 했다고 답할 것이다. 그런데 과연 그 말이 사실일까? 당신은 거의 가만히 있었고, 이런저런 교통수단들이 줄곧 움직여서 여기까지 온 게 아닌가? 실제로는 교통수단들이 움직였지만 자신이 움직인 것처럼 착각하는 것과 마찬가지로, 당신이 하는 온갖 행위들도 당신 스스로가 했다고 착각하는 것에 지나지 않는다. 그 행위는 당신이 한 것이 아니다. 그 행위는 신이 한 것이다.

가장의 의무를 다하기 위해 늘 바쁘게 살아가는 와중에, 어떻게 행위를 그치고 평화를 얻을 수 있겠는가?

깨달은 사람이 하는 행위는 다른 사람들이 보기에는 행하는 것처럼 보이지만 그 자신은 행하지 않으므로, 그가 엄청나게 많은 일을 한다고 해도 실제로는 아무 일도 하지 않는 것이다. 따라서 그가 행위를 그치고 마음에 평화를 얻는 데에 업무가 걸림돌이 되지는 않는다. 왜냐하면 그가 하는 모든 행위들이 단지 그가 머무는 곳에서 일어날 뿐이며, 자신이 실제로 하는 일은 아무것도 없다는 진리를 알고 있기 때문이다. 그러므로 그는 일어나는 행위를 말없이 지켜보는 주시자로 머무를 것이다.

서양인들은 내면세계로 물러나기가 더 어려운가?

그렇다. 서양인들은 정신적으로 지나치게 활동적이며, 에너지가 밖으로 흘러넘친다. 하지만 우리는 『나』를 잊지 않은 가운데 안으로는 고요하면서도, 밖으로는 행위를 계속해 나갈 수 있어야 한다. 예컨대, 무대 위에서 여자 역할을 맡은 남자 배우가 자신이 남자라는 사실을 잊어버릴 수 있겠는가? 마찬가지로, 우리도 삶이라는 무대에서 자신이 맡은 역할은 해야 하지만, 자기가 맡은 배역과 실제의 자신을 혼동해서는 안 된다.

다른 사람들의 정신적인 게으름을 어떻게 하면 없애줄 수 있을까?

당신의 게으름은 없앴는가? 외부로 향했던 관심의 방향을 돌려 『나』를 탐구하라. 스스로의 내면에 힘이 확실하게 자리 잡으면, 그것이 다른 사람에게도 작용할 것이다.

그러나 다른 사람이 고민을 끌어안고 있거나 고통을 감당하고 있다면, 어떻게 도와줄 수 있는가?

다른 사람이라니 무슨 말인가? 오로지 하나(the one)만이 존재한다. 나도 없고, 너도 없고, 그도 없고, 일체인 하나의 『나』만이 존재한다는 진리를 깨닫고자 분투하라. 만약 다른 사람에게 문제가 있다고 믿는다면, 당신은 『나』의 바깥에 무언가가 있다고 믿는 것이다. 다른 사람을 가장 잘 도울 수 있는 길은, 외부적으로 어떤 행위를 하는 게 아니라 일체가 하나임을 깨닫는 것이다.

당신은 성적 금욕에 대해 찬성하는가?

진정한 독신자는 브라만Brahman 안에 살고 있는 사람이다. 그렇게 살면 더 이상 욕망에 대한 문제는 없을 것이다.

스리 오로빈도가 이끄는 아시람에서는, 부부라고 할지라도 성행위를 하지 않는 조건 하에서만 함께 사는 것이 허용된다는 엄격한 규칙이 있다.

그것이 무슨 소용이 있겠는가? 마음에 욕망이 남아 있다면, 억지로 금욕을 하게 만든다고 해도 부질없지 않겠는가!

결혼은 정신적 진보에 장애가 되는가?

가장의 의무를 다하는 삶이 정신적 진보에 장애가 되지는 않는다. 하지만 가장은 최선을 다해 자기절제를 해야 한다. 보다 높은 차원의 삶을 살고자 강하게 갈구하면, 성에 끌리는 습은 가라앉을 것이다. 성에 끌리는 습이 사라지면 다른 욕망들도 함께 사라진다.

나는 성적인 죄를 지었다.

설령 그랬다고 하더라도, 그 일을 저질렀다는 생각을 하지 않으면 문제가 없다. 『나』는 어떤 죄도 알지 못한다. 성행위를 포기하는 것 또한 육체에 국한된 것만이 아니라 내면의 문제다.

이웃에 젊은 여자가 사는데, 그녀의 가슴만 보면 흥분하여 자제력을 잃곤 한다. 때로는 그녀와 성관계를 하고 싶다는 유혹을 느낀다. 어떻게 하면 좋겠는가?

당신은 늘 순수하다. 당신을 유혹하는 것은 감각과 육체임에도, 그것을 진정한 『나』와 혼동하고 있다. 그러므로 먼저 누가 유혹을 당하며, 누가 유혹하는지를 알아야 한다. 그러나 설령 당신이 성관계를 하더라도, 나중에는 그것에 대해 생각하지 말도록 하라. 왜냐하면 당신은 늘 순수한 있는 그대로이기 때문이다. 당신은 죄인이 아니다.

성적인 욕망을 어떻게 하면 뿌리 뽑을 수 있는가?

육체가 곧 『나』라고 여기는 그릇된 생각을 뿌리 뽑으면 된다. 참나에는 성性이 없다. 『나』로 존재하라. 그러면 성에 대한 고민은 없을 것이다.

성적 욕망을 단식으로 다스릴 수도 있는가?

그렇다. 하지만 그것도 잠깐이다. 실제로 도움이 되는 것은 정신적 단식이다. 단식은 그 자체가 목적이 아니다. 단식을 하면서 정신적 발전을 함께 도모해야 한다. 그러나 완전한 단식은 육체뿐 아니라 마음까지 너무 약하게 만든다. 단식이 정신적으로 도움이 되려면, 단식 기간 중에 정신적 탐구를 올바르게 해나가야 한다.

단식이 정신적인 진화에 도움이 되는가?

정신적인 단식(생각을 비우는 단식)이 되어야 정신적인 진화에 도움이 된다. 음식만 끊는 것만으로는 아무런 이익이 없으며, 오히려 마음을 더 혼란스럽게 만들 수도 있다. 차라리 완전한 단식보다는 식사를 조절하는 편이 더 낫다. 하지만 한 달 동안 단식을 한 다음 열흘 가량의 보식補食 기간 동안 정신적인 자기주시가 잘 유지되었다면, 마음은 순수하고 차분해져 그 상태에 머무를 수 있을 것이다.

여기에 온 지 얼마 되지 않았을 무렵, 나는 눈을 감고 깊은 명상에 빠져 낮인지 밤인지도 거의 알지 못했다. 그때 나는 먹지도 않고, 자지도 않았다. 몸을 움직이면 음식이 필요하다. 음식을 먹으면 잠도 자야 한다. 하지만 몸을 움직이지 않으면 잠잘 필요도 없다. 생명을 유지하는 데도 아주 적은 음식만으로도 충분하다. 나도 그런 일을 겪었다. 내가 눈을 뜰 때마다 누군가가 한 컵 가득 유동식流動食을 주곤 했다. 나는 그 유동식만 먹고 다른 음식은 일절 입에 대지 않았다.

그러나 반드시 명심해야 할 점이 하나 있다. 마음의 움직임이 사라진 몰입 상태에 들지 않았다면, 잠이나 음식을 끊어서는 안 된다는 것이다. 몸과 마음이 일상적인 활동을 계속하는 상태에서 음식과 수면을 차단하면 몸이 휘청거리게 되고 만다.

수행자가 얼마나 먹고 얼마나 자야 하는지에 대해서는 다양한 이론이 있다. 어떤 사람은 밤 10시에 자고 새벽 2시에 일어나야 한다고 말한다. 네 시간 정도 자면 충분하다는 뜻이다. 또 어떤 사람은 네 시간 수면으로는 모자라니 여섯 시간 정도는 자야 한다고 말한다. 이런 설왕설래의 핵심은, 지나치게 많이 먹거나 지나치게 많이 자면 안 된다는 것이다. 잠이나 음식 가운데 어느 하나라도 완전히 끊으려고 들면, 마음이 늘 거기에 쏠려 있게 되고 만다. 그러므로 수행자는 모든 것을 적당하게 해야 한다.

　하루에 세 끼를 먹든 네 끼를 먹든 해가 되지는 않는다. 그러나 "나는 이런 음식은 좋고, 저런 음식은 싫다"는 식으로 말해서는 안 된다. 어차피 당신은 깨어 있는 동안에는 음식을 먹지만, 잠자는 동안에는 음식을 먹지 않는다. 그렇다고 잠자는 시간이 우리를 해탈로 이끌던가? 먹거나 자는 행위를 하지 않는다고 해탈할 수 있다고 여기는 것은 그릇된 생각이다.

수행을 할 때는 어떻게 먹어야 하는가?
음식은 마음에 영향을 준다. 올바른 음식을 먹으면 마음이 더욱 순수해진다. 어떤 수행을 하든지 채식이 절대적으로 필요하다.

육식을 하면서도 정신적 깨달음을 얻을 수 있는가?
그렇긴 하지만 점차 육식을 버리고 순수한 음식을 먹는 습관을 들여야 한다. 하지만 일단 깨달음을 얻으면, 무엇을 먹든지 별 차이가 없다. 그것은 마치 큰 불길에 어떤 연료를 더해도 상관없는 것과 마찬가지다.

우리 유럽인들은 특정한 음식에 길들여져 있어서, 음식을 바꾸면 건강에 지장을 받고 마음도 약해진다. 육체의 건강을 유지하는 것도 필요하지 않겠는가?
당연히 필요하다. 육체가 약해질수록 우리가 없애야 할 마음의 힘은 점점 더 커진다.

늘 먹던 음식을 먹지 않으면, 건강에 문제가 생기고 마음이 힘을 잃지 않는가? 당신이 말하는 '마음의 힘'●은 대체 무엇을 의미하는가?

세속적인 집착을 제거하는 힘을 말한다.
음식의 질이 마음에 영향을 미친다. 마음은 어떤 음식을 섭취했는가에 따라 달라진다.

맞는 말씀이다. 그렇다면 유럽인들은 순수한 음식만 먹는 식생활에 어떻게 적응할 수 있을까?
습관이란 환경에 대해 적응한 것일 뿐이다. 중요한 것은 마음이다. 마음은 특정한 음식이 좋고 맛있다고 생각하게끔 길들여지는 게 사실이다. 사실은 채식이든 육식이든 똑같이 음식 재료로 쓸 수 있다. 그러나 마음이 특정한 음식에 길들여져 있기 때문에, 그 음식이 맛있다고 생각하는 것이다.

깨달은 사람도 음식에 대한 제약이 있는가?
아니다. 깨달은 사람은 음식의 영향을 받지 않는다. 음식에 상관없이 한결같다.

육류를 재료로 삼아 음식을 준비하려면, 살생을 해야 하지 않는가?

● 위의 두 질문에서 스리 라마나는 '마음의 힘'을 소멸해야 할 부정적인 요소로 본 반면, 유럽인 질문자는 그것을 긍정적으로 보고 있다. 여기서는 단어 자체만 볼 것이 아니라 맥락을 헤아려 이해해야 한다.

불살생(아힘사ahimsa, 비폭력)은 수행자가 지켜야 하는 첫 번째 계율이다.

식물도 생명이 있지 않은가?

당신이 깔고 앉은 방석 조각에도 생명은 있다.

우리도 점차 채식에 익숙해져야 하는가?

그렇다. 그렇게 하는 것이 좋다.

흡연을 계속해도 수행에는 해가 없는가?

그렇지 않다. 담배는 일종의 독이기 때문에 담배를 피우지 않는 것이 낫다. 수행을 하려면 담배를 끊는 것이 바람직하다. 담배에 중독되면 쉽게 끊지를 못한다. 담배는 일시적인 자극을 줄 뿐이며, 반드시 반작용이 있어서 담배를 더욱 갈망하게 만든다. 담배는 명상 수행에도 좋지 않다.

육식과 음주를 그만두기를 권하는가?

그렇게 하는 것이 바람직하다. 왜냐하면 수행의 초심자에게 유용한 도움이 되기 때문이다. 그런 것들을 끊기 힘든 이유는 그것들이 정말로 필요해서가 아니라, 그러한 생활 방식과 습관에 길들여졌기 때문이다.

일반적으로 말해, 수행자가 따라야 할 계율에는 어떤 것이 있는가?

적당한 음식, 적당한 잠 그리고 적당한 말이다.

제13장

요가

요가*는 산스크리트어로 결합 또는 합일을 뜻한다. 요가 수행자는 독특한 정신적·육체적 수련을 통해 『나』와 합일(결합)하는 것을 목표로 삼는다. 요가 수련법의 기원은 대략 약 2천 년 전에 쓰인 파탄잘리Patanjali의 《요가수트라Yoga Sutra》까지 거슬러 올라간다. 라자 요가Raja Yoga로 알려진 파탄잘리의 요가 체계는 다음과 같은 여덟 개의 단계로 구성된다.

* 우리나라에서 요가는 주로 육체 수련에 한정된 의미로 통하지만, 인도 특히 힌두교에서 요가는 '수행'이라는 포괄적인 의미로 사용되며, 이 때문에 수행자를 가리켜 '요기yogi'라고 부른다. 요가 수행에는 육체적, 정신적인 수행을 포괄하는 것(라자 요가)에서부터, 신체 수행을 통해 정신적인 각성에 도달하는 수행(쿤달리니 요가)까지 여러 유파가 있다. 하지만 거의 대부분의 유파가 최종적인 목표로 내세우는 것은 공통적으로 '깨달음'이다. 그러나 이 장에서 스리 라마나는 요가 수행은 초심자에게 적합하며, 성숙한 구도자들은 자기탐구를 하는 것이 더 낫다고 말하고 있다.

1. 금계禁戒(Yama)* : 타인과의 관계에서 지켜야 할 계율로, 거짓말, 도둑질, 남을 해치는 모든 행위, 감각적인 욕망, 탐욕 등을 금하고 있다.

2. 권계勸戒(Niyama)** : 자기 스스로 지켜야 할 계율로, 정결精潔, 평정, 금욕, 학습, 헌신 등이 여기에 속한다.

3. 체위體位(Asana) : 스트레칭, 몸을 구부리기, 균형 잡기 및 앉는 방법 등의 수련을 가리킨다. 현재는 이런 수련을 한데 묶어 '하타 요가hatha yoga라고 부른다.

4. 조식調息(Pranayama) : 마음을 다스리기 위한 호흡 수련이다.

5. 지감止感(Pratyahara) : 육체와 감각으로부터 주의를 떼는 수련이다.

6. 집중集中(Dharana) : 마음을 한 곳에 모으는 수련이다.

7. 선정禪定(Dhyana) : 명상 상태를 말한다.

8. 삼매三昧(Samadhi) : 실체에 대한 내관內觀이 끊임없이 이어지는 상태를 가리킨다.

위에서 열거한 대부분의 수행법은 다른 수행 체계에서도 찾아볼 수 있다. 다만 하타 요가와 조식調息만이 예외인데, 이런 이유로 라자 요가는 꽤나 독특한 성격을 지니게 되었다. 방문자들이 요가 수련법에 대해 스리 라마나에게 질문을 던지면, 그는 하타 요가가 지나치게 육체에 집착

---

* 야마Yama에는 '제한'의 뜻이 들어 있다. 이 중에서 타인을 해치지 않는 계율은 '아힘사 Ahimsa'인데, 이는 살생을 포함해 남에게 일체의 해를 끼치지 않는다는 뜻이다.
** 여기서 정결(Sauca, cleanliness)은 육신의 깨끗함, 정신의 깨끗함, 언어의 깨끗함을 포함한다. 평정(Santosa, tranquility)은 지족知足, 만족滿足 등의 뜻이 있는데, 평정심을 유지하면서 순응하는 삶을 가리킨다. 또 학습(Svadhyaya)은 진리에 대한 탐구를 말한다.

한다며 비판하곤 했다.

　스리 라마나의 가르침에서 기본적인 전제는, 정신적인 문제는 마음을 다스리는 것을 통해서만 해결할 수 있다는 것이다. 이런 이유에서 그는 육체의 안녕을 우선적으로 추구하는 수련 지침은 결코 권장하지 않았다. 그는 다만 조식에 대해서는 높이 평가하며, 다른 방법으로는 마음을 다스리기 어려운 사람들에게 도움이 되는 방편이라고 말했다. 하지만 대체로는, 이런 수행이 초보자들의 수련으로나 적합하다고 보는 경향이 있었다. 참고로 라자 요가의 다른 측면들(도덕성, 명상, 선정 등)에 대해서는 별도의 장에서 다룰 것이다. 라자 요가와 함께 널리 보급된 또 다른 요가 체계로 '쿤달리니 요가kundalini yoga'가 있다. 쿤달리니 요가 수행자들은 '쿤달리니'라는 정신적인 힘을 일깨우기 위해 신체 특정 부위의 중심점(차크라chakra)에 의식을 집중한다. 이 수행의 목표는, 척추의 맨아래 꼬리뼈에서부터 정수리 사하스라라sahasrara 차크라(한의학의 백회혈에 해당)에 이르기까지 이어진 정신적인 통로(수슘나sushumna)를 통해 쿤달리니를 끌어올리는 것이다. 쿤달리니 요가 수행자들은 쿤달리니가 사하스라라 차크라까지 올라오면 깨달음을 얻게 된다고 믿는다.

　하지만 스리 라마나는 쿤달리니 요가가 매우 위험할 뿐만 아니라 해야 할 필요성도 없다고 여겼기 때문에, 그의 헌신자들에게도 절대로 권하지 않았다. 그도 쿤달리니라는 힘과 차크라의 존재를 인정하기는 했지만, 쿤달리니가 정수리의 사하스라라까지 상승한다고 하더라도 깨달음에 이르지는 못한다고 말했다. 스리 라마나는 최종적인 깨달음을 얻기 위해서는 쿤달리니 에너지가 사하스라라를 통과한 후, 그가 '암리타나디amritanadi'라고 부른 특정한 '영적 신경'을 타고 내려가서, 가슴 오른쪽에 있는 가슴 중심으로 들어가야 한다고 설명했다. 또한 그는 자기탐구를 하면 쿤달리니가 저절로 '가슴 중심'으로 들어가게 되기 때문에, 따로 요가 수행을 할 필요가 없다는 입장을 보였다. 다음 내용이 이에 대한 스리 라마나의 말이다.

『나』에 이르려면 에고의 근원을 찾아서 가슴 속으로 들어가야만 가능하다. 이것이 『나』를 깨닫는 직접적인 방법이다. 이 수행법을 택한 이들은, 나디nadis(에너지가 통하는 통로), 사하스라라 차크라, 수슘나, 파라나디, 쿤달리니, 조식調息(프라나야마) 혹은 여섯 군데의 중심점(차크라) 따위에 신경 쓸 필요가 없다.

위에서 대략 살펴본 수행법들 외에도, 힌두교에는 카르마 요가Karma Yoga, 즉 행위 요가라는 것이 있다. 카르마 요가 수행자는 다른 사람들에게 이타적으로 행동하고, 타인을 도와줌으로써 정신을 발전시키는 것이 목표다. 이 수행법은 《바가바드 기타》에서도 높이 칭송되긴 하지만, 스리 라마나는 대체로 그의 헌신자들에게 이 길을 따르라고 권하지는 않았다. 왜냐하면 이 길은 선행을 하는 '나'와 나의 도움을 받는 '남'이 이원적으로 존재한다는 것을 전제로 하기 때문이다. 그는 지혜의 길, 헌신의 길 또는 라자 요가의 길을 따를 수 없다고 생각되는 일부 헌신자들에게만 카르마 요가를 권했다. 다음 내용이 이에 대한 스리 라마나의 말이다.

구도자가 기질적으로 지혜의 길이나 헌신의 길이 맞지 않으며 또한 나이가 많아 세 번째 길(라자 요가)조차 택하기 어렵다면, 카르마 요가의 길을 가야 한다. 그러면 그의 고귀한 본성이 더욱 뚜렷하게 드러나고, 사심 없는 즐거움을 얻는다. 이렇게 하여 그도 앞에서 말한 세 가지 길 가운데 하나의 길을 갈 수 있도록 준비하는 것이다.

스리 라마나는 카르마 요가를 제대로 하기 위해서는 수행자 자신이 남을 돕고 있다는 생각에서 벗어나야 하며, 그 행위의 결과에 대해서도 집착하지 않고 무심해야 한다고 강조했다. 그는 카르마 요가에 대해 늘 미온적인 태도를 고수했지만, 만약 수행자가 '내가 행위자다'라는 생각 없이 모든 행위를 한다면, 위에서 말한 두 가지 조건을 충족하는 것이라고 가르쳤다.

———◦◦◦———

요가는 결합을 뜻한다. 무엇과 무엇이 결합한다는 말인가?
바로 그 점에 대해 말하고 싶었다. 요가는 분리되어 있음을 일차로 전제하고 나서, 하나가 다른 것과 결합한다는 의미를 지니고 있다. 그러나 누가 누구와 결합한다는 말인가? 당신은 '구하는 자(seeker)'로서 무언가와 결합을 추구한다. 따라서 그런 입장을 취하고자 한다면, 분리된 다른 무언가가 있어야 한다. 그러나 『나』는 당신과 연결되어 있으며, 당신은 늘 『나』를 알아차리고 있다. 『나』를 찾아서 『나』가 돼라. 그러면 나는 무한으로 확장될 것이며, 결합(yoga)이 무엇인지 묻지도 않게 될 것이다. 도대체 그런 분리(viyoga)가 누구에게서 어떻게 일어난다는 말인가?

나는 모르겠다. '분리'라는 것이 실제로 있는 것인가?
누구에게서 분리가 일어나는지 찾아보라. 그것이 요가다. '결합'이란 모든 수행의 길에서 공통으로 추구하는 것이다. 요가란 자신이 참나 혹은 실체와 다르다고 생각하기를 멈추는 일일 뿐이다. 카르마 요가, 지혜 요가, 헌신 요가, 라자 요가 등도 모두 마찬가지다. 개개인의 정신적 성숙도에 맞추기 위해 수행법들을 각각 달리했을 뿐이다. 모든 요가의 목표는 『나』와 자신이 다르다고 여기는 사람들이 그 오랜 착각에서 벗어나도록 이끄는 것이다. 그러나 우리와 떨어져 있거나 우리와 다른 것과 합일한다는 의미에서의 요가 혹은 결합은 있을 수 없다. 왜냐하면 우리는 『나』와 분리된 적도 없고, 『나』에서 분리될 수도 없기 때문이다.

요가와 자기탐구의 차이는 무엇인가?

요가에서는 '마음의 작용을 제어'하라고 한다. 하지만 나는 '자기 마음을 탐구'하라고 권한다. 마음의 작용을 제어하는 것보다는, 자기를 탐구하는 것이 보다 더 실제적인 수행법이다. 기절했을 때나 단식했을 때 마음은 억제되지만, 그 원인이 사라지면 마음은 금세 되살아난다. 다시 말해, 생각이 예전처럼 흐르기 시작한다는 것이다. 마음을 다스리는 데는 두 가지 방법밖에는 없다. 그것은 마음의 근원을 탐구하든지, 아니면 지고한 힘에 의탁해 없애버리는 것이다. 그런 의미에서 순명順命은 보다 높은 절대적인 힘이 존재한다는 것을 인정하는 수행법이다. 덧붙여, 마음의 근원을 찾아서 파고들어갈 때 마음이 이를 거부하면, 그저 내버려두었다가 마음이 다시 내면으로 향하게 하라. 끈질긴 참을성 없이는 누구라도 성공하지 못할 것이다.

호흡을 다스릴 필요가 있는가?

조식(호흡 다스리기)은 내면으로 깊이 들어가기 위한 방편일 뿐이다. 마음을 다스리는 방법으로도 내면에 깊이 들어갈 수 있다. 마음이 다스려지면 호흡도 저절로 다스려진다. 그러므로 굳이 호흡을 다스리려 할 것 없이, 마음을 다스리는 것만으로도 충분하다. 호흡 다스리기는 자신의 마음을 곧바로 다스릴 수 없는 사람에게만 권하는 방법이다.

조식은 언제 해야 하며, 왜 효과적인가?

자기탐구나 순명順命 수행을 하지 않는다면, 자연스럽게 마음을 가라앉힐 수 있는 조식을 해볼 만하다. 이 또한 요가 수행법의 하나로 알려져 있다. 만약 우리 목숨이 위태로워진다면, 목숨을 건지는 것 하나에만 온통 관심을 쏟게 될 것이다. 같은 이치로, 마음을 호흡에만 집중하면, 마음은 자신이 좋아하는 외부의 대상들을 향해 달려들지 않게 된다. 호흡 혹은 호흡 다스리기에 모든 주의를 집중하면, 다른 관심은 사라져버린다. 따라서 호흡을 계속해서 붙들면 마음은 휴식을 취한다.

　호흡의 근원은 마음의 근원과 동일하다. 따라서 둘 중에 하나를 다스리면, 다른 하나도 저절로 다스릴 수 있다.

차크라에 의식을 집중하면 마음을 평정할 수 있는가?

요가 수행자들은 사하스라라 차크라와 같은 영적인 중심점에 의식을 집중하고 있는 동안에는 육체에 대한 자각조차 없이 그 상태에 얼마든지 머물 수 있다. 또한 요가 수행자가 그런 상태에 머무는 동안에는 상당한 희열에 잠겨 있는 것처럼 보인다. 그러나 조용한 마음이 다시 일어나 활동하게 되면, 마음은 또 다시 세속의 생각에 휩싸이게 되고 만다. 따라서 마음이 외부 세계로 쏠릴 때마다, 명상(선禪) 같은 수행법으로 다스릴 필요가 있다. 그렇게 계속하다 보면 가라앉지도 않고 들뜨지도 않는 마음 상태에 이를 것이다.

호흡을 다스림으로써 마음이 가라앉아도 역시 그때뿐이지 않은가?

그런 경우, 마음의 고요함은 호흡을 다스리는 동안만 유지된다. 따라서 그것은 일시적이기 때문에, 호흡 자체를 목표로 삼아서는 안 된다. 조식은 지감止感(Pratyahara), 집중集中(Dharana), 선정禪定(Dhyana)과 삼매三昧(Samadhi)로까지 계속해서 이어져야 한다. 이 각각의 단계들은 모두 마음 다스리기를 다루는데, 호흡 다스리기를 먼저 수련한 사람들은 더 높은 단계로 한결 쉽게 나아갈 수 있다. 어떤 수행을 하더라도 보다 높은 단계에서는 주로 마음 다스리기를 하기 때문에, 마음 다스리기가 요가의 궁극적인 목적이라고 할 수 있다.

따라서 수행이 어느 정도 진전된 사람이라면 '호흡 다스리기'로 시간을 낭비할 필요 없이, 자연스럽게 '마음 다스리기'를 바로 시도하는 편이 낫다.

조식은 들숨, 날숨, 멈춤으로 되어 있는데 이 셋을 어떻게 조절해야 하는가?

숨을 내쉬면서 자신이 육체와 같다는 생각을 완전히 버리는 것이 날숨이다. 들숨은 숨을 들이쉬면서 '나는 누구인가?'라는 탐구를 통해 내면에 몰입하는 것이다. 멈춤이란 숨을 멈추고 '내가 그것'인 유일한 실체로서 머무르는 것이다. 이것이 진정한 조식이다.

《마하요가Maha Yoga》라는 책에서 찾은 내용인데, 명상을 처음 시작할 때는 호흡 즉 들숨과 날숨에 주의를 집중하고, 어느 정도 마음이 가라앉으면 그 마음의 근원을 찾아서 가슴으로 들어갈 수 있다고 한다. 나는 이런 실질적인 조언을 갈망해

오고 있다. 이 수행법을 따라도 좋겠는가? 이것이 올바른 방법인가?

무엇을 어떻게 하든, 핵심은 마음을 죽이는 것이다. 자기탐구를 할 만한 수준이 되지 않은 사람들은, 마음을 다스리는 데에 도움이 되는 방편으로 조식을 하는 게 좋다. 조식에는 두 가지가 있는데, 단순히 호흡을 주시하는 것과 호흡을 다스리며 조절하는 것이다.

호흡을 조절할 때 들숨, 멈춤, 날숨을 '1 : 4 : 2'의 비율로 하는 것이 가장 좋지 않은가?

숫자를 세는 대신에 만트라를 되뇌면서 비율을 조정하는 방법도 있다. 하지만 그런 것들은 모두 마음을 다스리기 위한 방편에 불과하며, 다른 의미는 없다.

　호흡을 주시하는 것도 조식의 한 방법이다. 숨을 들이쉬었다가 멈추었다가 다시 내쉬는 것은 호흡을 주시하는 것보다 격렬한 방법이다. 경우에 따라서는, 오히려 수행자에게 해를 끼칠 수도 있다. 예컨대 각각의 단계마다 자신을 이끌어줄 스승이 없다면, 오히려 해롭게 작용할 수 있다. 그러나 단순히 호흡을 주시하는 방법은 쉬우면서도 위험하지 않다.

쿤달리니의 힘은 쿤달리니 에너지를 얻기 위해 수행하는 사람에게만 나타나는가, 아니면 헌신의 길이나 사랑의 길을 따르는 사람에게도 나타나는가?

세상에 쿤달리니의 힘을 지니지 않은 사람도 있는가? 그 힘의 진정한 본질을 알고 나면, 쿤달리니를 가리켜 흩어지지 않는 유일한 의식 또는 '나'의 광휘°라고 부를 것이다. 쿤달리니 에너지는 어느 수행법을 따르든지 만날 수 있다. 다만 그것을 부르는 이름이 다를 뿐이다.

사람들은 쿤달리니의 힘이 다섯 가지 모습(相)으로 나타난다고도 하고, 열 가지나 백 가지, 심지어 천 가지로 나타난다고도 한다. 어떤 말이 진실인가? 다섯 가지인가, 열 가지인가, 백 가지인가, 아니면 천 가지인가?

그 힘은 오로지 하나의 모습일 뿐이다. 그것이 여러 가지 모습으로 나타난다는 말은 단지 표현 방식이 다른 것에 지나지 않는다. 그 힘은 오로지 하나다.

깨달음에 이른 사람은 자신이 거쳐온 수행법을 따르는 사람에게만 도움을 줄 수 있는가, 아니면 다른 길을 따르는 사람에게도 도움을 줄 수 있는가?

깨달은 사람은 어떠한 수행법을 따르는 사람에게도 도움을 줄 수 있다. 그것은 이와 같은 이치다. 산이 하나 있다고 가정해보자. 산을 오르는 데는 여러 가지 등산로가 있을 것이다. 산을 올라온 사람이 자신이 올라온 길로 올라오라고 하면, 어떤 사람들은 그 길을 좋아하겠지만 그 길이 맞지 않는 사람들도 있을 것이다. 사람들이 그 길을 좋아하지 않는데도 그 길을 따라서만 올라오라고 하면, 사람들은 쉽게 오를 수 없을 것이다. 이때 깨달은 사람은 다른 등산로를 따라서 올라오는 사람들도 도울 수 있다. 아직 산 중턱까지만 올라온 사람들은 여러 등산로의 장단점에 대해 잘 모를 수 있지만, 산꼭대기에 서서 다른 사람들이 올라오는 모습을 바라보고 있는 사람은 모든 길을 한눈에 볼 수 있기 때문이다. 그는 산 정상을 향해 올라오는 사람들에게 이쪽이나 저쪽으로 방향을

• aham sphurana, 여기서 aham은 '나', sphurana는 '소멸'을 뜻한다. 즉 '나'라는 개체성이 완전히 소멸된 상태에서 발산되는 광휘, 광채 등의 의미다.

조금 들어보라고 할 수도 있고, 웅덩이가 있으니 피해서 올라오라고 일러줄 수도 있다. 그러나 어떤 길을 따라서 오르든지, 모두의 목적지는 결국 같다.

스승께서 《스리 라마나 기타Sri Ramana Gita》에서 이야기한 것처럼 '의식과 육체를 동일시함'을 근절하고 싶다. 어떻게 하면 생기生氣(prana)를 수슘나sushumna(생기가 연결되는 통로)로 직접 흐르게 하여 그 목적을 이룰 수 있는가?

'나는 누구인가?'를 탐구하면 된다. 요가 수행자들은 쿤달리니를 각성시켜 수슘나를 따라 끌어올리는 것을 목표로 삼겠지만, 지혜를 구하는 수행자들은 그런 목표를 설정하지 않는다. 그러나 궁극적으로는 두 수행 모두 같은 결과를 얻는다. 두 가지 수행법 모두 수슘나를 통해 생기를 끌어올리고, 의식과 육체의 동일시를 근절한다.

쿤달리니는 아트마atma, 『나』, 힘(sakti)의 다른 이름일 뿐이다. 우리는 그것들이 몸 안에 있다고 이야기하곤 하는데, 스스로가 육체에 한정된 존재라고 여기기 때문이다. 그러나 실제로는, 그것은 『나』 혹은 참나의 힘과 다르지 않으므로 몸 안에도 있고 몸 밖에도 있다.

쿤달리니가 수슘나를 따라 상승하게 하려면, 나디(정신적 신경)를 어떻게 사용해야 하는가?

요가 수행자들은 그 목적을 이루기 위해 '호흡 다스리기'를 할 것이다. 하지만 지혜의 길을 걷는 수행자들에게는 오로지 '자기탐구'만 있을 뿐이다. 자기탐구를 통해 마음이 참나 속으로 녹아들면, 참나와 분리되어 있지 않은 힘인 쿤달리니 에너지가 저절로 상승하게 된다.

쿤달리니 요가 수행자들에게는, 쿤달리니를 '천 개의 꽃잎' 혹은 '뇌의 중심'이라고 불리는 사하스라라 차크라까지 상승시키는 것이 가장 중요하다. 그들은 생명의 흐름이 정수리의 숨구멍을 통해 들어온다고 경전에 적혀 있다고 말하며, 그 길을 따라 아래로 내려가면서 '분리(viyoga)'가 일어나므로, '합일(yoga)'을 이루기 위해서는 그 반대 방향인 위를 향해 생기生氣를 끌어올려야 한다고 주장한다. 따라서 합일을 이루기 위해서는 생기를 모으고 끌어올려, 정수리 숨구멍으로 통하게 해야 한다는 것이다.

반면에 지혜의 길을 걷는 사람들은, 요가 수행자들의 말에는 육체가 존재한다는 점이 전제되어 있으며 또한 육체가 『나』와 분리되어 있다는 점도 전제되어 있다는 것을 지적한다. 요가 스승이라면 제자가 이런 '분리'의 관점을 받아들여야만 '재결합'을 성취하기 위해 요가 수행을 지도할 수 있을 것이다.

그러나 실상은 이렇다. 육체는 마음에 있고, 마음은 뇌를 자기 자리로 삼는다. 요가 수행자들 스스로도 그들의 '숨구멍 이론'에서 말하기를, 뇌는 또 다른 근원에서 빌려온 빛을 받아서 작용한다는 사실을 인정한다. 지혜의 길을 걷는 수행자들은 여기서 한 걸음 더 나아간다. 만약 그 빛이 빌려온 것이라면, 빌려온 자원에 의존하지 말고 그 근원 속으로 직접 들어가라고 주장하는 것이다. 그 근원이란 바로 가슴이며, 『나』다.

『나』는 다른 어떤 곳에서 오지 않으며, 뇌의 정수리를 통해 들어오는 것도 아니다. 그것은 있는 그대로 존재하고, 언제나 빛나며, 영원히 존재하고, 움직일 수도 없으며 바꿀 수도 없다. 사람들은 스스로를 '불변하는 『나』'로부터 갈라져 나와 존재하는 마음, 혹은 변화하는 육체라는 한계에 가두어버린다. 우리는 이런 그릇된 자기인식을 버리기만 하면 된다. 그러면 늘 빛나는 『나』가 유일한 '비이원적 실체'임을 보게 될 것이다.

　사하스라라 차크라에 집중하면 삼매의 황홀경이 반드시 나타나게 끔 되어 있다. 하지만 그런다고 해서 습習, 이른바 마음의 잠재적 경향성은 소멸되지 않는다. 그렇기에 요가 수행자들은 삼매를 유지할 수 없으며, 깨어날 수밖에 없다. 속박으로부터 해탈을 성취하지 못했기 때문이다. 요가 수행자는 여전히 자신에게 뿌리박힌 습을 뽑아내어, 삼매의 평화로움을 방해하지 못하도록 노력해야 한다. 그렇게 하여 그는 정수리의 사하스라라에서 가슴까지, 수슘나가 이어진 것에 불과한 지바나디 jivanadi(생명 통로)를 통해 다시 내려가야 한다. 수슘나가 휘어진 것은 이와 같은 이유 때문이다. 수슘나는 가장 낮은 차크라에서 시작하여 척수를 타고 올라가 뇌로 들어가고, 거기에서 다시 아래로 구부러져 가슴에서 끝난다. 따라서 삼매가 영원해지려면, 요가 수행자의 수행이 가슴까지 이르러야 한다. 그래서 우리는 가슴을 최후의 중심으로 보는 것이다.

하타 요가는 질병을 물리치는 데에 효과적이기 때문에, 지혜의 길을 가기 전에 예비 수행으로 하타 요가가 필요하다고들 한다.

하타 요가를 옹호하는 사람들은 그냥 옹호하도록 내버려두라. 그러나 이곳에서는 그런 수행을 하지 않는다. 자기탐구를 계속하면 질병도 저절로 사라질 것이다. 마음의 건강을 위해서 육체의 건강이 필요하다는 생각을 계속한다면, 육체를 돌보는 일에서 죽을 때까지 헤어나지 못할 것이다.

그렇다면 『나』를 탐구하기 위해 하타 요가는 할 필요 없다는 것인가?

사람마다 지니고 있는 잠재적인 습성이 각기 다르다. 따라서 자기에게 적합한 방법을 찾으면 된다.

내 나이에도 하타 요가를 할 수 있을까?

왜 그런 것까지 생각하나? 당신은 『나』가 자신의 외부에 있다고 생각하기 때문에, 그것을 갈망하며 추구하려 한다. 그러나 당신은 늘 존재하지 않는가? 왜 자신에게서 벗어나 외부에 있는 무언가를 추구하는가?

《*아파록샤 아누부티*Aparoksha Anubhuti(8세기 인도 철학자이자 불이일원론의 개조인 샹카라가 지었다고 알려진 고대 문헌-옮긴이)》에는 하타 요가가 자기탐구를 하는 데에 도움이 된다고 적혀 있다.

하타요가 수행자들은 몸을 건강하게 유지해야, 건강 문제로 방해받지 않고 자기탐구를 할 수 있다고 주장한다. 또한, 탐구를 완성하기 위해 생명을 연장해야 한다고도 말한다. 심지어 그 목적을 이루기 위해 약물을 사용하는 사람들도 있다. 그들이 즐겨 말하는 비유는, 그림을 그리기 전에 도화지를 완전하게 만들어야 한다는 것이다. 그러나 무엇이 도화지이고 무엇이 그림인가? 그들에 따르면, 몸이 도화지이고 자기탐구가 그림인 셈이다. 그러나 몸이야말로 『나』라는 도화지 위에 그려진 한 폭의 그림이 아닌가?

하지만 하타 요가가 수행에 도움이 된다고 말하는 사람들도 많다.

그렇다. 베단타에 정통한 위대한 학자들도 하타 요가를 지속적으로 수련한다. 그렇게 하지 않으면 스스로의 마음을 가라앉힐 수 없기 때문이다. 따라서 하타 요가를 하지 않으면 마음을 평정할 수 없는 사람들에게는 쓸모가 있다고 말할 수 있다.

체위법(아사나Asana)이란 무엇인가? 그런 것들이 왜 필요한가?

요가 경전에는 다양한 체위법과 좌법坐法이 등장하며, 각각의 효과가 적혀 있다. 예컨대 '연꽃좌蓮花坐(lotus posture)'니 '평좌平坐(easy posture)'니 하는 좌법들이 나오며, 앉는 자리를 놓고도 호랑이 가죽 위에 앉아야 하느니 풀밭 위에 앉아야 하느니 하며 각각의 특징을 말한다. 그런데 의문스러운 것은, 자기 자신을 아는 데에 이 모든 것들이 왜 필요하냐는 것이다. 진실은 이렇다.『나』에서 에고가 일어나, 자신을 육체와 혼동하며, 현상계가 실재한다고 착각한다. 그리고 에고의 자만에 사로잡혀 이런 저런 궁리를 하며 체위법을 찾는 것이다. 이런 사람들은 자신이 모든 것의 중심이며, 모든 것의 근간을 이룬다는 것을 알지 못한다.

좌법이란 굳건하게 앉아 있도록 하는 게 목적이다. 자신의 진면목 외에 어디에서 어떻게 더 이상 굳건히 머물 수 있겠는가? 이것이 바로 진정한 좌법이다.

온 우주가 그 위에서 머물러 편안하게 쉬는 자리(asana)는 참된 앎의 공간이며, 빛나는 토대인『나』일 뿐이다. 또한 이러한 앎에서 벗어나지 않는 '부동심不動心'을 얻는 것이야말로 최상의 삼매에 들기 위한 진정한 좌법이다.

스승께서는 앉을 때 대개 어떤 체위(asana)를 취하는가?

어떤 체위냐고? 나는 '가슴의 체위(asana of the Heart)'로 앉는다. 어느 곳에서든 편안하게 앉으면 그것이 나의 체위다. 이를 두고 '편안한 자세(수크아사나sukhasana)'라고 한다. '가슴의 체위'는 평화로우며 행복을 준다. 이 자리에 앉는 사람에게는 다른 체위가 필요하지 않다.

《바가바드 기타》는 '카르마 요가(행위 요가)'를 강조하는 것처럼 보인다. 왜냐하면 크리슈나는 아르주나에게 싸우라고 설득했으며, 자기 자신도 직접 큰 전공을 세우는 등 활동적인 삶을 살았기 때문이다.

《바가바드 기타》는 '당신은 육체가 아니며, 따라서 행위자도 아니다'라는 말로 시작한다.

그 의미는 무엇인가?
자신이 행위자라는 생각이 없는 상태에서 행위해야 한다는 뜻이다. 에고가 없는 상태에서도 행위는 일어난다. 모든 사람은 각자 어떤 목적을 이루기 위해 나타난 것이라서, 자신을 행위자로 생각하든 생각하지 않든 그 목적은 이루어질 것이기 때문이다.

카르마 요가란 어떤 것인가? 행위나 행위의 결과에 집착하지 않는 것인가?
카르마 요가란 자신이 행위자의 역할을 한다고 사칭하지 않는 것이다. 모든 행위는 저절로 이루어질 것이기 때문이다.

그 말이 곧 행위의 결과에 대해 집착하지 않는다는 것 아닌가?
그런 질문은 행위자가 있을 때만 일어난다. 모든 경전은 스스로를 행위자로 생각해서는 안 된다고 말하고 있다.

그렇다면 카르마 요가란 '행위자라는 의식이 없는 행위'를 가리키는가?
바로 그렇다.

《바가바드 기타》에서는 우리가 처음부터 끝까지 활동적인 삶을 살아야 한다고 가르친다.

그렇다. 그러나 그 행위에는 행위자가 없다.

고요함 속에 머물러 있는 채로 어떻게 행위를 할 수 있는가? 카르마 요가는 애초에 불가능한 게 아닌가?

먼저 카르마(행위)가 무엇인지, 누구의 카르마(행위)이며, 누가 행위하는 것인지를 알아야 한다. 이것을 분석하고 그 진실을 탐구하다 보면, 우리는 결국 『나』로서 평화로움에 머무르게 된다. 그럼에도 그 상태에서 행위는 계속해서 일어난다.

내가 행위를 하지 않는데, 어떻게 행위가 계속해서 일어날 수 있는가?

그 질문을 하는 자는 누구인가? 『나』인가, 아니면 다른 누구인가? 『내』가 행위들에 연관이 있는가?

아니다. 참나는 아니다. 참나와는 다른 누구다.

그렇다면 『나』는 행위와 관련이 없음이 명백하며, 그런 질문은 일어나지 않는다.

나는 카르마 요가를 하고 싶다. 어떻게 하면 다른 사람들을 도울 수 있는가?

도우려고 하는 사람들이 도대체 어디에 있다는 말인가? 다른 사람들을 도우려고 하는 그 '나'는 누구인가? 먼저 그 점을 분명히 알게 되면, 모든 문제가 저절로 풀릴 것이다.

그 말씀은 『나』를 깨달으라'는 의미인데, 내가 깨달으면 다른 사람들에게 도움이

되는가?

그렇다. 그것이 다른 사람들에게 줄 수 있는 최고의 도움이다. 그러나 실제로는, 도움을 받아야 할 다른 사람이란 존재하지 않는다는 것을 알게 될 것이다. 금을 다루는 사람이 금으로 만든 온갖 금붙이들을 평가할 때 오직 금으로만 바라보듯이, 깨달은 존재는 오직 『나』만을 바라보기 때문이다. 자신을 육체라고 여기면, 서로 다른 이름과 모습을 지닌 다른 사람들이 존재한다. 그러나 육체의식을 초월하면, 다른 사람은 모두 사라진다. 깨달은 이는 세상이 자기와 다르다고 보지 않는다.

깨달은 사람이 다른 사람들과 어울리며 그들을 도와준다면 더 좋지 않겠는가?
어울려서 지낼 다른 사람이란 없다. 『나』만이 유일한 실체이다.

　『나』를 깨달은 현자는 『나』로 존재하는 것만으로도 세상을 돕는다. 세상에 봉사하는 최선의 길은 에고가 없는 상태에 이르는 것이다. 만약 세상을 돕고 싶은데 에고가 사라진 상태에 이르는 것만으로는 그렇게 할 수 없다고 여겨진다면, 자신의 문제를 포함한 이 세상의 모든 문제를 신에게 맡기고 순명順命하라.

고통받는 세상을 도우려고 해야 하지 않는가?
당신을 창조한 힘이 이 세상도 창조했다. 그 힘이 당신을 돌볼 수 있다면, 마찬가지로 이 세상도 돌볼 것이다. 신이 이 세상을 창조했다면, 이 세상을 돌보는 것은 신의 일이지 당신의 일이 아니다.

정치적 독립을 바라는 갈망은 올바른 것인가?
그런 욕구는 분명히 자신의 이익에서 출발한다. 그러나 그런 목표를 이루기 위해 실천적인 노력을 하다 보면, 시야가 넓어져서 개인이 국가 속으로 녹아 들어간다. 이처럼 개체성이 융합되는 것은 바람직한 일이며, 그 행위도 이기적인 것이 아니다.

만약 오랜 세월 격렬한 투쟁과 끔찍한 희생을 치른 끝에 정치적인 독립을 성취했다면, 그 결과에 대해 즐거워하며 우쭐해 하는 사람은 올바르지 않은 것인가?

그런 일을 하는 사람은 일을 하는 동안 자신을 보다 높은 힘에 맡겨야 하며, 그 힘을 영원히 기억하고 결코 잊어버리지 말아야 한다. 그랬다면 그가 어떻게 우쭐댈 수 있겠는가? 또한 그는 자기 행위의 결과에 대해서도 집착하지 말아야 한다. 그래야만 행위가 이기적이지 않게 된다.

실체에는 아무런 단계가 없다.
개인의 체험에 단계가 있을 뿐이지 실체에는 그런 것이 없다.
따라서 어떠한 체험을 하든지, 체험하는 자는 하나이며 같다.

누구나 『나』를 직접적으로 체험하고 있지만,
우리가 상상하는 것과는 다르다.
그것은 단지 있는 그대로 존재하고 있을 뿐이다.

제 5 부

체험

Experience

제14장

삼매

삼매三昧(samadhi)는 명상의 고급 단계로, 동양의 종교 문헌에 널리 등장하는 개념이다. 이는 『나』를 의식적으로 체험하거나, 명상의 대상에 몰입하여 흔들리지 않는 상태를 뜻한다. 삼매는 여러 종교와 종파에 따라 여러 단계와 종류로 나뉘며, 각각의 경우에 맞게 차별화된 범주와 용어가 등장한다.

  스리 라마나는 다양한 삼매의 상태를 다음과 같은 세 가지 단계로 나누어 설명했다.

1. 본연무상삼매本然無相三昧(사하자 니르비칼파 사마디Sahaja nirvikalpa samadhi. 완전한 무상삼매, 자연스러운 무상삼매-옮긴이) : 자신의 에고를 소멸시켜 다시는 예전으로 돌아가지 않는 깨달은 상태다. 사하자Sahaja라는 말은 본연本然(natural)이라는 뜻이고, 니르비칼파 nirvikalpa는 차별이 없음(無相, no difference)이라는 뜻이다.

이 상태에 도달한 깨달은 이는 보통사람들과 마찬가지로 세속에서 자연스럽게 살아갈 수 있다. 자연스러운 상태(본연의 상태)에 있는 깨달은 이는 자신이 참나임을 알기 때문에, 자신과 다른 이들 사이에 그리고 자신과 세상 사이에 아무런 차별을 두지 않는다. 이런 사람에게는 삼라만상이 둘로 나눌 수 없는『나』의 현현顯現이다.

2. 합일무상삼매合一無相三昧(케발라 니르비칼파 사마디Kevala nirvikalpa samadhi) : 이는 궁극적인 깨달음의 바로 전 단계다. 이 상태에서는 비록 일시적이긴 하지만, 애쓰지 않고도 자연스러운『나』의 자각이 이루어진다. 그러나 에고가 완전히 소멸한 것은 아니다. 또한 이 단계는 육체의식이 없다는 점이 특징이다. 이 상태에서는 일시적으로『나』를 알아차리기는 하지만, 감각을 통해 사물을 지각하거나 세속에서 제대로 살 수는 없다. 이 상태에서는 육체의식이 되돌아오면, 에고가 다시 일어난다.

3. 유상삼매有想三昧(사비칼파 사마디Savikalpa samadhi) : 이 상태에서는 지속적인 노력을 해야만『나』의 각성 상태를 유지할 수 있다. 이 상태가 얼마나 오래 지속되는지는, 이 상태를 유지하기 위해 얼마나 노력하는지에 달려 있다.『나』에 대한 주시가 흔들리면,『나』에 대한 자각도 곧바로 흐려진다.

스리 라마나가 제시한 다음의 간략한 정의들을 참고하라. 아무리 초심자라도, 삼매에 대한 용어의 밀림 속을 헤쳐 나가는 데에 부족함이 없을 것이다.

1. 실체에 확고히 머무르고 있는 상태가 '삼매'다.
2. 지속적인 노력을 통해 실체에 확고히 머무르고 있는 상태가 '유상 삼매'다.
3. 실체에 몰입한 나머지 현상계를 의식하지 못하는 상태가 '무상삼 매'다.
4. 무지에 빠져 현상계를 의식하지 못하는 상태가 '잠'이다.
5. 아무런 노력을 하지 않으면서도, 근원적이고 순수한 본연의 상태에 머무르는 것이 '본연무상삼매'다.

삼매란 무엇인가?

삼매란 고요한 마음으로 '존재의식'을 끊이지 않고 체험하는 상태다. 그 고요한 마음이 무한한 지고의 『나』를 성취하여 빛날 때만 '신의 실체'라고 할 수 있다.

이와는 달리, 마음이 어두운 가운데 『나』와 합일을 이루면 그것을 '잠'이라고 한다. 즉, 마음이 그대로 무지에 잠겨 있는 상태인 것이다. 반면에, 삼매는 깨어 있는 상태에서 항시 『나』에 머무르는 것이다. 본연무상삼매에서는 합일이 지속된다.

합일무상삼매와 본연무상삼매는 각각 무엇인가?

마음이 『나』에 잠겼으나, 아직 완전히 사라지지 않은 것이 합일무상삼매다. 이 상태에 있는 사람은 습에서 완전히 벗어나지 못했으니 해탈을 얻은 것이 아니다. 습이 완전히 제거된 뒤에야 해탈을 얻을 수 있다.

본연무상삼매는 어느 시점부터 수행할 수 있는가?

설령 처음 수행을 시작한다고 할지라도, 본연무상삼매를 수행해야 한다. 합일무상삼매를 아무리 수년간 수행한들, 습을 뿌리 뽑지 못하는 한 해탈을 이룰 수 없기 때문이다.

유상삼매와 무상삼매의 차이가 무엇인지 분명히 알 수 있도록 설명해달라.

먼저, 삼매란 의식이 지고한 상태에 머무는 것이다. 그런데 아직까지는 마음의 방해가 있어, 의식적인 노력으로 지고한 상태에 머무는 것이 유상삼매다. 반대로, 마음의 산만함에 방해받지 않으면 그것이 무상삼매다. 아울러 애쓰지 않고도 태초의 상태에 영원히 머무는 것이 본연무상삼매다.

본연무상삼매에 들기 위해서는 무상삼매를 반드시 거쳐야 하는가?

유상삼매든 무상삼매든, 영원한 삼매에 들면 그것이 본연의 상태다. 육체의식이란 무엇인가? 그것은 스스로는 인식 능력이 없는 육체에 의식이 더해진 것이다. 육체와 육체의식은 또 다른 유일한 의식 안에 존재한다. 그 유일한 의식은 절대적이고 변하지 않으며, 육체의식이 있든 없든 늘 있는 그대로 존재한다. 그렇다면 우리가 그 순수한 의식에 머무르는 한 육체의식이 사라졌든 남아 있든 무슨 상관이 있겠는가? 육체의식이 완전히 없어지면 삼매가 더욱 강렬해진다는 점에서는 좋다고 할 수 있으나, 지고한 실체를 아는 데에는 아무런 차이가 없다.

삼매와 의식의 네 번째 상태인 뚜리야turiya는 같은 것인가?

삼매, 뚜리야 그리고 무상삼매는 모두 『나』를 자각한다는 점에서는 같은 의미를 갖는다. '뚜리야'는 말 그대로 네 번째 상태를 뜻하는데, 이는 깨어 있음, 꿈 그리고 꿈 없는 잠이라는 세 가지 상태를 넘어선 지고한 의식이다. 또한 네 번째 상태는 영원하지만, 나머지 세 가지 상태는 모두 뚜리야 안에서 나타났다가 사라지는 의식에 불과하다.

단, 뚜리야와 무상삼매 사이에는 차이가 있기는 하다. 뚜리야 상태에서는 약간의 생각들이 여전히 마음에 일어나며 약간의 감각들 또한 작용하기는 하지만, 마음이 그 근원인 가슴에 합일되어 조용히 머무르고 있다는 자각이 있다. 하지만 무상삼매에서는 감각이 전혀 작용하지 않으며, 생각도 완전히 사라진다. 따라서 이 상태에서 체험하는 순수의식이야말로 강렬하며 지복에 휩싸인다. 뚜리야는 유상삼매에서 얻을 수 있다.

우리가 잠을 잘 때 체험하는 지복과 뚜리야에서 체험하는 지복 사이에는 어떤 차이가 있는가?

서로 다른 지복이란 없다. 지복은 동일하다. 깨어 있는 상태에서 누리는 지복을 포함하여, 가장 낮은 하등 동물에서부터 가장 높은 브라마에 이르기까지, 모든 존재들이 느끼는 지복은 오로지 하나의 지복이다. 그 지복은 바로 『나』의 지복이다. 잘 때 무의식적으로 누리는 지복을, 뚜리야에서는 또렷한 의식을 가진 채 느낀다는 차이가 있을 뿐이다. 물론 깨어 있는 상태에서 누리는 지복은 부차적인 것이며, 진정한 지복의 부산물일 뿐이다.°

라자 요가에서 여덟 번째 단계인 '삼매'가 스승께서 말하는 삼매와 같은가?

요가에서 삼매라는 용어는 일종의 '몰아경沒我境' 상태를 가리키기 때문에 여러 종류의 삼매가 언급된다. 그러나 내가 말하는 삼매는 다르다. 그것은 본연삼매다. 본연삼매의 자리에 들면 마음이 평정을 회복해 침묵 속에 머무르며, 생활하는 동안에도 여전히 그 고요함을 유지할 수 있다. 그 상태에서는 보다 깊은 내면의 『나』에 의해 마음이 움직임을 깨닫는다. 따라서 아무런 걱정도, 갈망도, 신경 쓸 일도 없게 된다. 왜냐하면 어떤 것도 나의 것이 아님을 깨닫게 되기 때문이다. 자신의 의식과 합일된 무언가에 의해 모든 일이 이루어진다는 것을 알게 된다.

본연삼매가 가장 바람직한 상태라면, 무상삼매는 필요가 없는가?
라자 요가에서 말하는 무상삼매도 그 나름대로의 효용성은 있다. 그러나 지혜의 길에서는 본연의 상태 또는 본연의 상태에 머무름 자체가 무상삼매의 상태다. 이 본연의 상태에 이르면, 마음은 모든 의문에서 벗어난다. 이 상태에서는 마음이 여러 가지 가능성과 개연성을 놓고, 선택의 기로에서 왔다 갔다 할 필요가 없기 때문이다. 이 마음은 어떠한 차별도 보지 않는다. 이때의 마음은 실체가 현존함을 느끼기 때문에 진리를 확실히 안다. 그래서 마음이 움직일 때에도 실체, 즉 지고한 존재인 『나』 안에서 움직이고 있음을 안다.

깊은 잠과 마음이 가라앉은 상태(라야laya) 그리고 삼매는 각각 어떻게 다른가?
깊은 잠에서는 마음이 가라앉지만 완전히 사라진 것은 아니며, 잠깐 가

• 지복은 모두 같지만 깨달음 또는 참나야말로 완전하고 진정한 지복이며, 다른 지복은 언젠가는 깨어나야 하기 때문이다.

라앉았다가 다시 나타날 수 있다. 명상을 해도 마음을 일시적으로 가라 앉힐 수는 있지만 역시 다시 나타날 수 있다. 그러나 마음이 완전히 소멸했다면, 그것은 다시 나타날 수 없다. 수행자라면 마음을 없애려고 노력해야지, 마음을 가라앉히려고 노력해서는 안 된다.

명상을 하다가 평화로운 상태가 되면 마음이 저절로 가라앉는 일이 종종 일어난다. 하지만 그것만으로는 충분하지 않다. 반드시 마음을 없애기 위한 다른 수행법을 보완적으로 활용해, 마음을 완전히 없애버려야 한다. 어떤 사람들은 잡생각을 하다가, 요가의 삼매에 빠졌다가, 오랜 시간이 흐른 뒤에 깨어나서 다시 마음이 가라앉기 전에 품었던 잡생각을 이어서 한다. 때로는 수십 년 또는 수백 년이 흐른 뒤에도 마찬가지다. 그런 요가 수행자는 자신의 마음을 완전히 없애버리지 못한 것이다.

진정으로 마음을 없애려면, 마음이라는 게『나』와 별개가 아님을 알아차려야 한다. 바로 지금 이 순간에도 마음이란 존재하지 않는다. 그것을 알아차려라. 일상생활 속에서 하지 않는다면, 언제 그렇게 할 수 있겠는가? 그 행위를 일으키는 마음이란 실재하지 않으며,『나』로부터 일어나는 '허깨비'에 불과하다는 것을 알아차려야 한다. 이것이 마음을 소멸하는 길이다.

명상하는 이가 무상삼매에 머무르고 있는 동안에 물리적인 방해를 하면 어떻게 되는가? 그는 영향을 받는가, 받지 않는가? 나와 내 친구가 여기에 대해 다른 견해를 갖고 있기에 확인하고 싶다.

두 사람 모두 맞다. 한 사람은 합일삼매에 대해 말하고, 다른 사람은 본연삼매에 대해 말하고 있기 때문이다. 두 가지 상태 모두 마음이『나』의 지복에 잠겨 있다는 점에서는 일치한다. 합일삼매 상태에서는 물리적 자극으로 방해를 받을 수도 있는데, 마음이 완전히 없어지지 않았기 때문이다. 그 상태에서 마음은 살아 있으며, 마치 깊은 잠에서 깨어나는 것처럼 언제라도 다시 활동하게 된다. 그때의 마음이란 마치 두레박과도 같아서, 물속에 완전히 잠겨 있긴 하지만 줄이 아직 달려 있어서 다시 당기면 언제든지 물 밖으로 끌어올릴 수 있다. 그러나 본연삼매는 다르다. 이때의 마음은 줄과 함께 우물 속 깊이 가라앉은 두레박과도 같다. 이 마음은 진아 속으로 완전히 가라앉아버려서, 다시는 외부세계로 올라오지 않는다. 따라서 본연삼매에서는 방해를 받거나, 세속으로 다시 끌려나올 일이 전혀 없다. 본연삼매에서의 행위는, 잠에 취해 젖을 빠는 줄도 모르면서 엄마 젖을 빨고 있는 아기의 행위와도 같다.

그런 상태에 있으면서 어떻게 세상을 살아갈 수 있는가?
명상에 자연스럽게 익숙해져서 명상의 지복을 즐길 수 있는 사람은, 어떤 일을 하든 그리고 어떤 생각이 떠오르든, 삼매 상태를 잃어버리지 않는다. 이것이 바로 본연무상삼매다. 본연무상삼매는 마음이 '완전한 소멸(나사nasa)' 상태인 반면에, 유상삼매는 마음이 '가라앉은(라야laya, 마음이 일시적으로 정지됨)' 상태다. 마음이 가라앉은 삼매(라야 사마디laya samadhi)에 든 사람들은 때때로 마음을 다시 거두어들여 다스려야 한다. 그러나 본연삼매처럼 마음을 한 번 없애고 나면 마음은 다시는 싹트지 않는다. 이런 사람들에게는 어떤 일이 벌어지든 사소한 사건에 불과하며, 지고한 상태에서 다시는 미끄러져 내려오지 않는다.

합일무상삼매에 있는 사람들은 아직까지 깨달은 상태가 아니며, 여전히 구도자들이다. 반면에, 본연무상삼매에 있는 사람들은 바람 한 점 없는 곳의 고요한 등불이나, 잔물결 하나 일지 않는 평온한 바다와도 같다. 즉, 그들에게는 어떠한 동요도 일어나지 않는다. 그 상태에 든 이들에게 세상에 자신과 다른 것은 아무것도 없다. 하지만 그 상태에 이르지 못한 이들에게는 세상 모든 것이 자신과 다르게 보인다.

합일무상삼매에 든 사람이 다시 상대적인 차원의 세계로 내려오기는 한다지만, 그 체험 자체는 본연삼매에서 했던 체험과 같은 것이 아닌가?

실상은 내려옴도 없고 올라감도 없다. 올라가거나 내려오는 자가 실재하지 않기 때문이다. 다만, 합일무상삼매는 마음의 두레박이 우물 속 깊이 들어간 것과도 같아서, 언제든지 외부세계로 다시 끌려나올 수 있다는 것이다. 반면에, 본연삼매는 바다로 흘러들어간 강물과 같아서 다시는 외부세계로 돌아올 수 없다. 그런데 당신은 왜 이런 질문을 하는가? 자신이 그런 체험을 얻을 때까지 계속 수행하라.

왜 삼매가 필요한가? 그리고 삼매에 든 후에도 생각이 지속되는가?

삼매만이 진리를 드러낼 수 있다. 생각들이 실체 위에 막을 드리우고 있기 때문에, 삼매가 아닌 다른 상태에서는 진리를 있는 그대로 깨달을 수 없다.

그리고 삼매에 든 가운데에서는 '내가 존재한다'는 느낌만이 있을 뿐 다른 생각이 전혀 없다. '내가 존재한다'는 체험이 '고요히 있을' 뿐이다.

지금 당신의 면전에서 체험하고 있는 삼매 혹은 고요함을 어떻게 하면 다시 꺼내서 체험할 수 있을까?

당신이 지금 체험하고 있는 것은 지금 당신에게 미치는 영향력과 당신을 둘러싼 분위기 때문이다. 이 분위기에서 벗어나면 바깥에서 그런 체험을 할 수 있겠는가? 지금 당신의 체험은 경련과도 같이 우발적으로 일어난 것이다. 그런 체험을 영원히 지속되게 만들려면 수행이 필요하다.

고요함이나 평화를 체험하는 것이 삼매인가?
모든 번뇌를 여읜 평정한 깨끗함이야말로 해탈의 굳건한 기반인 삼매다. 온 마음을 다해 노력하여 기만적인 마음의 번뇌를 없애고, 삼매 즉 깨끗함을 품은 평화로운 의식을 체험하라.

내적인 삼매와 외적인 삼매의 다른 점은 무엇인가?
외적인 삼매란 현상계를 바라보면서도 내면으로는 반응하지 않고 실체에 머무는 것이다. 여기에는 파도 없는 바다와 같은 고요함이 있다. 내적인 삼매는 육체의식이 없는 것이다.

마음이 한순간도 그런 삼매에 들지 못하는데 어떻게 해야 하는가?
'나는 마음과 현상계를 초월한 참나다'라는 강한 확신이 필요하다.

그렇게 확신을 가져봐도 마음은 『나』 속으로 침잠하려는 노력을 가로막는 집요한 장애물이다.
마음이 활동하고 있다고 해도 무슨 문제가 되겠는가? 그것은 단지 『나』의 바탕 위에서만 일어날 수 있는 일이다. 마음이 움직이고 있을 때에도 『나』를 놓치지 말고 거기에 머물러라.

로망 롤랑Roman Rolland이 쓴 라마크리슈나Ramakrishna의 전기를 읽은 적이 있다. 그 책은 '무상삼매'를 가리켜 끔찍하고 무서운 체험이라고 말하고 있다. 무상삼매가 그렇게도 끔찍한 경험인가? 그렇다면 우리는 결국 그런 무서운 상태에 이르기 위해 이런 온갖 명상과 정화淨化 그리고 지루한 수행 과정을 감당해야 하는 것인가? 그러다가 혹시 산송장이 되는 건 아닌가?

사람들은 무상삼매에 대해 각자 나름대로의 생각을 가지고 있다. 왜 로망 롤랑을 들먹이는가? 《우파니샤드》와 《베다》의 가르침을 줄줄 꿰고 있는 사람들도 무상삼매에 대해 온갖 착각을 하는데, 서양인이 그런 생각을 한다고 해서 누가 나무랄 수 있겠는가? 어떤 요가 수행자들은 호흡 수련을 하여 '꿈 없는 잠'보다도 훨씬 깊은 상태에 빠져드는데, 이때는 몸이 뻣뻣해지고 아무것도 인식하지 못한다. 그러나 그들은 그것을 가리켜 '무상삼매'라고 칭송한다. 어떤 사람들은 우리가 무상삼매에 들어갔을 때 완전히 다른 존재가 된다고 여긴다. 개중에는 마치 우리가 기절했을 때처럼 현상계의 의식이 완전히 사라진 무아지경을 통해서만 무상삼매를 얻을 수 있다고 여기는 사람들도 있다. 이런 모든 생각들은 무상삼매를 지적으로 이해하려고 들기 때문이다.

무상삼매는 인위적인 노력을 넘어선, 형상 없는 의식이다. 자기 자신으로 스스로 존재하는데, 어디에서 무서움이 찾아오며 어디에 신비가 있다는 말인가? 과거(전생)의 오랜 수행을 통해 정신적으로 충분히 성숙한 사람들에게는, 무상삼매가 물밀듯이 갑자기 찾아오기도 한다. 그러나 그밖의 사람들은 꾸준한 수행을 통해 걸림돌이 되던 생각들이 점차 없어져 '나에 대한 순수한 자각의 스크린이 드러나는 때가 되면 무상삼매에 이른다. 여기에서 한걸음 더 수행해 나가면, 그 스크린이 영원히 드러나며 다시는 사라지지 않게 될 것이다. 이것이 『나』를 깨닫는 것이며, 애씀 없이 자연스러운 상태의 본연삼매다. 단순히 현상계에 대한 차별을 지각하지 못하는 것은 군건한 무상삼매의 진정한 본질이 아니다. 즉,

마음이 죽어 차별이 일어나지 않는 상태만이 진정한 무상삼매라는 것을 알아야 한다.

마음이 『나』 속으로 가라앉기 시작할 때, 두려운 느낌이 들곤 한다.
삼매에 들어갈 때 두려움을 느끼고 몸이 떨리는 이유는 미세한 에고의 식이 여전히 남아 있기 때문이다. 그러나 이것이 흔적도 없이 완전히 사라졌을 때, 우리는 지복만이 넘치는 온전한 의식의 광대한 공간에 머물게 되며, 몸이 떨리던 것도 멈추게 된다.

삼매는 지복의 상태이거나 황홀한 상태인가?
삼매 자체에는 완전한 평화로움만이 있다. 황홀함은 삼매가 끝나면서 가라앉았던 마음이 다시 일어날 때, 삼매의 평화로움을 기억하면서 나타난다.

　헌신하는 과정에서는 황홀함이 먼저 찾아온다. 기쁨의 눈물이 쏟아지고, 머리털이 곤두서며, 말을 더듬는다. 그러나 에고가 완전히 사라지고 무상삼매가 이루어지면, 이런 징후들과 황홀감은 사라진다.

삼매의 경지에 이르면 초능력(싯디siddhis)을 얻게 되지 않는가?
초능력을 보여주려면, 초능력을 보고 듣는 다른 사람들이 존재해야 한다. 그 의미는, 초능력을 쓰는 사람에게는 참다운 지혜가 없다는 말이다. 따라서 초능력은 일고의 가치도 없는 것이다. 오로지 참다운 지혜만을 목표로 삼아 탐구하라.

《만두카 우파니샤드Mandukyopanishad》에는 아무리 많은 명상이나 육체적 고행을

삼매
283

하더라도, 요가의 여덟 번째 단계이자 마지막 단계인 '삼매'를 체험하지 못한다면 해탈이란 있을 수 없다고 말하고 있다. 정말 그런가?

올바르게 이해한다면 그것들은 모두 같다. 그것을 명상이라 부르든 고행이라 부르든, 몰입이라 부르든, 아니면 다른 뭐라고 부르든 아무런 차이가 없다. 기름을 부을 때 기름 줄기가 끊임없이 이어지는 것이 고행이고, 명상이며, 몰입이다. 그러나 삼매는 『내』가 되는 것이다.•

그러나 《만두카 우파니샤드》에서는 반드시 삼매를 체험해야만 해탈을 이룬다고 말하고 있다.

누가 그렇지 않다고 하던가? 《만두카 우파니샤드》뿐만 아니라 다른 모든 경전에서도 그렇게 말하고 있다. 그러나 진정한 삼매는 자기(참나)를 아는 것이다. 생명 없는 물건처럼 오래 앉아 있다고 해도 그게 다 무슨 소용이 있겠는가? 가령 당신의 손에 종기가 나서 마취를 하고 수술을 받는다고 치자. 수술을 받을 때는 아무런 아픔도 느끼지 않는데, 그렇다고 해서 당신이 삼매에 든 것인가? 이와 마찬가지다. 우리는 삼매가 무엇인지를 알아야 한다. 그런데 당신이 『나』의 진면목도 모르는데, 어떻게 그것을 알 수 있겠는가? 자기(참나)를 알면, 삼매는 저절로 알게 된다.

삼매는 자신의 본래 상태다. 그것은 깨어 있는 상태, 꿈꾸는 상태, 자는 상태의 기저에 흐르고 있다. 참나가 이 세 가지 상태 안에 있는 게 아니라 이 상태들이 모두 참나 안에 있다. 우리가 깨어 있는 상태에서 삼매를 얻으면, 삼매는 깊은 잠 속에서도 지속된다. 의식과 무의식의 구별

• 고행과 명상 모두 무상삼매에 이르기 전까지 완전한 깨달음이 아니라는 뜻이다.

은 마음의 영역에서만 통용되며, 진짜 참나의 상태는 마음을 초월한다.

그렇다면 우리는 늘 삼매에 이르기 위해 노력해야 한다는 말인가?
깨달은 이들은 에고를 여읜 평형平衡의 상태만이 지혜의 정점인 '무언삼매無言三昧(mouna-samadhi, 침묵의 삼매)'라고 말한다. 우리가 '에고 없는 실체'로 존재하는 상태인 무언삼매를 성취할 때까지는 '나'를 완전히 없애는 것을 목표로 추구할 뿐이다.

제15장

환영과 초능력

명상 수행을 하다 보면 부수적으로 놀라운 현상들이 뒤따르기도 한다. 신들의 환영幻影이 보이기도 하고, 투시력이나 텔레파시 같은 초능력이 생기기도 한다. 또한 이런 현상을 의도적으로 일으킬 수도 있다.

환영은 어떤 심상心像에 집중할 때, 특히 헌신하는 마음으로 집중하거나 그런 환영이 나타나기를 강하게 염원하면 나타나곤 한다. 초능력은 특별한 요가 수행을 통해서도 얻을 수 있다. 요가의 고전인 파탄잘리의 《요가 수트라》에는 은신술에서부터 물 위를 걷는 것에 이르기까지, 여덟 가지 초능력과 그런 능력을 개발할 수 있는 온갖 수련법이 수록되어 있다.

스리 라마나는 환영이나 초능력은 마음이 만들어낸 산물에 불과하며, 깨달음에 도움을 주기보다는 오히려 장애가 된다고 지적하면서 의도적으로 추구하지 못하게 했다. 물론 수행자에게 신의 환영이 저절로 나타나면 그것을 수행이 진보하고 있다는 징표로 인정했지만, 그것은 마음에 나타나는 잠깐 동안의 체험일 뿐이며 '깨달음보다는 낮은 차원'이라는 조언을 덧붙이곤 했다.

그리고 초능력이 저절로 나타나는 경우에 수행자가 그것에 집착하게 되는 위험성에 대해 경고했으며, 그런 능력은 에고를 없애기보다는 강화한다고 설명했다. 스리 라마나는 초능력을 추구하는 욕구와 깨달음을 추구하는 욕구는 서로 상반된다고 강조하며, 다음과 같이 말했다.

> 『나』는 우리와 가장 가까우면서도 영원불멸한 존재다. 하지만 초능력은 우리 밖에 있는 것이다. 초능력은 노력을 통해 얻어지지만, 『나』는 그렇지 않다. 초능력을 얻으려면 마음을 곤두세우고 있어야 하지만, 『나』는 마음이 없어졌을 때만 깨달을 수 있다. 초능력은 에고가 있을 때만 나타나지만, 『나』는 에고를 초월해 있으며, 에고가 사라진 뒤에야 깨달을 수 있다.

내가 힌두교로 개종할 무렵 '시바Siva의 환영'을 본 것에 대해 당신에게도 이야기한 적이 있다. 그런데 코우르탈람(인도 타밀나두주州의 소도시)에서도 비슷한 체험을 했다. 시바의 환영이 나타난 것은 잠시뿐이었지만, 그 순간 나는 엄청난 지복에 휩싸였다. 어떻게 하면 그 체험을 영원하고 지속적으로 할 수 있는지 알고 싶다. 시바신을 더 이상 볼 수 없다면, 내 주위에서 무엇을 보든 살아갈 의욕이 없다. 시바를 생각하기만 하면 행복하다. 어떻게 하면 시바의 환영을 지속적으로 볼 수 있을지 부디 말해주기 바란다.

먼저 당신은 시바신 자체가 아니라 시바의 환영에 대해 말하고 있다. 환영이란 어떤 것이든 내가 아닌 객체에 불과하다. 환영을 보려면 그것을 보는 주체가 있어야 한다. 환영의 가치는 그것을 보는 자의 가치와 같다. 다시 말해, 환영의 본질은 보는 자의 본질과 같은 차원이라는 뜻이다. 무엇이든 생生하는 것은 반드시 멸滅하게 되어 있다. 그 어떤 것이든 나타나면 사라진다. 환영은 영원할 수 없다. 그러나 시바는 영원하다.

한편으로는, 환영을 본다는 것에는 보는 자가 있다는 뜻이 내포되어 있다. 보는 자가 있다는 것은 자기(참나)가 있다는 의미이며, 이를 부인할 수 없다. 의식인 나(참나)가 존재하지 않는 순간은 없으며, 보는 자가 의식과 따로 떨어져서 존재할 수도 없다. 이 의식이 영원한 존재이며 유일한 실재다. 보는 자가 자기를 보지는 못하지만, 환영을 볼 때처럼 자기를 보지 못한다고 해서 자기 존재를 부인할 수 있겠는가? 부인할 수 없을 것이다. 그러므로 '직접 체험'이란 '보는 것(seeing)'이 아니라 '존재하는 것(being)'을 뜻한다.

존재하는 것이 깨닫는 것이다. 그렇기에 '나는 스스로 존재하는 자다(I am that I am)' '나는 존재한다(I am)'가 바로 시바이다. 그가 없이는 그 어떤 것도 존재할 수 없다. 삼라만상이 시바 안에 있고, 시바로 말미암아 존재한다.

그러므로 '나는 누구인가'를 탐구하라. 내면으로 깊이 들어가서 『나』로서 머무르라. 그렇게 하면 시바의 환영을 보는 것이 아니라 시바로 존재할 수 있을 것이다. 시바의 환영이 자꾸 나타나기를 바라지 마라. 당신이 보는 대상과 시바에 어떤 차이가 있는가? 시바는 주체이자 대상이다. 당신은 시바 없이는 존재할 수 없다. 왜냐하면 시바는 언제나 깨달은 채로 지금 여기에 있기 때문이다. 당신이 아직까지도 시바에 대해 깨닫지 못했다고 여긴다면 그것은 잘못이다. 그것이 바로 시바에 대한 깨달음을 방해하는 장애물이다. 그 생각마저 놓아버리면 깨달음이 바로 거기에 있다.

알겠다. 그렇다면 가능한 한 빨리 깨달음을 얻으려면 어떻게 해야 하는가?

그런 생각이 깨달음의 장애다. 시바 없이 개인이 어떻게 존재할 수 있는 가? 바로 지금 이 순간에도 시바는 곧 당신이다. 시간은 문제가 아니다. 만약 깨달음이 아닌 순간이 존재한다면, 깨달음에 대한 질문도 일어날 수 있다. 그러나 진실로 말하건대, 당신은 시바 없이 존재할 수는 없다. 시바는 이미 깨달았고, 늘 깨달아 있으며, 깨닫지 못한 적이 없다.

스리 크리슈나에 대한 직접적인 깨달음을 얻고 싶다. 어떻게 하면 될까?

스리 크리슈나를 어떤 존재라고 생각하며, 직접 깨닫는다는 건 어떤 의미인가?

브린다반Brindavan에 살았던 스리 크리슈나를 가리키는 것이다. 소를 치는 소녀들 (gopis, 크리슈나에게 헌신한 여성들)이 크리슈나를 본 것처럼 나도 그를 보고 싶다.[*]

당신은 스리 크리슈나가 사람이거나 사람의 형상을 한 존재이며, 누군 가의 아들이라고 생각하고 있다. 그러나 그는 이렇게 말했다. "나는 모든 존재들의 가슴 속에 있다. 나는 모든 생명 있는 형상들의 처음이요, 중간이며, 끝이다.(《바가바드 기타》 10:20)"

---

[*] 인도의 고대 서사시 〈마하바라타〉에 등장하는 신이 크리슈나이며, 소녀들(Gopis)이 그의 진면 목을 보았다고 전해진다. 크리슈나와 소를 치는 소녀와의 이야기는 12세기에 자야데바라는 시 인이 지은 〈기타고빈다Gitagovinda〉에도 등장한다.

크리슈나가 모든 존재들의 내면에 있는 것과 마찬가지로, 당신의 내면에도 있다. 크리슈나는 당신 자신, 혹은 당신의 참나(Self)다. 따라서 만약 당신이 이 실체(참나)를 보거나 그것을 직접 깨달으면, 당신은 크리슈나에 대해 직접 깨닫는 것이다. 참나에 대한 직접적인 깨달음과 크리슈나에 대한 직접적인 깨달음은 다를 수 없다. 하지만 지금 당신의 수준에서 자신의 수행 방법대로 추구하려고 한다면, 크리슈나에게 완전히 순명順命하여, 당신이 원하는 직접적인 깨달음을 내려줄 수 있도록 그에게 자신을 온전히 맡겨라.

스리 라마크리슈나가 한 것처럼, 우리도 신과 직접 대화하는 일이 가능할까?
우리가 다른 사람들과 서로 대화를 나눌 수 있다면, 신과도 그렇게 못할 이유가 없지 않은가?

그런데 왜 우리에게는 그런 일이 일어나지 않는 것인가?
그렇게 하려면 마음이 순수하고 강해야 하며, 명상 수행을 꾸준히 해야 한다.

그런 조건이 갖춰지면 신이 분명히 나타나는가?
당신이 실체로 존재한다면 신도 실체로 나타날 것이고, 당신이 실체로 존재하지 않는다면 마찬가지로 신도 실체가 아닌 모습으로 나타날 것이다. 바꾸어 말하자면, 당신이 깨어 있는 동안 자신을 육체로 여기면, 당신은 거친(물질적인) 대상을 보게 된다. 꿈을 꿀 때처럼 미묘한 몸 혹은 마음의 차원에 있을 때는, 마찬가지로 미묘한 대상을 보게 된다. 잠에 깊이 빠져 육체와 자기의 동일시마저 없어졌을 때는, 아무것도 보지 않게 된다. 즉, 보이는 대상은 그것을 보는 자의 상태와 연관되어 있다. 신의 환영을 볼 때도 똑같은 원리가 적용된다.

오랫동안 신의 형상을 마음에 두고 명상을 하면, 신은 우리가 명상을 해왔던 모습대로 꿈에 나타나며, 나중에는 깨어 있을 때도 나타날 수 있다.

이곳을 방문한 사람들 중에는 당신의 환영을 보았거나, 당신으로부터 염파念波 (thought-currents, 생각의 물결이나 파동)를 받고 있다고 말하는 이들이 적지 않다. 나는 이곳에 머문 지 한 달 반이나 되었지만 아직까지 그런 체험을 전혀 못 했다. 내가 당신의 은총을 받을 만한 자격이 없어서일까?

누군가의 환영을 보거나 염파를 받는 것은 그 사람의 마음 상태에 따라서 일어난다. 그것은 개인에 따라 다르며, 누구에게나 보편적으로 나타나는 것도 아니다. 더군다나 그런 것은 중요하지도 않다. 중요한 것은 마음의 평화다.

깨달음이란 무엇인가? 나팔이며, 곤봉이며, 바퀴를 들고 있는 팔이 넷이나 달린 신(비슈누 신상의 모습-옮긴이)의 환영을 보는 것인가? 또한 신이 그런 모습으로 나타난다고 해서, 제자의 무지가 소멸되는가? 진리는 영원한 깨달음이어야 한다. 신을 직접적으로 아는 방법은 '영원한 현존'을 체험하는 것뿐이다. 신을 직접적으로 경험할 때 비로소 우리는 신을 알게 된다. 이는 신이 특정한 모습으로 헌신자의 눈앞에 나타난다는 의미가 아니다. 깨달음이 영원하지 않다면, 환영은 아무런 쓸모가 없다. 팔이 네 개 달린 신이 눈앞에 나타난다고 해서 그것이 영원한 깨달음인가? 그것은 스쳐지나가는 현상이자 미혹일 뿐이다. 환영이 나타나려면 반드시 보는 자가 있어야 한다. 그 보는 자만이 실체이며 영원하다.

예를 들어, 신이 백만 개의 태양으로 눈앞에 나타났다고 치자. 그것이 직접적인 체험인가? 신의 환영을 보기 위해서는 눈과 마음이 필요하다. 눈으로 보고 마음으로 아는 것은 간접적인 체험이지만, 보는 자 스스로 그것이 되는 것이야말로 직접적인 체험이다. 오로지 보는 자 그 자신이 되는 것만이 직접적인 체험이다.

사람들은 비슈누 신의 천국인 바이쿤타 Vaikuntha, **시바 신이 산다는 카일라사** Kailasa, **인드라 신이 산다는 인드라로카**Indaraloka **등등 힌두교의 여러 천상 세계 에 대해 이야기하곤 한다. 그것들이 실제로 존재하는가?**

물론이다. 그런 천상 세계가 모두 존재한다고 확신해도 된다. 거기에도 나 같은 스승이 앉아 있고, 제자들이 그 주위에 둘러앉아 있을 것이며, 제자들은 묻고 스승은 대답할 것이다.

모든 것이 지금 여기와 비슷할 것이다. 뭐가 비슷하냐고? 누군가가 바 이쿤타를 보고 나면 인드라로카에 대해 묻고, 인드라로카에 대해 알고 나면 카일라사에 대해 물을 것이다. 이런 일이 계속 이어지고, 묻는 사 람들의 마음은 여전히 방황하고 있을 것이다. 그러나 정작 평화는 어디 에 있는가? 평화를 얻고자 한다면 올바른 방법은 자기탐구밖에 없다.

자기탐구를 하면 깨달을 수 있다. 자기(참나)를 깨달으면 모든 천상 세 계가 자기(참나) 안에 있음을 깨닫는다. 그러면 이런 질문도 더 이상 일어 나지 않는다. 바이쿤타나 카일라사는 있을 수도 있고 없을 수도 있지만, 지금 여기에 당신이 존재한다는 것만은 진실이다. 그렇지 않은가? 당신 은 여기에 어떻게 있는가? 당신은 어디에 있는가? 우선 이런 것들을 알 고 난 다음 천상계에 대해 생각해도 된다.

파탄잘리의 《요가 수트라》에 언급된 초능력들은 실제로 가능한가, 아니면 그의 꿈에 불과한가?

자신이 브라만Brahman 또는 참나임을 깨달은 사람은 그런 초능력을 대수롭지 않게 여긴다. 파탄잘리 자신도 그런 초능력을 쓰려면 마음을 써서 수련해야 하며, 그런 능력이 깨달음을 향한 수행에 걸림돌이 된다고 말했다.

이른바 초능력자들이 보이는 능력에 대해서 어떻게 생각하는가?

초능력이 대단하든지 형편없든지, 또는 그것이 범인凡人의 마음에서 비롯한 것이든 초인超人의 마음에서 비롯한 것이든, 분명한 점은 능력을 가진 사람이 있어야 능력이 존재한다는 것이다. 먼저 그 사람이 누구인지 찾아보라.

초능력은 정신적인 수행을 하는 과정에서 얻는 부산물인가, 아니면 정신적인 수행에 한낱 방해가 되는 장애물인가?

최고의 초능력은 자기(참나)를 깨닫는 것이다. 진리를 깨닫고 나면 무지의 길에 빠지지 않게 되기 때문이다.

그렇다면 초능력이 무슨 소용이 있는가?

초능력에는 두 종류가 있다. 그 중에 하나는 깨달음에 걸림돌이 되는 초능력이다. 이것은 주문을 외우거나, 신비한 능력을 얻는 약을 먹거나, 혹독한 고행을 하거나, 특정한 종류의 명상을 통해 얻는다. 그러나 이렇게 얻은 초능력은 『나』를 깨닫기 위한 올바른 방편이 아니다. 그런 초능력을 얻는다고 할지라도, 초능력을 얻기 전과 마찬가지로 여전히 무지하기 때문이다.

그렇다면 또 다른 초능력은 무엇인가?

그것은 자기(참나)를 깨달으면 자연스럽게 나타나는 힘과 지혜다. 그런 초능력은 『나』를 깨달은 사람에게 주어지는 자연스러운 영적 수행의 산물이다. 이러한 힘과 지혜는 저절로 나타나며, 신이 선사하는 것이다. 그런 초능력은 개인의 운명에 따라 나타날 수도 있고, 나타나지 않을 수도 있다. 다만 중요한 점은 초능력이 나타나든 나타나지 않든, 지고한 평화로움에 머무르는 깨달은 이는 그런 것에 방해를 받지 않는다는 것이다. 왜냐하면 그는 자기(참나)를 알고 있으며, 그것이야말로 흔들리지 않는 초능력임을 잘 알기 때문이다. 그런 초능력은 억지로 얻으려고 해서 얻어지는 게 아니다. 깨달음에 이르면 그런 초능력이 무엇인지 알게 될 것이다.

깨달은 사람은 다른 사람이 깨닫도록 돕기 위해 초능력을 사용하는가? 아니면 자신이 깨닫는 것만으로도 다른 사람을 도울 수 있는가?

깨달음의 힘은 다른 모든 힘을 다 합친 것보다도 강력하다. 초능력이 다양하다고는 하지만, 다양한 초능력 중에서도 '깨달음'이야말로 최고의 초능력이다. 왜냐하면 다른 초능력을 지닌 사람들도 깨달음을 얻고자 애를 쓰는데, 깨달음을 얻은 사람은 다른 초능력을 바라지 않기 때문이다. 그러니 오로지 참된 지혜만을 갈구하라.

물론 초능력을 얻지 못한 사람에게는 그런 힘이 대단한 것처럼 보일 것이다. 하지만 초능력은 나타났다가 사라지는 덧없는 현상일 뿐이다. 잠깐 나타났다가 사라지는 것을 갈구해봐야 쓸모가 없다. 모든 경이로움은 변하지 않는 유일한 『나』 안에 들어 있다.

그러니 신에게 쓸모도 없는 초능력을 달라고 구걸하는 것은 참으로 어리석다. 이는 마치 자비심이 넘쳐서 자기 자신까지도 기꺼이 내주려는 너그러운 자선가에게, 보잘것없는 상한 죽 한 그릇만 달라고 구걸하는 것과 같다. '지고한 헌신'이라는 뜨거운 불꽃으로 타오르는 가슴 안으로 모든 신비한 능력이 모여든다. 그러나 신의 발아래 자신의 가슴을 완전히 맡겨버린 헌신자라면, 그런 초능력들을 전혀 갈망하지 않을 것이다.

해탈의 길을 좇는 구도자들이 초능력에 마음을 두면, 두터운 속박이 더욱더 강해지며, 따라서 그들의 에고만이 광채를 더한다는 것을 명심하라. '온전한 전체'이자 눈부신 해탈 자체인 『나』를 성취하는 것만이 참다운 지혜를 얻는 것이다. 이에 비하면 축소술(anima, 원자만큼이나 작아질 수 있는 초능력-옮긴이) 따위의 초능력은 어리석은 마음의 상상력이 만들어낸 망상일 뿐이다.

사람들은 소위 '초능력'이라는 것보다 더 경이로운 일들을 무수히 보면서도, 그런 일이 매일 일어나고 있다는 이유만으로 그것들을 신기하게 여기지 않는다. 사람은 태어날 때 전구보다도 작지만, 자라서는 거대한 레슬링 선수가 되기도 하고, 세계적인 예술가나 연설가, 정치가 또는 현자賢者가 되기도 한다. 사람들은 이런 것들은 기적으로 보지 않은 채, 그저 시체가 말이라도 해야 거기에 깜짝 놀란다.

나는 20년 이상 꾸준히 형이상학에 관심을 두고 있다. 하지만 다른 사람들이 겪었다는 특이한 체험을 하나도 하지 못했다. 내게는 투시나 투청 같은 초능력이 없다. 나는 육체 안에 갇혀 있으며 그 이상을 벗어나지 못하고 있다.

그렇다. 실체는 오로지 하나이며, 바로 자기 자신(참나)이다. 그 밖의 모든 것은 『내』 안에서, 『내』가 일으키는, 『나』의 현상일 뿐이다. 보는 자, 보이는 대상, 보는 행위가 모두 『나』일 뿐이다. 『내』가 없이 어떻게 보거나 들을 수 있는가? 어떤 사람에 대해 가까이에서 보고 듣는 것과, 먼 거리에서 보고 듣는 것 사이에 어떤 차이가 있겠는가? 어떤 경우라도 시각기관이나 청각기관 등 감각기관이 있어야 하고 마음도 있어야 한다. 어떤 경우라도 감각기관과 마음 중에 하나라도 없으면 보고 들을 수 없다. 감각기관과 마음에 의존적일 수밖에 없는 것이다. 그렇다면 투시나 투청에 이끌릴 필요가 없지 않겠는가?

　게다가 한번 얻은 것은 정해진 때가 되면 다시 잃게 마련이다. 그것들은 결코 영원하지 않다.

텔레파시 같은 능력을 얻으면 좋지 않은가?

텔레파시나 무선통신(Radio) 모두 멀리 떨어진 거리에서도 보고 듣게 해준다. 보고 듣는다는 점에서는 똑같다. 듣는 사람에게는 가까이에서 들으나 먼 거리에서 들으나 차이가 없다. 보고 듣는 행위에서 근본적인 요소는 보고 듣는 주체다. 듣는 자나 보는 자가 없으면, 듣는 행위도 없고 보는 행위도 없다. 듣고 보는 행위는 모두 마음의 작용일 뿐이다. 따라서 초능력은 마음에만 있을 뿐이며, 『내』가 원래 지니고 있던 자연적인 것이 아니다. 자연적이지 않은 데에다, 원래 없던 것을 새롭게 얻었다면 그것은 결코 영원할 수 없다. 그것만으로도 추구할 만한 가치가 없다.

　또한 초능력이란 확장된 능력을 의미한다. 인간은 능력에 한계가 있기 때문에 불행하다고 느낀다. 이런 이유에서 능력을 확장시켜 행복해지고자 한다. 그러나 능력을 확장하면 어떻게 될지 한번 곰곰이 생각해보라. 지각 능력이 한정되어 있어도 불행한데, 지각 능력을 확장한다면 그에 비례하여 불행도 커질 것이다. 그러니 신비한 능력을 통해 그 누구도 행복해질 수 없으며, 더욱 불행해지고 말 것이다.

게다가 이런 능력을 어디에 쓸 것인가? 초능력자가 되고 싶어 하는 사람은 그 능력을 과시하여 남들에게 인정받고 싶어 한다. 남들에게 인정받고 싶어 하는 사람은, 그 욕구를 충족하지 못하면 불행에 빠지게 된다. 또한 능력을 인정해줄 다른 사람에게 의존해야 하기 때문에, 그것은 스스로 행복해지는 길이 아니다. 더군다나 자신의 능력보다 더 월등한 초능력을 지닌 사람을 만날지도 모른다. 그래서 질투가 생기고 더욱 불행해질 수도 있다.

진정한 능력이란 무엇인가? 물질적으로 풍요로워지는 것인가, 평화로워지는 것인가? 평화로워지는 것이야말로 최고의 초능력이다.

제16장

문제와 체험

정신적인 수행을 하다 보면 그 부산물로 육체적 고통이나 불편, 정신적 혼란, 감정 기복 또는 지복감에 휩싸인 평화 등 여러 상태를 체험하게 된다. 앞의 두 장에서 설명한 것처럼 이런 현상들은 대수롭지 않은 것들이지만, 체험 당사자로서는 큰 관심을 기울이게 되는 경향이 있다. 사람들은 일반적으로 이런 체험들을, 깨달음을 향한 여정에서 만나게 되는 이정표이거나 걸림돌로 해석하는데, 체험 당사자가 이것을 어떻게 해석하느냐에 따라 체험을 지속시키기 위해 노력하는 경우도 있고, 반대로 그런 체험에서 벗어나기 위해 노력하는 경우도 있다.

스리 라마나는 대부분의 정신적 체험에 대해 그리 큰 의미를 부여하지 않았으며, 사람들이 그런 경험을 했다고 말하면 대개의 경우, 그런 체험에 빠지거나 그런 체험을 분석하려고 들지 말고 그 체험을 한 자가 누구인지 알아차리는 게 더 중요하다고 강조했다. 스리 라마나는 그런 체험을 하게 되는 원인에 대해 설명해주기도 하고, 그런 체험이 깨달음에 도움이 되거나 손해가 된다고 평가해줄 때도 있었지만, 대체로 그런 현상에 관심을 가지지 말라고 말하곤 했다.

하지만 그는 제자들이 명상 중에 부딪히는 문제에 대해 조언을 구할 때는 보다 적극적으로 지도했다. 제자들의 어려움에 대해 인내심을 가지고 경청하고, 그 각각의 문제에 대해 건설적인 해결책을 제시했다. 또한 그는 필요하다고 생각되는 경우에는, 『나』의 관점에서 볼 때는 모든 문제들이 실제로는 존재하지 않는다는 점을 이해시키기 위해 노력했다.

이따금 의식이 생생하게 번뜩이는 때가 있다. 그 의식의 중심은 일상적인 자아의 바깥에 있으며, 삼라만상을 품고 있는 것처럼 느껴진다. 철학적 개념을 사용하지 말고, 어떻게 하면 이 번쩍이는 의식을 얻고, 보존하고, 확장할 수 있는지 조언해 줄 수 있겠는가? 또한 그런 체험을 하기 위해 수행을 하려면, 속세를 떠나 한적한 수행처에서 홀로 머물러야 하는 게 아닌가?

당신은 '바깥'이라고 말한다. 그런데 안과 밖이 누구에게 있는가? 안과 밖은 주체와 대상이 있을 때에만 존재한다. 그렇다면 주체와 대상은 누구에게 있는가? 그것을 잘 탐구해보면 주체와 대상 모두 결국 주체 속으로 융합될 수밖에 없다. 그 주체가 누구인지 찾아보라. 그것을 탐구하면 주체마저 초월한 순수의식에 이르게 될 것이다.

또한 당신은 '일상적인 자아'라고 말한다. 일상적인 자아란 마음이다. 마음은 한계가 있다. 그러나 순수의식은 한계를 초월해 있으며, '나'를 탐구해 들어가면 도달할 수 있다.

또한 당신은 '얻는다'라고 말한다. 『나』는 늘 존재한다. 당신은 『나』를 가리고 있는 막을 걷어내기만 하면 된다.

또한 당신은 '보존한다'라고 말한다. 당신이 일단 『나』를 깨달으면, 나를 직접적이고 즉각적으로 체험할 수 있으며, 절대로 잃어버리지 않는다.

또한 당신은 '확장한다'라고 말한다. 『나』는 확장할 수 없다. 『나』는 늘 있는 그대로 존재하며, 수축하거나 확장되지 않는다.

또한 당신은 '떠남'을 말한다. 『나』에 머무르는 것이야말로 속세를 떠나 홀로 수행하는 일이다. 왜냐하면 『나』와 다른 것은 없기 때문이다. 떠남이란 어떤 장소나 상태에서 다른 장소나 상태로 옮기는 것이지만, 사실은 『나』와 별개인 것은 하나도 없다. 삼라만상이 『나』이므로 떠난다는 것은 불가능하며 생각할 수조차 없다.

끝으로 당신은 '수행'을 말한다. 수행이란 본래 지니고 있던 평화를 어지럽히는 걸림돌을 제거하는 것이다. 수행을 하든 하지 않든, 당신은 늘 본래 상태에 있다. 질문이나 의심 없이, 있는 그대로 머무는 것이 당신의 본래 상태다.

사람과 사물이 마치 꿈에서 보듯이 희미하고 거의 투명하게 보일 때가 있다. 그럴 때 나는 바깥에서 대상 관찰하기를 멈춘다. 어떤 종류의 자아(ego)도 적극적으로 인지하지 않으면서, 그들의 존재를 수동적으로만 인지한다. 그때 마음에는 깊은 고요함이 깃든다. 이럴 때의 마음은 참나 속으로 더 깊이 들어갈 준비가 된 상태인가? 아니면 바람직하지 못한 자기최면의 결과인가? 또한 일시적인 평화를 얻기 위해서나마 이런 상태를 계속 추구해야 하는가?

마음을 고요해지게 하는 의식 상태가 있으며, 바로 그러한 상태를 추구해야 하는 것은 맞다. 그러나 마음이 고요해졌다고 말하지만 여전히 『나』를 깨닫지 못하고 의심을 품는 것만 봐도, 그 상태가 우발적인 현상이라는 점은 명백하다.

또한 '더 깊이 들어간다'는 말은, 밖으로 향하는 마음의 습관이 더 이상 마음을 어지럽히지 못하게 하기 위해 마음을 내면으로 돌릴 때 적합하다. 그럴 때는 그런 바깥의 현상에 머무르지 말고, 그 표면 아래로 뚫고 들어가야 한다. 그러나 의식을 방해하지 않는 깊은 고요함 속에 휩싸여 있다면, 굳이 깊이 들어갈 필요가 있겠는가?

명상 중에 종종 지복감에 휩싸인다. 이런 경우에도 '이 지복을 체험하는 자는 누구인가?' 하고 물어야 하는가?

『나』의 지복을 진정으로 체험했다면, 즉 마음이 『나』 안에 진정으로 녹아들었다면, 그런 의문은 결코 일어나지 않을 것이다. 그런 의문이 일어난다는 것만 봐도 아직까지 참된 지복에는 이르지 못했음을 보여준다.

모든 의심은 의심하는 자의 근원을 찾으면 사라진다. 의심을 하나하나 일일이 없애는 일은 쓸데없는 짓이다. 한 가지 의심을 해결하고 나면 또 다른 의문이 꼬리에 꼬리를 물고 이어질 것이며, 이런 과정이 끝없이 되풀이될 것이기 때문이다. 그러니 의심하는 자의 근원을 탐구하여, 의심하는 자가 실제로는 존재하지 않음을 깨달으라. 그러면 모든 의심이 사라질 것이다.

가끔씩 내면의 소리를 듣는다. 그런 소리가 들릴 때는 어떻게 해야 하는가?

어떤 일이 벌어지든 『나』에 이를 때까지는 '이 소리를 듣는 자가 누구인가?'라고 물으면서 자기탐구를 계속해 나가야 한다.

명상 중에 지복을 느끼면서 눈물을 흘리는 때가 종종 있다. 하지만 다른 때는 그

런 일이 전혀 일어나지 않는다. 왜 그런가?

지복은 늘 존재하고 있으며, 나타나지도 않고 사라지지도 않는다. 나타나고 사라지는 것은 마음이 만들어낸 창조물일 뿐이니 염려하지 않아도 된다.

지복에 휩싸이면 몸에서 전율을 느낀다. 그러나 지복이 사라지면 이내 풀이 죽고, 다시 그런 체험을 갈망하게 된다.

지복을 느낄 때와 느끼지 않을 때 모두 당신이 존재한다는 것을 인식하라. 당신이 누구인지를 진정으로 깨닫는다면 그런 체험은 중요하지 않게 된다.

지복에 대해 깨닫기 위해서 반드시 파악해야 할 내용이 있지 않은가?

파악해야 할 무언가가 있다는 것은, 반드시 이원성二元性이 존재한다는 것을 전제로 한다. 그러나 존재하는 것은 일원적一元的인 『나』뿐이며, 결코 이원적이지 않다. 그렇다면 누가 누구에 대해 파악해야 하는가? 파악해야 할 그것은 도대체 무엇인가?

명상을 하다가 무념無念 상태에 도달할 때면 느껴지는 희열이 있다. 그러나 때로는 뭐라고 꼬집어 말할 수 없는 막연한 두려움을 느끼기도 한다.

어떤 체험도 할 수 있지만, 그것에 만족하여 안주해서는 안 된다. 희열을 느끼든 두려움을 느끼든, 그 희열이나 두려움을 느끼는 자가 누구인지 스스로 캐물으라. 즐거움과 두려움을 모두 초월할 때까지, 모든 이원성이 다 사라지고 실체만 남을 때까지, 계속 탐구하라.

그런 일을 겪는다고 해서 잘못된 것은 아니지만, 거기에서 멈춰서는

절대 안 된다. 예컨대 생각이 가라앉을 때 경험하는 희열에 빠져서 헤어
나오지 못하면 안 된다. 이원성이 사라질 때까지 계속 밀어붙여야 한다.

두려움을 없애려면 어떻게 해야 하는가?

두려움이 무엇인가? 하나의 생각일 뿐이다. 세상에 『나』 외에 다른 것
이 티끌만치라도 있다면, 두려워할 수도 있다. 세상을 『나』와 분리된 것
으로 보는 그 자는 누구인가?

먼저 에고가 일어난 이후에 외부에 대상이 있다고 여기게 된다. 에고
가 일어나지 않으면 『나』만이 존재하며 외부에는 아무것도 없다. 자신
의 외부에 뭔가가 있다고 느끼는 것은, 내면에 보는 자가 존재한다는 것
을 뜻한다. 그러므로 내면에서 보는 자를 찾으면, 의심과 두려움은 사라
질 것이다. 그렇게 하면 두려움뿐만 아니라, 에고를 중심으로 모여 있는
다른 생각들도 함께 사라질 것이다.

죽음에 대한 끔찍한 두려움은 어떻게 극복할 수 있는가?

그 두려움이 당신을 사로잡는 때가 언제인가? 꿈도 꾸지 않고 깊이 잠
들어 자신의 육체를 보지 못할 때인가? 그 두려움은 당신이 깨어 있으
면서, 자신의 육체를 포함한 현상계를 인지할 때만 찾아온다. 꿈도 꾸지
않고 깊은 잠을 잘 때처럼, 두려움을 보지 않고 순수한 『나』에 머물면,
어떠한 두려움도 당신에게 범접할 수 없을 것이다.

두려움을 일으키는 것이 무엇인지, 무엇을 잃을까봐 두려워하는지 추
적해보면, 육체가 아니라 육체 안에서 작용하는 마음 그 자신이 없어질
까 두려워한다는 점을 알게 될 것이다. 따라서 만약 인간이 '지속적인
자각'을 할 수 있는 경지에 이른다면, 죽음으로써 자신의 병든 육체와

그로 인한 문제와 불편함 등을 모조리 없앨 수 있다는 것에 대해 무척이나 기뻐할 사람들이 많을 것이다. 왜냐하면 인간이 잃을까봐 두려운 것은 육체가 아니라 의식이며, 각성이기 때문이다. 사람들은 자신의 존재를 사랑한다. 존재가 바로 진짜 자기(참나)이며 영원한 각성이기 때문이다. 그렇다면 왜 지금 당장 육체를 지니고 있을 때, 그 순수한 앎에 굳건히 머무름으로써 모든 두려움에서 벗어나지 않는 것인가?

생각을 비운 다음 그 상태로 있으려고 하면, 금세 잠이 들어버린다. 어떻게 하면 좋겠는가?

일단 잠이 들어버리면, 그 상태에서는 아무것도 할 수 없다. 그러니 깨어 있는 동안이라도 생각에서 물러나 있는 게 최선이다. 그리고 잠에 대해서 왜 신경 쓰는가? 그것도 하나의 생각이다. 그렇지 않은가? 깨어 있는 동안만이라도 생각을 비우고 있을 수 있다면, 그것만으로도 충분하다. 잠들기 전의 상태가 잠에서 깨어났을 때에도 이어질 것이다. 즉, 잠들면서 멈춘 그 지점에서 수행을 계속하게 될 것이다. 생각하는 행위가 활발하게 일어나는 한, 잠도 없어지지 않는다. 생각과 잠은 동전의 양면 같이 존재하며, 별개의 것이 아니다.

잠은 지나치게 많이 자서도 안 되고, 전혀 자지 않아서도 안 된다. 적당히 자야만 한다. 너무 많이 자는 것을 피하려면 되도록 생각, 즉 마음의 활동을 하지 않으려고 노력할 필요가 있다. 또한 순수성 식품을 먹되 적당한 양만큼 먹어야 하며, 육체적 활동에 지나치게 힘을 쏟아서도 안 된다. 그러면 생각과 음식과 활동을 조절하는 것에 비례하여 잠도 조절할 수 있게 될 것이다. 그러나 가장 중요한 점은 이것이다. 구도의 길을 가는 수행자는《바가바드 기타》에서 말하듯이 '적당함'을 규칙으로 삼아야 한다.

　여러 경전에 언급된 것처럼 모든 수행자들에게는 잠이 첫 번째 걸림돌이다. 두 번째 장애물로 지적되는 것은 우리의 주의를 분산시키는 '현상계의 감각 대상'이다. 이어서 세 번째 걸림돌은 기억인데, 이는 마음이 과거에 했던 감각적 경험에 대해 생각하는 행위다. 끝으로 네 번째 장애물로 꼽히는 것은 '지복(희열)'이다. 왜냐하면 희열의 순간에 지복을 경험하는 수행자가 '나는 지복을 즐기고 있다'고 말하게 되는데, 그러면 지복의 근원에서 분리되기 때문이다. 그러므로 수행자는 지복감마저도 극복해야 한다. 삼매의 최종 단계는 실체와 하나가 되어 자신이 지복 자체가 되는 상태에서 이루어진다. 이 상태에서는 지복을 즐기는 자와 지복감이라는 이원성이 '존재 – 의식 – 지복'이라는 참나의 바다에 용해되어 사라져버린다.

그렇다면 우리는 지복이나 황홀감을 오래 지속하려고 애쓰면 안 된다는 것인가?
명상 수행의 마지막 장애물이 황홀경인데, 엄청난 희열과 행복감을 느끼기 때문에 누구나 거기에 머무르고 싶어 한다. 그러나 거기에 빠지지 말고, 그 다음 단계인 거대한 고요함으로 나아가야 한다. 이 고요함은 황홀함보다 높은 단계이며, 이 고요함에서 삼매 속으로 녹아들어가게 된다. 그리하여 바른 삼매를 성취하면 '깨어 있는 잠'의 상태가 되고, 자신이 언제나 의식이라는 것을 알게 될 것이다. 왜냐하면 의식이 자신의 본성이기 때문이다. 실제로 당신은 늘 삼매 속에 있으면서도 그것을 모르고 있다. 그것을 알기 위해서는 장애물을 제거하기만 하면 된다.

시, 음악, 염송, 아름다운 경치, 영감이 넘치는 글, 신에게 바치는 찬미의 노래 등

을 통해 우주에 두루 편재하는 단일성을 진정으로 느낄 때가 있다. 개체적 자아가 들어설 여지가 없는 깊고 황홀하며 고요한 느낌이, 당신이 말하는 가슴속으로 들어가는 느낌과 같은가? 또한 이런 경험이 반복되다 보면 더 깊은 삼매에 들게 되고, 그리하여 궁극적으로 실체를 완전히 깨닫게 될 수 있을까?

자신의 마음에 드는 것을 보면 행복해 한다. 그 행복은 『내』 안에 원래부터 내재된 행복이며, 그 외에 다른 행복이란 존재하지 않는다. 행복은 어디에서 뚝 떨어지는 것이 아니며, 멀리 떨어져 있는 것도 아니다. 즐겁다고 느낄 때도 자신이 참나 안으로 깊숙이 파고들어감으로써 그 결과 스스로 존재하는 지복을 체험하는 것일 뿐이다. 그러니 그 지복이 어떤 사물이나 사건에서 온다고 생각하는 것은, 생각이 만들어낸 연상 작용에 지나지 않는다. 진실은 이렇다. 사실 그 지복은 당신의 내면에 원래부터 존재했다. 그런 경험을 할 때 당신은 미처 알아차리지 못했지만, 사실은 자기(참나) 안으로 깊이 파고들어간 것이다.

만약 당신이 그런 체험을 할 때, 참나이자 유일한 실체인 행복이 나의 본질이라는 확신을 가지고 그 점에 대해 알아차린다면, 그것이 바로 '깨달음'이라는 것이다. 『나』, 즉 가슴 안으로 또렷한 의식을 지니고 뛰어들기 바란다.

20년 가까이 수행을 해오고 있는데도 진전이 없다. 매일 새벽 5시부터 참나만이 존재하며 다른 모든 것은 실체가 아니라는 생각에 집중하는 수행을 20년째 하고 있다. 그러나 여전히 2~3분도 되지 않아서 잡념에 휘둘린다. 나는 어떻게 해야 하는가?

수행을 제대로 해내기 위해서는, 마음이 밖으로 향할 때마다 거두어들여 『내』 안에 묶어두는 수밖에 없다. 굳이 명상, 진언, 염송 같은 수행을 할 필요도 없는데, 그 모든 것들이 우리의 본성이기 때문이다. 『나』가 아닌 대상들에 대한 생각을 그치기만 하면 된다. 명상이란 『나』를 생각하는 것이 아니라, 『나』가 아닌 것에 대해 생각하지 않는 것이다. 외부적인 대상들에 대한 생각을 내려놓고, 마음을 내면으로 향하게 하라. 『나』 안에 굳건히 머무름으로써 마음이 밖으로 나아가지 못하게 하라. 그러면 『나』만이 남을 것이다.

생각과 욕망에 딸려가지 않으려면 어떻게 하면 되는가? 생각을 다스리려면 생활을 어떻게 통제해야 하는가?

『나』에 굳건히 머물수록 다른 생각은 저절로 떨어져 나간다. 마음이란 생각 다발일 뿐이며, 모든 생각의 뿌리는 '나라는 생각'이다. 생각의 뿌리인 '나'가 누구인지를 알고, 어디에서 나오는지를 찾으면, 모든 생각들은 참나 속으로 녹아 들어가버린다.

생활을 통제하는 것, 예컨대 정해진 시간에 일어나고, 목욕을 하고, 진언이나 염송을 외고, 의식을 하는 행위는 자기탐구를 탐탁하지 않게 여기는 사람이나 자기탐구를 할 수 없는 사람들에게나 필요하다. 하지만 자기탐구를 할 수 있는 사람에게 규칙이나 지침 따위는 필요 없다.

부단히 애를 쓰는데도, 왜 마음을 내면으로 돌릴 수 없는 것인가?

침착한 마음으로 꾸준히 수행을 계속하면 차츰차츰 마음이 내면으로 향하게 된다. 마음이란, 눈앞에 풀밭이 펼쳐져 있는데도 다른 목장에 가서 풀을 훔쳐 먹는 데 너무 오랫동안 길들여진 소와 같아서, 쉽사리 자기 우리 안에 들어가려 하지 않는다. 주인이 아무리 맛있는 풀과 먹이로 꾀어도 처음에는 말을 듣지 않는다. 어쩌다가 한 입 받아먹어도 그때

뿐이다. 떠돌아다니던 마음에 박힌 습관이 되살아나면, 곧장 밖으로 나간다. 하지만 주인이 계속해서 소를 돌보며 풀을 먹이면 차츰차츰 달라진다. 소는 우리 안에 점점 더 자주 머무르게 되고, 마침내 고삐를 풀어도 달아나지 않게 될 것이다. 마음도 이와 같다. 스스로의 내면에 행복이 있음을 알게 되면, 더 이상 밖으로 떠돌지 않는다.

내관內觀에 집중하는 수행을 하는데, 상황에 따라 기복이 있다. 정상적인 것인가?

그렇다. 마음이 맑아 집중이 잘 될 때가 있는가 하면, 아무리 애를 써도 안 되는 경우도 있다. 이런 일은 세 가지 기질(순수함, 활동성, 나태함)의 작용 때문이다.

나의 행위나 주변 상황도 명상에 영향을 주는가?

사람의 행위나 상황은 명상에 영향을 주지 않는다. 장애가 되는 것은 자신이 행위자라는 그릇된 의식이다.

마음이 이삼 일 정도는 맑다가 다음 이삼 일 정도는 흐릿해지곤 하는 현상이 되풀이된다. 왜 그런가?

그것은 매우 자연스러운 현상이다. 세 가지 기질인 순수함, 활동성, 나태함이 번갈아 나타나기 때문이다. 나태함이 작용할 때 속상해 하지 말고, 순수함이 활성화되는 때를 최대한 이용하도록 하라.

몸이 너무 약한 나머지 꾸준히 명상을 하기 어려운 사람도 있다. 그런 사람은 수행에 매진하기 위해 몸을 단련하는 요가를 해야 하는가?

그 사람의 습에 따라 다르다. 어떤 사람은 몸의 질병을 치료하기 위해 하타 요가를 할 수도 있고, 어떤 사람은 신에게 몸의 질병을 고쳐달라고 자신을 완전히 맡겨버릴 수도 있다. 또 어떤 사람은 자신의 의지력으로 몸을 추스를 것이고, 어떤 사람은 관심을 주지 않고 그냥 내버려둘 것이다. 그러나 모두가 끈기 있게 명상 수행을 해나간다는 점이 가장 중요하다. 명상에서의 핵심은 자기탐구이며, 그 외의 모든 것은 장식품에 지나지 않는다.

가슴이 두근거리고 숨이 가빠서 집중하기가 어렵다. 설상가상으로 생각들도 갑자기 마구 쏟아져 나와서 마음을 걷잡을 수 없게 만든다. 물론 건강이 좋을 때는, 나도 고르게 호흡하며 깊이 집중할 수 있었다. 사실 나는 오래 전부터 당신의 도움을 받아 명상의 정점을 찍고 싶어 많은 노력을 한 끝에 여기까지 왔다. 그런데 이렇게 병이 나서 명상을 할 수 없으니 마음이 몹시 우울하다. 호흡이 가빠 괴로워도 어떻게든 마음을 모으려고 안간힘을 써보기는 하는데, 어느 정도 성과는 있었지만 흡족하지는 않은 상태다. 게다가 어느새 이곳을 떠나야 하는 때가 가까이 다가오고 있으니, 그 생각에 마음이 더욱 우울해진다. 여기에 있는 다른 사람들은 명상을 하여 평화를 얻었는데, 나는 아직까지 그런 경지에 가지 못했다. 이런 상황 자체가 답답하다.

'나는 집중할 수 없다'는 생각 자체가 걸림돌이다. 왜 그렇게 생각해야만 하는가?

하루 24시간 내내 생각을 일으키지 않고 지낼 수 있는가? 건강이 좋지 않으면 명상을 하지 않고 그냥 지내야 하는가?

'시간'이란 무엇인가? 그것은 하나의 개념일 뿐이다. 당신이 하는 각각의 질문은 모두 한 생각에서 비롯한 것이다.

생각이 일어나도 거기에 휘둘리지 마라. 당신이 『나』를 잊어버릴 때 육체에 대해 생각하게 된다. 그러나 어떻게 『나』를 잊어버릴 수 있겠는가? 내가 어떻게 스스로 『나』를 잊어버릴 수 있겠는가? 하나가 다른 하나를 잊으려면, 두 개의 자기가 있어야 한다. 그것은 모순이다.

『나』는 우울하지 않으며, 불완전하지도 않다. 『나』는 늘 행복하다. 행복하지 않다는 느낌은 생각일 뿐이며, 스스로의 생명력이 없다. 생각에서 벗어나라. 당신은 왜 명상을 하려고 안간힘을 쓰는가? 당신 스스로가 『나』이므로, 늘 깨달은 상태다. 다만 생각에서 벗어나기만 하면 된다.

당신은 건강 때문에 명상을 하기 어렵다고 생각한다. 그 우울한 생각이 비롯된 지점까지 파고들어가 추적해야 한다. 결국 '이 몸이 곧 『나』'라고 여기는 그릇된 생각이 원인이다. 병은 『나』의 것이 아니라 육체의 것이다. 그러나 내가 병에 걸려서 아프다고 당신의 육체가 말하지는 않는다. 그렇게 말하는 자는 바로 당신이다. 왜 그렇겠는가? 당신이 자신을 육체라고 잘못 알고 있기 때문이다. 육체 자체도 하나의 생각에 불과하다. 그러니 우울해 할 이유가 전혀 없다.

명상을 하는 중에 모기가 문다든지 하는 방해 요인이 있다면, 모기가 물어도 상관하지 않고 참고 버티며 명상을 계속해야 하는가, 아니면 모기를 쫓아버린 다음에 명상을 재개해야 하는가?

편리한 대로 하면 된다. 모기를 쫓아버린다고 해서 해탈을 얻는 것은 아니다. 중요한 것은 의식을 집중하는 것이며, 마음을 완전히 없애는 것이다. 이를 위해 모기에게 물려도 참으면서 할 것인지, 모기를 쫓아버리고 나서 할 것인지는 전적으로 당신에게 달려 있다. 만약 마음이 명상에 완전히 녹아들었다면, 모기가 무는지도 모를 것이다. 하지만 그런 단계에 도달하기 전이라면, 굳이 모기를 쫓지 말아야 할 이유가 있겠는가?

명상을 하다보면 새로운 병을 얻는다고 말하는 사람들이 있다. 나도 등과 가슴 쪽이 약간 아프다. 이것이 신(스승)의 시험이라고 말하는 사람들도 있는데, 사실인가? 이 점에 대한 설명을 듣고 싶다.

어떤 스승도 당신의 외부에 존재하지 않으며, 시험 또한 없다. 그런 것을 시험이나 정신적 수행으로 얻은 질병이라고 믿는 것은, 실은 나디nadi(정신적 신경)와 오관(五官(five senses, 다섯 가지 감각기관 혹은 감각)에서 비롯한 긴장이다. 지금까지 마음은 감각기관과 연결을 유지하면서 나디(nadi)를 통해 외부 세계를 지각해왔다. 그런데 명상을 하다보면 마음과 그 연결이 끊기면서 긴장이나 통증을 일으키기 마련이다. 이런 증상을 두고 '병'이라는 사람도 있고, '신의 시험'이라는 사람도 있는 것이다.

그러나 참나 또는 참나에 대한 깨달음만을 염두에 두고 명상을 지속해 나가면 이런 통증은 이내 사라진다. 신이나 참나와의 합일을 추구하는 부단한 수행보다 더 좋은 치료법은 없기 때문이다. 다만 그 과정에서, 오랫동안 지녀온 습을 떨쳐버리기 위해 아픔을 겪는 것은 불가피하다.

욕망과 습을 없애려면, 그것들을 어떻게 다스리는 게 가장 좋은 방법인가? 욕망이나 습을 충족시켜야 하는가, 억압해야 하는가?

욕망을 충족시킴으로써 없앨 수만 있다면, 욕망을 아무리 좇아도 아무런 해가 없을 것이다. 그러나 일반적으로 욕망은 충족시킨다고 해서 뿌리 뽑을 수 있는 게 아니다. 욕망을 충족시킴으로써 그것을 뿌리 뽑으려고 하는 것은, 불을 끈답시고 불길 위에 기름을 끼얹는 것과도 같다.

그렇다고 해서 욕망이나 습을 억압하는 것도 좋은 방법은 아니다. 억압하면 당시에는 잠잠해지지만 언젠가는 그 반작용으로 튀어올라 더욱 강하게 끓어오르게 되기 때문이다. 결국에는 바람직하지 않은 결과로 이어지기 쉽다.

욕망을 없애는 적절한 방법은 '누가 이 욕망을 가지고 있는가? 이 욕망의 근원은 무엇인가?'를 탐구하여 찾는 것이다. 그 근원을 찾아내면 욕망은 뿌리가 뽑혀 다시는 일어나지도 않고 자라지도 않을 것이다.

그러나 먹거나 마시거나 잠자거나 용변을 보는 등의 사소한 욕망은, 비록 욕망으로 분류하긴 하지만 안심하고 해소해도 되는 것들이다. 그런 행위들은 삶을 유지해 나가는 데에 꼭 필요한 것들이며, 새로운 습이나 경향성을 만들지도 않고 남기지도 않는다. 그러므로 일반적으로 어떤 욕망을 충족시키더라도 마음에 새롭게 습을 형성하여 그 욕망을 더 자라게 하지 않는 것이라면, 충족시켜도 해가 되지 않는다.

명상 수행에서 수행자가 깨달음을 향해 제대로 나아가고 있는지를 가늠할 수 있는 단서 같은 것은 없는가?

원하지 않은 생각들로부터 자신이 얼마나 자유로워졌는지 그리고 한 가지 생각에 얼마나 오래 그리고 충분히 집중할 수 있는지가 수행의 진전을 가늠하는 척도다.

제 6 부

이론

Theory

어떤 형이상학적 논의도 자신의 내면에서 참된 실체를 찾게끔 하지 않는다면 아무런 소용이 없다. 따라서 창조나 우주의 본질, 진화, 신의 목적 등에 대한 모든 논란들은 아무 쓸모가 없다. 또한 그런 논쟁을 벌인다고 해서 행복해지는 것도 아니다. 사람들은 '나는 누구인가?'에 대해 알려고 애쓰지 않은 채 바깥에 있는 것들을 알려고 애쓴다. 그러나 '나는 누구인가?'에 대한 탐구만이 행복에 이르는 길이다.

제17장

창조론과 현상계의 실체

스리 라마나는 영적인 문제의 이론적인 측면에는 아예 관심을 두지 않거나 거의 관심을 가지지 않았다. 그의 주된 관심사는 사람들로 하여금 『나』를 깨닫도록 이끄는 것이었으며, 그런 목적을 이루기 위해서는 이론적인 사색보다 실천이 더 중요하다고 늘 강조했다. 그는 이론적인 문제에 관한 질문을 받으면 침묵하거나, 그런 질문을 하는 '나'의 근원을 찾아보라고 답하곤 했다.

물론 가끔씩은 평소의 태도를 누그러뜨리고 다양한 철학적 견해에 대해 자세히 설명하기도 했다. 그러나 질문자가 자신의 질문에 대해 너무 집요하게 파고들거나 공허한 지적 대화로 흐를 때에는 대화의 주제를 바꿔 보다 더 실천적인 문제로 주의를 돌렸다.

이런 철학적 문답의 대부분은 물질세계의 본질과 기원에 집중되었다. 그 이유 중 하나는, 이 문제에 관한 스리 라마나의 견해가 세상의 상식적인 생각과 판이하게 달랐기 때문이다.

스리 라마나는 다른 주제에 대해 이야기할 때와 마찬가지로, 이 주제에 대해서도 듣는 사람의 이해력 수준이 다른 점을 감안하여 질문자마다 설명을 달리했다. 그러나 그런 경우에도 그의 견해는 대다수 사람들이 가지고 있는 물질적 실체에 대한 개념을 철저하게 뒤집는 것이었다.

스리 라마나는 물질적 세계의 본질에 대해 이야기할 때면 서로 다른 세 가지 관점을 받아들이곤 했다. 그는 때에 따라 이 세 가지 관점을 모두 옹호했지만, 이 주제에 대한 그의 일반적인 언급에 비추어볼 때, 그는 다음에 나오는 이론들 가운데 앞의 두 가지만이 참되거나 수행에 도움이 된다고 본 것이 분명하다.

1. 무인론

무인론無因論(ajata vada, 원인이 없다는 이론)은 현상계가 결코 창조된 적이 없다는 힌두교의 전통적인 이론이다. 이 이론은 물질적 세계에서의 모든 인과관계를 전면적으로 부정한다. 참나만이 유일불변唯一不變한 실체로서 실재하기 때문이다. 스리 라마나는 참나 이외에 어떤 것도 발생하거나 소멸된 적이 없음을 깨달은 사람은, 이 이론을 체험적으로 알고 있다고 말함으로써 이 견해를 지지했다.

따라서 시간, 공간, 인과因果 등 창조론을 뒷받침하는 필수 요소들은 깨닫지 못한 사람의 마음속에만 존재하며, 『나』를 깨달은 사람에게는 애초에 그런 식의 현상계는 존재하지 않는다는 결론에 이르게 된다.

그렇다고 해서 이 이론이 현상계의 존재 자체를 부정하는 것은 아니다. 다만 현상계가 창조 과정을 통해 존재하게 되었다는 '창조론'만을 부정할 뿐이다. 스리 라마나는 그 자신의 체험에 비추어볼 때, 현상계는 존재하지만 상호작용하는 물질과 에너지의 집합체가 아니라, 참나 안에서 아무런 원인도 없이 나타나는 것이며, 깨달은 사람들은 이에 대해 모두 알고 있다고 말했다. 그는 또한 덧붙여 말하기를, 현상계의 본질 또는 근원이 참나와 같기 때문에 현상계 역시 참나의 실체성을 지니고 있을 수밖에 없다고 했다.

다시 말해, 깨달은 사람이 현상계가 존재한다고 하는 것은, 현상계가 단순히 보이기 때문이 아니라, 현상계의 참된 본질이 참나와 분리될 수 없기 때문이다. 반면에 깨닫지 못한 사람은 현상계가 유일한 실체라는 점을 모르며, 현상계의 근원도 모른다. 따라서 깨닫지 못한 사람의 마음은 감각기관이 받아들인 인상을 끊임없이 잘못 해석함으로써, 현상계의 본질과는 별개로 존재하는, 상호작용하는 대상으로 이루어진 환영幻影의 현상계를 건설하게 된다. 스리 라마나는 현상계를 그런 식으로 보는 것은 실체가 아닌 꿈을 보는 것과 같다고 지적했다. 왜냐하면 참나의 실체 위에 마음이 만들어낸 창조물을 덧씌운 것이기 때문이다.

스리 라마나는 깨달은 사람과 그렇지 못한 사람이 갖는 관점의 차이를 이렇게 요약한 바 있다. 깨달은 사람이 참나 안에서 직접 체험하는 세계는 실재하며, 깨닫지 못한 사람이 마음으로 인식하는 세계는 분리된 대상들이 조합된 가상의 세계이며 실재하지 않는다.

2. 견현론

스리 라마나는 질문자가 무인론을 완전히 이해하지 못하면 '견현론見現論(drishti-srishti vada 내가 존재하면 세상도 존재한다는 이론)'으로 세상을 설명했다. 이 이론은 '나'라는 생각이 나타남과 동시에 현상계가 나타나고, '나'라는 생각이 사라지면 현상계도 사라진다는 것인데, 견현론 혹은 동시창조론이라고 알려져 있다. 이 이론은 깨닫지 못한 사람에게 나타나는 현상계란, 현상계를 지각하는 자의 마음이 만들어낸 산물이고, 따라서 마음이 없어지면 세계도 없어진다는 것이다.

이 이론은 마음이 스스로 가상의 세계를 만들어낸다는 점에서는 진실이다. 그러나 참나의 관점에서 보자면, 가상적 세계를 창조하는 가상의 '나'는 창조된 것이 아니고 실재하므로 무인론의 원리를 뒤집을 수는 없다.•

스리 라마나는 견현론이 창조에 관한 궁극적인 진리는 아니라고 말하기는 했지만, 무인론을 받아들일 준비가 안 된 제자들에게는 대안으로 견현론을 잠정적으로 받아들이도록 권유했다. 그는 견현론의 접근법을 권유하는 이유로, 현상계를 마음이 만들어낸 비실재적인 창조물이라고 지속적으로 여기다보면, 현상계에 대한 집착이 가벼워져서 '나라는 생각'에 미혹되지 않은 상태를 유지하기가 쉬워지기 때문이라고 설명했다.

3. 현견론

이 이론은 현상계가 인과법칙의 지배를 받는 객관적인 실체이며, 그 창조의 근원을 거슬러 올라가면 하나의 창조 행위가 있었다는 다소 상식적 견해이다. 빅뱅이론에서부터 성경의 창세기에서 나온 창조론 등 창조에 관한 서양의 모든 이론이 사실상 현견론現見論(srishti-drishti vada, 점진적 창조론)에 포함한다.

그러나 스리 라마나는 무인론이나 견현론을 받아들이려고 하지 않는

• 『내』가 나타남으로써 세상이 나타나려면, 『내』가 세상에 창조되어야 하는데, '『나』'는 처음도 시작도 끝도 없는 영원불멸한 존재이기 때문에 이 이론에 허점이 있다는 뜻이다. 그러나 세상이 가상의 세계이며 마음이 만들어낸 착각에 불과하다는 점에서는, 견현론은 진실이다.

질문자에게만 현견론에 대해 이야기했다. 또한 그런 상황에서도 이 이론은 단지 지적 호기심만을 충족시켜 주기 때문에 너무 심각하게 받아들이지 말라고 늘 덧붙였다.

문자 그대로 해석하면, 견현론은 현상계란 그것이 지각될 때만 존재한다는 뜻이고, 현견론은 현상계란 누군가가 지각하기 전에 이미 세상이 존재하고 있다는 뜻이다. 진지한 구도자라면 견현론이 이상하게 들릴 수도 있지만, 현견론보다는 견현론을 받아들여야 한다고 스리 라마나는 강조했다. 왜냐하면 이 이론이 진리에 더 가깝기도 하거니와, 자기(참나)를 깨닫고자 노력하는 사람에게 가장 도움이 되기 때문이라는 것이다.

창조란 어떻게 해서 일어난 것인가? 어떤 사람은 그것이 예정되어 있었다고 하고, 어떤 사람은 단지 '신의 유희'라고 한다. 무엇이 진실인가?

여러 책에 이에 대한 다양한 설명이 등장한다. 하지만 창조라는 것이 과연 있을까? 창조라는 게 실제로 있어야 어떻게 창조가 일어났는지를 설명할 수 있을 것이다. 우리는 창조에 관한 다양한 이론에 대해서는 모를 수도 있지만, 우리가 존재하고 있다는 사실만큼은 확실히 알고 있다. 그런데 왜 '내'가 누구인지 알고 난 다음에 창조에 대해 알려고는 하지 않는가?

스리 상카라차리아Sri Sankaracharya가 쓴 《베단타》를 보면, 초심자들에게는 세계 창조의 원리를 설명하면서도, 수행이 진전된 사람들에게는 이와는 다른 '창조는 없다'는 원리를 설명한다. 이 문제에 대한 당신의 견해는 무엇인가?

가우다파다Gaudapada(640~690년, 상카라와 고빈다의 스승-옮긴이)의 주석서 제 2장에도 다음과 같은 말이 나온다.

"창조도 없고 소멸도 없다. 속박된 자도 없고, 속박에서 벗어나고자 수행하는 자도 없다. 해탈하고자 하는 자도 없고, 해탈한 자도 없다. 이 것이 절대 진리다."

『나』안에 머물고 있는 사람은 실체에 대해 알기에, 이 말이 무슨 뜻 인지도 이해할 것이다.

『나』로 인해 우리가 지금 바라보고 있는 이 현상계가 탄생한 것이 아닌가?

『나』 자체가 여러 가지 이름과 모습을 지닌 현상계로 나타난다. 그러나 『나』 자체가 현상계를 창조하고, 유지하며, 파괴하는 작용인作備因(nimitta karma, 능동적으로 작용하게끔 하는 힘-옮긴이)으로 기능하지는 않는다.

그렇다고 "참나인 내가 왜 그 자신이 현상계로 나타난다는 진리를 모 르며 혼란스러워 하는가?"라고 묻지 마라. 대신에 '이 혼란스러움이 누 구에게 일어나는가?'를 탐구하다 보면, 참나에는 이런 혼란이 한 번도 존재한 적이 없음을 알게 될 것이다.

그렇게 말씀하는 걸 보니, 당신은 '불이론적 베단타(advaita vedanta)' 학파의 무인 론無因論을 지지하는 것처럼 보인다.

나는 무인론만 가르치지는 않는다. 나는 여러 학파의 다양한 견해를 모 두 인정한다. 똑같은 진리라도 듣는 사람의 능력에 맞추어 여러 가지 다 른 방식으로 표현해야 하기 때문이다. 무인론에서는 이렇게 말한다. "유 일한 실체만 존재할 뿐 그밖에 어떤 것도 존재하지 않는다. 태어남도 없 고 죽음도 없으며, 투영投影*도 회수回收*도 없고, 수행자도 없고, 속박도

없고, 해탈도 없다. 존재하는 것은 유일한 하나뿐이다.'

하지만 이 진리를 제대로 이해하지 못하고 '우리의 주위를 둘러싸고 있는 이 확실한 세계를 어떻게 없다고 할 수 있단 말인가?'라고 묻는 사람들에게는 그것이 꿈속의 체험과 같다고 지적해준다. 그리고 이렇게 말해준다. '당신이 보고 있는 모든 것은 '보는 자'인 당신에게 달려 있다. 보는 자가 없으면 보이는 것도 없다.'

이것을 견현론이라고 하는데, 마음으로부터 대상을 창조한 다음에 자기 마음이 만들어낸 현상을 자기 자신이 본다는 이론이다.

그러나 어떤 사람은 이 이론조차 이해하지 못하고 이렇게 따지고 든다. "꿈에서 하는 체험은 매우 짧지만, 이 세상은 영원히 존재한다. 꿈에서 하는 체험은 나에게만 보이지만 이 세계는 나뿐만 아니라 다른 사람들도 보고 느낀다. 이런 세계를 두고 실재하지 않는다고 말할 수는 없지 않은가?"

이렇게 따지는 사람에게 나는 현견론을 설명한다. 이를테면 '신이 태초에 이러이러한 요소로부터 이러이러한 것들을 창조한 다음, 이어서 다른 것들을 창조하고, 그 창조 행위가 계속해서 이어졌다'는 식이다. 그런 부류의 사람들에게는 이렇게 설명해야 만족한다. 그렇지 않으면 그들의 마음은 도무지 이해할 수 없어서 스스로에게 이렇게 묻는다.

"지리학, 지도, 과학, 항성, 행성과 그와 관련된 법칙과 지식이 어떻게 모두 거짓일 수 있단 말인가?" 그런 사람들에게는 이렇게 말하는 것이

• 이 맥락에서 '투영'이란 마음의 상을 외부에 펼쳐내는 것이며, '회수'란 투영한 것을 다시 거두 어들이는 것이다.

최선이다. "맞다, 신이 이 모든 것을 창조했기에 지금 당신이 세상을 보고 있는 것이다."

그러나 세 가지 이론이 모두 진리일 수는 없지 않은가? 그 가운데 단 하나의 이론만이 진리인 게 아닌가?

모든 이론은 배우는 사람의 수준에 맞추기 위한 것이며, 절대적인 진리는 오직 하나다. 《베단타》에서는 이 우주가 우주를 보는 자와 동시에 나타나며, 세세한 창조 과정 따위는 없다고 말한다. 이것을 '즉각적인 창조'라고 한다. 이는 마치 꿈을 꾸는 사람과 꿈속의 창조물이 동시에 나타나는 것과도 같다. 이렇게 말하면 어떤 사람들은 만족하지 않는데, 그들은 객관적 지식에 깊이 뿌리를 박고 있기 때문이다. 그들은 어떻게 세상이 갑자기 창조될 수 있는지 의아해 한다. 그들은 어떤 결과가 있으려면 반드시 어떤 원인이 선행되어야 한다고 주장한다. 요컨대, 그들은 자기들이 보는 세계가 실재한다는 것에 대한 설명을 듣고 싶어 한다. 그런 이유에서, 여러 경전들이 갖가지 창조론으로 사람들의 호기심을 충족시키려고 하는 것이다. 이런 식으로 창조의 주체가 있다고 설명하는 방식을 두고 현견론, 즉 점진적 창조론이라고 한다. 그러나 진정한 구도자라면 '즉각적인 창조론'을 받아들일 수 있을 것이다.

창조의 목적은 무엇인가?

바로 이런 질문을 이끌어내기 위해서다. 그 질문에 대한 해답을 찾아보라. 그 질문에 대해 탐구하다 보면 결국 『나』 자신을 탐구하게 될 것이며, 『나』가 아닌 것을 모두 걷어내고 난 다음에 순수하게 빛나는 『나』를 깨달으면 탐구도 끝날 것이다. 그런 다음 지고한, 더 나아가 만물의 원천인 『나』에 머물러라.

창조에 관한 이론은 앞으로도 무수히 많을 것이다. 창조에 관한 이론은 끝도 없이 쏟아지고 있으며, 앞으로도 끝이 없을 것이다. 왜냐하면 시간과 공간이 무한하기 때문이다. 그러나 모든 이론은 마음속에 존재한다. 그러므로 마음을 보게 되면, 시간과 공간을 초월해 『나』를 깨닫게 된다.

사람들은 자기만족을 위해 과학적이고 논리적으로 창조론을 설명한다. 그러나 거기에 과연 끝이 있겠는가? 그렇게 설명하는 이론을 현견론(점진창조론)이라고 부른다. 보는 자 없이는 보이는 대상도 없다. 그 보는 자를 찾아내면 창조한 세계가 그 보는 자 안에 포함되어 있다는 것을 알 것이다. 왜 밖으로 눈을 돌려, 끝도 없는 현상계에 대해 계속 설명하려 하는가?

《베다Vedas》에는 우주 창조에 대해 서로 상충하는 이야기들이 등장한다. 한쪽에서는 허공●이 태초에 창조되었다고 하고, 다른 쪽에서는 생명 에너지인 생기生氣(prana)가 최초로 창조되었다고 한다. 그런가 하면 태초에 창조된 것이 '물'이라는 견해도 있는 등 다양한 창조론이 나온다. 이런 이야기들을 어떻게 조화롭게 이해할 수 있는가? 이런 이야기 때문에 《베다》의 신뢰성이 떨어지는 것은 아닌가?

서로 다른 사람이, 서로 다른 시기에, 한 가지 진리의 다양한 측면을 보고 제각각 자기 나름의 견해를 강조한 것이다. 왜 그 이야기들이 서로

● 힌두교에서는 '소리 없는 소리'인 옴의 미묘한 진동으로부터 에테르Ether(허공虛空)가 나타났으며, 여기에서 공기, 불, 물, 흙이 나타났다는 이론이 있다.

모순된다고 염려하는가? 《베다》의 본질적인 목적은 영원불멸하는 아트만(참나)의 본질에 대해 가르쳐주고, 우리가 바로 아트만이라는 것을 보여주는 데에 있다.

그 부분에 대해서는 납득할 수 있다.
그렇다면 나머지 논의에 대해서는 세상의 기원을 알고 싶어 하는 무지한 자들을 돕기 위한 보조적인 논의나 설명으로 여겨라.

나는 피조물의 일부분으로 세상에 의존하고 있다. 현상계에서 독립하지 않는 한 창조의 수수께끼를 풀 수 없는 것 아닌가? 그래서 나는 당신에게 묻는다. 스승께서 나를 위해 이 의문에 답해줄 수 있는가?
그렇다. 나는 이렇게 말한다. "스스로 독립하고, 스스로 그 문제를 풀어라. 오로지 당신 자신만이 그렇게 할 수 있다." 또한 이렇게 되묻겠다. "질문을 하는 당신은 지금 어디에 있는가? 이 세계 안에 있는가, 아니면 이 세계가 당신 안에 있는가?"

당신이 잠자는 동안에도 이 세상이 존재한다는 것을 부인할 수 없지만, 잠자는 동안에는 이 세상을 인지할 수 없음을 인정해야만 한다. 세상은 당신이 잠에서 깨어나면 다시 나타난다. 그렇다면 세상이 어디 있겠는가? 분명히 세상은 당신의 생각이다. 그리고 그 생각들은 당신의 마음이 투영된 것이다. '나'가 처음에 창조되고 그 다음에 현상계가 창조된다. 다시 말하면 현상계는 '나'에 의해 창조되는데, '나'는 참나로부터 나타난다. 세계 창조에 얽힌 수수께끼는 '내'가 어떻게 창조되었는지를 알면 저절로 풀린다. 그래서 나는 이렇게 말한다. "자기(참나)를 찾으라."

다시 말하건대, 세상이 당신에게 다가와서, "왜 '내'가 존재하는가?

'나'는 어떻게 창조되었는가?" 라고 묻던가? 질문을 하는 자는 당신이다. 그 질문을 하는 자가 세상과 자신과의 관계를 밝혀야 한다. 그러려면 세 상이란 당신의 상상력이 만들어낸 산물이라는 점을 인정해야만 한다. 그런데 누가 그것을 상상하는가? 상상하는 자가 '나'를 찾고, '참나'를 찾아야 한다.

　더 나아가 창조에 관한 과학적, 신학적 이론들은 죄다 모순투성이다. 그런 이론들이 숱하게 많다는 점 자체가 그런 이론을 탐구하는 게 쓸모 없음을 분명히 보여준다. 그런 설명들은 관념적이거나 지적인 것에 불 과하다. 그러나 여전히 개인의 관점에서 보면, 그 이론들은 모두 진실이 다. 깨달음의 상태에서 창조란 존재하지 않는다. 우리가 세상을 보는 동 안에는 자신이 보이지 않는다. 반대로, 우리가 자기(참나)를 보게 되면 더 이상 세상이 보이지 않는다. 그러니 자기(참나)를 봄으로써 창조란 존재 하지 않는다는 점을 깨닫도록 하라.

"브라만은 실재한다. 세상은 환영幻影이다"라는 말은 베단타 철학의 대가인 스리 상카라차리야Sri Sankaracharya가 늘 하던 말이다. 그러나 이와는 반대로 "세상 은 실재한다"라고 말하는 사람도 있다. 어느 쪽이 맞는 말인가?

둘 다 맞다. 서로 다른 수준으로 그리고 서로 다른 관점에서 말한 것이 다. 구도자는 '실체는 늘 존재한다'는 정의를 가지고 수행을 시작한다. 구 도자는 이 세계가 실재하지 않는 것으로 여긴다. 세계는 늘 변화하기 때 문이다. 그러다가 마침내 구도자가 『나』를 깨닫게 되면, 유일한 하나가 무소부재하다는 진리를 알게 된다. 그러면 원래 실재하지 않는 것으로 배제했던 세상이 '유일한 하나'의 일부였음이 드러난다. 세상은 실체 안 에 흡수되어 있으므로, 역시 실체인 것이다. 깨달음에는 존재만 있으며,

그 외에는 아무것도 없다.

당신은 가끔 환영幻影(마야maya)과 실체가 같은 것이라고 말한다. 어떻게 그럴 수 있는가?

사람들은 환영에 대한 상카라의 견해를 제대로 이해하지 못한 채로 그를 비판했다. 상카라는 이렇게 말했다.

    1. 브라만은 실재한다.
    2. 우주는 실재하지 않는다.
    3. 그리고 우주는 브라만이다.

그는 우주는 실재하지 않는다는 데에서 멈추지 않았다. 왜냐하면 세 번째가 앞의 두 가지를 설명하기 때문이다. 이 말은 즉, 우주가 참나로 인식되면 실재하지만, 참나와 별개로 인식되면 실재하지 않는다는 뜻이다. 그런 이유로 환영과 실체는 같다고 하는 것이다.

그렇다면 현상계가 실제로는 환영이 아니라는 이야기인가?

구도자의 수준에서는 '현상계는 환영'이라고 말해야 한다. 달리 방법이 없다. 사람들은 자기가 실재하며, 온 우주에 두루 편재하는 영원불멸하는 브라만임을 망각하고, 덧없이 사라지는 육체들로 가득한 이 세상에서 자신도 육체인 양 미혹되어 있다. 그 환영에서 허덕이고 있는 사람에게는, 현상계가 실재하지 않는 망상에 불과하다는 점을 일깨워주어야 한다. 왜 그런가? 『나』를 망각한 사람은 자신의 바깥에 있는 '물질적 우주'만을 바라보기 때문이다. 만약 자신의 바깥에 있는 물질적 우주가 실재하지 않는 것임을 강하게 일깨워주지 않는다면, 그는 절대로 자신의 내면으로 눈을 돌려 성찰하지 않을 것이다.

그러나 그가 일단 『나』를 깨닫고 나면, 『나』가 아닌 것은 그 어떤 것도 존재하지 않는다는 것을 알게 되고, 그런 의미에서 온 우주를 브라만으로 볼 것이다. 우주는 『나』 없이 존재할 수 없다. 인간이 삼라만상의 원천인 『나』를 보지 못하고, 외부 세계를 실재하며 영원하다고 본다면, 그 사람에게는 바깥에 보이는 우주가 환영에 불과하다고 말해주어야만 한다. 달리 어쩔 도리가 없다.

종이 한 장을 예로 들어보자. 우리는 종이 위에 쓰인 글자만 보고, 종이 자체는 눈여겨보지 않는다. 하지만 종이 위에 글씨가 쓰여 있든, 쓰여 있지 않든 종이는 존재한다. 그런데도 그 글씨가 실재한다고 믿는 사람에게는, 글씨가 실재하지 않는 환영이라고 말해주어야 한다. 왜냐하면 글씨는 종이에 의존하고 있기 때문이다. 그러나 현명한 사람은 종이와 글씨 모두를 하나로 본다. 브라만과 우주도 이와 같다.

그렇다면 현상계가 '참나'로 체험될 때는 실재지만, 각기 다른 이름과 모습을 지니고 있는 것으로 여기면 실재가 아니라는 뜻인가?

마치 연기가 불꽃을 가리듯이, 서로 다른 이름과 형태의 집합체, 즉 이 현상계가 눈부시게 빛나는 의식을 가린다. 자비로운 신의 은총으로 마음이 청정해지면, 세상의 본질은 환영이 아니라 실재임을 알게 된다.

마음이 환영의 삿된 힘에서 벗어난 사람들만이 현상계에 대한 지식을 내려놓고 집착하지 않는다. 그리하여 스스로 빛나는 지고한 실체에 대한 앎을 얻었으므로, "세상은 실재한다"라는 말의 의미를 정확히 알 수 있다. 참된 앎을 얻어 관점을 바꾼 사람에게 허공虛空(에테르ether)에서 시작된 다섯 가지 요소로 구성된 이 세상은 지고한 실체로 존재할 것이다. 그것이 본질적인 앎이다. 수많은 이름과 모습으로 복잡하고 혼란한 이 세상의 본래 상태는 공^空하다. 공작새의 알이 아무리 울긋불긋 화려해도 노른자는 하나이듯이, 이 세상의 본래 상태도 유일한 지복이다. 『나』에 머무름으로써 이 진리를 깨닫도록 하라.

모든 얘기를 분명하게 이해한다고는 말하지 못하겠다. 우리가 보고 느끼고 감지하는 이 세상이 꿈이나 환영이라는 것인가?
당신이 오로지 진리만을 추구한다면, 이 세상이 실재하지 않음을 받아들일 수밖에 없다.

왜 그런가?
단순한 이유 때문이다. 이 세상이 실재한다는 생각을 버리지 않는 한 당신은 이 세상을 좇을 것이기 때문이다. 겉으로 보이는 것이 실제로 존재한다고 받아들이면, 실체 자체를 깨닫지 못한다. 새끼줄과 뱀의 비유가 이 점을 잘 보여준다. 당신은 짧은 새끼줄을 뱀이라고 착각할 수 있다. 새끼줄을 뱀이라고 여기는 동안에는, 그 새끼줄을 새끼줄로 보지 못한다. 실제로 존재하지 않는 뱀이 당신에게는 실제로 존재하는 것처럼 보이고, 반면에 실제로 존재하는 새끼줄은 전혀 존재하지 않는 것처럼 보일 것이다.

이 세상이 궁극적으로는 실체가 아니라는 것을 잠정적으로는 받아들일 수 있지만, 실제로 실체가 아님을 확신하기는 어렵다.
꿈속의 세계도 당신이 꿈을 꾸는 동안에는 실제로 존재하는 세계다. 꿈이 계속되는 한은, 당신이 꿈속에서 보고 느끼는 모든 것이 실제로 존재한다.

그렇다면 이 세상이 꿈과 다를 바 없다는 말인가?

당신이 꿈꾸는 동안 보는 세계를 실체라고 느끼는 것이 잘못인가? 꿈속에서는 전혀 있을 수 없는 꿈, 예컨대 죽은 사람과 즐겁게 이야기를 나누는 꿈도 꿀 수 있다. 꿈속에서 잠시나마 '이 사람은 죽지 않았던가?'라고 의심할 수도 있지만, 당신의 마음은 이내 다시 꿈에 흠뻑 빠져서 그 사람을 살아 있는 사람으로 여긴다.

바꾸어 말해, 꿈에서는 실체를 의심할 수 없다. 꿈이기 때문이다. 깨어 있는 상태도 이와 마찬가지다. 당신은 깨어 있는 동안 보는 이 세상이 실체라는 점을 의심할 수 없다. 마음이 이 현상계를 창조했는데, 어떻게 자기가 만들어낸 세계가 실체가 아니라고 인정하겠는가? 깨어 있는 상태의 세계와 꿈의 세계를 비교하는 의미는 바로 여기에 있다. 두 세계 모두 마음이 만들어낸 창조물이며, 마음이 어느 한쪽에 몰두하고 있는 한은, 마음은 스스로 그 세계가 실재하지 않는다고 인정할 수는 없다. 즉, 마음은 꿈을 꾸는 동안에는 꿈의 세계를 부인하지 못하고, 깨어 있는 동안에는 깨어 있는 세계가 실재함을 부인하지 못하는 것이다. 그러나 세상으로부터 마음을 거둬들여 내면에 머무른다면, 즉 모든 경험의 토대인 참나를 항상 알아차린다면, 지금 당신이 인식하는 이 세상이 꿈속에서 보았던 세상과 마찬가지로 실재하지 않음을 알게 될 것이다.

우리는 여러 가지 방식으로 현상계를 보고, 느끼고, 지각한다. 보고 느낀 대상들에 대해 감각기관이 반응하여 이런 감각들이 일어난다. 그러나 우리가 지각하는

것들은 꿈에서처럼 마음이 만들어낸 창조물이 아니다. 꿈에서는 사람마다 각기 다른 것을 보고 느끼며, 심지어 같은 사람이라도 꿈꿀 때마다 다른 시공간을 보고 느낀다. 그러나 깨어 있을 때는 다른 사람들도 나와 같은 것을 보지 않는가? 이것이 이 세계가 객관적으로 존재한다는 증거로 충분하지 않은가?

꿈의 세계가 일관성이 없으며 모순적이라는 이야기는, 당신이 지금 깨어 있기 때문에 하는 말이다. 당신이 꿈을 꾸는 동안에는 그저 모순이 없는 완벽한 세상을 경험할 뿐이다. 만약 꿈속에서 목이 마르면 존재하지도 않는 환영의 물을, 환영으로 마심으로써, 환영의 갈증을 해소한다. 그 꿈 자체가 환영임을 알지 못하는 한, 그 모든 것은 실체였으며 환영이 아니었다. 깨어 있는 세계도 이와 마찬가지다. 지금 당신이 보고 듣는 감각들이 서로 상호작용하여 이 세계가 실재한다고 느끼게 만든다.

　반대로 이 세계가 스스로 존재하는 실체라면, 즉 당신이 말하듯 분명히 객관적으로 존재한다면, 자는 동안에 당신에게 나타나지 않는 이유는 무엇인가? 잠을 잘 때에는 당신이 존재하지 않았다고 말할 셈인가?

그러나 내가 잠자는 동안에도 이 세상이 실재한다는 점도 부인할 수 없다. 내가 잠자는 동안에도 세상은 분명히 존재하고 있다. 왜냐하면 내가 잠자는 동안에도 자지 않는 다른 사람들은 이 세상을 보기 때문이다.

잠자는 동안에 당신이 존재한다고 말하기 위해, 다른 사람이 확인한 증거가 필요한가? 당신은 지금 왜 증거를 찾는가? 당신이 잠든 동안에도 다른 사람들이 이 세상을 보았다고 말하는 것은 당신이 깨어 있을 때뿐이다. 그러나 자신이 존재한다는 것은 이와 다른 문제다. 잠에서 깬 뒤 당신은 잘 잤다고 말한다. 그렇다면 당신은 가장 깊이 잠들었을 때도 스스로가 존재한다는 것 정도는 알고 있다는 것이다. 반면에 잘 때는 세상이 존재하는지 그렇지 않은지에 대해서는 털끝만큼의 생각도 없을 것이다. 당신이 깨어 있는 지금 "나는 실재한다"고 말하는 것은 세상인가, 당신 자신인가?

물론 내가 말하고 있지만, 나는 지금 세상에 대해 말하고 있다.

그렇다면, 당신이 실재한다고 말하는 그 세상이 당신을 조롱하고 있는 것이다. 자신의 실체도 모르는 무지한 사람이 세상이 실재함을 증명하려고 하니 말이다.

당신은 갖가지 이유를 대며 줄기차게 현상계가 실재한다고 주장한다. 실재함의 기준은 무엇인가? 스스로 존재하고, 스스로 자신의 존재를 드러내고, 영원불변하는 것만이 실재한다.

그런데 세상이 스스로 존재하는가? 마음의 도움을 받지 않고도 항시 보이는가? 자고 있을 때는 마음도 없고 세상도 없다. 깨어 있을 때라야 마음이 있고 세상도 있다. 반드시 마음이 있어야 세상이 존재한다는 공존共存 현상은 무엇을 의미하는가? 당신은 과학적 탐구의 기초가 되는 귀납적 논리를 잘 알고 있을 것이다. 그런데 왜 현상계가 실재하는지에 대한 의문을 귀납적 논리 법칙으로 판단하지 않는가?

당신 자신에 대해 "나는 스스로 존재한다"라고 말할 수 있다. 즉, 당신은 존재하고 있을 뿐만 아니라 자신의 존재를 스스로 의식하는 존재다. 그러므로 실은 그 존재는 의식과 동일한 것이다.

현상계는 그 자신을 의식하지 못할지도 모르지만, 그래도 여전히 존재하고 있지 않은가?

의식이란 언제나 자기의식(Self-consciousness)일 수밖에 없다. 당신이 어떤 것을 의식하더라도, 본질적으로는 자기 자신을 의식하는 것이다. 비非자기의식적 존재(Unself-conscious existence, 자기가 아닌 것을 의식하는 존재-옮긴이) 란 말도 안 되는 모순이다. 그런 존재는 없다. 그런 존재가 설령 있다손 치더라도 속성으로만 존재할 뿐이다. 진정한 존재는 속성이 아니라 본질 그 자체다. 그것이 실체다. 따라서 실체는 '존재-의식'인데, 이는 존재가 없는 의식도 아니며 의식이 없는 존재도 아니다. 그런데 현상계는 스스로 존재하지도 않으며, 자신의 존재를 의식하지도 못한다. 그런데도 어떻게 세상이 실재한다고 말할 수 있는가?

또한 세상의 본질은 무엇인가? 그것은 끝도 없이 흘러가며, 영구히 변화한다. 이토록 의존적이고, 자기 존재를 의식하지 못하며, 항시 변화하는 현상계가 어떻게 실체라고 할 수 있겠는가?

현상계의 여러 이름과 형상은 실재하는가?

현상계의 여러 이름이나 형상도 그 근본에서 분리되어 있지 않다. 이름과 형상을 파악하려고 하다보면 결국 실체만을 발견하게 될 것이다. 그러므로 늘 실재하는 것에 대한 앎을 얻도록 하라.

깨어 있는 상태에서 보이는 현상계는 왜 이토록 실재하는 것처럼 생생하게 보이는 것인가?

영화를 볼 때 스크린에 무수한 장면이 오고 가지만 실재가 아니다. 스크린만 실재할 뿐 그 외에는 실체가 없다. 깨어 있는 상태에서도 근원만이 실재한다. 현상계를 안다는 것은 현상계에 대해 아는 자를 아는 것이다. 잠이 들면 현상계와 아는 자 모두 사라진다.

현상계는 왜 지속성과 항상성을 지니는가?

그릇된 관념 때문이다. 똑같은 강물에서 두 번 몸을 씻었다면 그것은 거짓말이다. 두 번째 목욕한 강물은 첫 번째 목욕한 강물과 같을 수가 없기 때문이다. 마찬가지로 하나의 불꽃을 두 번 쳐다봤다고 말하는 사람이 있다면, 그는 자기가 첫 번째 봤던 것과 똑같은 불꽃을 두 번째에도 봤다고 여기겠지만, 불꽃은 매순간 변화하고 있다. 깨어 있는 상태도 이와 같다. 세상이 변하지 않은 것처럼 보이는 것은 인지認知의 오류 탓이다.

그 오류는 어디에 있는가?

그렇게 아는 자에게 있다.

그렇게 아는 자는 어떻게 해서 생겼는가?

인지의 오류 때문에 생겼다. 그릇되게 아는 자와 인지의 오류는 동시에 생기며, 『나』를 깨달으면 동시에 사라진다.

아는 자와 그의 그릇된 인지는 어디에서 생기는가?

지금 질문을 하는 자는 누구인가?

나다.

그 '나'를 찾으라. 그러면 모든 의문이 풀릴 것이다. 꿈을 꿀 때는 세 가지가 작용한다. 즉, 아는 자, 앎의 대상, 그릇된 앎이 있다. 깨어 있는 상태도 마찬가지다. 꿈꾸는 상태와 깨어 있는 상태 모두에서 '나'를 알아차린다면, 모든 것을 알게 되어 더 이상 알아야 할 것이 없어진다. 깊은 잠에 들었을 때는 아는 자, 앎, 앎의 대상이 없다.

　이와 마찬가지로 '참된 나'를 체험하면 그 아는 자, 앎의 대상 그리고 앎 자체가 사라진다. 깨어 있는 상태에서는 당신이 어떤 일을 겪든, 그 일이 아는 자에게만 일어난다. 그런데 그 아는 자가 실재하지 않기 때문에 사실상 어떤 일도 일어나지 않는 것이다.

'나'라는 느낌의 정체성(identity)을 만들고, 현상계에 대한 앎을 일으키는 그 빛은 무지인가, 의식인가?

그것은 의식이 반사되어 나온 빛일 뿐이며, 내가 나 이외의 존재와 다르다고 믿게 만든다. 이 의식의 반사된 빛이 '나'로 하여금 대상을 창조하도록 한다. 그러나 반사가 일어날 수 있는 반사면이 있어야 반사도 일어난다.

무엇이 그 반사면인가?

자기(참나)를 깨달으면 실제로는 반사도 반사면도 존재하지 않으며, 그 둘 모두 하나의 의식이라는 것을 알게 될 것이다. 현상계는 그것이 존재할 수 있는 장소와 그것을 인지할 수 있도록 하는 빛이 있기 때문에 존재하는데, 장소와 빛은 동시에 나타난다. 따라서 『나』에 의해 반사된 마음의 빛에 따라 물질적 존재와 인지가 나타난다.

　어둠 속에서 스크린에 반사된 빛을 통해 영화를 볼 수 있듯이, 현상계라는 화면들도 무지라는 어둠 속에서 반사된 『나』의 빛에 의해서만 인지될 수 있다. 현상계는 깊이 잠들었을 때처럼 완전한 무지의 어둠 속에서는 보이지 않으며, 마찬가지로 깨달음 혹은 삼매와 같은 완전한 참나의 빛 속에서는 보이지 않는다.

제18장

환생

많은 종교에서는 육신이 죽은 뒤 개인의 영혼이 어떻게 되는지를 설명하기 위해 오랜 세월 동안 정교한 이론을 구축해 왔다. 어떤 종교에서는 영혼이 천국이나 지옥으로 간다고 하고, 또 어떤 종교에서는 새로운 몸을 받아서 환생한다고 주장한다.

스리 라마나는 이런 모든 이론은 개체적 자아나 영혼이 실재한다는 그릇된 가정을 기반으로 하고 있기 때문에, 우리가 이런 환상을 꿰뚫어 보고 나면 모든 사후 이론들의 상부 구조가 붕괴될 것이라고 말했다. 참 나의 관점에서 보면, 태어남이나 죽음도 없고, 천국이나 지옥도 없으며, 환생도 없기 때문이다.

그러나 이런 진리를 납득하지 못하는 사람들의 수준에 맞추기 위해, 스리 라마나는 때때로 환생이 있다고 인정하기도 했다. 스리 라마나는 그런 사람들에게 답변할 때, 만약 누군가가 개체적 자아가 실재한다고 상상하면, 그 '상상의 자아(imaginary self)'는 그가 죽은 후에도 지속되며,

결국 새로운 몸과 새로운 삶을 자기와 동일시하게 된다고 가르쳤다. 또한 자신을 육체라고 여기는 마음의 습聲에 의해 이런 모든 과정이 계속된다고 설명했다.

그러나 스스로를 한계에 가두는 환상을 넘어서기만 한다면, 육체와 동일시가 그치고 죽음과 환생에 대한 모든 이론들도 더 이상 먹히지 않음을 알게 된다고 말했다.

환생한다는 것은 진실인가?

환생이란 무지가 있는 한에서만 존재한다. 실제로는 환생이란 없다. 환생은 이전에도 없었고, 지금도 없으며, 앞으로도 없을 것이다. 이것이 진실이다.

요가 수행자는 자신의 전생을 알 수 있는가?

현생은 이미 알고 있기에 전생을 알고 싶어 하는 것인가? 현재를 알면 나머지는 저절로 알게 될 것이다. 현재 알고 있는 지식만으로도 괴로운데, 왜 더 많은 지식을 앎으로써 무거운 짐을 짊어지려고 하는가? 더 많은 고통을 받고 싶어서인가?

지고한 참나의 자리에서 보면, 거울에 비친 신기루 같은 이 세상에서 태어난다는 환상은, 육체를 '나'라고 여기는 에고의 무지에 불과하다. 마음이 자기(참나) 망각에 사로잡힌 사람들은 태어나고 죽을 것이며, 죽으면 다시 태어날 것이다. 그러나 마음이 죽어버린 사람들은 눈부시게 아름다운 지고의 실체를 알았기 때문에, 탄생도 죽음도 없는 드높은 실체의 상태에 머문다.

　무지한 사람들은『나』를 망각하고 육체를『나』라고 착각하기 때문에 셀 수 없이 태어나고 죽는 일을 반복한다. 그러다가 마침내『나』를 알고 스스로가 참나가 되면, 온 세상을 떠돌아다니는 꿈에서 깨어난다.

사람이 죽은 다음에 다시 태어나기까지 시간이 얼마나 걸리는가? 죽자마자 곧바로 다시 태어나는가, 아니면 어느 정도 시간이 흐른 후에 다시 태어나는가?

태어나기 이전에 무엇이었는지도 모르면서, 죽은 다음에 어떻게 될 것인지를 왜 알려고 하는가? 지금 당신이 누구인지는 알고 있는가?

　탄생과 환생은 육체와 관련되어 있다. 당신은 지금 자신(참나)을 육체라고 여기고 있다. 그것은 '그릇된 동일시'다. 당신은 육체가 태어났으며 언젠가는 죽으리라고 믿기 때문에, 육체와 관련된 현상을『나』와 혼동하고 있다. 당신의 참된 존재를 알도록 하라. 그러면 이런 의문이 일어나지 않을 것이다.

　탄생과 환생에 대해 이야기하는 이유는, 당신이 이 문제를 탐구하여 탄생도 환생도 없음을 알게 하기 위해서다. 탄생과 환생은 육체와 관련되어 있을 뿐이며,『나』와는 아무런 관계도 없다. 참나를 알라. 그러면 그와 같은 의심에 미혹되지 않을 것이다.

우리가 하는 행위가 다음 생에 영향을 미치는가?

당신이 태어나기라도 했다는 말인가? 왜 또 다른 생에 대해 생각하는가? 사실은 태어남도 없고, 죽음도 없다. 그러니 죽음에 대해 생각하고, 죽음의 괴로움을 더는 방법에 대해 궁리하는 것은 태어난 사람에게나 하라고 하라.

사람이 죽은 후에는 어떤 일이 벌어지는가?

살아 있는 현재에 전념하라. 미래의 일은 미래에 맡겨라. 미래에 대해 염려하지 마라. 많은 경전에서 창조 이전의 상태와 창조 과정에 대해 언급하는 이유는, 사람들이 현재의 삶을 이해하도록 하기 위해서다. 당신 스스로가 태어났다고 말하기 때문에, 경전에서도 '그렇다(yes)'라고 말하는 것이며, 신이 당신을 창조했다고 부연하는 것이다.

　그러나 당신이 잠잘 때 신이나 그와 비슷한 무언가를 보는가? 만약 신이 실재한다면 왜 당신이 자는 동안에는 나타나지 않는가? 당신은 늘 존재하며, 이는 잠잘 때나 지금이나 마찬가지다. 잠잘 때의 당신과 지금의 당신은 똑같은 사람이다. 그런데 왜 두 가지 상태 사이에 느끼는 기분이나 경험하는 체험은 달라야 하는가?

　당신은 자고 있을 때도, 탄생이나 죽음에 대해 질문하는가? 자면서 "나는 죽은 후에 어디로 가지?"하고 묻는가? 당신은 왜 깨어 있는 상태에서만 이런 질문을 생각하는가? 탄생이 무엇인지, 어떻게 탄생을 피할 수 있는지, 탄생의 원인과 궁극적 결과에 대한 생각은 태어난 자에게나 하라고 하라.

죽은 후에 개체적 자아는 어떻게 되는가?

지금의 질문은 현재 살아 있는 개체적 자아가 하기에는 적절하지 않다. 만약에 당신이 죽은 개체적 자아라면 그렇게 물을 수도 있을 것이다. 차라리 왜 개체적 자아로 몸을 받았는지에 대한 답을 찾고, 자기가 누구인지를 아는 게 나을 것이다. 그러면 그런 의문은 모두 사라진다.

불교도들이 보는 관점에서는, 개체적 영혼이라는 개념에 부응하는 지속적인 실체

는 없다고 하는데, 이것은 바른 견해인가, 잘못된 견해인가? 또한 이런 견해는 환생하는 에고가 있다는 힌두교의 개념에 부합하는 것인가? 힌두교의 교의처럼 영혼은 끊임없이 환생을 거듭하는 지속적 실체인가, 아니면 단지 마음의 습 덩어리에 불과한 것인가?

『나』는 지속적이고 변하지 않는다. 환생하는 에고는 낮은 차원, 즉 생각에 속하는 문제다. 자기(참나)를 깨달으면 낮은 차원을 넘어설 수 있다.

환생은 겉으로만 그럴싸한 파생물(에고) 때문에 생긴다. 그래서 불교에서는 환생을 부정하는 것이다. 현재의 무지 상태는, 스스로는 의식이 없는 육체를 두고 의식이라고 여기는 착각에서 비롯한다.

선한 행위를 하면 그 보답으로 천국)에 가지 않는가?

우리가 현재 여기에 존재하는 것이 진실인 것처럼, 그 말도 진실이다. 하지만 자기가 누구인지를 탐구하여 『나』를 찾는다면, 굳이 천국에 대해 생각할 필요가 있겠는가?

환생에서 벗어나려고 하면 안 되는 것인가?

그렇다. 태어난 사람이 누구인지, 지금 태어나서 존재의 괴로움을 겪고 있는 사람이 누구인지부터 찾으라. 잠자는 동안, 당신은 환생은커녕 현재의 존재에 대해서라도 생각하는가? 그러므로 지금의 그 문제가 어디에서 일어나는지 찾아보라. 그러면 바로 거기에서 해답도 찾을 수 있을 것이다. 탄생도 없고, 현재 경험하는 고통과 불행도 없음을 알게 될 것이다. 『나』는 모든 것이며, 모든 것은 지복이다. 지금 이 순간에도 우리는 환생에서 벗어나 있는데, 왜 환생의 문제로 괴로워하는가?

환생이 있는가?

탄생이 무엇인지는 아는가?

알고 있다. 나는 지금 존재하고 있음을 알고 있다. 그렇지만 죽은 다음에도 내가 존재할지 알고 싶다.

과거! 현재! 미래![●]

그렇다. 오늘은 어제 즉 과거의 결과이고, 미래는 오늘 즉 현재의 결과일 것이다. 이 말이 맞는가?

과거도 없고 미래도 없다. 오로지 현재만이 있을 뿐이다. 당신이 어제를 경험할 때 그 어제는 현재였으며, 내일 또한 당신이 그 내일을 경험할 때는 현재일 것이다. 따라서 경험은 오로지 현재에서만 일어나며, 경험을 넘어서 존재하는 것은 없다.

그렇다면 과거와 미래는 단지 허상에 불과하다는 말인가?

그렇다. 과거와 미래뿐 아니라 현재조차도 허상에 불과하다. 시간에 대한 감각이란 마음의 작용에 지나지 않기 때문이다. 마찬가지로 공간에 대한 감각도 마음의 작용이다. 그러므로 시간과 공간 속에서 일어나는 탄생과 환생이란 상상에 불과하다.

[●] 스리 라마나는 과거, 현재, 미래가 무엇인지에 대해 다시 되물은 것이다. 이 질문을 통해, 그는 과거나 미래와 같은 시간관념은 마음이 만들어낸 허상에 불과하다는 것을 짧은 말로 환기시키고 있다. 아래 질문에 따르면, 존재하는 것은 오로지 현재뿐이며, 이 현재마저도 참나의 관점에서 보면 존재하는 것이지만, 개체적인 나의 관점에서는 허상일 뿐이다.

갈애渴愛(tanha, 욕망, 갈망) 즉 태어나고자 하는 갈망과 다시 태어나고자 갈망하는 원인은 무엇인가?

진정한 환생이란 에고가 죽고 정신(spirit, 靈)으로 거듭나는 것이다. 예수가 십자가에서 고난을 당한 의미가 바로 이것이다.

  자신을 육체라고 여기는 한, 어떤 육체로 태어나든 반드시 육체를 얻어 다시 태어나게 된다. 이런 태어남과 죽음은 육체의식이 그 근원(정신이나 참나) 속으로 녹아들어 사라질 때까지 계속될 것이다. 위로 던진 돌은 계속 날아가다가 결국 땅으로 돌아와 움직이지 않는다. 또한 지속되는 두통 때문에 괴로워도 결국은 두통을 겪기 이전 상태로 돌아간다.

  생명에 대한 갈망은 생명 자체의 본질, 즉 절대적 존재(사트sat)에 내재해 있다. 절대적 존재는 본질상 결코 파괴할 수 없지만, 자신을 육체라고 여김으로써 자신이 파괴된다고 그릇되게 인식한다. 이런 그릇된 인식 때문에 의식은 육체를 영원히 유지시키려고 하며, 그 결과로 태어남과 죽음이 반복되는 것이다. 그러나 육체가 태어나고 죽는 것을 아무리 오래 거듭한다고 하더라도, 결국에는 끝을 맞이하게 된다. 그것은 영원히 존재하는 참나로 돌아간다.

블라바츠키H.P. Blabvatsky(1831~1891, 러시아의 신비사상가로 신지학회의 창립자다-옮긴이)가 쓴 《침묵의 소리(Voice of Silence)》에는 '살고자 하면 삶을 포기하라'라는 말이 있다.

육체와의 그릇된 동일시를 내려놓으라. 육체는 참나 없이 존재하지 못하지만, 참나는 육체 없이 존재할 수 있다는 점을 기억하라. 사실 참나는 늘 육체 없이도 존재하고 있다.

내 친구 중의 하나는 사람이 내생에서 동물로 환생할 수도 있다는 말을 듣고 의아해하고 있다. 그 말은 신지학에서 배운 것과 상반되기 때문이다. 사람이 정말 동물로도 환생할 수 있는가?

그런 질문은 태어나는 자에게나 하라고 하라. 그보다는 태어난 자가 누구이며, 탄생과 죽음이 실제로 있기나 하는지부터 먼저 알아보라. 그러면 탄생이란 에고에 속하는 것이며, 마음이 지어낸 착각임을 알게 될 것이다.

인간이 낮은 차원의 동물로 환생할 수도 있는가?

그렇다. 가능하다. 《바가바탐Bhagavatam》 등의 경전에 등장하는 자다 바라타Jada Bharata의 일화를 보면, 왕이면서 현자였던 바라타가 사슴으로 환생했다고 나온다.

동물의 몸으로 태어나서도 영적 진화를 할 수 있는가?

그런 경우는 매우 드물지만, 완전히 불가능한 것은 아니다. 사람으로 태어나는 것이 가장 높은 차원이며, 사람으로 태어나야만 깨달을 수 있다고 하는 것은 진실이 아니다. 동물도 참나를 깨달을 수 있다.

신지학에서는 죽은 후 환생하기까지 50년에서 1만 년이 걸린다고 하는데, 왜 그런가?

의식 상태가 개개인마다 다르기 때문에 공통적으로 적용할 수 있는 측정 기준은 없다. 그런 식으로 몇 년이 걸린다고 하는 것 또한 가설일 뿐이다. 다만 시간이 많이 걸리는 사람도 있고, 적게 걸리는 사람도 있는 것은 사실이다.

그러나 여기서 분명히 이해해야 하는 점은 영혼이 태어나고 죽는 게 아니라는 것이다. 태어나고 죽는 것처럼 보이게 만드는 주동자는 개체가 지닌 생각하는 마음이다. 마음은 어떤 차원에서 작용하든, 자신에게 맞는 육체를 창조해낸다. 즉, 물질세계에서는 물질적인 육체를 창조하며, 꿈에서는 꿈의 육체를 창조한다. 꿈에서 만들어내는 육체는 꿈속에서 비가 오면 비에 젖고, 꿈속에서 병에 걸리면 아프기도 한다.

물질적인 육체가 죽으면, 마음은 한동안 꿈도 없는 깊은 잠을 잘 때처럼 활동을 멈춘다. 이때에는 세상이 없기 때문에 육체도 없다. 그러다가 마음은 이내 새로운 세계에서 새로운 몸(아스트랄체, astral body)을 만들어내어 활동하다가 다른 육체를 받게 되는데, 이를 환생이라고 한다.

그러나 깨달은 사람은 이미 마음의 활동이 정지했기에 죽음의 영향을 받지 않는다. 깨달은 사람의 마음은 완전히 사라져서 존재하지 않기 때문에, 태어남과 죽음을 만드는 일도 없다. 깨달은 사람은 환영幻影의 사슬을 영원히 끊어버린 것이다.

실제로 태어나거나, 실제로 죽는 일은 없다는 점을 분명히 알아야 한다. 태어남과 죽음이 실재한다는 허상을 만들어내고 유지하는 것은 마음이지만, 『나』를 깨달으면 이런 마음이 완전히 사라진다.

강물이 바다로 흘러 들어가면 강으로서의 개체성을 잃듯이, 사람도 죽으면 개체성이 없어져 환생이 일어날 수 없지 않은가?

하지만 바닷물은 증발해 비가 되어 다시 세상에 내려오며, 다시 강물이 되어 바다로 흘러가기도 한다. 이처럼 사람도 잠자는 동안에는 개체성을 상실하지만, 깨어나면 자신이 가지고 있는 습이나 쌓아왔던 습관에 따라 다시 개체로 되돌아온다. 죽은 후에도 똑같은 일이 벌어진다. 습이 남아 있는 한, 사람의 개체성은 사라지지 않는다.

어떻게 그럴 수 있는가?

나뭇가지를 잘라도 다시 자라나는 것을 보라. 뿌리가 뽑히지 않고 남아 있는 한, 나무는 계속해서 자란다. 이와 마찬가지로 습은 죽음을 맞아 가슴 속에 잠시 가라앉지만, 완전히 사라져버린 것이 아니기 때문에 적당한 때가 되면 다시 환생을 일으키게 된다. 이런 식으로 개체는 다시 태어나는 것이다.

셀 수 없이 많은 개체적 자아와 그들이 만들어내는 이 광대한 우주가, 어떻게 가슴 속에 가라앉아 있는 미묘한 습에서 나올 수 있는가?

거대한 보리수가 한 알의 씨앗에서 비롯하듯이, 각양각색의 이름과 모습을 지닌 수많은 개체적 자아와 우주도 그 미묘한 습에서 나온다.

개체적 자아는 어떻게 한 육체에서 다른 육체로 옮겨갈 수 있는가?

사람이 죽어가기 시작하면 호흡이 곤란해진다. 이는 그가 죽어가는 육체에 대해 의식하지 못하게 되었음을 의미한다. 그때 마음은 금방 다른 몸을 붙들게 되는데, 한동안 죽어가는 몸과 새 몸 사이를 왔다 갔다 하다가, 마침내 새로운 몸으로 집착을 완전히 옮겨간다. 물론 그러다가도 드문드문 숨을 거칠게 몰아쉬는 경우가 있다. 그것은 마음이 죽어가는 육체로 일시적으로나마 다시 돌아왔다는 의미다. 육체를 옮겨 다닐 때의 마음 상태는 꿈과 비슷하다고 할 수 있다.

죽고 나서 환생하기까지는 시간이 얼마나 걸리는가?

개개인에 따라 오래 걸릴 수도 있고, 짧게 걸릴 수도 있다. 그러나 깨달은 사람은 그런 변화 과정을 겪지 않고, 전일적全一的 존재와 합일한다.

그런데 몇몇 사람들은 말하기를, 죽은 뒤에 '빛의 길'에 들어서는 사람은 다시 태어나지 않고, '어둠의 길'을 걷는 사람은 미묘한 몸의 상태에서 업의 열매를 먹고 다시 태어난다고 한다.

또 어떤 사람들은 말하기를, 그의 선업과 악업이 같으면 이 세상에 바로 환생하고, 선행이 악행보다 많으면 미묘한 몸으로 천상까지 갔다가 다시 이 세상에 환생하며, 악업이 선업보다 많으면 미묘한 몸이 지옥까지 갔다가 다시 이 세상에 환생한다고 한다. 수행의 길에서 낙오한 자도 이와 마찬가지라고 한다.

하지만 진실은 이렇다. 탄생도 없고, 죽음도 없다. 경전에는 이런 저런 설명들이 나오지만, 우리는 늘 실재하는 자로 남아 있다. 이것만이 유일한 진리다.

혼란스럽기 그지없다. 그렇다면 탄생과 환생은 결국 실재하지 않는다는 것인가?
탄생이 있다면 한번 환생할 뿐 아니라 계속 환생해야 한다. 당신은 왜, 어떻게 해서 이번에 태어났는가? 당신은 똑같은 이유 때문에, 똑같은 방식으로 계속 나고 죽는 것을 반복해야만 한다.

그러나 태어난 자가 누구인지 탐구하고, 태어나고 죽는 것이 당신인지 아니면 당신과 상관없는 다른 자인지를 탐구한다면, 진리를 깨달을 것이다. 그러면 그 진리가 모든 업을 불태움으로써 당신은 환생의 쳇바퀴에서 벗어날 것이다. 여러 경전들이 생생하게 전하는 진리는 이러하다. 산더미처럼 쌓인 화약도 작은 불꽃 하나로 순식간에 날아가버리듯이, 셀 수 없이 많은 생을 살면서 쌓이고 쌓인 업도 지혜의 작은 불꽃으로

다 태워버릴 수 있다.

이 복잡다단한 현상계와 말로 표현하기 힘들 정도로 방대한 분야에 걸친 학문들은 모두 에고에서 비롯한 것이다. 자기탐구를 통해 에고를 없애면, 이 모든 것이 순식간에 무너지고 실체, 즉『나』만이 남는다.

나는 태어난 적이 전혀 없다는 말인가?
그렇다. 당신은 지금 자신을 육체라고 여기기 때문에, 당신이 태어나기도 하고 죽기도 한다고 착각하고 있다. 그러나 당신은 육체가 아니며, 태어나지도 않고 죽지도 않는다.

그렇다면 당신은 환생에 대한 이론을 지지하지 않는가?
그렇다. 나는 그 이론을 지지하지 않는다. 그보다는, 나는 환생할 것이라고 생각하는 당신의 착각을 없애고자 한다. 당신이 환생한다고 생각하는 것이 바로 당신인데, 그 질문을 던지는 사람은 대체 누구인지 찾아보라. 질문하는 자를 밝히지 못하면, 그 질문에 영원히 답을 찾지 못할 것이다.

제19장

신의 본성

언뜻 보기에, 신에 대한 스리 라마나의 가르침은 모순투성이의 수수께 끼처럼 보인다. 스리 라마나는 때로는 신이 아무 일도 하지 않는다고 말 하는가 하면, 때로는 신의 의지가 없다면 아무 일도 일어날 수 없다고 말하기도 한다. 또 어떤 때에는 신이란 마음속에 있는 관념일 뿐이라고 언급하곤 했으며, 또 다른 때에는 신이야말로 유일하게 존재하는 실체 라고 말하기도 했다.

스리 라마나가 이토록 모순적인 말을 했던 이유는, 질문하는 사람들 의 이해 수준이 서로 다르기 때문에 개개인의 수준에 맞추어 대답했기 때문이다. 그는 '인격신'을 믿는 사람에게는 사람에 빗대어 신을 설명했 다. 즉, 신이 이 세상을 창조했고, 신의 신성한 권능으로 이 세상을 유지 하고 있으며, 신이 이 세상의 모든 백성들에게 원하는 것을 채워주고 있 고, 신의 의지를 거슬러 일어나는 일은 없다고 가르쳤다.

그러나 그런 이론에 끌리지 않는 사람들에게는, 신과 그의 권능에 관한 모든 관념은 마음이 창조한 것으로, 모든 사람들에게 내재해 있는 신을 참되게 체험하지 못하도록 방해하는 걸림돌이라고 말했다.

그의 가르침이 가장 높은 수준에 이르면, '신'과 『나』는 동의어가 되는데, 이때는 신이란 깨달음을 통해 드러나는 무소부재無所不在한 실체라는 뜻을 지닌다. 따라서 『나』를 깨닫는 것이 곧 신을 깨닫는 것이 된다. 이는 신을 체험하는 것이라기보다는 자신이 곧 신임을 이해하는 것을 뜻한다. 스리 라마나가 가장 높은 수준에서 말할 때, 신에 대한 그의 견해는 다음과 같이 요약할 수 있다.

1. 신은 온 우주에 두루 편재하며 형상이 없다. 그는 순수존재이며 순수의식이다.
2. 온 세상은 신 안에서, 신의 능력으로 나타난 것이다. 하지만 그는 창조자가 아니다. 신은 결코 행위하지 않으며, 다만 존재할 뿐이다. 그에게는 아무런 의지나 욕망이 없다.
3. 개체성이란 스스로가 신과 분리되어 존재한다고 여기는 착각이다. 이 착각이 물러나면, 오로지 신만 남는다.

그러나 스리 라마나는 좀더 낮은 차원에서는 힌두교 최고의 인격신인 '이스와라'에 대해서도 이야기했다. 그는 스스로가 개체성을 가진 개인이라고 생각하는 한, 이스와라는 실체로 존재한다고 가르쳤다. 개체성이 지속되는 한 우주의 모든 행위를 주관하는 신이 존재하지만, 개체성이 사라지면 신(이스와라)도 존재하지 않는다는 것이다.

힌두교에는 이스와라 외에도, 북유럽 신화나 그리스 신화에 나오는 신이나 악마와 유사한 수많은 신들이 있다. 이런 신들은 힌두교의 대중적인 전통에서 핵심적인 역할을 하고 있으며, 많은 사람들이 그런 신이 실재한다고 믿는다. 그런데도 스리 라마나는, 그런 존재들은 사람들이 믿을 때만 존재한다고 말함으로써 많은 사람들을 충격에 빠뜨렸다. 깨달음에 도달하면 이스와라가 사라지는 것과 마찬가지로, 나머지 다른 신들도 더 이상 존재하지 않게 된다는 것이다. 그러나 깨달음에 도달하기 전까지는, 세상사를 주관하는 우주적 체계에서 신들이 고위층을 차지한다는 점만큼은 스리 라마나도 인정했다.

신은 드러난 모습으로 묘사되기도 하고, 드러나지 않은 모습으로 묘사되기도 한다. 신이 자신의 모습을 드러낸다는 사람들은 현상계 역시 신의 일부분이라고 주장한다. 하지만 만약 그렇다면, 마찬가지로 현상계의 일부인 우리가 신이 드러난 모습을 쉽게 알아볼 수 있어야 하지 않는가?

신과 이 세상의 본질이 무엇인지 판단하기 전에, 먼저 자기 자신을 알라.

나 자신을 아는 것이 신을 아는 것인가?

그렇다. 신은 당신 안에 있다.

그렇다면 내가 신 또는 나 자신을 알지 못하도록 방해하는 것이 무엇인가?

당신의 어지러운 마음과 편향된 습관이다.

신은 인격적인 존재인가?

그렇다. 그는 항상 1인칭인 '나'로서 당신 바로 앞에 있다. 그러나 당신이 세속의 일을 최우선으로 하기 때문에, 신이 뒤로 물러나 있는 것처럼 보일 뿐이다. 만약 당신이 다른 일을 제쳐두고 신만을 따른다면, 신은 『나』

로서 홀로 남을 것이다.

신은 『나』와 별개의 존재인가?

『내』가 신이다. "나는 존재한다"는 것이야말로 신이다. 이런 질문은 당신이 에고에 집착하기 때문에 생긴다. 만약 당신이 참나에 머무르고 있다면, 그런 질문은 일어나지 않을 것이다. 참나는 아무것도 묻지 않으며, 물을 수도 없기 때문이다.

신이 『나』와 별개의 존재라면 '자기가 없는(Self-less)' 신이어야 하는데, 이것은 말도 안 되는 모순이다.●

존재하지 않는 것처럼 보이는 신만이 진정으로 존재하며, 존재하는 듯이 보이는 개인은 결코 존재하지 않는다. 깨달은 사람들은 이처럼 자기 자신이 존재하지 않음(sunya, 空)을 아는 것만이 찬란히 빛나는 지고한 앎이라고 말한다.

당신은 지금 자신이 개체적인 존재라고 생각한다. 또한 당신 바깥에는 우주가 존재하며, 우주를 초월한 곳에 신이 있다고 생각한다. 당신에게는 이 모든 것들이 분리되어 있다고 여기는 분별심이 있다. 그러나 이런 관념을 버려야 한다. 왜냐하면 신은 당신이나 우주와 분리되어 존재하지 않기 때문이다.《바가바드 기타》에서는 다음과 같이 말한다.

나는 참나이니, 잠을 정복한 자여

● 'Self'가 『나』이므로 신이 'Self'와 별개의 존재가 되려면, '자기가 없는(Self-less)' 존재가 되는 모순에 빠진다.

나는 모든 존재의 가슴 안에 깃들어 있다.

나는 만물의 시작이고, 중간이며

끝이다.

《바가바드기타》 10 : 20)•

이처럼 신은 만물의 가슴 속에 있을 뿐만 아니라 만물을 지탱하는 지주支柱이며, 만물의 근원이자 만물이 머무는 거처이며, 만물의 끝이다. 모든 것이 신으로부터 시작되고, 신 안에서 머물다가, 마침내 신의 안으로 녹아든다. 그러므로 신은 따로 떨어져 있는 존재가 아니다.

《바가바드기타》에는 '온 우주가 나의 부스러기 하나에서 나왔다'라는 말이 나온다. 이것을 어떻게 이해해야 하는가?

그 말은 신에게서 떨어져 나온 작은 부스러기 하나가 우주를 만들었다는 뜻이 아니다. 그의 힘(샤크티sakti)이 작용하고 있으며, 신이 한 번 움직이자 그 결과로 우주가 나타났다는 뜻이다. 이와 비슷한 예로 《리그베다》의 찬가인 《푸루샤 수크타Purusha Sukta》에는 '모든 존재가 브라만의 한쪽 발을 이룬다'는 말이 있다. 이 말 또한 브라만이 몇 개의 부분으로 이루어져 있다는 의미는 아니다.

• 참고로, 간디가 해설한 번역문에는 "구다케샤여, 나는 모든 존재들의 중심에 자리 잡은 자아이며, 나는 모든 존재들의 시초요, 중간이요, 또 종말이다.'로 되어 있다. 또한, 함석헌 주석의 번역문에는 "구다케샤야, 나는 모든 산 물건들 피조물들의 속에 있는 자아요, 나는 또 모든 산 물건들의 맨 첨이요, 중간이며, 또 나중이니라."로 되어 있다. 여기서 구다케샤란 '잠을 극복한 자' 혹은 '잠을 정복한 자'라는 뜻이며, 이때 잠이란 어둠이나 미망迷妄과 같은 의미다.

그 말은 이해할 수 있다. 브라만Brahman은 나눌 수 없는 게 분명하기 때문이다. 브라만은 모든 것이며, 나눌 수 없는 상태로 머무르고 있다. 사람들은 늘 브라만을 깨달은 상태이지만, 그것을 미처 모른다. 우리는 이것을 반드시 알아야 한다. 앎이란 '브라만이 곧 『나』'라는 영원한 진리가 드러나지 못하게 가로막는 마음의 장애를 극복하는 것이다. 그 마음의 장애가 모여, 자신이 개인으로 분리되어 있다는 관념의 장벽을 이룬 것이다.

그렇다면 신과 『나』는 같은 것인가?

『나』에 대해서는 누구라도 알고 있지만, 분명하게 알아차리지는 못하고 있다. 당신은 늘 존재한다. 그 '존재함'이 『나』다. 신의 이름은 곧 '나는 존재한다'이다. 신에 대한 모든 정의 중에서 《성경》의 〈출애굽기〉 3장에 나오는 '나는 스스로 존재하는 자(I am that I am)'라는 말만큼 잘 표현된 것도 없다. 이와 비슷한 표현으로, '브라만이 나다', '나는 브라만이다' 또는 '내가 그다'와 같은 말도 있다. 그러나 그 어느 것도 '나는 존재한다'라는 의미가 담긴 '여호와(Jehovah)'라는 이름처럼 직접적이지는 않다. 절대적 존재는 있는 그대로의 존재이며, 곧 『나』다. 『나』를 알면, 저절로 신에 대해서도 알게 된다. 사실 신이 바로 『나』다.

신은 매우 다양한 이름으로 불린다. 그 가운데 합당한 이름은 무엇인가?

수천 또는 수만 개에 이르는 신의 이름 가운데, 생각을 여의고 가슴에 머무는 신에게 『나』 혹은 '나는 존재한다'만큼 참되고, 합당하며, 아름다운 이름은 없다. 에고가 사라지고 난 후 내면을 응시하는 가슴의 공간에서는, 알려진 모든 신의 이름들 가운데 『나』라는 이름만이 '말없는 지고의 말'로 솟아올라 승리의 메아리로 울릴 것이다.

심지어는『나』라는 느낌을 주시하면서 이 이름에 대해 계속 명상하기만 해도, 생각이 일어나는 근원으로 파고들어 이 육체와 결합하고 있는 에고의 싹을 뿌리 뽑을 수 있을 것이다.

신과 이 세상은 어떤 관계가 있는가? 신이 이 세상을 창조하고 유지하는가?

지각이 있는 존재든 없는 존재든, 모든 존재는 태양만 있으면 활동을 해나간다. 그런데 이 태양은 아무런 의지 없이 그냥 떠오른다. 이와 마찬가지로, 모든 행위는 아무런 의지도 욕망도 없는 신에 의해 이루어진다. 태양만 있으면 돋보기를 통해 불이 일어나고, 연꽃 봉오리는 꽃을 피우며, 수련은 꽃잎을 오므린다. 셀 수 없이 많은 존재들이 태양에 따라 활동하고 쉰다. 이처럼, 단지 신이 있는 것만으로도 엄청나게 복잡한 현상계의 질서가 유지된다. 바늘이 자석에 끌려가고, 월장석月長石(moonstone)이 물을 내뱉고, 달빛에 수련과 연꽃이 꽃잎을 오므리는 것과 같다.

　신에게는 일말의 의지도 없지만, 살아 있는 뭇 존재들은 신이 존재하는 것만으로도 각자의 업에 따라 마음이 끌리는 대로 이런저런 길을 간다. 그러다가 때가 되면, 존재들은 행위의 덧없음을 깨닫고『나』로 돌아와서 해탈을 이룬다. 세상 만물의 행위가 태양에 영향을 미치지 못하듯이 그리고 4대 원소(흙, 물, 불, 공기)가 무한한 공간에 영향을 미치지 못하듯이, 살아 있는 존재들의 행위는 마음을 초월해 있는 신에게 영향을 미치지 못한다.

쳇바퀴 돌듯이 창조되고 발현되는 윤회(삼사라samsara)에는 왜 슬픔과 악이 가득 차 있는가?

신의 뜻이다.

신은 왜 이 세상이 그러기를 바라는가?

그것은 헤아리기 어렵다. 신의 힘에는 아무런 동기가 없다. 무한하고 전지전능한 존재에게는 욕망이 없으며, 성취해야 할 목표도 없다. 신은 자신이 머무르는 곳에서 일어나는 어떤 행위에도 영향을 받지 않는다. 태양과 이 세상이 주고받는 관계를 떠올려보라. 원래 하나였던 신이 삼라만상을 낳았기 때문에, 신에게 책임과 동기가 무엇인지 따져묻는 것은 아무 의미도 없다.

모든 일이 신의 뜻에 따라 일어나는가?

전능한 신의 법칙을 거스르면서 할 수 있는 일은 아무것도 없다. 그러므로 악하고, 흠이 많으며, 기만적인 마음이 일으키는 모든 번뇌를 내려놓고 조용히 신에게 복종하는 것이 최선이다.

선한 행위에 대해서는 복을 주고, 악한 행위를 한 사람에게는 벌을 주는 인격신(이스와라)이 있는가? 그런 신이 과연 존재하는가?

존재한다.

이스와라는 어떤 존재인가?

이스와라의 몸과 마음에는 개체성이 깃들어 있으며, 그 몸과 마음은 없어질 수도 있다. 그러나 동시에 그의 내면에는 초월적 의식과 해탈을 품고 있다.

이 우주를 만든 지고한 창조주이자 인격신인 이스와라는 실제로 존재한다. 그러나 앞에서 했던 말은 진리를 깨닫지 못한 사람들, 즉 개체적 영혼이 실재한다고 믿는 사람들의 상대적인 관점에서만 진실이다. 깨달은 사람들의 절대적 관점에서 보자면, 형상 없는 비인격적인 참나 외에는 어떤 존재도 인정할 수 없다.

이스와라는 물질적 몸과 형상과 이름을 지니고 있지만, 그의 몸은 우리가 지닌 물질적 육체처럼 둔탁하지 않다. 그 몸은 헌신자가 창조한 형상대로, 헌신자에게 환영幻影으로 나타날 수도 있다. 신의 모습과 이름은 무수히 많고 다양하며, 같은 신이라도 종교에 따라 이름과 모습이 다를 수도 있다. 그러나 그의 본질은 우리의 본질과 같다. 즉, 참된『나』는 오직 하나이며 형상이 없다. 따라서 신이 취하는 형상은 단지 마음이 만들어낸 창조물이거나, 겉으로만 보이는 외양에 지나지 않는다.

이스와라는 온 우주를 망라해 존재하며, 모든 사람과 만물에 내재해 있다. 만물의 전체성이 신성을 이룬 것이다. 신에게 있는 힘 가운데 작은 일부가 전체 우주로 나타나고, 나머지는 그대로 남아 있다. 이 남아 있는 힘과 물질세계로 드러난 힘을 합친 것이 '이스와라'를 이룬다.

그럼 궁극적으로 보자면 이스와라는 실재하지 않는다는 것인가?

우리가 이스와라에 대해 어떤 개념을 가지고 있는지에 따라 이스와라는 존재하기도 하고 존재하지 않기도 한다. 먼저 그 개념을 가진 자가 누구인지를 찾아보라. 개념은 생각하는 사람이 만드는 것이다. 그러므로 그 개념을 만드는 당신이 누구인지 찾아보라. 그러면 다른 의문들도 저절로 풀릴 것이다.

이스와라, 신, 창조자, 인격신 등은 깨달음의 길에서 마지막으로 없애야 할 비실체적 형상들이다. 오로지 절대적 존재만이 실재하기 때문이다. 그러므로 현상계와 에고뿐만 아니라, 인격신도 모두 실체가 아니다. 우리는 더도 덜도 말고, 절대적인 존재만 찾아야 한다.

지고한 신이라도 개념에 지나지 않는다고 이야기했다. 그렇다면 신이 존재하지 않는다는 말인가?

아니다. 이스와라는 존재한다.

그렇다면 이스와라는 특정한 장소에 특정한 형태로 존재하는가?

만약 개체가 특정한 형상을 지니고 있다면, 만물의 근원이자 신인 참나라고 할지라도 특정한 형상으로 보일 것이다. 그러나 만약 특정한 형상을 지니고 있지 않다면, 다른 것에 대한 앎이 있을 리가 없는데, 신이 형상을 지녔다는 말이 맞겠는가?•

헌신자가 오랜 명상을 하는 동안 거듭해온 상상을 통해, 신은 헌신자가 마음에 그렸던 어떤 형상이라도 취할 수 있다. 그러므로 신이 무수한 이름을 지니고 있지만, 형상 없는 의식만이 참된 신이라고 할 수 있다.

아울러 신이 존재하는 장소에 대해 말하자면, 그는 가슴 외에 다른 어떤 곳에도 없다. 어딘가에 '신의 왕국'이 있으리라는 생각은, 에고 즉 '이 몸이 곧 나'라는 관념이 일으킨 착각 때문이다. 가슴이 바로 '신의 왕국'임을 알라.

완전하고 찬란한 빛이 바로 당신임을 알라. 당신 스스로 '신의 왕국'이 존재하게 할 수 있으며, 그 왕국이 환상적인 천국으로 보이게 할 수도 있다. 참된 지혜란 이 점을 아는 것이다. 그러므로 '신의 왕국'은 당신의 내

• 개체의 관점에서 보면, 스스로 특정한 형상을 지녔으며, 다른 모든 것들도 제각기 형상과 이름이 있다. 그러나 전체의 관점에서 보자면, 일체가 하나이기 때문에 모두 '나'에 지나지 않는다. 따라서 다른 것에 대한 앎이 있을 리가 없다. 이때 형상과 이름은 현상일 뿐이며, 실제로 존재하는 것이 아니다. 전체의 관점에서 보자면, 참나는 아무것도 알지 못한다.

면에 있다.

수행이 무르익은 구도자의 마음이 완전한 몰입 상태에 이르면, 그의 가슴 속 무한한 공간에서 투리야티타turiyatita(네 번째 상태를 넘어선 상태)가 불현듯 빛을 발한다. 이는 마치 예전에는 미처 몰랐던 새로운 체험처럼 느껴지는데, 그 무한한 공간이야말로 참나의 빛으로 충만한 '신의 왕국 (시바의 영토, Siva-loka)'이다.

이스와라는 전지전능하게 빛나지만, 개체적 자아는 한정된 견해와 지식의 착각에 사로잡혀 '악의 노예'로 전락하곤 한다. 그렇다면 개체적 자아가 그의 한정된 견해와 지식의 착각을 버리기만 한다면, 이스와라와 같아질 수 있는가? 그렇게 되려면, 이스와라 역시 '전지전능'이라는 특성을 버려야 하는 게 아닌가? 아울러 그 견해와 지식 또한 허상은 아닌가?

그것이 의심스러운가? 그렇다면 먼저 당신의 한정된 견해를 버려보라. 그러면 이스와라의 전지전능에 대해 충분히 생각해볼 수 있을 것이다. 또한 당신의 한정된 지식을 버려보라. 당신은 왜 이스와라에 대해 고민하는가? 이스와라의 일은 그 자신이 알아서 할 것이다. 이스와라가 우리만큼 능력이 없을까봐 그러는가? 그가 전지전능한 능력을 지니고 있든 말든, 왜 우리가 염려해야 하는가? 스스로의 일을 잘해나가는 것만으로도 참으로 훌륭한 일이다.

그런데 신은 모든 것을 알고 있는가?
《베다》에서 말하기를, 자신의 앎이 보잘 것 없다고 여기는 무지한 사람들에게만 신이 전지전능한 존재로 나타난다. 그러나 우리가 있는 그대로인 신의 상태에 이르고, 그 상태를 알게 되면, 신은 아무것도 알지 못한다는 것을 깨닫게 된다. 왜냐하면 그의 본질은 언제나 실재하는 유일한 전체로, 알아야 할 다른 대상이 없기 때문이다.

종교에서 신이나 천국이나 지옥에 대해 이야기하는 이유는 무엇인가?

신이나 천국이나 지옥이 이 세상과 같으며,『나』만이 실재한다는 점을 깨우치게 하기 위해서다. 종교는 믿는 자의 관점에 따라 다르게 존재한다.

비슈누나 시바 같은 신도 존재하는가?

이 우주에는 개체적인 인간의 영혼만 존재하는 것이 아니다.

신들이 머무는 카일라사나 바이쿤타와 같은 곳이 실제로 있는가?

당신의 육체가 실제로 존재한다면 그런 곳도 실제로 존재한다.

신들도 우리 몸처럼 현상으로 드러나는 존재인가? 혹시 '토끼의 뿔'처럼 허구적인 이야기는 아닌가?

실제로 존재한다.

그렇다면 틀림없이 어딘가에 있다는 건데, 신들은 어디에 있는가?

신을 본 사람들의 말로는 어디엔가 있다고 한다. 그 사람들의 말을 받아들일 수밖에 없다.●

신이 도대체 어디에 있다는 것인가?

당신 안에 있다.

그렇다면 신은 내가 만들어낼 수도 있고, 바꿀 수도 있는 개념에 지나지 않는 게 아닌가?

모두 맞는 말이다.

나는 '토끼의 뿔'과 같은 완전한 허구를 꾸며낼 수도 있고, 신기루처럼 부분적인 허구를 꾸며낼 수도 있다. 그런데 나의 상상과는 상관없이 분명하게 존재하는 사실들도 있다. 이스와라나 비슈누 같은 신들도 그렇게 객관적으로 존재하는 것이 아닌가?

물론 그렇다.

우주가 해체될 때, 신도 영향을 받는가?

왜 영향을 받겠는가? 사람도 자기(참나)를 깨달으면 우주의 해체를 초월해 해탈을 얻는데, 지혜와 능력이 무한한 이스와라가 그런 것에 영향을 받을 이유가 있는가?

천사와 마귀도 다른 신과 마찬가지로 존재하는가?

그렇다.

참나와 비교하면 신들의 지위는 어느 정도인가?

• 이 맥락에서의 의미는, 실제로 신은 나 자신이니 실제로는 존재하지 않지만 봤다는 사람들이 있다고 하니, 굳이 궁금하다면 봤다는 사람에게 가서 물어보고 믿으라는 뜻이다. 스리 라마나는 무지한 사람에게는 신이 있다고 말하고, 수행이 진전된 사람에게는 신이 나와 같은 존재라고 말하는 일관된 답변을 하고 있다.

시바Siva나 가나파티Ganapati나 브라마Brahma와 같은 신들은 인간의 관점에서 볼 때만 존재한다. 다시 말해, 당신이 자신의 인격적 자아가 있다고 믿으면, 그런 신들도 존재하는 것이다. 정부가 있으면 공무를 집행할 관료가 있어야 하는 것처럼, 세상이 있으니 창조주가 있고 신들이 있는 것이다.

그러나 『나』의 관점에서 바라보면, 모든 신들은 환영에 지나지 않으며 그들도 결국은 하나의 실체 안으로 녹아들어야 한다.

나는 신의 형상과 이름을 마음에 새기며 신에게 경배한다. 하지만 그럴 때마다 내가 하는 행위가 잘못된 것이 아닌지 의아해진다. 왜냐하면 내가 하는 일이 한계 없는 것에 한계를 지우고, 형상 없는 것에 형상을 부여하는 것이기 때문이다. 그러나 막상 형상 없이 신에게 경배하려고 하면, 꾸준하게 하기가 어렵다. 어떻게 해야 하는가?

신의 이름에 감응한다면, 신의 이름이나 형상을 마음에 품고 경배하는 것이 무슨 문제가 되겠는가? 자신이 누구인지를 알 때까지는, 형상을 마음에 품고 하든 품지 않고 하든 상관없다. 계속해서 신을 경배하라.

나는 인격신을 믿기 어려우며, 사실상 인격신을 믿는 게 불가능하기까지 하다는 걸 알게 되었다. 하지만 비인격적인 신, 즉 이 세상을 다스리고 사람들을 이끄는 신성한 힘에 대해서는 믿고 있다. 나는 이런 신앙심이 커진다면, 다른 사람을 치료하는 내 직업에도 큰 도움이 될 것이라고 생각한다. 어떻게 하면 믿음을 더욱 강하게 할 수 있는가?

믿음이란 알지 못하는 대상에게나 가지는 것이다. 하지만 『나』는 너무나 자명하다. 에고에 극도로 중독되어 헤어 나오지 못하는 사람이라 할

지라도, 자신의 존재를 부인하지는 못한다. 다시 말해 『나』의 존재를 부인할 수는 없다. 궁극적인 실체를 당신이 좋아하는 어떤 이름으로 불러도 괜찮으며, 믿는다고 해도 괜찮고, 사랑한다고 해도 괜찮다. 그러나 자기 자신의 존재에 대해 믿음을 가지지 않거나, 사랑하지 않을 사람이 어디 있겠는가? 그것은 믿음과 사랑이 우리의 참된 성품이기 때문이다.

신에 대해서는 어떤 개념도 가져서는 안 되는가?

가슴 속에 다른 생각이 존재하는 한, 당신의 마음이 만들어낸 신에 대한 생각도 존재할 수밖에 없다. 결국 모든 생각을 부수고 신에 대한 생각마저 부수는 것, 그 생각 없는 생각만이 신에 대한 참된 생각이다.

제20장

고통과 도덕성

서구의 철학자들과 신학자들은 수세기 동안 유신론有神論에 내재된 모순을 붙들고 씨름했다. 예컨대 이런 문제다. 신이 완전하다면 세상에 왜 악이 존재하는가? 모든 고통을 단번에 없애버릴 수도 있는 전지전능한 신이 왜 그것을 그대로 방치하는가?

스리 라마나는 세상이나 신, 고통받는 개체라는 개념은 모두 마음이 만들어낸 것이라고 말함으로써 이 질문에서 비켜선다.

모든 종교는 세상과 영혼과 신이 존재한다는 세 가지 전제에서 출발한다. 그 가운데 한 가지 원리가 세 가지 원리로 나타난다고 하거나, 세 가지 원리가 항상 세 원리라고 말하는 것은, 에고가 존재하는 차원에서나 가능한 일이다.•

스리 라마나는 우리가 겪는 고통의 원인이 악한 행위의 결과라거나 신의 의지 때문이라고 가르치지 않았다. 대신에 그는 인간이 서로 분리되어 있으며, 인간과 세상이 서로 분리되어 있다고 여기기 때문에 고통이 생긴다고 가르쳤다. 물론 그릇된 행위가 고통을 악화시키기에 그런 행위는 하지 말아야 하지만, 그것이 괴로움의 근본 원인은 아니라고 말했다.

그의 말에 따르면 '분리된 개체'라는 망상도 마음이 만들어내는 것이고, 그런 망상 때문에 괴로워하는 것도 마음이다. 따라서 고통은 분별심이 만들어낸 산물인 동시에 그 결과이며, 그런 분별심(마음)만 없애면 고통이 실재하지 않음을 알게 된다.

많은 이들은 이런 스리 라마나의 견해를 개인적 차원에서는 납득할 수 있었지만, 이 세상의 모든 고통이 그것을 인지하는 사람의 마음속에만 존재한다는 것을 받아들이기 어려워 했다. 그러나 스리 라마나는 이 문제에 대해서는 확고한 입장을 고수했다. 『나』를 깨달으면 자신의 고통뿐 아니라 세상의 모든 고통이 실재하지 않음을 알게 될 것이라고 거듭 강조했다. 그리고 이런 견해의 논리적 귀결로, 다른 사람의 고통을 없애주는 최상의 방법은 바로 『나』를 깨닫는 것이라고 말하곤 했다.

그렇다고 해서, 스리 라마나가 다른 사람들의 고통을 외면하라고 부추긴 것으로 해석해서는 안 된다. 그는 현실적인 차원에서, 깨달음을 얻기 전까지는 다른 사람들이 고통당하는 현실을 외면하지 말고, 고통스러워 하는 사람들을 만날 때마다 그들의 고통을 덜어주기 위해 애써야 한다고 말했다. 다만 그는 남을 도울 때도 '내가 이런 행위를 하고 있다'든지 '나보다 불쌍한 사람이 도움을 받았다'와 같은 느낌 없이 해야, 그

• 세상과 영혼과 신이 분리되어 존재하는 것은 '개별적인 자아'를 인정할 때만 가능하다. 그 원리를 만든 사람이나 받아들이는 사람의 에고가 있을 때는 세 가지 원리가 존재하지만, 에고가 없다면 세상과 영혼과 신은 없으며, 오로지 나만 존재한다.

행위가 정신적으로 도움이 된다고 지적했다.

　스리 라마나는 우리가 이 세상에서 어떤 일은 해야 하고, 어떤 일은 하지 말아야 한다는 식의 사고에 대해서는 거의 관심이 없었다. 그는 무엇이 옳고 그르다는 세속적 관념들은 마음이 일으키는 가치 판단이며, 그 마음이 사라지면 어떤 것이 옳고 그르다는 관념 역시 사라진다는 견해를 유지했다.

　이런 이유에서 그는 세속의 도덕적 규범에 대해서는 거의 언급하지 않았다. 누군가가 그에 대한 의견을 구하면 스리 라마나는 "『나』를 찾는 것만이 유일하게 올바른 행위"라고 말함으로써 이 문제에서 비켜섰다.

이 세상이 고통스러운 이유가 무엇이라고 생각하는가? 그리고 고통을 덜기 위해 개인 또는 집단이 해야 할 일은 무엇인가?

『나』를 깨달으라. 그것만 하면 된다.

온갖 제약으로 둘러싸인 인생을 살아가면서, 과연 『나』의 지복을 깨달을 수 있겠는가?

『나』의 지복은 항상 당신과 함께 있으며, 성심껏 찾고자 한다면 스스로 찾을 수 있을 것이다. 불행의 원인은 당신 바깥에 있지 않고, 당신 안의 에고에 있다. 당신은 스스로 자신을 한계 지운 다음 그것을 넘어서려고 헛되이 애쓰고 있다.

　모든 불행은 에고 때문에 생기며, 모든 고통도 에고와 함께 찾아온다. 불행의 원인이 당신 안에 있는데, 밖에서 구원을 찾으려 한들 무슨 소용이 있겠는가? 외부에 있는 것들에서 무슨 행복을 얻을 것인가? 또 설령 얻는다손 치더라도 그것이 얼마나 오래 가겠는가?

에고를 부인하고 무시함으로써 에고를 고사枯死시켜 버린다면, 당신은 자유로워질 것이다. 하지만 에고를 받아들인다면, 에고가 당신을 온갖 제약 속에 가두고, 당신은 그 제약을 넘어서려고 헛되이 분투할 것이다. 진정으로 실재하는 『나』로 존재하라. 그것만이 언제나 당신 안에 존재하는 지복을 깨닫는 길이다.

진정으로 속박도 없고 벗어남도 없다면, 우리가 때로는 기쁘기도 하고 때로는 슬프기도 한 이유는 무엇인가?

기쁨과 슬픔은 실재하는 것이 아니다. 자신의 참된 본성에서 벗어나 있을 때에만 실재하는 것처럼 보일 뿐이다.

이 세상은 행복을 위해서 창조된 것인가, 불행을 위해 창조된 것인가?

이 세상을 창조한 데에는 선악이 없다. 세상은 그저 있는 그대로 존재할 뿐이다. 거기에 온갖 의미를 부여하는 것은, 만사를 자신의 각도에서 바라보고, 자신의 이익에 부합하도록 해석을 가하는 인간의 마음이다.

여자는 그저 여자일 뿐인데, 어떤 마음은 그 여자를 '어머니'라고 하고, 또 다른 마음은 그 여자를 '누이'라고 하며, 또 다른 마음은 그를 '아주머니'라고 한다. 인간은 이성異性을 좋아하고 뱀을 싫어하지만, 길가의 잡초나 돌멩이는 무관심하다. 이런 가치 판단이 이 세상 모든 불행의 원인이다.

창조는 마치 한 그루의 보리수와도 같다. 새들이 날아와서 열매를 먹기도 하고 가지 밑에 둥지를 틀기도 한다. 어떤 사람은 그늘에서 더위를 식히기도 하고, 어떤 사람은 나뭇가지에 목을 매기도 한다. 그러나 보리수는 조용히 살아갈 뿐, 자신이 어떻게 쓰이는지에 대해서는 관심도 없고, 알려고 하지도 않는다.

그러나 인간의 마음은 스스로 온갖 어려움을 만들어낸 다음, 구해달라고 아우성을 친다. 신이 어떤 사람에게는 평화를 주고, 어떤 사람에게는 슬픔을 줄 정도로 편파적이겠는가? 피조물 안에는 모든 것이 다 갖추어져 있건만, 인간은 좋은 것이나 건강한 것, 아름다운 것을 보지 않고 외면한다. 이는 마치 굶주린 사람이 맛있는 진수성찬을 앞에 놓고서도 손을 뻗어 음식을 먹으려고 하지는 않고 "이게 누구의 잘못인가? 신의 잘못인가, 인간의 잘못인가?"라며 불평불만에 매달리는 것과도 같다.

신은 전지전능한데 왜 인간은 자신의 행위 때문에 고통을 받아야 하는가? 개인이 고통받게 될 행위를 신이 촉발한 것은 아닌가?

자신이 행위하는 자라고 생각하는 그 사람이 고통받는 자이기도 하다.

하지만 개인은 '신의 도구'일 뿐이며, 신이 인간의 행위를 촉발한 것이지 않은가?

사람들은 즐거울 때는 아무 말도 하지 않다가 괴로울 때만 이런 논리를 끌어들인다. 즐거울 때나 괴로울 때나 '개인이 신의 도구일 뿐'이라는 확신을 굳건히 지킨다면, 괴로움 역시 존재하지 않을 것이다.

고통은 언제 끝이 나는가?

개체성이 소멸하기 전에는 끝나지 않는다. 선행과 악행이 모두 신의 뜻이라면 왜 당신은 즐거움과 고통만 당신의 것이라고 여기는가? 선행과 악행을 하는 사람이, 즐거움도 느끼고 고통도 느끼는 것이다. 그러니 그런 고민은 내버려두라. 자신에게 고통스러운 짐을 지우지 마라.

어떻게 고통이 존재하지 않는다고 말하는가? 나는 곳곳에서 고통받는 사람들을 본다.

각자의 내면에서 가슴으로서 빛나는 실체는, 그 자체로 순수한 지복의 바다다. 하늘이 푸르게 보인다고 해서 그 푸름이 실재하지 않듯이, 불행이 있는 것처럼 보일지라도 실체에는 불행이 없으며, 단지 개인의 상상에서만 존재할 뿐이다.

　우리 자신의 실체는, 무지의 어두운 망상으로는 다가갈 수 없는 참된 지혜의 태양이다. 우리의 실체는 언제나 행복의 빛을 발산하고 있으므로, 모든 불행은 '개체성'이라는 그릇된 관념이 일으키는 허상일 뿐이다. 불행을 겪고 있다는 모든 사람은 실제로는 실체가 아닌 착각에 빠져 있을 뿐이다.

　우리가 그 자체로 지복인 『나』를 면밀히 탐구한다면, 우리 삶에서 불행이란 전혀 없을 것이다. 우리는 결코 '나'가 아닌 육체를 '나'라고 여김으로써 고통받는다. 그리고 이 망상에서 모든 고통이 비롯한다.

나는 몸과 마음이 모두 고통스럽다. 태어난 뒤로 한 번도 행복했던 적이 없다. 나의 어머니도 나를 임신했을 때부터 고통스러웠다고 한다. 나는 왜 이렇게 고통을 받는가? 이번 생에서는 죄를 짓지도 않았는데, 전생에 지은 죄 때문에 고통을 당하는 것인가?

당신은 몸과 마음이 고통스럽다고 말한다. 그런데 몸과 마음이 이런 질문을 하고 있는 것인가? 그렇게 질문하는 자는 과연 누구인가? 몸과 마음을 초월한 존재가 질문하고 있지 않은가?

당신은 이번 생에 몸이 아픈데, 그 원인이 전생에 있지 않으냐고 묻는다. 만약 그렇다면, 그 전생에서 아픈 원인은 그 앞 전생에서 죄를 지었을 것이고, 또 그 앞 전생과 그 앞 전생에서도 원인이 있을 것이다. 씨앗이 싹트고 다시 그 나무에서 씨앗이 나와 싹이 트듯이, 그런 인과관계는 끝도 없을 것이다.

모든 태어남의 첫 번째 원인은 '무지無知'라는 점을 알아야 한다. 바로 그 무지가 지금 여기에도 있기 때문에 당신이 이런 질문을 하는 것이다. 그러니 참된 지혜로 그 무지를 없애라.

'왜 그리고 누구에게 이런 괴로움이 왔는가?'라고 물으며 탐구한다면, 당신은 그 '나'가 마음이나 육체와는 별개이며, 유일하게 영원한 존재는 바로 『나』이고, 그것이 곧 영원한 지복임을 알게 될 것이다. 이것이 바로 깨달음이다.

나는 걱정이 끝없이 일어나서 괴롭다. 행복의 조건을 두루 갖추었는데도 조금도 마음이 편하지 않다.

잘 때도 그런 걱정 때문에 괴로운가?

아니다. 그렇지 않다.

아무 걱정 없이 자던 그 사람과 지금의 당신은 같은 사람인가, 다른 사람인가?

같은 사람이다.

그렇다면 그 걱정은 당신의 것이 아니다. 그 걱정이 자신의 것이라고 여기는 것은 잘못이다.

우리가 슬픔으로 괴로울 때 당신에게 편지를 쓰거나 마음속의 기도를 통해 하소연하면, 당신의 헌신자들이 이토록 고통받고 있으니 이 얼마나 불쌍한가, 하는 측은지심이 들지 않는가?

내가 그렇게 느낀다면 나는 깨달은 사람이 아니다.

우리는 세상에서 숱한 아픔을 목격한다. 누군가가 굶주리고 있을 때, 그 굶주림이란 물리적 현실이다. 그런데도 우리는 그것을 보고 꿈에 불과하다고 말하면서 그의 아픔을 외면해야 하는가?

깨달음이나 실체의 관점에서 보면 고통이 있는 세상도 극미한 파편인 것처럼, 당신이 말하는 고통도 확실히 꿈이다.

당신은 꿈에서도 배고픔을 느끼며, 다른 사람들이 배고픔으로 고통받는 모습을 본다. 자신의 배고픔을 해결하기 위해 음식을 먹기도 하고, 다른 사람들에게 음식을 나누어주기도 한다. 그런 꿈이 계속되는 한, 꿈속에서의 고통은 실제 세상에서 보는 것만큼이나 생생하다. 당신은 꿈에서 깬 다음에야 꿈속의 고통이 실재하지 않는다는 것을 알게 될 것이다.

마찬가지로 당신은 배부르게 먹은 다음 잠자리에 들어서도, 온종일 뙤약볕 아래서 일한 것 같은 피로감과 굶주림으로 가득 찬 꿈을 꿀 수 있다. 그러나 잠에서 깨면 어떠한가? 충분히 배가 부른 상태이며 침대 위에 편안히 누워 있었다는 것을 알게 된다.

그렇다고 해서 꿈속에서 느끼는 고통을 실재하지 않는 것으로 여기고 행동할 수 있다는 뜻은 아니다. 꿈속에서 배가 고프면 꿈속의 음식을 먹어야 하며, 꿈속에서 다른 사람이 굶주리는 것을 보면 역시 꿈속에서의 음식을 주어야 한다. 꿈꾸는 상태와 깨어 있는 상태는 결코 섞을 수 없다.

당신이 깨달음에 도달해 이런 망상에서 깨어나기 전까지는, 고통받는 사람을 보면 그들의 고통을 덜어주기 위해 애써야 한다. 그러나 그렇게 할 때에도, 에고 즉 '내가 행위자다'라는 생각을 비우고 '나는 신의 도구일 뿐'이라고 느끼면서 해야 한다. 마찬가지로 남을 돕는다는 마음에 우쭐해져서, '나보다 못한 사람을 돕고 있다. 저 사람은 나의 도움이 필요하며, 나는 도와줄 수 있는 위치에 있다. 나는 우월하고 저 사람은 열등하다'라는 식으로 생각해서는 안 된다. 그 사람의 내면에 자리한 신을 섬긴다는 태도로 그를 도와야 한다. 모든 봉사는 참나인 나 자신을 위한 것이지, 다른 사람을 위한 것이 아니다. 당신은 다른 사람을 돕는 게 아니라 자기 자신을 도울 뿐이다.

오랜 시간 명상할 수 없는 사람들은, 다른 사람들을 위한 선행에 전념하는 것만으로도 충분하지 않은가?

그렇다. 그렇게 하면 가슴에 선한 생각이 생길 것이다. 그것만으로도 족하다. 선善, 신, 사랑…… 이것들은 모두 같은 것이다. 우리가 이것들 중에 하나를 지속적으로 생각한다면, 그것만으로도 족하다. 모든 명상은 그저 다른 생각을 물리치기 위해 하는 것이기 때문이다.

그렇다면 우리는 궁극적으로는 고통이 실재하지 않음을 알면서도 다른 사람의 고통을 덜어주기 위해 애써야 한다는 이야기인가?

모든 사람이 똑같이 행복하고, 똑같이 부유하고, 똑같이 지혜롭고, 똑같이 건강할 때란 지금까지 없었고 앞으로도 없을 것이다. 사실 행복이니 지혜니 건강이니 하는 말도 그 반대말이 존재하기 때문에 의미가 있다.

그렇다고 해서, 당신보다 더 불행하거나 더 불쌍한 사람을 만나더라도 모른 체하고 고개를 돌리라는 의미는 아니다. 오히려 모든 사람을 사랑하고 모든 사람을 도와야 한다. 그렇게 함으로써만이, 당신은 스스로를 도울 수 있기 때문이다. 당신이 다른 사람이나 다른 생명 있는 것들의 괴로움을 덜어주려고 애쓸 때, 그 노력이 성공하든 실패하든 영적으로 진보할 수 있다. 특히 그런 행위가 사심 없이, 즉 '내가 이 행위를 하고 있다'는 에고의 느낌 없이 '신이 나를 매개체로 써서 봉사하고 있다. 신이 행위자이며 나는 도구이다'라는 마음으로 한다면 더욱 그렇다.

　만약 '남에게 주는 것이 사실은 자기 자신에게 주는 것'이라는 진리를 모든 사람이 안다면, 누군들 다른 사람에게 베풀지 않겠는가? 모든 사람들이 한 명 한 명 『나』이기 때문에, 누가 누구에게 무엇을 하든 사실은 모두 '나'에게 하는 것이다.

이 세상에는 기근이나 유행병 같은 재난이 확산되고 있는데, 이런 일이 생기는 원인은 무엇인가?
누구에게 그런 재난이 보이는가?

그 말은 대답으로 충분하지 않다. 나는 많은 곳에서 참상을 목격했다.
당신은 자는 동안 이 세상과 이 세상의 고통에 대해 알지 못했으나, 깨어 있는 상태에서는 그것을 인지하고 있다. 세상의 고통으로 고뇌하지 않았던 그 상태에 계속 머물러라. 다시 말하자면, 당신이 이 세상을 의식하지 못했을 때에는 세상의 고통이 당신을 괴롭히지 않는다. 잠들었을 때처럼 『나』로 머물 때, 이 세상과 이 세상의 고통은 당신에게 영향을 주지 않을 것이다. 그러므로 내면을 바라보라. 『나』를 보라. 그러면 이 세상과 이 세상의 불행도 끝날 것이다.

그러나 그것은 이기적인 행위가 아닌가?

세상은 바깥에 있지 않다. 당신은 스스로를 육체라고 잘못 알고 있기 때문에 세상이 바깥에 있다고 여기며, 세상의 고통 또한 생생하게 인식된다. 그러나 그것들은 실재하지 않는다. 실체를 찾아라. 그럼으로써 '비실재'를 '실재'로 느끼는 그릇된 느낌에서 벗어나라.

세상에는 훌륭한 사람이나 사회사업가도 많지만, 그들도 세상의 불행을 해결하지는 못한다.

그들이 세상의 불행을 해결하지 못하는 것은, 에고에 머물러 있기 때문이다. 그들이 『나』에 머무른다면 달라질 것이다.

그렇다면 왜 깨달은 사람들은 세상을 돕지 않는가?

그들이 돕는지, 돕지 않는지 당신이 어떻게 알겠는가? 대중 연설이나 봉사 활동, 물질적인 기부 등을 다 합해도 깨달은 사람의 침묵에는 미치지 못한다. 깨달은 사람은 다른 사람보다 많은 일을 이룬다.

세상의 상황을 개선하기 위해 우리는 어떤 일을 해야 하는가?

고통에서 벗어나 있으면, 세상 어느 곳에서도 고통을 보지 못할 것이다. 세상을 외적인 대상으로 보고, 거기에 고통이 있다고 여기기 때문에 문제가 생긴 것이다. 하지만 세상도 고통도 모두 당신 안에 있다. 내면을 바라본다면, 아무런 고통도 없을 것이다.

신은 완전하다. 그런데 왜 세상을 이토록 불완전하게 창조했는가? 창조물에는 창조자가 지닌 성질이 깃들어 있는 법인데, 지금 이 세상은 그렇지 않다.

그런 질문을 하는 자는 누구인가?

'나'라는 개인이다.

지금 질문하는 당신은 신과 분리되어 있는가? 자기를 육체라고 생각하는 한, 세상을 외적인 대상으로 보게 되어, 불완전한 것들이 보일 수밖에 없다. 신은 완전하다. 그가 만든 창조물 또한 완전하다. 그러나 당신은 그릇된 동일시 때문에 세상을 불완전하다고 보는 것이다.

참나는 왜 이렇게 비참한 세계에서 나타났는가?

당신이 『나』를 찾도록 하기 위해서다. 눈은 자기 스스로를 볼 수 없다. 그러나 거울을 앞에 놓으면 볼 수 있다. 창조도 이와 비슷하다. 먼저 당신 자신을 보라. 그리고 세상 전체를 『나』로 보라.

요컨대, 늘 내면을 주시해야 한다는 의미인가?

그렇다.

세상을 보아서는 안 되는 것인가?

눈을 가리고 이 세상을 전혀 보지 말라는 뜻이 아니다. 먼저 자신이 누구인지를 본 다음, 이 세상 전체를 『나』로 보기만 하면 된다. 자기를 육체라고 여기는 동안에는 세상이 외적인 대상으로 보이지만, 당신이 『나』'일 때는 온 세상이 브라만으로 보인다.

세상의 평화를 위해 할 수 있는 최선의 방법은 무엇인가?

세상이 무엇인가? 그리고 평화는 무엇인가? 그리고 그런 일을 하는 자는 누구인가? 잠을 자는 동안에는 세상이 없으며, 깨어 있는 상태에서 마음이 투영되어 세상이 나타난다. 따라서 세상은 관념에 지나지 않는다. 평화란 혼란이 없는 상태다. 혼란은 개인이 생각을 일으킴으로써 생기며, 개인이란 순수의식에서 비롯한 에고일 뿐이다.

　평화로움이란 생각들에서 벗어나 순수의식에 머무는 것을 의미한다. 스스로가 평화에 머물 수 있다면, 어디를 가나 평화로울 것이다.

다른 사람을 더 큰 잘못에서 구할 수 있다면 비록 옳지 않은 행위일지라도 그 행위를 해야 하는가, 하지 말아야 하는가?

무엇이 옳고 무엇이 그른가? 옳고 그름을 판단할 수 있는 기준은 없다. 의견이란 개인의 기질이나 주위 상황에 따라 서로 다를 수 있다. 그 의견들이란 결국 생각에 지나지 않는다. 옳고 그름에 대해 고심하는 대신에 생각을 없애라. 당신이 늘 옳음에 머물러 있다면, 그 옳음이 세상을 가득 채울 것이다.

바른 행위만 해도 구원받을 수 있지 않은가?

누가 구원받는다는 말인가? 구원받기를 바라는 자는 또 누구인가? 또 바른 행위란 무엇인가? 행위란 무엇이며 바르다는 것은 무엇인가? 무엇이 옳고 그른지 판단하는 자는 누구인가? 사람들은 각자가 쌓아온 습에 따라 이것은 옳으니 저것은 그르니 분별한다. 그러나 실체를 깨닫기 전에는 옳고 그름에 대한 진실도 알 수 없다.

　구원을 바라는 자가 누구인지를 찾는 것만이 최선의 길이다. 그 누군가를, 혹은 에고를 그 근원까지 추적하여 밝히는 것이야말로 누구에게나 올바른 행위다.

여러 책에서 말하기를, 선행을 하면 구원에 이르게 된다고 한다. 정말 그런가?

여러 책에 그런 말이 적혀 있다. 선행은 좋은 것이며, 선행으로 구원받을 수 있음을 누가 부정하겠는가? 선행은 마음을 정화하여 순수하게 만든다. 이 순수한 마음으로 깨달음을 얻는데, 그것이 바로 구원이다. 따라서 결국은 깨달음을 얻어야 한다. 그러기 위해서는 에고를 근원까지 추적해야 한다. 그러나 이 방법에 마음이 끌리지 않는 사람들에게는 선한 행위가 순수한 마음을 얻게 하고, 그 마음이 깨달음에 이르게 하며, 깨달음이 구원을 준다고 말해줄 수밖에 없다.

동기에 대해서 어떻게 생각하는가? 행위를 하는 동기가 중요한 것이 아닌가?

올곧은 순수함과 평화로운 마음을 가지고 사랑으로 한 행위는 어떤 것이든 선하다. 욕망의 얼룩이 묻어 있고, 불안으로 마음이 가득 찬 상태에서 한 행위는 어떤 것이든 악하다. 그리고 어떤 행위든 나쁜 수단을 써서 '결과만 좋으면 된다'는 생각으로는 하지 마라. 그 수단이 나쁘면, 선행도 결국은 나쁜 행위가 되고 만다. 그러므로 행위를 하는 수단도 순수해야만 한다.

상카라가 말하기를, "우리는 모두 자유롭고 얽매여 있지 않다. 타오르는 불길에서 불꽃은 잠시 튀지만 다시 불과 합쳐지는 것처럼, 우리가 원래 왔던 근원인 신에게 다시 돌아갈 것이다"라고 한다. 그런데 우리는 왜 죄를 지어서는 안 되는 것인가?

우리가 얽매여 있지 않으며, 참된 『나』에게는 어떠한 얽매임도 없다는 것은 진실이다. 나아가 당신이 결국 당신의 근원으로 돌아가리라는 것도 진실이다. 그러나 당신이 죄를 범하면, 그 죄과를 치르지 않을 수는 없다. 이것을 피할 수는 없다. 만약 어떤 사람이 당신을 마구 때리는데도 "나는 자유롭다. 나는 이런 매질에 얽매이지 않으며, 아무런 고통도 느끼지 않는다. 실컷 때려라!"라고 말할 수 있겠는가? 실제로 그렇게 느낀다면, 하고 싶은 대로 해도 된다. 하지만 입으로만 "나는 자유롭다"고 말한들 무슨 소용이 있겠는가?

전全 우주가 신이 벌이는 '의식의 유희'이며, 모든 만물에 브라만이 충만하다고 한다. 그렇다면 우리는 왜 나쁜 습관을 버려야 하며, 나쁜 행동을 해서는 안 되는 것인가?

몸에 작은 상처가 났다고 치자. 상처가 작다고 무시한다면 언젠가 온몸이 아프게 될 것이다. 상처가 생겼을 때 금방 치료하지 않으면, 나중에는 병원에 가서 환부를 칼로 도려내고 고름을 짜야 할지도 모른다. 감염된 부분을 완전히 제거하지 않으면 다시 곪을 것이며, 수술 후에 붕대를 감지 않아도 곪을 것이다. 행위도 이와 마찬가지다. 나쁜 습관과 나쁜 행동은 몸에 난 상처와도 같다. 모든 병은 그에 맞는 적절한 치료를 해야 한다.

그래서 우리는 전통적인 규범을 지켜야 하는 것인가?

수행자를 위해 정한 규범을 지키는 것은 상당한 도움이 되기 때문에, 충분히 따를 만한 가치가 있다. 하지만 더 높은 수준의 탐구를 해나가는 데에 그런 규범이 방해가 된다면, 자신에게 맞지 않은 것이니 당장 그만 따르는 것이 좋다.

제21장
───── ❦ ─────

업 - 운명과 자유의지

업業(Karma)에 대한 이론은 동양의 많은 종교에 공통적으로 존재한다. 이 이론에서 가장 널리 알려진 형태는, 자기가 행한 행위의 결과는 반드시 자기가 받는다는 보편적인 인과론이다. 선한 행위는 선한 결과를 낳고, 악한 행위는 그 행위를 한 사람에게 반드시 고통이 따른다는 것이다. 하지만 이번 생에서 행한 행위의 과보를 반드시 이번 생에 받는 것은 아니고, 다음 생에서 받을 수도 있다. 이런 이유에서, 업의 형태는 다시 몇 가지로 분류된다. 스리 라마나가 사용했던 다음의 분류법은 힌두교의 여러 유파에서 공통적으로 사용하는 것이다.

1. 축적업蓄積業(Sanchita-karma) : 전생에서부터 축적되어 과보를 받아야 하는 업(karmic debt, 빚과도 같은 업).
2. 발현업發現業(Prarabdha Karma) : 축적업의 일부로 이번 생에서 과보를 받아야 하는 업. 업의 법칙에는 과거에 쌓은 업에 따라 결정

론적(determinism)으로 나타난다는 의미가 담겨 있어, 발현업은 흔히 '운명'으로 번역되기도 한다.

3. 미래업未來業(Agami Karma) : 이번 생의 행위로 축적되어 내생來生
   으로 넘어가는 업.

스리 라마나는 '업의 법칙'에 타당성이 있음을 인정했지만, 이 법칙은 개인이 스스로를 참나와 분리된 존재로 여기는 한에서만 적용된다고 말했다. 또한 깨닫지 못한 사람의 수준에서는, 과거에 쌓은 행위와 생각의 과보에 따라 예정된 행위와 경험을 하게 되어 있다고 설명했다. 그는 사람이 일생 동안 겪게 되는 모든 행위와 경험은 태어날 때 이미 결정되며, 사람이 가진 유일한 자유는 행위하는 자도 경험하는 자도 없음을 깨닫는 일뿐이라고 단언했다. 하지만 『나』를 깨달으면 행위의 과보를 받을 사람이 사라져버리기 때문에 업의 법칙이 소용없게 된다.

스리 라마나는 '업의 법칙'은 신의 의지가 발현된 것이라고 생각했다. 『나』를 깨닫지 못하는 사람들은 인격신 이스와라가 그들의 운명을 주관한다고 말했다. 이스와라가 각자가 받을 행위의 과보를 정하고, 일생 동안 어떤 행위를 할 것인지도 선택한다는 것이다. 우리는 육체가 하는 행위를 자기와 동일시하는 한 이스와라의 심판에서 벗어날 수 없다. 그의 손에서 벗어나 자유를 얻으려면, 『나』를 깨달음으로써 업을 초월하는 길밖에 없다.

발현업은 육체가 사라질 때까지 계속 남는다고 하는데, 살아 있는 동안 발현업을

극복할 수는 없는가?

극복할 수 있다. 업은 육체와 참나 사이에 존재하는 에고에 의존하는데, 행위자인 에고가 근원으로 녹아들어가 자신의 모습을 잃으면 업이 어디에 붙어 있을 수 있겠는가? '나'가 사라지면 업도 사라진다.

발현업은 전생에서부터 축적된 업의 작은 일부에 지나지 않는다고 하던데, 그것이 사실인가?

사람은 과거의 여러 삶을 거치는 동안 많은 카르마를 쌓는다. 이번 생에서는 그 가운데 일부만이 과보로 나타나는데, 사람은 반드시 그 과보를 받아야만 한다. 이는 마치 상영자가 슬라이드를 비출 때, 여러 개의 슬라이드 가운데 이번에는 몇 개를 보여주고, 다음에는 다른 몇 개를 보여주는 것과도 같다. 그러나 모든 업은 『나』를 깨달으면 사라진다. 업이란 과거에 했던 경험의 결과인데, 슬라이드가 업이라면 슬라이드를 비추는 상영자는 마음이다. 아무리 슬라이드가 많아도 슬라이드를 비추는 상영자가 사라지면 슬라이드는 더 이상 보이지 않게 되는 이치다. 상영자가 사라지면, 더 이상 태어남과 죽음의 윤회를 반복하지 않게 되는 것이다.

그렇다면 슬라이드를 비추는 상영자는 누구인가? 그리고 축적업 가운데 작은 일부만을 선택하여 이번 생에서 발현업으로 나타나게 하는 데에는 어떤 법칙이 작용하는가?

개인은 업의 과보를 받아 고통을 겪을 수밖에 없지만, 이스와라는 자신의 목적을 위해 인간의 업을 최대한 이용한다. 이스와라는 과보가 나타나도록 조정하지만, 결코 덧붙이거나 빼는 법은 없다. 선업이든 악업이든, 모든 업은 인간의 무의식에 저장되어 있기 때문이다. 이스와라는 그 사람이 정신적 진보를 이루는 데 가장 적합하다고 판단되는 업을 무의식이라는 저장 창고에서 선택한다. 개인이 겪을 과보는 즐거울 수도 있고 괴로울 수도 있지만, 이스와라는 결코 아무렇게나 선택하지 않는다.

당신이 쓴 《가르침의 정수(우파데사 사람Upadesa Saram)》라는 책을 보면, '행위(karma)는 신이 정한 법칙에 따라 결실을 맺는다'는 말이 나온다. 이는 우리가 업의 과보를 받는 것이 오로지 신의 뜻 때문이라는 뜻인가?

거기서 신은 이스와라를 가리킨다. 그는 개개인에게 자신의 업에 따라 행위의 열매를 나누어 준다. 이 말은 곧 이스와라가 '브라만의 현현顯現'이라는 뜻이다.

참된 브라만은 드러나지 않으며, 움직이지도 않는다. 이스와라의 모습으로 드러나고 움직이는 신은 드러난 브라만일 뿐이다. 이스와라는 브라만의 대리인일 뿐이라서, 각 개인에게 그의 행위에 따라 과보를 준다. 이는 마치 회사의 대리인이 근로자에게 일한 만큼 임금을 지불하는 것과도 같다. 그것이 전부다.

이스와라의 이와 같은 힘(샤크티sakti)이 없다면, 업의 작용도 일어나지 않는다. 그런 이유에서 업은 저 혼자 존재하며, 스스로는 작용할 수 있는 힘이 없다고 하는 것이다.

현재의 경험이 과거에 쌓은 업의 결과라고 하는데, 그렇다면 과거에 실수했음을 깨닫고 그것을 고칠 수도 있는가?

한 가지 실수를 고치더라도 수많은 생을 거치면서 쌓아온 축적업은 여전히 남아 있기 때문에, 수없이 많은 탄생을 거듭해야 하는 것이다. 따라서 그것은 옳은 방법이 아니다. 이는 나무를 없애기 위해 가지를 치는 것과 같다. 가지를 칠수록 나무가 더 잘 자라듯이, 업을 고치려고 애쓰면 애쓸수록 더 많은 업이 쌓이게 된다. 결국 업의 뿌리를 찾아서 뽑아내는 것이 최선이다.

업의 이론이란 결국 '작용과 반작용의 결과가 곧 현상계'라는 의미인가? 그렇다면 무엇의 작용이며 무엇의 반작용인가?

깨닫기 전에는 업, 즉 작용과 반작용이 있다. 그러나 깨달은 뒤에는 업도 없고, 현상계도 없다.

내가 육체가 아니라면, 이 육체로 행한 좋고 나쁜 행위의 과보를 왜 내가 받아야 하는가?

만약 당신이 육체가 아니며 '내가 행위자'라는 생각을 하지 않는다면, 행위의 결과가 당신에게 영향을 미치지 않는다. 당신은 왜 육체가 하는 행위들을 두고 '내가 이것을 한다'거나 '내가 그것을 했다'라고 하는가? 육체가 아니라면, '내가 했다'고 할 이유가 없지 않은가?

이와 같이 당신이 자기를 육체와 동일시하는 한, 행위의 과보를 받을 수밖에 없다. 다시 말해, 자신을 육체로 여기는 동안은 좋든 나쁘든 업을 쌓을 수밖에 없다.

그러나 나는 육체가 아니기 때문에, 육체로 행하는 좋고 나쁜 행위의 결과가 내 책임은 아니지 않은가?

당신이 육체가 아니라면 왜 굳이 그런 질문을 하는가?

어떤 사람은 "인간의 노력이 모든 힘의 근원이고, 그 힘으로 업까지도 초월할 수 있다"고 한다. 또 다른 사람은 "업이야말로 신의 은총"이라고 한다. 누구의 말이 맞는지 모르겠다.

그렇다. 어떤 철학의 학파에서는 전생의 업이 바로 신(God)이라고 주장하며, 이번 생에서 경전의 가르침에 따라 행한 행위는 인간적 노력이라고 한다. 전생의 업과 금생의 업은, 숫양 두 마리가 서로 머리를 맞대고 밀치면서 싸우듯이 힘겨루기를 하여 약한 쪽이 사라진다고도 한다. 이런 이유로 인간적인 노력을 더 열심히 해야 한다는 것이다. 하지만 그들에게 업의 기원이 무엇이냐고 물으면, 그런 질문은 '씨앗이 먼저냐, 나무가 먼저냐?'라는 식이라 아무리 해도 끝이 나지 않으므로 물어서는 안 된다고 대답할 뿐이다.

결국 이런 식의 논의는 '논쟁을 위한 논쟁'일 뿐이며 궁극적 진리에는 가닿지 못한다. 그래서 나는 먼저 자기를 찾으라고 말하는 것이다. 만약 우리가 '나는 누구인가? 나는 어떻게 해서 태어나게 되는 잘못을 저질렀는가?'라고 물어서 탐구한다면, 육체로서의 '나'는 가라앉고, 진짜 '나'를 깨닫게 될 것이다. 이런 식으로 올바르게 탐구한다면 잘못이라는 생각이 없어져 평화를 얻게 될 것이다. 비단 평화뿐이랴. 『나』로서 있는 그대로 머물게 될 것이다.

업이 주는 가르침의 핵심은 '나는 누구인가? 행위자는 누구인가? 누가 업을 시작했는가?'라고 자문함으로써 진리를 알아차리는 데에 있다. 자기탐구를 통해 업의 행위자인 에고를 완전히 없애지 않으면, 카르마 요가의 결실인 '지고한 지복'을 얻지 못한다. 결코 완전한 평화를 누릴 수 없다.

진언이나 염송으로 악행의 과보를 피할 수 있는가, 아니면 반드시 과보를 받아야만 하는가?

'내가 진언을 외고 있다'는 느낌이 없다면, 악행의 과보가 더 이상 진언을 암송하는 자에게 달라붙지 않을 것이다. 하지만 '내가 진언을 외우고 있다'는 느낌이 있다면, 악행의 과보를 피할 수 없다.

선행을 많이 해서 복덕이 쌓이면, 악행으로 쌓은 업을 없앨 수 있는가?

'내가 하고 있다'는 느낌이 있는 한, 그 업이 좋은 것이든 나쁜 것이든, 과보를 피할 수 없다. 어떻게 한 행위가 다른 행위를 지워버릴 수 있겠는가? '내가 하고 있다'는 느낌이 사라지면 행위가 영향을 미치지 않지만, 『나』를 깨닫기 전에는 '내가 하고 있다'는 느낌이 결코 사라지지 않을 것이다.

그리고 『나』를 깨달은 사람이라면 주문을 욀 필요가 있겠는가? 고행을 할 필요가 있겠는가? 삶은 발현업의 힘으로 흘러간다. 그러나 『나』를 깨달은 사람은 굳이 업을 없애려고 하지 않는다.

발현업은 다음 세 가지 원인으로 이번 생에서 나타난다. 첫 번째 자신의 욕망(ichha)에 의해서, 두 번째 아무런 욕망이 없이(anichha), 세 번째 남을 위한 욕망(parechha)에 의해서. 『나』를 깨달은 사람에게는 자신의 욕망으로 발현되는 업은 없지만, 다른 두 가지는 그대로 남아 있다.

깨달은 이가 어떤 행위를 하든, 그것은 남을 위해서다. 그는 다른 사람들을 위해 할 일이 있으면 하지만, 그 결과가 그에게 영향을 미치지는 않는다. 그것이 어떤 행위이든 아무런 과보도 받지 않는다. 그러나 그는 세속에서 인정하는 가치 기준에 부합하는 행위만 한다.

이번 생에서 겪는 모든 일이 발현업에 따라 예정된 것일 뿐임을 아는 사람은, 어떤 일을 겪어도 당황하지 않을 것이다. 우리가 겪게 될 모든 일은 우리가 원하든 원하지 않든 어차피 오게 되어 있음을 알라.

깨달은 사람은 더 이상의 업이 없으며, 업의 속박에서도 벗어났다. 그런데도 그는 왜 육체에 갇혀 있어야 하는가?

지금 이 질문을 하는 사람은 누구인가? 깨달은 사람인가, 깨닫지 못한 사람인가? 깨달은 사람이 무엇을 하는지, 왜 하는지에 대해 고민하는 이유는 무엇인가?

먼저 자신부터 살펴보라. 당신이 지금 육체가 곧 자기라고 생각하기 때문에, 깨달은 사람도 육체를 가지고 있다고 생각하는 것이다. 깨달은 사람이 자기도 육체를 가지고 있다고 말하던가? 당신에게는 깨달은 사람도 다른 사람들처럼 육체를 가지고 이런저런 행위를 하는 것처럼 보일 것이다. 하지만 깨달은 사람 자신은 육체가 없음을 안다.

불에 타버린 새끼줄은 여전히 새끼줄의 모습처럼 보이지만, 그것으로 뭔가를 묶으려고 하면 아무것도 묶지 못한다. 깨달은 사람도 그와 같다. 다른 사람들처럼 육체를 가지고 있는 것처럼 보이지만, 겉모습만 그렇게 보이는 것이다. 자기를 육체와 동일시하고 있는 사람은 이런 이야기를 이해하기 어렵다. 그래서 그런 질문에 대한 답변으로 "깨달은 사람의 육체는 발현업의 힘이 다할 때까지만 남아 있다가, 그것이 다하면 사라진다"는 식으로 말하기도 한다. 이 점에 대해 설명할 때 쓰는 비유가 있다. 그것은 한번 시위를 떠난 화살은 과녁에 꽂힐 때까지 계속 날아간다는 것이다.

그러나 깨달은 사람은 발현업을 포함해 모든 업을 초월했으며, 육체나 육체의 행위에 더 이상 구속되지 않는다는 것이 진실이다. 또한 존재 자체로 항시 빛을 발하고, 물리적 공간에 갇혀 있지 않으며, 무소부재 하는 의식의 공간을 주시하고 있는 사람에게는 티끌만큼의 발현업도 존재하지 않는 것이야말로 진실이다. "천국에 이르렀거나, 천국에 사는 사람에게 운명이란 없다"는 옛말의 참뜻을 알라.

아무 계획도 세우지 않았으며 모의한 바도 없는데, 어떤 일이 내게 닥쳐 그것을 즐긴다면, 그것 때문에 생기는 나쁜 과보는 없지 않겠는가?

그렇지 않다. 모든 행위에는 결과가 따른다. 발현업에 따라 어떤 일이 닥치면 피할 수 없이 그 일을 해야만 한다. 그러나 아무런 집착 없이, 더 하고 싶다거나 되풀이하고 싶다는 욕망 없이 그 일을 받아들인다면, 그것 때문에 다시 태어나는 일은 없을 것이다. 반면에, 강하게 집착하여 그것을 즐기며 더 많이 하고 싶다는 욕망이 생긴다면, 그로 인해 나고 죽는 윤회를 여러 번 되풀이하게 될 것이다.

점성술에서는 별들이 인간에게 미치는 영향력을 풀이하여 미래의 일을 예측할 수 있다고 하는데, 그것이 진실인가?

에고에서 벗어나지 못하는 한 그것은 진실이다. 하지만 에고가 사라진 뒤에는 진실이 아니다.

그렇다면 에고가 사라진 사람에게는 점성술이 진실일 수가 없다는 이야기인가?

에고가 사라진 다음이라면, 점성술이 진실이라고 말할 사람이 남아 있겠는가? 보는 사람이 있어야 보는 행위가 있다. 에고가 없는 사람은, 그들이 마치 무언가를 보는 것처럼 보일지라도 실제로는 아무것도 보지 않는다.

운명은 과거의 행위에서 비롯한 과보이며, 육체와 연관되어 있다. 육체가 자신이 원하는 대로 움직이게 내버려두라. 당신은 왜 운명에 대해 걱정하는가? 왜 운명에 관심을 가지는가? 무슨 일이 일어나든, 과거에 했던 행위와 신의 의지 그리고 다른 이유 때문이다.

과거의 업에 따라 현재가 펼쳐진다고 한다. 우리는 자유의지로 과거의 업을 초월할 수 있는가?
먼저 현재가 무엇인지부터 살펴보라. 현재가 무엇인지를 알면 과거나 미래에 영향받는 것이 무엇인지 그리고 과거와 미래가 품고 있는 것이 무엇인지, 더 나아가 과거나 미래 또는 업의 영향을 받지 않고 항상 자유로운 상태로 현존하는 것이 무엇인지도 알게 될 것이다.

자유의지라는 것이 있는가?
그것은 누구의 의지인가? 행위자라는 기분이 남아 있는 한은, 즐긴다는 느낌도 있고 개인적인 의지라는 느낌도 있다. 그러나 자기탐구를 통해 이런 느낌을 없애면, 신의 의지가 작용하여 모든 일을 이끌고 갈 것이다. 운명은 의지와 운명을 초월한『나』를 깨달음으로써 극복할 수 있다.

한 사람의 일생에서 주목할 만한 사건들, 예컨대 나라, 민족, 가족, 직업, 결혼, 죽음 등이 모두 그의 업에 따라 예정되어 있다는 논리는 이해할 수 있다. 그런데 일상에서의 매우 사소한 일들까지 미리 결정되어 있는 것인가? 예를 들어, 내가 지금 손에 든 부채를 바닥에 내려놓으면, 몇 월 몇 일 몇 시에 내가 부채를 이렇게 움직여 내려놓는 것마저 이미 결정되어 있을 수 있는가?
그렇다. 이 육체가 무엇을 하며 어떤 일을 겪을지는 이 육체가 태어날 때 이미 결정된 것이다.

그렇다면 인간의 자유는 어떻게 되고, 자신의 행위에 대한 책임은 어떻게 되는가?

인간이 지닌 유일한 자유는 깨달음을 그리워하고, 깨달음을 얻는 것이다. 나아가 그 깨달음으로 더 이상 육체와 자신을 동일시하지 않게 될 것이다. 육체는 발현업에 따라 결정된 행위를 하게 된다. 그러므로 자신을 육체와 동일시하여 육체가 한 행위들의 결과물에 집착하든지, 아니면 집착을 버리고 그저 '행위를 바라보는 자(witness)'로 남을 것인지 선택할 자유가 있다.

그렇다면 자유의지란 마치 신화처럼 근거 없는 믿음에 불과한 것인가?

자유의지는 개체성과 관련된 영역에서만 유효하다. 개체성이 있어야만 자유의지도 있다. 경전에서는 이런 사실을 바탕으로, 자유의지를 올바른 방향에서 사용하도록 충고하고 있다.

　자유 의지나 운명이 누구에게 문제가 되는지를 찾아보라. 자유의지나 운명이 어디에서 나오는지 그 근원을 찾아 거기에 머물러라. 그러면 자유의지와 운명 모두를 초월할 수 있다. 이 둘을 넘어서는 것이야말로, 이런 문제에 대해 논의하는 유일한 목적이다. 이런 문제가 누구에게 일어나고 있는가? 이 질문에 대한 답을 찾아 평화에 머물기를 바란다.

일어나도록 예정된 일이 결국 일어날 수밖에 없다면, 기도를 하거나 노력하는 것이 무슨 소용이 있는가? 우리는 그냥 빈둥거리고 있어야 하는가?

운명을 정복하거나 운명에서 벗어나는 방법은 두 가지밖에 없다. 하나는 이 운명이 누구의 것인지를 탐구하여, 운명에 얽매이는 건 에고일 뿐이고 『나』가 아니며, 에고 또한 실제로는 존재하지 않음을 아는 것이다.

다른 하나는 신에게 완전히 순명함으로써 에고를 죽이는 방법이다. 이는 자신의 무력함을 깨닫고 "신이여, 모든 일은 내가 아니고 당신이 합니다"라고 선언하면서, '나'와 '나의 것'이라는 느낌을 완전히 포기하고, 모든 것을 신에게 내맡기는 방법이다.

신에게 이런저런 것을 해달라고 간구한다면, 그것은 완전한 순명이 아니다. 참된 순명은 사랑 그 자체를 위한 조건 없는 사랑을 신에게 바치며, 그 어떤 것도 바라지 않아야 한다. 심지어는 해탈까지도 바라지 않아야 한다.

다시 말해, 자기탐구를 통해서든 헌신의 길을 통해서든, 에고를 완전히 소멸해야 운명을 정복할 수 있다.

옮긴이의 말

어떤 특별한 은총이, 이 책의 편저자인 데이비드 갓맨을 라마나 마하리시에게로 이끈 것일까?

그는 1953년에 영국에서 태어나 옥스퍼드 대학 2학년에 재학 중이던 때에 우연히 라마나 마하리시의 가르침을 접했고, 그와 동시에 삶이 송두리째 뒤바뀌어버렸다. '침묵의 공간'을 경험한 후로 도저히 예전의 일상생활로 되돌아갈 수 없었던 것이다. 데이비드 갓맨은 그 특별한 경험에 빠져들게 되었고, 얼마 지나지 않은 1976년에 스리 라마나의 아시람을 방문하기에 이른다. 그는 충실한 제자가 되었으며, 1978년부터 1985년까지 10년 가까운 세월 동안 아시람의 도서관 사서 겸 자료 관리자 역할을 수행했다. 그런 다음 1980년대 중반부터, 그는 마하리시의 여러 가르침을 엮어서 책을 펴내기 시작했다. 이 책《있는 그대로》역시 그런 과정을 통해 세상에 나왔으며, 그의 여러 저작들 중 최초의 책이다.

《있는 그대로》는 출간 즉시 많은 영성가들에게 주목을 받았다. 20개

이상의 언어로 번역되어 세계적인 명저의 반열에 올랐으며, 인도 이외의 나라에까지 스리 라마나의 이름을 대중적으로 알리는 가장 결정적인 계기가 되었다. 데이비드 갓맨은《있는 그대로》를 출간한 후에도 스리 라마나의 가르침을 모아 꾸준히 책으로 발표했는데, 그것을 헤아리면 십여 권에 이른다. 하지만 어떠한 작품도 처녀작인《있는 그대로》의 명성을 뛰어넘지는 못했다.

하지만《있는 그대로》가 발표되기 이전까지, 스리 라마나의 존재가 서구 사회에 전혀 알려지지 않은 것은 아니었다. 일찍이 1934년에 신지학회 회원이던 폴 버런턴이 화제작《인도의 신비를 찾아서(In Search in Secret India)》를 발표하면서, 라마나 마하리시를 소개한 바 있다. 라마나 마하라시의 사상은 이내 서양인 탐구자들의 이목을 집중시켰다. 특히, 칼 융은 "스리 라마나의 삶과 가르침은 인도인뿐만 아니라 서양인에게도 중요하다"라고 평가했다. 이미 서구 지식인들 사이에 대단한 인기를 누리고 있던 오쇼 라즈니시 또한 스리 라마나를 가리켜 "완벽한 성인"이라고 칭하며 깍듯한 존경심을 표하기도 했다. 오늘날에도 몇몇 구도자들은 스리 라마나를 '시바 신의 현현顯現'으로 여긴다.

라마나 마하리시의 가르침이 이토록 깊은 울림을 주는 이유는 무엇일까? 그것은 아마도 이 책에서도 확인할 수 있듯이, 현학적인 분석이나 멋들어진 장광설을 마다하고 최대한 간결하면서도 진솔한 어법으로 진리를 전하고 있기 때문이 아닌가 싶다. 예컨대 이 책은 컴퓨터의 역사나 작동 원리를 다루는 사변적인 이론서가 아니라, 어떻게 컴퓨터의 전원을 켜고 프로그램을 실행시키면 되는지를 다루는 실용적인 이론서를 지향한다. 비록 스리 라마나가 사용했던 타밀어가 아니라 제자들이 영역英譯한 문장을 대하는 것이었지만, 번역하는 내내 나는 원서 어느 곳에서도 미사여구나 장광설의 흔적을 찾아볼 수 없었다. 오히려 너무나도 쉽고 일상적인 언어를 사용하기에, 곧이곧대로 평이한 단어들만 사용해 번역했다가는 독자들이 원문에 배인 깊은 뜻을 곱씹을 겨를도 없이 흘러 넘길까봐 역자로서 염려가 생길 지경이었다.

게다가 이 책을 엮은 데이비드 갓맨은, 보통사람들이라면 대수롭지 않게 보고 책에서 제외했을 법한 어린아이처럼 천진한 질문들까지 적절한 자리에 배치해 보기 좋은 하나의 목걸이를 완성해냈다. 어찌 보면 동양식 사제 관계나 수행 문화에 길들여지지 않은 서양인 제자가 스리 라마나의 가르침을 엮은 덕분에, 그의 사상이 가진 꾸밈없는 매력이 더욱 배가되었다고 생각한다.

"이웃에 사는 젊은 여자의 가슴만 보면 흥분하여 자제력을 잃고 유혹을 느끼는데, 어떻게 하면 좋겠는가?" "집안 살림 하기에도 바쁜 가정주부가 어떻게 수행에 전념할 수 있겠는가?" "수행을 할 때 육식을 하면 안 되는가?" "명상을 하려고만 하면 졸음이 오는데, 어떻게 하면 좋겠는가?" "내가 선행을 하면 깨달음에 도움이 되는가?"

누구나 한번쯤은 마음에 떠올려봤을 법한 의문들이지만, 감히 스승 앞에서는 입에 담지 못하는 유치하지만 실제적인 고민들이다. 하지만 라마나 마하리시의 답변은, 질문의 수준이 높든 낮든 일관되게 진지하다. 이는 스리 라마나 자신이 수행에 대해 한 치의 허울도 용납하지 않는 실제적인 관점을 취하고 있기 때문이 아닌가 싶다.

스리 라마나는 말한다. "우리가 길을 걸을 때를 생각해보라. 매 걸음마다 한 발을 올린 후, 다른 발은 언제 올릴지, 어느 지점에서 멈추어야 할지를 일일이 계산하여 움직이는가?" 스리 라마나는 진리에 대해 철학적인 용어를 나열해가며 탐구할 필요는 없다고 말한다. 왜냐하면 지금 존재하는 '나' 자신이 바로 진리이며, 우리가 있는 이곳이 바로 진리의 자리이기 때문이다. 그는 나 자신이 이미 깨달은 존재인데, 왜 스스로를 들여다보지는 않고 다른 데서 깨달음을 구하려 하느냐고 묻는다. 그것이 자기탐구의 출발점이자 핵심이다.

내가 이 책을 번역하면서 가장 오랫동안 고민에 빠졌던 것도 바로 그 '나(The Self)'에 대한 문제였다. 'The Self'를 우리말 가운데 무엇이라고 옮기면 좋을지, 아무리 궁리해 봐도 명쾌한 답이 떠오르지 않았기 때문이다. 공연히 유난스럽게 굴지 말고, 기존의 역자들이 흔히 번역어로 취하는 진아眞我, 참나, 참자아 중에서 하나를 고르는 것이 독자들의 편안한 독서를 위해서도 좋지 않겠느냐고 짐짓 마음을 먹어보았지만, 그것이 과연 충실한 번역인지 주저되는 마음이 끝내 옷깃을 잡고 말았다. 왜냐하면 이 책의 곳곳에서, 스리 라마나는 깨달음이란 내가 아닌 다른 존재가 되는 것이라고 여기는 '이원론적인 착각'에서 벗어나라고 누누이 강조하고 있기 때문이다.

하지만 종래에 관습적으로 해오던 대로, 'The Self'를 진아 또는 참자아 등으로 옮기면, 마치 '나'가 아닌 다른 고차원적이고 절대적인 존재가 구별되어 존재한다는 오해를 불러일으킬 수밖에 없다. 또한 '진아'라는 말은 그 대척점에 '가아假我'라는 개념을, '참자아'라는 용어는 그 대척점에 '자아(ego)'라는 개념을 필연적으로 전제한다. 이로 인한 이원론적인 오해 또한 불가피하다. 그것이야말로 스리 라마나가 가장 경계했던 오해다. 그의 가르침을 담은 책이, 오히려 그가 가장 꺼렸던 오해를 유포시킬 수는 없지 않은가.

이것이 이 책에 『나』라는 표현이 빈번하게 등장하게 된 배경이다. 독자들에게는 더 편안한 표현법을 찾아내지 못한 데 대해 용서를 구하며,

부디 이 낯선 표현법을 너그럽게 받아주시기를 부탁드리는 마음이다.

편저자가 머리말에서 소개한 대로, 스리 라마나는 열여섯 살에 죽음을 체험한 후 삶이 크게 바뀌었다. 그가 경험한 것은 무엇이었을까? 느닷없이 육체에 힘이 빠져 무기력해졌고, 이어서 사후강직이라도 일어난 듯이 뻣뻣해졌다. 마음에서는 죽음의 두려움이 엄습했다. 그러나 그는 정신을 차려 이와 같은 생각을 했다고 한다.

"이제 나는 죽는구나. 죽는다는 것은 무엇인가? 육체가 죽는 것이지 않은가? 육체가 죽었으니 화장터에 실려 갈 것이고 이 육체는 재로 변할 것이다. 그렇다면 이 육체가 죽었으니 '나'도 죽은 것인가? 내가 곧 육체인가?"

몸이 시체처럼 죽어버린 순간에 그는 오히려 육체가 아닌 '내'가 있음을 발견했고, 육체가 죽어도 변치 않으며, 결코 죽을 수 없는 '나'를 발견했다. 그러자 죽음에 대한 두려움은 일순간 사라지고 깨달음의 빛이 나타났다. 그 후 6주가 흘렀다. 영어 숙제를 하다 말고 소년은 깊은 명상에 들었고, 더 이상 일상생활을 할 수 없음을 알게 되었다. 그러고는 어떻게 되었나? 우리 모두가 아는 것처럼, 그는 아루나찰라 산을 향해 무작정 길을 떠났다.

열여섯 살 소년의 체험 덕분에 오늘날 우리가 이 책을 손에 쥐게 되었다. 인도의 한 소년이 했던 체험은, 지금 여기의 우리에게도 동일한 물음을 던진다. 나는 육체가 아니다. 그럼에도 불구하고 나는 존재한다. 그 나는 누구인가?

이 책은 간절히 원하는 사람에게 그 답을 열어 보일 것이다.

용어 해설

━━━━━━━ ⌾⌾⌾⌾⌾ ━━━━━━━

advaita : 비이원성非二元性, 베단타 철학에 속한 불이론파不二論派

ahamkara : 에고

aham-vritti : '나'라는 생각

ajapa : 자연적 염송念誦, 말없이 신의 이름을 계속해서 욈

ajata : 원인이 없음. 무인無因, 21장 서론 참고

ajnana : 무지無知, 깨달음의 반대

ajnani : 깨닫지 못한 사람

ananda : 지복至福

Aparoksha Anubhuti :《아파록샤 아누브후티》, 샹카라가 지었다는 깨달음에 대한 저작

Arjuna : 아르주나,《바가바드 기타Bhagavad Gita》에서 크리슈나의 가르침을 받는 사람

Arunachala : 아루나찰라, 스리 라마나가 성인成人 시절을 보낸 남인도의 성산聖山

Aurobindo : 오로빈도, 인도의 신비주의적 철학자(1872~1950)

asana : 아사나, 체위 혹은 좌법. 13장 서론 참고

atman : 『나』(The Self)

atma-vichara : 자기탐구(self-enquiry)

avidya : 무지無知

Bhagavad Gita : 《바가바드 기타》. 《마하바라타Mahabharata》의 일부로, 비슈누신의 화신인 크리슈나가 아르주나에게 가르침을 베푸는 내용이다.

Bhagavata : 《바가바타》. 《바가바탐Bhagavatam》이라고도 불린다. 크리슈나의 생애와 가르침에 대해 이야기한 힌두 신화집

bhakta : 헌신자

bhakti : 헌신

Blavatsky, H.P : 블라바츠키, 러시아의 신비주의자. 신지학(Theosophy)의 창립자

Brahma : 브라마, 힌두교의 신으로 우주의 창조자로 불린다. 힌두교의 3대 주신主神 중 하나다.

Brahma-jnana : 브라마의 지혜

Brindavan : 브린다반, 크리슈나가 한때 살았다는 북인도의 지명

Brahman : 브라만, 힌두교의 비인격적 절대자

Chaitanya : 차이타니아, 16세기의 힌두 성인聖人으로서, 크리슈나에 대한 헌신으로 잘 알려져 있다.

chakras : 차크라, 몸에 자리 잡은 정신적인 중심. 13장 서론 참조

chit : 의식(consciousness),

Courtallam : 코우르탈람, 남인도의 작은 도시

Dattatreya : 다타트레야, 힌두 신화집《프라나스puranas》에 자주 언급되는 현자. 생몰연대나 거주지는 거의 전해지지 않지만, 불이론파의 저작인《아바두타 기타Avadhuta Gita》가 그의 작품이라고 알려져 있다.

dehatma buddhi : '나는 육체다'라는 관념

dhyana : 명상, 선禪

diksha : 전수의식傳受儀式(initiation)

Ganapati : 가나파티, 코끼리 머리에 사람 몸을 지닌 힌두교의 신으로 시바신의 아들이다.

Ganesa : 가네샤 = Ganapati 가나파티

Gaudapada : 가우다파다, 상카라의 스승의 스승. 무인론(ajata)의 초기 주

장자이며,《만두캬 우파니샤드》에 대한 유명한 주석서(karika)의 저자

gayatri : 가야트리,《베다》에 나오는 가장 널리 알려진 진언. '사랑하는, 충만한 빛(신)께서는 당신에 대해 명상하는 저희를 깨닫게 하소서'

Gita : 기타,《바가바드 기타Bhagavad Gita》참고

gunas : 만물의 세 가지 기질. 즉 순수성(sattva), 활동성(rajas) 나태성(tamas). 12장 서론 참고

Iswara : 이스와라, 힌두교 최고의 인격신

Janaka : 인도의 한 왕. 그의 깨달음에 대한 이야기를《아시타바크라 기타 Ashtavakra Gita》에서 읽을 수 있다.

japa : 염송念誦, 말 그대로 번역하면 '중얼거림'이지만 신의 이름을 부르는 염송(nama-japa)의 줄인 말로도 쓰인다.

jivan mukta : 살아 있을 때 해탈한 사람

jivan mukti : 생존 해탈

jnana :『나』에 대한 깨달음, 참된 지혜, 앎. 1장 서론 참조

jnana drishti : 지견知見. 깨달음의 안목

jnani :『나』를 깨달은 사람

Kailasa : 카일라샤, 시바신이 살고 있다는 히말라야의 성산聖山.

kaivalya : 합일, 하나가 된 상태

kaivalya :《카이발야》, 원래 제목은《카이발야 나반니타kaivalya Navaneeta》. 불이론不二論에 대한 타밀어 저작이다.

karika : 가우다파다 참고

karma : 카르마, 세 가지 주요 의미가 있다. (1)행위(업), (2)행위의 결과(과보, 업보), (3)운명

Kauravas : 카우라바스,《마하바라타》에 나오는 일족으로 판다바스 일족 (Pandavas)의 적이다. 아르주나는 판다바스의 일원이었는데, 크리슈나의 도움으로 카우라바스는 멸망한다.

kevala : 합일, 하나 됨

Krishna : 비슈누Vishnu신의 화신化身 중 하나

kundalini : 쿤달리니. 요가적 힘. 13장 참고

laya : 문자 그대로의 의미는 해체를 말하지만, 스리 라마나는 마음이 일시

적으로 정지된 황홀경 상태를 가리킬 때 이 말을 사용했다.

leela : 신의 유희

mahatma : 마하트마, 위대한 영혼, 위인偉人 혹은 성인聖人

mahavakyas : 문자 그대로의 의미는 '위대한 말'이지만, 보다 구체적으로는 『나』의 실체성에 대해 긍정하는 우파니샤드의 네 인용구를 가리킨다.

(1) 그것이 당신이다.

(2) 내가 브라만이다.

(3) 이 『나』가 브라만이다.

(4) 의식(prajnana)이 브라만이다.

Maha Yoga : 《마하요가》, 스리 라마나의 가르침을 적은 책

Malayalam : 말라얄람어, 남인도의 한 지방 언어

Mandukyopanishad : 《만두카 우파니샤드》, 주요 《우파니샤드》 중 하나

mantras : 진언眞言. 스승이 제자에게 주는 신성한 주문. 8장 서론 참고

maya : 환영幻榮, 환상幻像, 미혹迷惑

moksha : 해탈

mouna : 침묵

muktas : 해탈한 사람

mukti : 해탈

nivikalpa : 차별 없음. 무상삼매無相三昧(nivikalpa samadhi)는 아무런 차별을 인지하지 않는 삼매를 말한다. 14장 서론 참고

Parabrahman : 지고한 브라만

Panchadasi : 《판차다시》, 불이론적 베단타(advaita vedanta) 철학을 담은 14 세기의 저작

papa : 죄악, 죄 또는 악행의 과보

patanjali : 파탄잘리. 《요가 수트라》의 저자, 라자 요가raja yoga의 창시자

prana : 생기生氣, 육체를 지탱하는 생명 에너지

pranava : '옴' 진언

punya : 선행을 해서 쌓은 공덕功德

Purusha Sukta : 《푸루샤 수크타》, 힌두교 최고最古의 경전인 《리그베다》의 일부

rajas : 활동성

raja yoga : 라자 요가, 파탄잘리가 확립한 요가 체계. '라자raja'는 문자 그대로는 왕王을 의미한다.

Ramakrishna : 라마 크리슈나, 19세기 벵골Beangal 지방의 성자

Ramanasraman : 라마나스라맘, 스리 라마나를 중심으로 하여 성장한 아시람

sadhaka : 정신적 구도자. 'sadhak'이라고 불리기도 한다.

sadhana : 문자 그대로의 의미는 '수단'이지만, 보다 일반적인 의미로는 '정신적 수행'을 뜻한다.

Sadhana Panchakam :《사다나 판차캄》. 상카라의 저작으로, 정신적 구도자들에 대한 조언을 담고 있다.

sadhu : 사두, 고귀한 사람(貴人) 또는 정신적 구도자. 그러나 스리 라마나는 이 말을 『나』를 깨달은 사람이라는 의미로 자주 사용했다.

sahaja : 본연의

sakti : 힘

samadhi : 삼매三昧. 스리 라마나는 『나』를 직접 체험하는 상태를 두고 이 용어를 사용했다. 14장 서론 참고

samskaras : 타고난 습習, 내재된 경향성

Sankara : 상카라. 상카라차야(Sankarachaya)라고도 불린다. 8세기 종교 개혁가이자 철학자. 불이론적 베단타 학파의 가르침을 최초로 대중화시켰다.

sastras : 경전

sat : 존재

sat-chit-ananda : 존재 – 의식 – 지복

sat-sanga : 사트 상가, 존재와의 하나 됨(결합. 교류) 혹은 『나』를 깨달은 사람 곁에 있음을 뜻한다.

sattvic : 순수성. 12장 서론 참고

savikalpa : 말 그대로는 '차별이 있음'이라는 의미가 있다. 지속적인 노력을 해야 삼매가 유지되는 단계인 유상삼매有相三昧(savikalpa samadhi)를 가리킬 때, 스리 라마나는 이 용어를 사용했다. 14장 서론 참고

Shirdi Sai Baba : 쉬르디 사이 바바. 괴짜이며 카리스마 있는 정신적 스승

인데, 초능력 때문에 널리 알려졌다. 1918년에 죽었다.

siddhis : 초능력

Siva : 시바. 힌두교 3대 주신主神 중 하나. 스리 라마나는 이 말을『나』와 동의어로 사용했다.

sloka : 산스크리트 경전 중 한 운문韻文

soham : '내가 그다'라는 긍정 어구

Sri, Srimad : 스리, 스리마드. 존경을 표할 때 이름 앞에 사용하는 용어

sushumna : 수슘나. 척추 안에 있는 영적 통로

swarupa : 진면목, 참된 모습, 참된 본질

tamas : 비활동성, 나태성

Tamil : 타밀. 남인도 타밀 지방의 언어로, 스리 라마나가 태어날 때부터 쓰던 말이었다.

tapas : 고행. 대개는 자기부정이나 육체적 고행을 하는 명상을 뜻한다. 하지만 이 말에는 회개, 종교적 금욕이나 열정 등 여러 가지 다른 의미 또한 포함되어 있다.

Tattvaraya : 타트바라야. 스와루파난다Swarupananda의 제자로 17세기 타밀 지방의 구루이다. 타밀어로 된 책 몇 권을 지었다.

Theosophycal Society : 신지학회神智學會. 19세기에 블라바츠키가 인간의 잠재력을 찾고 보편적인 동포애를 함양하는 것을 목적으로 하여 창립했다.

Tiruvannamali : 티루반나말리. 스리 라마나의 아시람(Ramanasraman)에서 1마일쯤 떨어진 마을

turiya : 뚜리야. 네 번째 상태

turiyatita : 네 번째를 초월함

upadesa : 가르침

Upanishads : 《우파니샤드》. 《베다》의 결론 부분으로, 힌두교에서 근본적인 권위를 지닌다. 모든 베단타 철학이 여기에서 파생되었다.

vada : 이론

Vaikuntha : 비슈누천天. 비슈누신이 사는 천상

vasanas : 습. 마음의 경향성

vedanta : 베단타. 《우파니샤드》에서 파생된 형이상학적 철학

veda : 《베다》. 네 부분으로 구성된 경전으로 기원전 2,000년부터 기원전 500년 사이로 연대를 추산하며, 대부분의 힌두교인에게 권위를 지닌 궁극의 저서이다.

Vellore : 벨로르. 스리 라마나의 아시람에서 북쪽으로 50마일쯤 떨어져 있는 도시

videha mukti : 죽는 순간에 해탈함

Vidyaranya : 비드야라니아. 불이론에 관한 14세기 저작인《판차다시 Panchadasi》의 저자

Vishunu : 비슈누. 힌두교 3대 주신主神 중 하나. 비슈누는 정기적으로 사람의 몸으로 나타난다.

Vivekachudamani :《비베카추담마니》. 상카라가 지은 불이론에 대한 저작. 오늘날 대부분 학자들은 그가 죽은 뒤 적어도 200년 뒤에 이 책이 만들어졌다고 여긴다.

vritti : 작용, 변이, 마음이 형태를 바꾸는 것

yama : 힌두교에서 죽음의 신

Yoga Vasistha :《요가 바시스타》. 발미키Valmiki가 지은 불이론의 교본. 비슈누신의 화신인 라마의 질문에 현자인 바시스타가 답하는 식으로 구성되어 있다.

Yoga Satra : 요가 경전

yugapat-srishti : 즉각적인 창조

편집자 데이비드 갓맨 David Godman은 1976년 이후 인도에 살고 있다. 주로 스리 라마나 스라맘에 거주하며 1978년부터 1985년까지 이 아시람의 도서관을 맡아 일했다. 1980년대 초반에는 스리 라마나스라맘에서 발행되는 잡지 〈The Mountain Pat〉의 편집에도 참여했다. 그는 스리 라마나스라맘에서 수 킬로미터 떨어진 아루나찰라 산기슭의 호숫가에서 아내와 함께 살고 있다.

옮긴이 구승준은 대학에서 영문학을 전공했으며 졸업한 후 여러 잡지에서 기자와 편집장으로 일했다. 현재 전문 번역가로 다양한 번역 작업을 하고 있다. 옮긴 책으로는《완전한 삶》《사랑의 연습》《행복한 생각》《모든 것이 산산이 무너질 때》《풍요로운 삶을 창조하는 마음의 법칙》《지금 여기에서 달아나지 않는 연습》《디팩 초프라의 부모 수업》등이 있다.

있는 그대로

초판 1쇄 발행 1998년(단기4331년) 11월 5일
개정4판 6쇄 발행 2023년(단기4356년) 12월 27일

엮은이 · 데이비드 갓맨
옮긴이 · 구승준
펴낸이 · 심남숙
펴낸곳 · (주)한문화멀티미디어
등록 · 1990. 11. 28. 제 21-209호
주소 · 서울시 광진구 능동로 43길 3-5 동인빌딩 3층 (04915)
전화 · 영업부 2016-3500 편집부 2016-3507
홈페이지 http://www.hanmunhwa.com

운영이사 · 이미향 | 편집 · 강정화 최연실
기획 홍보 · 진정근 | 디자인 제작 · 이정희
경영 · 강윤정 조동희 | 회계 · 김옥희 | 영업 · 이광우

ISBN 978-89-5699-181-8 03150